VICTOR MIRSHAWKA

# HA! HA! HA!

# O BOM, O RUIM E O INTERESSANTE DO HUMOR

São Paulo, 2015
www.dvseditora.com.br

VICTOR MIRSHAWKA

# HA! HA! HA!

## O BOM, O RUIM E O INTERESSANTE DO HUMOR

São Paulo, 2015
www.dvseditora.com.br

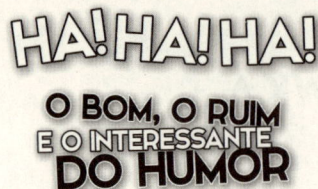

DVS Editora 2015 - Todos os direitos para a língua portuguesa reservados pela editora.

Nenhuma parte deste livro poderá ser reproduzida, armazenada em sistema de recuperação, ou transmitida por qualquer meio, seja na forma eletrônica, mecânica, fotocopiada, gravada ou qualquer outra, sem a autorização por escrito do autor.

*Capa e Diagramação*: Grasiela Gonzaga / Spazio Publicidade

Dados Internacionais de Catalogação na Publicação (CIP)
(Câmara Brasileira do Livro, SP, Brasil)

Mirshawka, Victor
   Ha! ha! ha! : o bom, o ruim e o interessante do humor / Victor Mirshawka. -- São Paulo : DVS Editora, 2015.

   1. Autoestima 2. Comportamento humano - Humor, sátira etc. 3. Humorismo I. Título.

15-01649                                           CDD-869.97

Índices para catálogo sistemático:

1. Humor e sátira : Literatura brasileira    869.97
2. Sátira e humor : Literatura brasileira    869.97

# ÍNDICE

**INTRODUÇÃO** ix

### CAPÍTULO 1
### BOM HUMOR QUE É ENGRAÇADO, PRAZEROSO E ENERGIZANTE

| | |
|---|---|
| 1.1 – Limites do humor – O que é humor? | 1 |
| 1.2 – Os efeitos de uma piada | 11 |
| 1.3 – Riso é uma ação física | 14 |
| 1.4 – O humor levando ao casamento | 18 |
| 1.5 – A importância do uso das palavras e o alerta das vaias!?!? | 22 |
| 1.6 – O humor com o passar do tempo | 25 |
| 1.7 – Rir é o melhor negócio | 28 |
| 1.8 – O riso nas escolas | 32 |
| 1.9 – O poder dos quietos | 43 |
| 1.10 – Como os psicólogos definem o humor? | 48 |
| 1.11 - Teste os usos do seu humor | 55 |

## ÍNDICE

### CAPÍTULO 2
### O HUMOR DANDO MUITO PRAZER E DIMINUINDO AS TENSÕES

| | |
|---|---|
| 2.1 – Por que o humor? | 59 |
| 2.2 - Humor é coisa séria | 64 |
| 2.3 – Pense melhor | 81 |
| 2.4 – Como escrever com humor | 86 |
| 2.5 - Um cão é melhor que uma mulher (um homem)!!! | 110 |
| 2.6 - A importância do beijo | 113 |
| 2.7 – O humor envolvendo o sexo | 121 |

### CAPÍTULO 3
### OS BENEFÍCIOS E OS MALEFÍCIOS DO HUMOR

| | |
|---|---|
| 3.1 – O humor permite que a pessoa seja mais jovial? | 131 |
| 3.2 – A lógica do humor e os riscos galináceos | 137 |
| 3.3 – Controlando nossos humores | 141 |
| 3.4 – O riso além de ser um medicamento tem outras importantes funções!!! | 149 |
| 3.5 - Do mau humor para o bom humor | 160 |
| 3.6 – *Kama Sutra* após o infarto!?!? | 168 |
| 3.7 – O humor no cinema, na rádio e na televisão | 170 |
| 3.8 – O humor na política | 176 |
| 3.9 – Por que ditadores não gostam de piadas? | 179 |
| 3.10 – Humor com suas implicações religiosas ou políticas | 182 |
| 3.11 – Tragédia em Paris – terror ataca o humor | 189 |
| 3.12 – A análise didática do humor | 196 |

## ÍNDICE

### CAPÍTULO 4
# O HUMOR NOS MAIS DIVERSOS MEIOS DE COMUNICAÇÃO

4.1 – Desenvolvendo o riso bom e o riso mau — 221

4.2 – As publicações humorísticas no Brasil, e em particular as paulistanas dos últimos 50 anos — 229

4.3 – *Stand-up comedy*, cada vez mais difundida no Brasil!!! — 235

4.4 – O teatro bem-humorado — 238

4.5 – Os recentes sucessos com o humor no cinema brasileiro — 240

4.6 – Bons programas humorísticos na nossa televisão!!! — 244

4.7 – A evolução dos *sitcoms*!!! — 250

### CAPÍTULO 5
# PERSONAGENS DO HUMOR

5.1 – Algumas figuras internacionais que revolucionaram o humor — 253

    5.1.1 – A malandragem e o sarcasmo do carioca caracterizados em um papagaio!!! — 256

    5.1.2 – Jerry Lewis — 259

    5.1.3 – Monty Python — 265

    5.1.4 – Roberto Gómez Bolaños — 269

    5.1.5 – Quino — 272

    5.1.6 – Jerry Seinfeld e a sua turma!!! — 274

    5.1.7 – Comediantes norte-americanas — 278

5.2 – A quem devemos tanto da evolução do nosso humor nas últimas cinco décadas!!! — 286

5.3 – Um pouco de história do circo brasileiro e o riso oferecido pelos Parlapatões — 325

## ÍNDICE

5.4 – Alguns humoristas contemporâneos — 329

5.5 – Comediantes brasileiras — 352

**BIBLIOGRAFIA** — 363

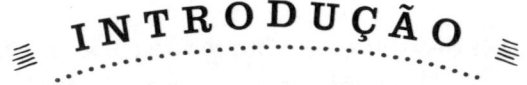

# INTRODUÇÃO

## HÁ! HÁ! HÁ!
## O QUE É QUE NOS FAZ RIR?

Scott Weems é o autor do livro *Há! – A Ciência de Quando Rimos e Por Quê* (DVS Editora), no qual, na introdução, ele destacou: "O humor acontece quando nos conectamos com outras pessoas e compartilhamos nossas lutas e confusões. O humor, naturalmente, tem de ser adaptado aos gostos modernos, como outras formas de entretenimento, mas isso não explica por que algo que é hilariante em uma década, **tornou-se banal e sem graça na outra**.

O humor não é apenas sobre trocadilhos ou frases espirituosas que podiam ter significado numa certa época e são 'sem graça' na outra...

Assim, são cada vez mais raras as piadas tradicionais, mas o humor continua bem vivo porque é um processo que reflete os tempos e as necessidades de seu público.

Como neurocientista cognitivo com mais de doze anos de experiência estudando como funciona o cérebro humano, aprendi que compreender o humor exige o reconhecimento da enorme complexidade do cérebro humano.

Se o cérebro fosse um governo, não seria uma ditadura, uma monarquia ou mesmo uma democracia. Seria uma **anarquia!?!?**

Opiniões políticas à parte, a maioria dos cientistas concorda com esta avaliação. O cérebro é um enorme complexo: partes são conectadas a outras partes, que são conectadas a outras, mas em nenhum lugar do sistema há uma '**parte final**' decidindo o que

"É o nosso cérebro o grande responsável se vamos rir ou não!?!?"

fazer ou dizer. Em vez disso, nosso cérebro age deixando as ideias competirem e brigarem por atenção. Tal abordagem tem suas vantagens, como nos permitir racionalizar, resolver problemas e até mesmo ler livros. No entanto, às vezes, leva a conflito, por exemplo, quando tentamos agarrar uma ou mais ideias inconsistentes ao mesmo tempo. Quando isso acontece, nosso cérebro sabe de apenas uma coisa que deve fazer: **rir**!!!

Muitas vezes, pensamos que a mente humana é um computador que recebe dados do seu entorno e age com base em nossos objetivos imediatos. Mas esta visão é falha. Em vez de trabalhar de uma maneira lógica controlada, o cérebro é **multitarefa**. Ele não para diante da ambiguidade, em vez disso, usa a confusão para chegar ao pensamento complexo.

Quando metas ou informações confusas são dadas ao cérebro, ele usa esse conflito para gerar novas soluções, às vezes, produzindo ideias que nunca foram pensadas antes!

O humor é bem-sucedido porque nos divertimos nesse processo, razão pela qual a **mente entediada** é uma **mente sem humor**!!! Temos prazer em passar pela confusão e rimos quando encontramos uma solução.

Um desafio decorrente de ver o humor como um fenômeno social e psicológico é que ele não é facilmente medido.

A maioria dos cientistas prefere concentrar-se no **riso**, que é um comportamento concreto. Como resultado, o riso é relativamente bem estudado. Pesquisas mostram que estamos mais propensos a sermos vistos compartilhando risadas do que qualquer outra resposta emocional. Isso significa que, em média, rimos entre **quinze e vinte vezes por dia**. No entanto, há muita variação. As **mulheres** tendem a rir menos à medida que envelhecem, **mas não os homens**!!! E todos nós tendemos a rir mais nos períodos da tarde e da noite, embora esta tendência seja mais forte para os jovens.

Não deveria ser surpreendente, então, que nossas primeiras tentativas de compreensão do humor envolveram o **estudo do riso**. Aristóteles disse que o ser humano é a única espécie que ri, e que os bebês não têm alma até darem sua primeira risada. Como se isso não fosse o suficiente, ele alegou ainda que cada bebê ri pela primeira vez em seu **quadragésimo dia**!?!?

Friedrich Nietsche descreveu o riso como uma reação à solidão existencial. Sigmund Freud tinha uma visão mais positiva (um papel incomum para ele), alegando que o riso é uma liberação de tensão e da energia psíquica.

O problema com cada uma dessas definições é que elas são todas **inúteis**!?!? Não há nenhuma maneira de medir energia psíquica ou solidão existencial e **nunca haverá**!?!?

▼ INTRODUÇÃO ▼

O riso, aquele que podemos realmente observar e medir, é extremamente interessante, mas o humor revela mais sobre nossa humanidade, sobre como pensamos e sentimos e sobre como nos relacionamos com os outros. O humor é um estado de espírito.

É necessário, por isso, consolidar essa ideia, ou seja, a de que o humor e o seu sintoma mais comum – o riso – são subprodutos do fato de possuirmos um cérebro que confia e aprecia o conflito. Isso porque ele constantemente lida com confusão ou ambiguidade.

"O humor é um estado de espírito!!!"

Embora a piada tradicional possa estar morta (ou, mais provavelmente, gravemente ferida), o humor permanece tão saudável como sempre, porque essa necessidade de se relacionar com os outros é **atemporal**.

O humor está intimamente associado a quase todos os aspectos da cognição humana. Dessa maneira, os mesmos processos que nos dão o humor, também contribuem para o *insight* (discernimento), a criatividade e até mesmo para a saúde psicológica. Aliás, estudos indicam que o uso do humor no cotidiano – por exemplo, quando estamos respondendo a *e-mails* ou usando descrição visual – está fortemente relacionado à inteligência. Dessa maneira, quanto mais inteligentes formos, mais provável é que compartilhemos uma boa piada.

Nós sem sequer precisamos ser extrovertidos para apreciar o humor. O importante é ser capaz de desfrutar de uma boa risada."

Há anos, os cientistas sabem que o humor **melhora** a nossa **saúde** e, agora, visualizando-o como um exercício rigoroso da mente, compreende-se isso bem melhor, não é?

O humor é como um exercício para o cérebro, e, assim como o exercício físico fortalece o corpo, manter uma perspectiva bem-humorada é o caminho mais saudável para conservar-se cognitivamente afiado. Isso também explica por que assistir às apresentações de *stand-up* de

"Rir prolonga a vida, bem como ajuda os casais a continuarem juntos."

algum cômico, como Fábio Porchat ou Jô Soares, melhora a nossa capacidade de resolver jogos de associação de palavras.

A nossa mente deve ser constantemente trabalhada, esticada e surpreendida. A comédia impulsiona nosso cérebro a fazer novas associações e a enfrentar a confusão de frente. A chave para alguém ser engraçado não é aprender truques ou memorizar piadas (para depois contá-las), mas sim, obter uma compreensão maior de como o humor é a nossa seleção natural para viver melhor em um mundo cheio de conflitos.

O humor é idiossincrático, pois depende de algo que faz cada um de nós um ser único: como lidamos com o desacordo em nosso cérebro complexo!?!?

Existem estudos e opiniões de alguns intelectuais que apontam que não há razões para estudar o humor porque ele é muito misterioso para o entendermos. Mais do que isso, que o estudo de humor se mescla tanto com a arte como com a ciência.

Contrariando essa posição, muitas pessoas procuram ser **engraçadas**, pois isso acaba sendo uma aptidão apreciada nos ambientes de trabalho, ou até tornar-se uma profissão, pois é cada vez maior o número de espetáculos, filmes ou programas de TV estruturados no humor.

Elas, entretanto, para atingirem um certo nível de excelência, precisam de forma denodada seguir a **regra dos cinco Ps**, ou seja, **praticar, praticar, praticar, praticar e praticar** muito.

É verdade que o humor é tão complexo, e as causas de riso tão diversas, que nenhuma regra se aplica de uma situação a outra. No entanto, o humor tem alguns ingredientes muito claros que a ciência só agora está começando a revelar.

Esses ingredientes explicam trocadilhos, charadas e até mesmo piadas de advogado, judeu, médico, português, "mulher loira" etc. E todos eles dependem da resolução da ambiguidade e do conflito dentro de nossos cérebros altamente modulares!"

Na realidade, ao escrever este livro, a ideia principal foi mostrar – como foi dito pelo famoso especialista em criatividade Edward de Bono – que o humor tem o seu aspecto (lado) positivo, a sua faceta negativa (ruim), mas também tem a sua parte interessante (exclamativa).

Edward de Bono ensinava que qualquer coisa – uma ideia, um produto, um serviço, ou então o estado de espírito de uma pessoa, ou seja, o seu senso de humor – sempre tem algo de **bom**, de **ruim** e de **interessante**.

E enfatizava, que o que leva ao sucesso realmente são as coisas interessantes vinculadas a algum produto, serviço, talento ou competência.

## ▼ INTRODUÇÃO ▼

Assim, sem dúvida, o bem-humorado geralmente é uma pessoa extrovertida, sendo por isso mesmo desinibida, alegre e com isso, bem-aceita tanto no ambiente de trabalho como em reuniões sociais.

Por sua vez, aquele que se vale do humor, por mais que procure evitar, isso pode agradar a uma parte das pessoas para quem conta as suas anedotas ou faz as apresentações hilárias, mas ao mesmo tempo, desagrada ou inclusive irrita uma outra parcela de pessoas, sobre as quais são as suas piadas, e nas quais elas são criticadas, denegridas ou ridicularizadas.

Esta é a parte negativa (ruim) do humor!!!

Entretanto, a parte interessante (exclamativa) do humor e do riso é que isso faz muito bem para a **saúde geral** e integral das pessoas, treina as suas mentes, tornando-as mais inteligentes e permite que elas sintam-se mais saudáveis e possam viver por mais tempo.

Pois é bem isso que vamos mostrar (de forma divertida, acredito) nos três primeiros capítulos voltados para o **bom**, o **ruim** e o **interessante** do humor.

Nos outros dois capítulos, procuramos fazer um histórico e uma homenagem a muitas pessoas que, principalmente nesses últimos 100 anos, divertiram tanta gente no mundo, em especial no Brasil, e certamente contribuíram para que elas vivessem boas porções de sua vida de forma bem agradável e divertida.

Com este livro, uma das intenções é fornecer ao leitor uma **risoterapia** barata e eficaz, ou seja, possibilitar que pratique uma terapia bilateral, que envolve a comunicação consigo mesmo e com o outro.

**Isso é benéfico não somente para quem dá, mas também para quem recebe.**

## INTRODUÇÃO

Vamos então conceituar que:

- **Rir** > É contrair os músculos da face em consequência da alegria.
- **Sorrir** > É rir sem fazer ruído.
- **Sorriso** > É a expressão de um rosto que está sorrindo.

E aí cabe uma boa pergunta: **do que riem as pessoas inteligentes?**

De frases (ou piadas), como está atribuída ao famoso psicanalista Sigmund S. Freud: "A diferença entre professores ordinários e extraordinários consiste no fato de que os ordinários não produzem coisas extraordinárias e os extraordinários não produzem coisas ordinárias."

"Quem passa um dia sem sorrir, pode considerá-lo perdido!!!"

Já de acordo com o filósofo livre-pensador Immanuel Kant: "Só quando o ser humano faz graça e brinca, mostra a sua verdadeira natureza, e a postura solene, não parece própria do mesmo!!!

Uma mente espirituosa alegra toda uma sociedade, e por isso é sempre bem-vinda."

Yue Minjun é um artista chinês muito influente na atualidade, e ele prefere **rir** a acreditar nas mudanças sociopolíticas mundiais. Nascido em 1962, em Daqing, província de Heilongjiang (China), ele começou a pintar como amador, antes de estudar arte na Escola Normal da Província de Hebei, em 1985.

Foi na comunidade de artistas do vilarejo de Yuanmigyan, perto de Pequim, no início dos anos 1990, que ele começou a definir seu estilo e assumiu sua **onipresente risada** em suas pinturas e esculturas.

Aliás, Minjun é considerado, hoje, um dos principais representantes do "realismo cênico", movimento artístico que se caracteriza pelo desencanto com as mutações sociopolíticas na China.

De boca aberta, **sempre rindo**, e de olhos fechados, esse personagem é visto como uma caricatura da padronização da sociedade chinesa e "uma maneira de sobreviver em um mundo que se tornou absurdo", segundo o próprio artista.

## ▼ INTRODUÇÃO ▼

Yue Minjun diz: "O riso é um momento em que nossa mente se recusa a razão. Quando estamos confusos com certas coisas, nossa mente simplesmente não quer lutar, ou talvez não sabemos o que pensar, pois só queremos esquecer."

Depois de uma notável participação na Bienal de Veneza, em 1999, Yue Minjun adquiriu **fama internacional**.

Em seguida, suas obras se tornaram uma verdadeira mania no mercado de arte contemporânea e, agora, suas criações estão em muitos museus e coleções privadas ao redor do mundo.

"Um dos incríveis trabalhos de Yue Minjun, enfatizando o sorriso humano."

Numa entrevista para a revista *Versatille*, Yue Minjun explicou: "Na sociedade, o riso é uma regra geral para expressar felicidade. Eu sempre digo: 'Você deve sorrir, porque essa é a expressão da felicidade.'

Você ri, eu rio, por minha vez, mas nós não rimos verdadeiramente do mesmo modo.

Aliás, em determinadas situações é inútil alimentar o ódio, a melhor estratégia é recorrer ao riso.

A crítica independe de mim. Na vida real, isso é um fato. Nem todos, porém, têm a força e nem os meios para mudar a própria situação.

Quando não se aceita o que é proposto, é preciso dobrar-se sobre si mesmo (como um bambu).

Essa é a realidade de uma sociedade que nos empurra para reagir, e não é uma escolha deliberada de minha parte.

Apenas em muitos casos não tenho outra opção a não ser a de rir!!!"

O **riso é contagioso**, de acordo com uma pesquisa concluída em 2006 pela equipe de pesquisadores liderados por Sophie Scott, do Instituto de Neurociência Cognitiva, da University College London, que demonstrou que as regiões

## INTRODUÇÃO

"O riso é contagioso."

do córtex pré-motor (área do cérebro ligada à linguagem) ativadas durante os movimentos faciais também estão envolvidas no processo de vocalizações não verbais afetivas. O trabalho dos pesquisadores foi publicado na revista especializada *Journal of Neuroscience*.

Portanto, basta ouvir uma gargalhada gostosa para cair na risada também.

A situação da qual uma outra pessoa está rindo pode nem ser exatamente tão engraçada assim para você, mas só de ouvir o som do Ha! Há! Há! ocorre uma mudança na sua feição.

E agora, o que podia parecer apenas uma impressão ganhou, com a pesquisa de Sophie Scott, uma explicação científica:

**O riso é contagiosos sim**!!!

A causa é a ação dos chamados "**neurônios-espelho**", que tendem a copiar o comportamento de nosso interlocutor.

O papel dessas células já é bem conhecido nos aspectos visuais da comunicação entre primatas, principalmente no que se refere à atividades motoras.

Por exemplo, quando duas pessoas estão conversando e uma cruza a perna ou franze a testa, quase imediatamente a outra vai fazer a mesma coisa.

Acredita-se que são os neurônios-espelho que explicam também por que bocejamos ao ver outra pessoa abrir a boca e nos emocionamos ao assistir a um filme triste.

Eles estão ligados à nossa capacidade de compreender o sentimento de outras pessoas, imitar seus gestos e entender o seu significado.

Disse Sophie Scott: "Os neurônios-espelho não agem apenas ao '**ver**' um gesto ou perceber uma emoção, mas são acionados pelo simples som dele.

Parece que é absolutamente verdadeira aquela expressão: 'Sorria e o mundo inteiro vai sorrir com você.'

Porém, o nosso grupo acabou concluindo que essa ativação não ocorre com qualquer sentimento, mas sim, só com os mais positivos!!!"

Para comprovar as suas teses, os pesquisadores expuseram voluntários a uma série de sons, enquanto mediam a resposta dos seus cérebros com imagens por ressonância magnética funcional.

Alguns dos sons eram positivos, como risadas, ou estimulantes, como os "u-hus!!!" de triunfo, e outros eram desagradáveis, como gritos ou sons de gente vomitando.

Todos os sons desencadeavam uma resposta na região do córtex pré-motor dos cérebros dos voluntários.

Entretanto, a resposta foi mais significativa para os sons positivos, sugerindo que eles são mais contagiosos do que os negativos.

Para os cientistas, isso explicou por que normalmente respondemos com um sorriso involuntário a uma gargalhada ou comemoração.

Nós, normalmente, encontramos emoções positivas com risadas ou aplausos, em reuniões de grupos, seja, por exemplo, uma família assistindo a um programa cômico na TV ou a um jogo de futebol entre amigos.

Esta resposta do nosso cérebro, ou seja, refletir o comportamento e o estado emocional dos outros, automaticamente levando uma pessoa a também sorrir, ajuda muito os seres humanos a interagir socialmente e fortalecer as relações entre os indivíduos de um grupo.

Concluiu Sophie Scott: "Esse mecanismo neural tão básico, que é encontrado também entre os macacos, certamente foi fundamental para estabelecer coesão dentro dos grupos sociais primatas."

Bem, depois de tudo o que já foi dito, pode-se fazer a pergunta: **quais são as quatro razões científicas para alguém sorrir?**

São elas:

**1ª Razão** – O sorriso faz bem à mente e ao corpo.

Foram os especialistas que chegaram a essa conclusão, notando o melhor funcionamento dos músculos faciais e abdominais, além de constatarem benefícios para os sistemas respiratório, cardiovascular e imunológico.

**2ª Razão** – O sorriso ajuda a eliminar tensões.

O sorriso é, comprovadamente, uma das formas mais eficientes de se comunicar.

De acordo com uma pesquisa recente, realizada pelo Instituto Brasileiro de Geografia e Estatística (IBGE), a comunicação entre os seres humanos acontece 93% de forma não verbal e somente 7% de forma verbal.

A pesquisa mostrou ainda que, ao sorrir, aproximadamente 17 músculos são trabalhados ao mesmo tempo, relaxando o corpo das tensões.

**3ª Razão** – Sorrir melhora a qualidade de vida da pessoa.

Psicólogos constataram que o sorriso é benéfico durante o tratamento de doenças mais graves, pois altera o estado emocional, o que proporciona o bem-estar e melhora a qualidade de vida.

**4ª Razão** – Sorrir aumenta a atividade no organismo.

Pesquisadores chegaram a conclusões que apontam que o sorriso aumenta a produção e atividades no organismo das células NK (do inglês – ***natural killer***, ou seja "destruidor natural"), responsáveis por destruir vírus e até tumores presentes no organismo.

E mais: o sorriso está sendo utilizado como recurso de humanização no cuidado de pacientes em hospitais do mundo todo!!!

Seguramente, em nenhum livro, na sua introdução, alguém apresenta algumas piadas, mas aqui, elas têm um tom didático, pois cada uma, à sua maneira, vai explicar o conteúdo do livro, que quer justamente separar o que há de bom, de **ruim** e de **interessante** nas piadas, no **bom** humor e no riso decorrentes deles. Aí vão elas:

### 1ª) Assim qualquer um fica louco!!!

*Junto ao corpo de um suicida, a polícia encontrou a seguinte carta: "Senhor delegado, não culpe a ninguém pela minha morte. Deixo esta vida hoje porque um dia a mais eu acabaria louco. Explico-lhe:*

*Tive a desgraça de casar-me com uma viúva a qual tinha uma filha (se soubesse não teria me casado).*

*Meu pai, para maior desgraça, era viúvo, enamorou-se e casou com a filha da minha mulher. Resultou daí que minha mulher se tornou sogra de seu sogro, minha enteada ficou sendo minha mãe, meu pai era ao mesmo tempo o meu genro.*

*E por algum tempo minha filha trouxe ao mundo um menino, que veio a ser meu irmão. Com o decorrer do tempo minha mulher também deu à luz a um menino que, como irmão de minha mãe, era cunhado de meu pai e tio do seu filho, passando minha mulher a ser nora da sua própria filha.*

*Eu, senhor delegado, fiquei sendo pai da minha mãe, tornando-me irmão do meu pai. Minha mulher ficou sendo minha avó, já que é mãe da minha mãe e, assim, acabei por ser avô de mim mesmo."*

*O delegado acabou de ler e **se matou também**!!!*

## 2ª) Liberou-se criativamente...

Quatro amigos sempre iam para uma pescaria no Carnaval.

Porém este ano, a mulher do Beto não acreditou nessa história e vetou a ida dele.

Desapontado, ele contou isso aos seus companheiros.

Quando os outros três estavam já descansando ao lado da barraca recém-montada, eis que aparece Beto.

– Cara, como foi que você convenceu a patroa?

– Ontem à noite, depois de ler Cinquenta Tons de Cinza, ela me mandou algemá-la e amarrá-la à cama, e depois, me disse:

– Faça tudo o que quiser...

– Daí eu vim pescar!!!

## 3ª) Os vários tipos de sogra

**Sogra tranquila** – Nome científico: *Sogronis nadelas*
Uma espécie bem resolvida. Deixa o filhote livre para namorar sem fazer perguntas. E ainda serve chá com biscoitos quando a(o) conhece. Migra várias vezes por ano, deixando a casa liberada.

**Sogra jararaca** – Nome científico: *Sogronis peçonhentus*
Essa é um perigo. Sua língua venenosa acaba com as tentativas de namoro do filhote. Esse é o tipo mais comum.

**Sogra querida** – Nome científico: *Sogronis simpaticcus*
Espécie amorosa, que adota os enamorados, escuta seus problemas e torce pelo namoro. Rara e em extinção, quem captura não solta.

**Sogra intrometida** – Nome científico: *Sogronis enxeridis*
Se mete em tudo quando você menos espera e adora elogiar a(o) ex-namorada(o) dele(a). Vence sua presa no cansaço. Costuma ir morar com seu filhote quando ele(a) se casa.

**Sogra dupla face** – Nome científico: *Sogronis falsidis*
Faz uma tremenda encenação, mas na real quer puxar seu tapete. Nunca faz nada contra você perto do(a) filhão(ona) para que ele(a) não acredite nas suas reclamações. Dê presentes ou arrume um macho para ela voltar a reproduzir.

**Sogra fashion** – Nome científico: *Sogronis modernetes*
Ela não quer saber quem é você, mas o que você veste. Se você for básica, já era. Para ela, a nora ideal usa scarpin com meia, customiza o uniforme e faz artesanato com o copo de requeijão.

**Sogra trabalhadora** – Nome científico: Sogronis workaholic
Ela tem três empregos, faz hidroginástica, adora levar trabalho para casa e quando você aparece te põe para trabalhar. Para ela, nora ideal tem que fazer tudo o que ela faz e ainda estar sempre sexy e bem-humorada. Para o filhote dela isso é o mínimo.

**Sogra ideal** – Nome científico: Sogronis defuntus
Está enterrada há pelo menos 7 palmos do chão.

### 4ª) A vingança da empregada

A família estava almoçando reunida, quando a dona da casa deu uma boa chamada na empregada:
– Maria, não gostei desta comida. Está horrível! Acho que até eu sou melhor do que você na cozinha.
E a empregada, cansada das reclamações da patroa, responde:
– É, pode ser. Mas a senhora fique sabendo, que eu sou bem melhor do que a senhora na cama!
– O quê? Mas o que é isso? E olha cheia de raiva para o marido, dizendo:
– Sinfrônio, seu cachorro! Não acredito que você...
E a empregada interrompe ligeiro, falando:
– Calma, madame. Quem disse isso foi o motorista!!!

### 5ª) Paçoquinha

Joãozinho chega ao padre e fala:
– Padre, quero confessar.
– Confessar o que menino?
– Xinguei o meu pai e comi paçoquinha.
– Mas comer paçoquinha não é pecado!
No mesmo dia, um pouco depois, vem o Pedrinho que fala:
– Quero confessar.
– Confessar o quê?
– Xinguei o meu pai, bati no Joãozinho e comi paçoquinha.
– Mas comer paçoquinha não é pecado!
No mesmo dia, chega Carlinhos e fala:
– Padre, quero confessar!
– Confessar o quê?
– Xinguei o meu pai, bati no Joãozinho, bati no Pedrinho e comi paçoquinha.

— Mas comer paçoquinha não é pecado!!! – disse o padre perdendo a paciência que lhe restava.
Dali a pouco chega uma menina.
O padre pergunta:
— Olá menina, qual é o seu nome?
— O meu nome é Paçoquinha.
O padre desmaiou!

## 6ª) O SOGRO, A SOGRA E A MULHER

Um curioso estava à porta do cemitério quando viu entrar três caixões e, logo atrás, um tipo muito bem vestido com um "cachecol" de gesso ao pescoço.
Curioso como era, chegou perto do tipo e perguntou:
— Quem é o sujeito do primeiro caixão?
— Esse era o meu sogro, que Deus o tenha. Era podre de rico. Tinha muitos milhões de reais no banco e propriedades no interior.
— E no segundo caixão?
— A minha sogra, coitada. Herdou uma enorme fortuna da família. Já era muito rica antes de se casar.
— E no último?
— Era a minha mulher, que descanse em paz. Era filha única, herdeira única coitada, morreu...
— Ah, agora entendi. Você também estava no carro quando ocorreu o desastre. Por isso está com o pescoço engessado.
— Você está doido ou o quê? Deus me livre! Eu só mandei fazer este artefato horroroso para ver se consigo parar de rir, pois agora tudo é meu, pois estou em regime de comunhão de bens.

Um rápido comentário sobre essas piadas:
Na primeira, ela é tão "engraçada" que acaba confundindo qualquer pessoa, não é?
A segunda indica uma necessidade de saber o que estava escrito no livro, caso contrário, fica difícil ficar surpreso.
Na terceira, procura-se através de denominações sarcásticas, humilhar a sogra, e aí tudo depende da redação para que se ache algo engraçado, não é?
Na quarta, tem-se uma piada sexista, que naturalmente envolve o *marketing*.

## ᴪ INTRODUÇÃO ᴪ

Na quinta, realmente "brinca-se" com a inteligência de um padre. Não esqueça: quem capta rapidamente a possível ambiguidade demonstra a sua perspicácia, que na realidade evidencia a sua inteligência.

Na sexta, temos uma típica piada de humor negro.

Pois é, aí está uma amostra do que vai se apresentar no texto. **Divirta-se!!!**

"O que não pode acontecer é você ficar chateado(a), viu?"

# Bom humor que é engraçado, prazeroso e energizante

## 1.1 – LIMITES DO HUMOR – O QUE É HUMOR?

Para muitos de nós, humor é sinônimo de ser **engraçado**. Alguém que conta uma piada ou nos faz rir é considerado bem-humorado, e ter um senso de humor significa ser rápido em reconhecer uma piada ou compartilhar uma história divertida. No entanto, um exame mais atento mostra que o humor não é sempre tão simples.

» Por exemplo, por que algumas piadas são hilariantes para alguns, mas grosseiramente ofensivas para outros?

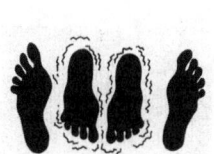

"Essa é a sua primeira vez?"

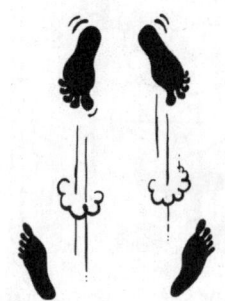

"Não se preocupe, pois o doutor disse que nesse estágio provavelmente não é contagioso."

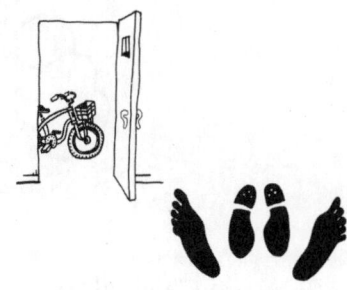

"Nossa, eu só esperava receber uma gorjeta de R$ 10 pela entrega!!! Foi demais!!!"

» Por que os vilões riem quando estão conquistando o mundo, ou as crianças riem quando lhes fazem cócegas?

» Por que é que quando eu caio em um bueiro é engraçado, mas quando ocorre a mesma coisa com você, é trágico?

Sob certas circunstâncias, quase qualquer coisa pode nos fazer rir, razão pela qual o humor deve ser considerado um processo e não uma visão ou um comportamento. Ele é o resultado de uma batalha em nosso cérebro entre os sentimentos e os pensamentos, uma batalha que só pode ser compreendida ao se reconhecer o que causou o conflito.

O humor, especialmente o **humor ofensivo**, tem suas particularidades. As pessoas têm limites diferentes para o que consideram ofensivo e variam muito nas suas respostas quando esse limite é ultrapassado. Às vezes, até uma **piada obscena** contada para uma plateia cautelosa com narrativas ofensivas, pode ter sucesso!?!? Isso ocorre quando não se procura ofender com a piada obscena, mas sim questionar o que significa ser ofendido em primeiro lugar. Aí o humor obsceno desafia as normas aceitas e nos faz rir, não a despeito de sua depravação, mas por causa dela.

"Cuidado com o humor sarcástico ou diabólico!?!?!"

Bem, o humor serve também a uma importante função social, ajudando-nos a lidar com a dor (assunto tratado no capítulo 3). Ele também pode ser uma consequência de vivermos em uma sociedade, auxiliando-nos a lidar com nossas diferenças de forma mais madura do que como nossos antepassados faziam.

Na sociedade moderna, o humor é usado para auxiliar as pessoas a lidarem com a raiva e a dor associadas com a tragédia, bem como a integrar (ou assimilar) opiniões conflitantes sobre indivíduos populares ou com cargos superiores aos da maioria das pessoas.

É obvio ver o valor do humor nestas situações difíceis, assim como é fácil entender como os médicos (ou advogados), por vezes, riem de seus pacientes (ou clientes) mais indefesos.

O humor não tem que ser cruel, também não tem que ser doloroso. Às vezes, é simplesmente a única forma disponível de reagir.

- Até onde o humor pode ir?
- Vale gozar a religião ou a nacionalidade dos outros? Isto é humor sarcástico?
- E quanto às piadas francamente racistas, sexistas e homofóbicas?
- E o que falar do humor negro?

De uma maneira geral, enquanto o alvo das pilhérias forem as instituições e até mesmo certos grupos, pode-se dizer que elas são aceitáveis...

Entretanto, isso já fica mais difícil de tolerar quando a vítima é uma pessoa física específica, hipótese na qual não são atualmente poucos os casos de surgimento de **processos** fundamentados em ações contra aqueles que denigrem o caráter ou a inteligência de um ser humano, reivindicando reparos por danos morais.

Não se pode de forma alguma ver o humor como sendo um aspecto sem significado, ou seja, menor monta na nossa vida.

Isso porque ele desempenha, atualmente, múltiplas funções sociais, algumas delas bem importantes, apesar de não serem tão evidentes, ou melhor, visíveis.

O filósofo Henri Bergson, há muito tempo, destacou que o temor de tornar-se objeto de riso das outras pessoas reprime as excentricidades mais salientes de um indivíduo.

Já o psicólogo revolucionista Steven Pinker atribui aos gracejos a propriedade de **azeitar** as relações sociais. Ou seja, o tom de brincadeira nos permite comunicar de modo amigável a um interlocutor uma mensagem que, de outra forma, poderia até ser interpretada como hostil.

Aliás, dessa maneira, pode-se não apenas evitar o conflito como ainda dar início a um excelente relacionamento.

Talvez, mais importante ainda, o humor é uma formidável arma que os mais fracos podem usar contra os mais fortes.

De fato, o riso coletivo é capaz de sincronizar reações individuais, o que o torna profundamente subversivo.

No tempo em que o comunismo predominou na União das Repúblicas Socialistas Soviéticas (URSS) e nos países do leste europeu, que eram seus satélites, só através das piadas é que as pessoas conseguiam revelar seu descontentamento com o regime sem expor-se em demasia, e foram elas que contribuíram decisivamente para a derrocada dele.

Agora, todo aquele que não gostar de uma piada sempre pode protestar, dizendo que não teve graça ou até replicar com alguma outra que permita caçoar de quem contou a primeira pilhéria.

Esse é o caso da piada do **balonista**.

Um sujeito intrépido e ambicioso se meteu a voar em um balão mesmo sem ter grande experiência em pilotagem.

Para seu azar, foi logo colhido por um vendaval e levado a um local remoto e desconhecido.

Já não tão longe do solo, gritou para uma pessoa lá embaixo: "Onde estou?"

A resposta foi: "Você está a 12 m de altura do solo, dentro de um balão!!!"

"Você, pelo jeito, é estatístico ou contador", disse irritado o balonista.

"Sua resposta é perfeitamente precisa e absolutamente inútil para mim", completou o aventureiro.

E aí retrucou o indivíduo no solo: "E você, obviamente, é um economista. Não sabe como veio parar aqui, não consegue chegar aonde quer e já começou a brigar com a estatística."

Esse é o tipo de anedota que ofende de certa forma a categoria profissional dos economistas, se bem que não é dirigida especificamente a algum deles, que só faz previsões desastrosas (ou otimistas) sobre a economia, e que frequentemente não ocorrem...

Por exemplo, o cartunista norte-americano Gary Larson pode ser caracterizado como alguém que desenvolveu muito o **humor sarcástico**.

A sua grande paixão sempre foi a ciência, especialmente a que se referia ao mundo animal.

Na infância, gostava de brincar mais com rãs, cobras, aranhas etc., em vez de se envolver tanto com cães e gatos.

Formou-se em Zoologia pela Universidade Estadual de Washington, dos Estados Unidos da América (EUA), e logo ganhou fama internacional com a sua série de cartuns *The Far Side* (*O Lado mais Distante*) que passou a desenhar profissionalmente para o jornal *San Francisco Chronicle*, em 1979, o que fez por quase 15 anos quando resolveu se dedicar apenas aos seus cães (!?!?), às leituras científicas e à velha guitarra.

O seu retiro não durou muito...

O interesse pela biologia o levou de volta à prancheta, na qual produziu uma engraçada história que publicou com o título *There's a Hair in My Dirt! A Worm's Story*, e também no Brasil, com o título *Tem um Cabelo na Minha Terra! Uma Hist*ória de Minhoca, no qual tudo começa alguns centímetros do solo, quando um filhote de minhoca, durante um jantar em família, descobre um **fio de cabelo** no seu **prato de terra**.

"O notável cartunista Gary Larson desenvolveu muita coisa engraçada apoiado nas caricaturas de bichos."

Isso serve para reforçar sua péssima autoestima de invertebrado.

Nesse livro, Gary Larson enfatiza como a vida no mundo natural é dura, e que a cadeia ecológica se apoia no princípio da exploração mútua, destacando: "Não conheço um só caso em que alguma espécie de planta ou animal ofereça espontaneamente o sustento a outra sem algum benefício em troca."

O famoso pesquisador norte-americano de formigas e da biodiversidade Edward O. Wilson apelidou Larson de "Esopo das ciências biológicas", referindo-se ao autor das fábulas na Grécia Antiga.

A famosa pesquisadora dos chimpanzés, Jane Goodall, tornou-se uma fã confessa do artista.

Se você gosta de humor sarcástico, de alguma forma consiga algum livro desse cartunista, pois realmente o que ele produziu foi incrível!!!

Do **humor negro**, talvez um exemplo real seja a declaração de Clarence Ray Allen, o mais velho prisioneiro do corredor da morte no Estado da Califórnia (EUA), que foi executado em 17/1/2006 na prisão de San Quentin, após o fracasso das últimas apelações feitas à Justiça.

Clarence Ray Allen já estava cego, usava cadeira de rodas e sofria de diabetes e problemas cardíacos. Ele foi condenado à morte por encomendar o assassinato de três pessoas em 1980, enquanto cumpria pena de prisão perpétua na penitenciária de Folsom, também na Califórnia, por outro homicídio.

O governador da Califórnia, o ex-ator Arnold Schwarzenegger, não indultou Allen, apesar de sua saúde frágil, porque seus crimes foram cometidos quando ele tinha 50 anos.

Em declaração escrita e publicada, Schwarzenegger explicou sua decisão. Segundo ele, os crimes de Allen refletem "as decisões calculadas e frias de um homem maduro".

Bem, Clarence Ray Allen também deixou uma última declaração, em que se despediu de sua família e de seu vizinho de 20 anos no corredor da morte. Nela, o prisioneiro de ascendência indígena disse: "Minhas últimas palavras são: '*Hoka hey*', hoje é um bom dia para morrer."

Como se vê, Allen não deixou de ser espirituoso até nos últimos momentos de sua vida...

**O humor permite reduzir a dor**

Conta-se que houve um acidente com uma pessoa, uma mulher que caiu e se machucou muito, ou seja, estava com dois ossos do braço e outros três da perna quebrados, sendo um deles, espante-se, uma **fratura exposta**.

Pois bem, ela, após cair de uma escada, não parou de **rir durante quase cinco horas** (!?!?) esperando a chegada do atendimento médico.

Mais tarde, a mulher explicou: "Sou doutora em medicina e odontologia e agi assim para renovar o meu estoque de endorfina e isso me possibilitou chegar ao hospital, praticamente, sem sentir dor nenhuma."

Essa mulher utilizou um jeito bem-humorado de encarar a adversidade, o que inclusive a ajudou a abreviar o seu tratamento, pois tirou o gesso um mês antes do previsto e dispensou as drogas contra a dor.

A justificativa é que realmente o bom humor estimulou a **produção de endorfina** – um analgésico natural que fortalece a imunidade à dor.

É que as risadas aumentam o número e a atividade das células NK (do inglês – *natural killers*), um tipo de linfócito capaz de identificar e destruir vírus e até tumores.

Basta você assistir a um vídeo divertido por 30 min para aumentar os níveis de imunoglobulina A, um tipo de anticorpo presente na saliva com o poder de afastar resfriados e gripes.

Até o coração sai ganhando, pois gente bem-humorada produz mais serotonina, um neurotransmissor que dificulta a aderência de plaquetas capazes de formar coágulos, que representam um grande perigo para as artérias.

A ideia de que o bom humor está diretamente relacionado à saúde não é metafísica, mas sim uma **realidade**.

Mas o que é, afinal, o bom humor?

Um de seus sinais é o **riso**, mas isso **não é tudo**.

Para a psiquiatria, a pessoa bem-humorada é aquela que mais sabe se adaptar às situações embaraçosas, às mudanças na vida profissional, sem tanto sofrimento com tudo isso.

Já está comprovado que essa gente – bem-humorada – produz menos cortisol e adrenalina, os hormônios do estresse, verdadeiros venenos a longo prazo, porque elevam a pressão arterial.

Infelizmente, o bom humor depende em parte da genética, mas também pode ser desenvolvido com um esforço pessoal para encarar tudo de maneira mais leve.

A ciência já provou que a vida não é boa nem ruim!!!

A visão que temos dela é o que a torna melhor ou pior.

Nesse sentido, podemos até achar que as pessoas bem-humoradas são as que decidem enxergar a vida sempre por uma ótica prática.

Para alguns especialistas, a risada não é só consequência, mas a fonte do bom humor.

Portanto, mesmo que você não tenha muitos motivos para isso, **procure rir**, porque em poucos segundos uma risada forçada acaba se tornando uma risada verdadeira ou natural.

Os efeitos no corpo são imediatos. Com o riso, a pressão sanguínea se normaliza e a tensão muscular e a dor diminuem.

Aliás, o médico indiano Madan Kataria acreditou tanto nessas reações que deixou a medicina tradicional e em 1995 fundou o primeiro Clube da Gargalhada, onde as pessoas se reúnem apenas para... adivinhe para o quê?

Sim, para **rir**!!!

Hoje existem cerca de 8.000 clubes desses em mais de 70 países.

No começo, Madan Kataria contava piadas para estimular as gargalhadas, então ele percebeu que o seu estoque de piadas se esgotou e a saída que encontrou foi forçar o riso por meio de **exercícios de respiração**.

Realmente, a risada acaba sendo como uma meditação intensa, pois você não consegue pensar em outra coisa.

Quem cultiva o bom humor, acha mais graça na vida, e isso acaba tendo tudo a ver com a felicidade.

Portanto, todos nós devemos tornar o ambiente à nossa volta – tanto o familiar, como o social e também no qual trabalhamos – o **mais alegre possível**.

O bom humor é essencial para podermos encarar a vida de maneira positiva.

O que lhe falta então para rir mais? Algumas piadas?

**Aí vai a melhor piada do mundo!?!?**

Vamos ver se com ela você aumenta o seu estoque de endorfina, noradrenalina (renova o ânimo e ajuda na concentração), serotonina (estimula o bem-estar, a autoconfiança e a autoestima) e dopamina (que lhe dá disposição e mais prazer).

Você está preparado para rir da **piada mais engraçada do mundo**, eleita como tal, após uma pesquisa com 2,5 milhões de internautas (é um *big data*, não é?)

Lá vai...

*Dois caçadores de Nova Jersey (esse é o paralelo para os norte-americanos, do estereótipo de alguém não muito inteligente, que infelizmente representa os portugueses nas piadas dos brasileiros, ou os ucranianos para os russos, ou ainda os nativos da Tasmânia para os australianos) estão no meio da selva quando um deles passa mal e cai duro no chão.*

*Desesperado, o outro liga para o serviço de emergência (imagine se alguém vai caçar no século XXI sem levar o seu smartphone!).*

*"Acho que meu amigo morreu, o que eu faço?", diz o caçador.*

*"Calma, calma", responde o atendente. "Primeiro, certifique-se de que ele está mesmo morto."*

*Ouve-se um tiro de fuzil do outro lado da linha, e em seguida: "Tá bom, e agora?"*

Qualidades humorísticas à parte, essa piada exemplifica alguns pontos aparentemente universais do **humor humano**: o hábito de adotar outros grupos de pessoas como alvos de chacota, a busca pelo inesperado e a tendência de transformar problemas de interpretação em motivo de riso.

O neurocientista Scott Weems, da Universidade de Maryland, no seu livro *Ha! The Science of When We Laugh and Why* (algo como: *Ha! A Ciência de Quando e Por que Rimos*), apresenta um bom resumo de suas conclusões da "**humorologia**", ou seja, da sua "investigação científica do humor".

Destaca Scott Weems: "O riso e o senso de humor, em geral, são mecanismos que cérebros complexos como o nosso desenvolvem para **resolver contradições** e, de quebra, obter **prazer**.

Quando alguém ri, acaba fazendo uma espécie de ginástica mental natural.

É por isso que o bom humor favorece a cognição e, assim, ele acaba sendo uma espécie de '**aquecimento**' para pensamentos mais profundos.

Aliás, os mesmos processos mentais que nos ajudam a compreender as ambiguidades que se apresentam nas piadas, também estão envolvidos para se resolver problemas sociais e até filosóficos complicados.

Não é à toa, portanto, que tudo indica que existe uma associação considerável entre a **capacidade de produzir humor de qualidade** e a **inteligência**, ou seja, pesquisas indicam que os sujeitos **engraçados** costumam ser **inteligentes**.

Foi isso que me atraiu para o humor como área de estudo. Ele parece estar ligado a diversos outros fenômenos mentais importantes, como: criatividade, *insights* (lampejos) e solução de problemas."

Bem, essa associação apontada por Scott Weems está realmente presente até nos níveis mais básicos do funcionamento do cérebro.

Ao perceber ou "sacar" uma piada, a pessoa ativa o sistema de recompensa do cérebro, o mesmo que entra em ação quando resolvemos um problema ou temos prazer com algo, como **comida** ou **sexo**.

As estruturas cerebrais ligadas ao humor também são pistas interessantes de como ele atua sobre a mente. São basicamente áreas ligadas ao gerenciamento das emoções e à compreensão de conflitos lógicos.

Por isso, humoristas hábeis são, em geral, os que sabem tirar seu público da "zona de conforto" e fazê-lo pensar de um jeito diferente.

Piadas "boazinhas" demais raramente são engraçadas.

Aí vão algumas curiosidades sobre o humor:

1. Parece que existe algo de alegria específica no mundo animal, e pesquisadores estão chegando à conclusão que equivalentes do riso humano **existem** em chimpanzés, ratos, cães, papagaios e até em pinguins.

2. Observou um primatologista que a fêmea do chimpanzé Washoe aprendeu rudimentos da linguagem dos sinais dos deficientes auditivos com seu dono e aí, um certo dia, fez xixi nos pés dele e fez o sinal de "**engraçado**" com as mãos !?!?

3. Uma pesquisa feita *on-line,* com quase 2 milhões de respostas de pessoas que avaliaram piadas, indicou que o tamanho ideal de uma piada por escrito é de aproximadamente **103 palavras**.

4. Em geral, as pessoas acham que o animal mais engraçado é o **pato**!!!

5. Alguns estereótipos nacionais de humor são os seguintes: os alemães acham quase todos os tipos de piada igualmente engraçadas; os norte-americanos já se divertem mais com piadas que incluem insultos ou ameaças de agressão. Os britânicos, por sua vez, preferem as piadas mais absurdas. Tudo indica que os cérebros dos britânicos aparentemente acham mais graça quando se apresentam contradições malucas criadas pelas piadas.

6. Fenômenos de riso contínuo patológico e até contagioso são raros, porém acontecem. Assim, em 1962, verificou-se uma epidemia de riso que afetou os adolescentes da Tanzânia e se espalhou por centenas de "vítimas" ao longo de vários meses.

7. Existem indícios de diferenças sutis na maneira com que os sexos lidam com o humor. Mulheres tendem a rir mais facilmente de piadas, especialmente quando estão juntas; e os homens já são mais exigentes e têm mais chance do que as mulheres de virarem comediantes!!!

Quem será que vai rir mais dessas representações simbólicas criadas pelo notável Ziraldo?

a) AE

b) XX

c) E

d) ┌•

Respostas:
a) Adão e Eva
b) Sexualidade
c) Erotismo
d) Impotência

## 1.2 – OS EFEITOS DE UMA PIADA

Estudos indicam que, na média, nós rimos umas **18 vezes** por dia (você acha que ri mais do que isso? Legal!!!).

Entretanto, a variação entre as pessoas é grande, por isso, inclusive, depende muito do ambiente em que a pessoa trabalha, vive e como passa o seu tempo de descanso ou lazer.

As mulheres riem mais do que os homens (!?!?), mas são **piores contadoras de piadas**. E, à medida que envelhecem, elas tendem a rir menos, o que não acontece com os homens.

Também preferimos – todos – rir à tarde e no início da noite!!!

Um bom estoque de informações, como as relatadas há pouco – além daquela que foi considerada a piada mais engraçada do mundo.

Claro que o livro tem também as suas trivialidades, mas apresenta muitas coisas interessantes sob diversos aspectos, quando faz um apanhado de como estão evoluindo os estudos sobre o humor, um campo que apenas engatinhava 30 anos atrás, e hoje, já existem sociedades ou comunidades com foco no humor e diversas revistas e canais de televisão dedicados especialmente ao tema.

O autor propõe, inclusive, um modelo bem diferente para compreender o humor, que seria um subproduto da forma como nosso cérebro processa as dezenas de informações conflitantes que recebe a cada instante.

Embora as pessoas gostem de imaginar que usam a lógica para avaliar as evidências e tirar uma conclusão, os trabalhos neurocientíficos recentes sugerem que a nossa mente é o resultado de uma cacofonia (sequência silábica intervocabular que provoca um som desagradável) de módulos e sistemas atuando em rede.

Vence aquele módulo que grita mais.

Frequentemente, o nosso cérebro aproveita essa confusão para, da complexidade, produzir ideias novas e criativas.

Quando essas ideias atendem certos requintes, como provocar surpresa e apresentar algo que pareça, ainda que vagamente, uma solução para o conflito, achamos **graça**

"Você vai achar graça se esse exame acontecer consigo?"

e sentimos **prazer**, que vem na forma de uma descarga de dopamina, o mesmo neurotransmissor envolvido no vício em drogas e no aprendizado.

Portanto, fundamentalmente, o humor é o **resultado inspirado** na nossa maneira de lidar com complexidades, ambiguidades e fatos aparentemente desconexos.

O que deixa muitas pessoas curiosas é a questão: **de onde vêm as anedotas?**

É muito difícil que uma anedota tenha um inventor, se bem que muitas expressões ou frases muito inteligentes, sarcásticas e bem-humoradas tenham autores.

As anedotas, na sua maioria, são anônimas.

Parece até que surgem do nada, aparentemente autogeradas.

Quem conta uma anedota sempre a ouviu (ou leu) de outro (em algum livro, revista ou jornal), que a ouviu de outro, que a ouviu de outro, que não se lembra de onde ouviu ou leu.

Assim, conclui-se que se contar anedota fosse crime, a sua repressão seria talvez a mais difícil de todas...

Os humoristas profissionais, na realidade, não fazem a maioria das anedotas. Eles contam piadas, dizem frases engraçadas, descrevem cenas hilariantes e narram histórias divertidas.

Entretanto, as anedotas que correm o País, agora com uma velocidade incrível nas redes sociais, não são deles!?!?

Explica o bem-humorado e culto escritor Luis Fernando Veríssimo: "Uma boa anedota, geralmente tem o rigor formal de um teorema: exposição, desenvolvimento, desenlace.

Ela varia muito de acordo com quem a conta. Grande parte do sucesso de uma anedota depende do estilo de quem a relata.

No Brasil, temos contadores de anedotas eméritos. Mas, também temos casos pungentes de grandes contadores que, com o tempo, perderam sua habilidade até chegarem ao vexame de, um dia, esquecerem o fim de uma anedota.

Isso se transforma em algo ridículo, é um vexame para o contador quando diz: 'Espera, como é mesmo? Já me vem...'

Pior do que esquecer o fim da anedota é só se lembrar do fim dela.

E aí o contador diz: 'Como é mesmo aquela? E a que termina com o homem dizendo para o índio que ele podia ficar com o escalpo, mas que deveria devolver-lhe a peruca...'

Há quem diga que todas as anedotas são variações sobre dez situações básicas que não mudam há séculos.

Deus, depois de dar a Moisés a tábua com os Dez Mandamentos, o teria chamado de volta e dito: '**E esta é a das anedotas**.'"

Geralmente, nos países com regimes ditatoriais ou pseudoditatoriais, onde predomina o medo e uma forte censura, o humor, a crítica principalmente aos mandatários praticamente inexiste.

Assim, conta-se que, preocupado com a imagem de sombria falta de graça do regime comunista, o temido ditador Josef Stalin, teria formado um Ministério de Humor para incentivar a produção de anedotas em todo o território da URSS para alegrar um pouco o seu povo.

Vários ministros tentaram, mas não conseguiram fazer com que surgissem boas anedotas, e por isso foram mandados para os campos de concentração na Sibéria, por terem fracassado.

Finalmente, um ministro acertou, pois criou um concurso, com promessas de prêmios para as melhores piadas com fins de semana no mar Negro, em apraíveis *resorts,* próximos de Sochi, para os vencedores, provocou o surgimento de uma onda de anedotas, todas contra Stalin, que tiveram grande aceitação popular.

E assim, o ministro **escapou** de ser mandado para a Sibéria por **ter fracassado**. Mas foi mandado para a **Sibéria** por ter **promovido** um **surto** de anedotas sobre o Stalin!?!?

Há quem esteja convencido de que a anedota continua sendo uma grande manifestação de **inteligência clandestina** que mantém vivo o espírito crítico – o que não justifica que ela seja estudada com rigor acadêmico, pois isso lhe tiraria toda a graça.

Mas quem quiser ter outro ponto de vista do que realmente pensavam os brasileiros a respeito dos seus líderes, desde os tempos de dom Pedro I, deve recorrer às anedotas que se contavam sobre eles e não na história oficial.

E você, o que acha de encarar ou chegar à realidade através de uma piada?

"Você colocaria esse cartum na categoria de humor negro?"

## 1.3 – RISO É UMA AÇÃO FÍSICA

» Você acha que o riso é um tipo de exercício físico?

Pois é, essa pergunta, ou melhor, essa dúvida desencadeia um estudo sobre o **riso** e também sobre a **dor**, no qual se procurou compreender melhor como nossos corpos e emoções podem estar entrelaçados.

Sobre este assunto, no final de 2012, pesquisadores da Universidade de Oxford (Grã-Bretanha) publicaram um interessante estudo no periódico *Proceedings of the Royal Society*, sobre os resultados com os voluntários que eles fizeram rir.

Bem, a maioria das pessoas pensa no riso como uma reação a algo engraçado, ou seja, uma **emoção**. Porém, o riso é fundamentalmente uma **ação física**!!!

Robin Dunbar, professor e pesquisador do Instituto de Biologia Evolutiva e Cognitiva da Universidade de Oxford, Reino Unido, que comandou esse estudo, explicou: "O riso envolve a exalação repetida e forçada de ar dos pulmões. Assim, os músculos do diafragma têm de trabalhar com força.

Aliás, quando o riso é prolongado, pode ser doloroso e exaustivo, como um exercício físico intenso.

Para chegar a essas conclusões, fizemos os voluntários assistirem, tanto sozinhos como em grupo, a uma série de videoclipes que eram cômicos ou documentários factuais.

Antes disso, porém, os voluntários se submeteram a testes que **mediram seus limites de dor**.

Foi computado o tempo que eles conseguiram tolerar o aperto de um aparelho de pressão sanguínea ou o frio de um invólucro congelado.

*"Procure rir bastante no seu dia a dia, porém de forma equilibrada."*

Tomamos a decisão de introduzir a dor, pois dela deriva um dos mais conhecidos efeitos do exercício intenso, isto é, **faz o corpo liberar endorfina**, o que desempenha um papel crucial na administração da dor e por induzirem uma sensação de calma e bem-estar.

É difícil estudar diretamente a produção de endorfina, já que grande parte da ação ocorre dentro do cérebro em funcionamento e exige uma punção lombar para ser monitorada.

Foi por isso que recorremos aos limites para aguentar a dor, uma mensuração indireta da produção de endorfina. Dessa maneira, se o limite de dor de uma pessoa aumenta, ela deve estar com um alto nível de analgésicos naturais.

Nos nossos experimentos, os limites de dor **aumentaram** depois que as pessoas assistiram a **vídeos engraçados, mas não depois que viram documentários factuais**."

Quando as pessoas riam, essa reação física podia ser facilmente quantificada pelos cientistas com seus monitores de áudio, além, obviamente, de observarem e ouvirem os voluntários dando gargalhadas.

Quando os músculos abdominais dos voluntários se contraíam, os níveis de endorfina aumentavam, e tanto seus limites de dor como sua sensação geral de prazer **cresciam**.

Em outras palavras, era o **ato físico de rir** que promovia, pelo menos parcialmente, o prazer de assistir à comédia.

Os autores do estudo explicaram: "A sensação aumentada nesse contexto, provavelmente, deriva do modo como o riso provoca a absorção de endorfina. Aliás, no nosso estudo constatamos também que as pessoas riam com mais facilidade e gosto quando assistiam aos vídeos cômicos em grupo do que quando estavam sozinhas.

Foi aí naturalmente que concluímos que os limites de dor aumentavam bastante depois das sessões 'humorísticas' feitas em grupo.

Deve-se, entretanto, ressaltar que o **riso forçado** não produz as mesmas sensações, pois ele não envolve a série de exalações repetidas e desinibidas que são necessárias para produzir o efeito da endorfina."

Portanto, o que se pode finalmente concluir é que com o **riso**, assim como no **exercício físico**, parece que não há realmente **nenhum progresso** sem um **pouco de dor**...

Cada vez que uma pessoa ri, é como se tomasse um milagroso remédio.

Segundo médicos e cientistas, o riso é capaz de reduzir o estresse, baixar a pressão arterial, estimular o sistema imunológico, melhorar a atividade cerebral e até mesmo proteger o coração.

Talvez seja por isso mesmo que uma pessoa ri, em média, **18 vezes por dia**!!!

Se pensar bem, a associação entre o humor e a saúde está presente até mesmo na nossa língua: não é à toa que falamos que as "**gargalhadas são contagiantes**."

O humor também é um antídoto para os aborrecimentos do dia a dia, como tentar "assimilar" os erros crassos e falhas estrondosas que cometem os nossos auxiliares mais próximos.

Até mesmo temas polêmicos, que dão margem a discussões veementes podem ser amenizados com humor.

E quando tememos alguma coisa, a **melhor solução é rir** para espantar o medo.

Por exemplo, dizemos que você vai se submeter a uma cirurgia bem radical que envolve o seu coração.

Você fica preocupado, nervoso. Não sabe se vai sair vivo dela. Então um amigo o puxa de lado e, procurando animá-lo, diz que você não precisa se preocupar, a menos que na sala de cirurgia, escute um dos seguintes comentários:

» "Espere aí, se isto aqui é o baço, então onde é que está o coração?"
» "Ei, Rex! Volte aqui seu vira-lata, isso não é sua comida."
» "Melhor não jogarmos isso fora. Pode servir para a autópsia!!!"

Como dizia o famoso comediante Groucho Marx: "**Uma risada é como uma aspirina, só que funciona duas vezes mais rápido.**"

Aí vão algumas piadinhas para que você possa compartilhar com seus amigos ou parentes, fazendo-os rir e, com isso, adiar a necessidade de eles recorrerem a remédios.

## 1ª Piada

Um jovem e o seu pai seguiam a religião sikh, assim, usavam sempre um turbante tradicional, sendo por isso frequentemente alvos de comentários e perguntas.

Certa vez, em um restaurante, uma criança olhou impressionada para o adulto, tomou coragem e lhe perguntou:
– Você é um gênio?
A mãe dela ficou vermelha de vergonha e pediu desculpas.
Mas ele não ficou ofendido, decidiu alegrar a criança.
– Não precisa se desculpar senhora. Sim, eu sou um gênio, e posso lhe conceder três desejos.
Foi quando a mãe exclamou:
– Sério?!?!

## 2ª Piada

Uma mulher é atropelada e levada sem sentidos para o hospital.
O médico a examina e diz à enfermeira:
– Luxação na clavícula, escoriação e fratura no braço direito.
Enquanto a enfermeira anota, a mulher acorda e o médico lhe pergunta:
– Que idade a senhora tem?
– Trinta e cinco anos – ela responde.
E ele diz para a enfermeira:
– Acrescente aí: amnésia.

## 3ª Piada

– Qual é a sua idade?
Perguntou o juiz.
– Tenho trinta anos – respondeu a mulher.
– Há três anos, a senhora declara a mesma idade perante este juízo!
– É verdade meritíssimo! Não sou dessas pessoas que dizem uma coisa hoje e outra amanhã!?!?

## 4ª Piada

Dizia a cartomante para o homem:
– Na sua vida há uma linda morena que no passado o fez sofrer muito.

*No futuro, vejo uma loura que o fará sofrer muito mais...*
*– É a minha mulher! Ela pintou os cabelos!*

### 5ª Piada

*A garota reclama com a mãe sobre o cotidiano do namorado:*
*– Mãe, o Felisberto diz que não acredita em inferno.*
*– Case-se com ele minha filha, e deixe comigo. Eu o farei acreditar.*

E aproveitando a oportunidade, vale a pena enfatizar que o humor sempre se baseia num tantinho de verdade!!!

Você já ouviu alguma piada sobre sogro?

## 1.4 – O HUMOR LEVANDO AO CASAMENTO

Muitas pessoas se aproximam muito umas das outras, pelo resto da vida, através do casamento, e aí pode-se dizer que "garantem" a possibilidade de rir, pelo menos um do outro, não é?

Mas será que o casamento de fato aumenta a possibilidade de se incrementar o bom humor de uma pessoa ou pode, no fundo, tornar-se um grande aborrecimento?

Inicialmente aí vão algumas reflexões de pessoas famosas sobre o que pensavam do casamento.

Alexandre Dumas:
*"O casamento é um fardo tão pesado que precisa de duas pessoas para carregá-lo."*

Abraham Lincoln:
*"Um homem e uma mulher se casam porque não sabem o que fazer consigo mesmos."*

Oscar Wilde:
*"O único encanto do casamento é que ele torna a vida uma decepção absolutamente necessária para ambas as partes."*

Leonardo da Vinci:
*"Casamento é como enfiar a mão em um saco de serpentes na esperança de apanhar uma enguia."*

Friedrich Nietzsche:
*"O casamento põe fim a breves loucuras – sendo uma longa estupidez."*

Sophie Loeb:
*"Todos os homens nascem livres e iguais; se depois decidem se casar, a culpa é deles."*

Catherine Deneuve:
*"Não sou contra o casamento, mas não aceito que alguém se case apenas porque assim espera ter um filho."*

Lope de Vega:
*"Não é à toa que a diferença entre casado e cansado seja apenas uma letra."*

Isabelle y Silva:
*"O casamento é uma espécie de condenação. Casou, dançou."*

Zsa Zsa Gabar:
*"Maridos são como fogo. Apagam se não são alimentados."*

Mae West:
*"Para que casar e fazer um homem infeliz quando se pode fazer feliz a muitos."*

Provérbio holandês:
*"Casar-se uma vez é um dever, duas vezes é uma tolice, e três vezes uma loucura."*

"A exuberante Catherine Deneuve!!!"

Nessas condições, aqueles que se casaram pela quarta vez tiveram muita sorte de não terem sido colocados numa camisa de força e internados em hospícios.

Claro que vivemos no século XXI e hoje estão na moda os casamentos homossexuais, cujas explicações, ou melhor, as reflexões sobre eles só farei num livro novo, que sairá daqui a alguns anos...

Enquanto isso não acontece, vale a pena repetir o que Tiza Lobo escreveu no seu livro *Sob Nova Direção*, no qual duas personagens – Pit e Belinha – contam as suas desventuras e ansiedades sobre o casamento.

Assim, Pit explica os seus tipos de homem: "Andei pensando em adiantar as coisas para o meu lado e já providenciei o essencial.

Cataloguei os homens em três categorias:

1. Conservadores.

2. Modernos.

3. Pós-modernos.

Mas estou numa situação que não me permite escolher muito.

Se for um homem bonito, com um corpo sarado, se for viril, se tiver entre 35 a 45 anos, se tiver uma boa situação financeira, se tiver uma mãe que se torne uma ótima sogra e se me amar loucamente, tanto faz que se encaixe em qualquer uma das categorias acima.

Amigas, vou falar bem baixinho para que ninguém nos ouça, mas na minha idade, não dá para ser exigente.

Preciso me casar, pois isto será a confirmação do amor e o coroamento de um sentimento profundo que une duas pessoas.

É a formação da família com filhos, fraldas, chupetas, mamadeiras...

Jamais vou deixar de procurar meu verdadeiro amor, minha cara-metade, minha alma gêmea.

Em algum lugar, a criatura tem que estar.

Eu insisto e não desisto!!!

E isso baseado em recadinhos como:

WILLIAM SHAKESPEARE:
'Quando fala o amor, a voz de todos os deuses deixa o céu embriagado de harmonia.'

MARIO QUINTANA:
'Amar é mudar a alma da casa.'

VICTOR HUGO:
'O amor pouco engrandece as almas; e quem sabe amar, sabe morrer. Não há pérola semelhante ao amor.'

EMILY DICKINSON:
'Tudo o que sabemos do amor é que o amor é tudo o que existe.'

BERTRAND RUSSELL:
*'Temer o amor é temer a vida, e os que temem a vida já estão meio mortos.'*

Portanto, jamais se deve desistir de procurar o verdadeiro amor. Ele está escondido em algum lugar.
É só procurar, procurar, procurar e esperar, esperar e esperar...
A esperança é a última que morre."

Mas aí, a outra personagem do livro, a Belinha, que procura explicar os seus cinco motivos para não se casar: "Andam falando por aí que sou uma mulher muito volúvel só porque me **casei quatro vezes**!!!
Não sou uma mulher volúvel. Sou uma mulher que pesquisa.
E cada casamento meu foi uma espécie de material de pesquisa.
Como é que vou saber se aquele homem será um bom marido sem experimentar?
Tenho que admitir que essas quatro experiências me provaram que o casamento é uma instituição **jurássica, ultrapassada**.
Vou justificar a minha teoria:

1. Não posso dormir com minha camiseta puída nem com minhas meias com furo no dedão (para mim, isso não é um grande problema, porque não sinto frio no dedão...).

2. Não posso dormir com minhas máscaras de creme para manter a pele limpa e jovem, a não ser que eu faça isso depois que o marido durma e a tire antes que ele acorde. Meu segundo marido dormia às duas da manhã e acordava quatro horas após. Depois de um tempo, precisei fazer tratamento para olheiras profundas...

"Noiva, querendo alcançar o pretendente que não quer mais casar..."

3. Toda vez que acordo, o banheiro está ocupado, porque ele tem que fazer tudo de uma vez só: banho, barba etc.

4. Quando consigo entrar no banheiro, tenho que baixar a tampa da privada e secar o chão, e ele ainda reclama só porque usei o aparelho de barbear dele.

5. Sempre tem que ter uma comidinha gostosa para ele quando chega.

Ora, francamente! Tenho lá cara de livro de receitas?"

Bem, quem quer se divertir com as desventuras de Pit e Belinha deve ler *Sob Nova Direção*!!!

Se tomar essa decisão, não esqueça de refletir sobre o que é dito nesse livro valendo-se da seguinte **matemática do amor**:

- Homem esperto + mulher esperta = Romance
- Homem esperto + mulher burra = Caso
- Homem burro + mulher esperta = Casamento
- Homem burro + mulher burra = Gravidez

## 1.5 – A IMPORTÂNCIA DO USO DAS PALAVRAS E O ALERTA DAS VAIAS!?!?

Note que quando algumas pessoas riem ao seu lado, a tendência é você **rir também**!!!

Estudos mostram que quando uma pessoa está sozinha, a possibilidade de ela rir é **muito menor** do que se ela estivesse acompanhada.

Por isso que se diz que o riso é **contagioso**.

E é por esse motivo que os canais de televisão criaram os auditórios, para que você, assistindo a um programa sozinho se sentisse mais confortável para rir, acompanhando a reação do público vendo o programa ao vivo e se esbaldando de tanto rir.

O ser humano que ri sozinho pode acabar se achando um tanto quanto tolo e até idiota. Aliás, o aplauso e as vaias podem ser incluídos na mesma categoria de avaliação.

O polonês Solomon Asch que fez diversos estudos importantes sobre a pressão social exercida por grupos, percebeu que num local com grande concentração de pessoas é bem provável que esta situação vá se alastrando até ficar **incontrolável**.

Porque será o "correto" quebrar as coisas.

As brigas de torcidas de futebol (e nos últimos anos tivemos muitas delas...) também podem ser analisadas sob este prisma.

O torcedor solitário é pacato e amistoso com os torcedores adversários.

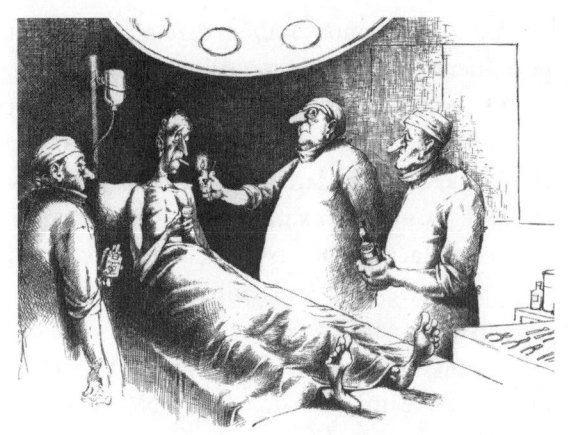

*"Apesar de todo esse 'conforto', parece que eles não têm mais nada para fazer..."*

Quando se junta a um grupo, pode ficar agressivo e violento, acabando por absorver este espírito do grupo, sendo capaz até de matar outra pessoa apenas por não torcer pelo mesmo time que ele!?!?

Salomon Asch pesquisou também o comportamento das pessoas nas eleições, em particular os indecisos que acabam votando naquele candidato que nas enquetes divulgadas têm mais probabilidade de ganhar, ou seja, aquele que tem a **maior aprovação do grupo**.

Desse jeito é que muitas pessoas deixam de comprar um produto, vestir uma certa roupa ou assistir a um filme ou programa de TV, porque não sentem que existe uma aprovação social para esse tipo de atitude.

À medida que elas percebem que muitas outras pessoas compartilham de seu gosto, também ficam mais à vontade e passam a adquirir ou ver o que antes tinham resistência de fazer.

Naturalmente, o contrário também ocorre, isto é, os seres humanos passam a consumir produtos e conceitos, mesmo sem estarem alinhados com sua filosofia de vida.

E o fazem apenas para estar "**na moda**", porque somente assim acham que compartilham as mesmas coisas com um determinado grupo admirado e se sentirão dessa maneira **parte dele**.

Alguns "heróis pioneiros", por exemplo, começam a usar uma roupa muito diferente, sendo frequentemente hostilizados e ridicularizados quando aparecem em público vestidos dessa nova forma...

Mas depois que isso vira moda, grande parte das pessoas passa a achar aquelas roupas atraentes, funcionais, diferentes etc., e também passa a adquiri-las e usá-las!?!?

Esses fenômenos também dizem respeito à influência do ambiente no comportamento e pensamento do ser humano.

O ser humano busca o convívio com outras pessoas para fugir da **solidão**.

A solidão é um sentimento massacrante e insuportável, e provavelmente se ele não existisse não faríamos grandes esforços para conviver com os outros que, via de regra, não **são exatamente como gostaríamos que fossem**, ou seja, se não fôssemos atacados por este imenso vazio quando estamos sozinhos, essa vontade implacável de compartilhar sentimentos e pensamentos, não conseguiríamos viver em sociedade.

Como nossa espécie foi programada para **viver em grupos**, a solidão nada mais é do que um aviso do nosso DNA de que se deve evitá-la...

Não se pode esquecer nunca de que quem sente alguma dor emocional, isto é sinal de que esta pessoa está fazendo algo "errado".

E assim, o sentimento de solidão é um alerta da natureza pedindo que sejamos um pouco mais pacientes, flexíveis e menos exigentes em relação aos outros.

A solidão também pode ser massacrante, pois perdemos qualquer perspectiva de referência e **precisamos da opinião dos outros** para saber se estamos "certos" ou "errados".

Precisamos de alguma referência para aplicar o Estatuto Instintivo de Aprovação Mental (EIAM), visto que os nossos genes definiram há tempos, que nossa espécie precisa, necessariamente, viver em grupo.

E para que esta diretriz seja devidamente seguida, somos dotados de uma necessidade incontrolável de **sermos aceitos**, ou seja, de sermos aprovados pelos outros de nossa espécie.

Somos todos, então, em tempo integral, **julgadores** e **julgados**.

No seu livro *Você é Criativo Sim Senhor!*, Henrique Szklo explica que o EIAM é composto de sete artigos:

**Artigo 1º** – Somos **interdependentes**. Precisamos dos outros para sobreviver; para nossa proteção física e emocional.

**Artigo 2º** – A **opinião dos outros** (OOs) é fundamental para sabermos quem somos e o que somos.

**Artigo 3º** – A OOs nos orienta se estamos "**corretos**" ou "**enganados**" a respeito de tudo que ativa nossos hormônios disciplinares (aqueles responsáveis pelo controle de nosso comportamento, utilizando como ferramentas o prazer e a dor) com mais força e eficiência que a nossa própria opinião sobre nós mesmos.

**Artigo 4º** – Apesar de, na prática, a OOs não ter nenhum efeito concreto sobre nós, do ponto de vista psicológico age como **se de fato tivesse**.

**Artigo 5º** – Mesmo as pessoas muito seguras de si, irão, em determinados momentos, **se sentirem atingidas** pela OOs. Ninguém escapa deste destino.

**Artigo 6º** – Este EIAM funciona sem o nosso **conhecimento** e **percepção**.

**Artigo 7º** – A solidão não livra o indivíduo da influência do EIAM, mas ao contrário, o **recrudesce**.

O nosso sistema emocional, lamentavelmente, não é baseado na "realidade", mas na percepção individual.

Percepção esta, objetiva ou imaginária.

Podemos até ser admirados (e até amados) de fato por muitos milhares de pessoas, mas, se por alguma razão, não acreditarmos ou percebermos isso, poderemos sofrer com as dores da **desaprovação**.

Inversamente, uma pessoa odiada, mas que não sabe ou não percebe que o é, **não sofrerá nem por um segundo**!!!

Bem, a solidão por longos períodos pode realmente deixar uma pessoa verdadeiramente perturbada.

Em geral, ela começa a falar sozinha, seu cérebro cria a ilusão dela estar acompanhada e com isso, ameniza o seu sofrimento.

Por isso, caro(a) leitor(a) de *Há! Há! Há! O Bom, o Ruim e o Interessante do Humor,* nunca se esqueça de que **nascemos para viver em grupo!!!**

A dor da solidão nada mais é do que um aviso da natureza dizendo: "Deixa de ser besta e vá lá fazer amigos."

É fundamental ampliar a sua rede de relacionamentos, para constituir um verdadeiro grupo de amigos.

E é vital saber que só reconhecemos uma pessoa de verdade quando aprendemos a conviver com ela ao perceber suas reações quando discordamos dela!!!"

## 1.6 – O HUMOR COM O PASSAR DO TEMPO

No livro *História do Riso e do Escárnio*, escrito pelo pesquisador Georges Minois, tem-se uma versão anônima do Gênesis, tirada de um papiro alquímico do século III: "Tendo rido Deus, nasceram os sete deuses que governam o mundo...

Quando ele gargalhou, fez-se a luz...

Ele gargalhou pela segunda vez: tudo era água.

Na terceira gargalhada, apareceu Hermes; na quarta, a geração; na quinta, o destino; na sexta, o tempo. Antes da sétima gargalhada, Deus inspira profundamente, mas ri tanto que chora, e de suas lágrimas nasce a alma."

Essa enigmática visão na qual o verbo da Bíblia cristã é substituído pelo riso descontrolado do Criador, dá uma boa medida das várias relações entre o ato de rir e os diversos âmbitos da existência humana.

O riso está na mitologia, na filosofia, na literatura, na política, na psicologia e no cotidiano.

Destaca George Minois no seu livro: "As diferentes visões, e isso desde a Antiguidade, permitem entender os diferentes lugares ocupados pelo riso ao longo dos séculos.

Dessa maneira, os filósofos estóicos viam no riso a **vulgaridade**, e também a **impotência** e o **fracasso**.

Platão, por exemplo, desconfiava da ambivalência do riso, que para ele podia estar ligado ao prazer e à dor, ao bem e ao mal, ao gosto e ao desgosto.

A referência mais célebre da filosofia da época, no entanto, vem de Aristóteles, que afirmou ser o homem o único animal que tem a **capacidade de rir**.

"O humor de divino foi ao demoníaco e chegou ao humano brincando muito com o fim de nossa vida..."

O filósofo, que foi uma das principais influências do pensamento do mundo ocidental não foi um **fã incondicional do humor**.

Para ele – como seria politicamente correto hoje –, não se deve rir dos **defeitos** dos outros, como, por exemplo, dos deficientes físicos.

Tampouco não lhe agradava a zombaria agressiva.

Para Aristóteles, o riso deveria ser bem comedido.

Em *A Ética em Nicômaco* ele escreveu: 'Aqueles que, provocando o riso, vão além dos limites, são bufões e pessoas grosseiras, agarrando-se ao ridículo em todas as circunstâncias e visando, antes, a provocar o riso que levar em conta o propósito de não ofender os que são alvos de suas zombarias.'

Mas Aristóteles também condenava aqueles que nunca brincavam, qualificando-os como '**rústicos e rabugentos**'

Séculos mais tarde, outra referência importante chegou por um pensamento de incontestável importância para a cultura contemporânea.

Foi a do pai da psicanálise, Sigmund S. Freud (1835-1930), que se debruçou sobre o **estudo do riso**, no qual via uma vitória do '**eu**', que se recusava a 'admitir que os traumatismos do mundo exterior consigam tocá-lo'.

Dessa maneira, no apêndice do seu livro *A Palavra do Espírito*, Freud apresentou o humor como sendo uma defesa psíquica contra a **dor** – a mais sublime delas, ou seja, aquela que surge com os desequilíbrios psíquicos.

Freud explicou: 'O humor não se resigna, ele desafia, implicando não apenas o triunfo do eu, mas também o princípio do prazer, que assim encontra o meio de se afirmar, apesar de realidades exteriores desfavoráveis.'

O riso não mudou, mas mudaram muito os tempos, os costumes, os comportamentos e evoluíram as mais diferentes formas de comunicação.

Provavelmente, hoje se ri de coisas do cotidiano, quase do mesmo modo como se fazia em tempos imemoriais, e por isso somos capazes de rir de um texto de Aristófanes ou de Molière.

Mas o lugar do humor na sociedade, esse sim, sofreu grandes variações.

Pode-se dizer que o riso passou por três grandes etapas, a saber: **riso divino**, **riso diabólico** e **riso humano**.

"Apesar do conceito de Freud, que achava que o humor era uma defesa psíquica contra a dor, aqui foi uma grande sacanagem começar a jogar futebol desse jeito, não é?"

A Antiguidade é o tempo da visão divinizante do riso.

Em diferentes mitologias, os deuses riem à beça, em diferentes culturas.

A concepção é positiva, e o riso estava nas festas dionisíacas, na criação e na recriação do mundo, no Olimpo, nas peças pregadas pelos deuses nos mortais, nas sátiras.

Se os deuses riem, é porque eles tomam distância deles mesmos e do mundo. Eles não se levam a sério.

E, se os homens riem, isso é para eles uma maneira de sacralizar o mundo, de conformar-se com suas normas, escarnecendo de seus contrários.

É também uma forma de endossar o terrível peso do destino, de exorcizá-lo.

Após o advento do cristianismo, o riso passou a ser coisa demoníaca.

Essa constatação decorre de uma premissa fundamentalista: os evangelhos não fazem menção a nenhum riso de Jesus Cristo.

A gravidade da existência e o temor do inferno pesavam sobre os cristãos. O riso – feio, grotesco, subversivo – era a '**desforra do diabo**'.

E aí vem o riso interrogativo e humano pós-medieval, quando entram em questionamento os fundamentos de tudo aquilo em que se acreditava até então.

Esse recuo das certezas foi acompanhado por uma ambígua **generalização do riso**, que se insinua por todas as novas fissuras do ser e do mundo.

Como um navio em perigo, com o casco furado, a humanidade se enche de riso para não afundar...

Entram na mira dos engraçadinhos a religião, a política, os diferentes sistemas de poder.

» **E hoje?**

O riso moderno é incerto e existe para mascarar a perda de sentido.

Se antes a força do humor vinha da seriedade do ambiente onde estava inserido, ou seja, começou a ser uma reação contra muitas 'certezas' ou dogmas', atualmente, o riso tornou-se de certa maneira uma **evasão**...

Ele não é mais nem afirmação, nem negação, está mais para interrogação, flutuando sobre um abismo em que as certezas naufragaram!!!

E é justamente por isso que o riso se tornou mais **indispensável** do que nunca!!!"

## 1.7 – RIR É O MELHOR NEGÓCIO

Esse, sem dúvida, deve ser um dos lemas que orientaram durante décadas os "sete cassetas" – Hubert, Reinaldo, Marcelo Madureira, Bussunda, Hélio de la Peña, Beto Silva e Claudio Manoel (nomes artísticos) ao constituírem o grupo que alegrou, semanalmente, milhões de telespectadores no programa *Casseta&Planeta Urgente* da TV Globo, durante 18 anos ininterruptos (1992–2010), atingindo sempre um elevado nível de audiência, apoiado no seu *slogan*: "**Humorismo-verdade, jornalismo-mentira**".

Eles criaram, em 1987, a empresa Toviassú Produções Artísticas (nome inspirado na abreviação da frase TOdo 'VIAdo' é SUrdo") e produziram um programa de quase meia hora, repleto de piadas "agressivas", ou seja, bem escrachado.

Trabalharam sempre com o material recente fornecido pelos noticiários, geralmente da própria semana, o que provocou, frequentemente, a necessidade de o programa ser reescrito na véspera.

As fontes principais para o grupo eram o programa *Fantástico*, o *Jornal Nacional*, as novelas que impressionam um grande contingente da população brasileira e obviamente as fofocas mais recentes.

Assim, eles atingiram um público muito grande e precisaram ser bem claros e explícitos sobre o que estavam falando ou a quem estavam satirizando.

Seus alvos preferidos foram sempre os políticos de Brasília, governadores e prefeitos, porém nunca foram "incomodados" por eles com algum tipo de retaliação.

Relembra Marcelo Madureira, cujo nome real é Marcelo Garmatter Barretto, o "ministro da Internet": "Nossa única função era divertir as pessoas. Algumas vezes, a nossa irreverência incomodou um pouco alguns dos 'imitados', mas eles souberam nos perdoar e o público, por sua vez, sempre soube separar a realidade da anedota. Não dá para levar piada a sério, não é?"

Desde o início, os "Cassetas" procuraram instituir um mecanismo para evitar problemas futuros e garantir a longevidade da parceria.

Claudio Manoel, cujo nome completo é Cláudio Manoel Mascarenhas Pimentel dos Santos, que se tornou famoso com o personagem Maçaranduba, relembrou: "Nunca houve exatamente um líder e todas as decisões foram tomadas conjuntamente e com aprovação de todos.

Procuramos sempre dividir tudo por sete; apesar de ser menos lucrativo a princípio, isso trouxe muitas vantagens, pois trabalhar em equipe é o que nos levou à fama.

Quando algum de nós era convidado especificamente para fazer uma campanha publicitária, 50% do valor ganho por ele eram colocados no caixa da empresa Toviassú.

Estabelecemos também um controle de qualidade e uma ética humorística muito rígidos, assim **uma piada só era considerada boa se os sete rissem!!!**"

Os "Cassetas", depois de algum tempo, incluíram mais intensamente a atriz Maria Paula, que no começo só aparecia nas aberturas e que em seguida ganhou o seu espaço e tornou-se a **oitava** "Casseta".

O grupo sofreu um grande baque com a morte do humorista Cláudio Besserman Vianna, o Bussunda, em 17/6/2006, vítima de enfarte, em Parsdorf, na Alemanha.

O humorista havia se sentido mal alguns dias antes, após uma partida de futebol, ao lado do hotel onde parte do elenco do programa *Casseta&Planeta* se encontrava hospedado.

Aliás, o grupo estava na Alemanha para gravar um especial sobre a Copa do Mundo, e Bussunda atuava como Ronaldo Fofômeno, em uma referência a Ronaldo Fenômeno.

Claudio Manoel comentou: "Ele completaria 44 anos no dia 25 de junho, e sempre foi tido por todos nós como alguém de **alto astral**.

Acho que, inclusive, esta sua constante alegria dificultava o diagnóstico do seu problema, pois ele nunca queria incomodar ninguém ou atrapalhar as gravações.

Trabalhamos lado a lado por mais de 26 anos.

Vamos fazer um esforço para continuar trabalhando, mas temos de ver a reação de cada um dos integrantes.

Seu último encontro com o personagem que imitava Ronaldo ocorreu no início de junho, na concentração da seleção brasileira, em Königstein.

Bussunda estava fantasiado de Ronaldo Fofômeno e foi encontrar o craque para pedir uma **procuração** para que, enquanto os jogadores estivessem treinando, ele **pudesse sair com a namorada dele**.

O então presidente Luiz Inácio Lula da Silva, que foi alvo de muitas sátiras do humorista disse: "Recebi com muito pesar a notícia de sua morte, pois foi um grande artista, jovem símbolo da criatividade e irreverências brasileiras."

O humorista e compositor Juca Chaves destacou: "Ele dava tanta alegria, e as pessoas que dão alegria não poderiam morrer nunca. Quando morre um humorista, o Brasil sempre perde alegria. O humor é a ginástica da inteligência."

O escritor Ziraldo Alves Pinto afirmou: "Eu o conheci quando ele era adolescente e esteve no *Pasquim*. Era o carioca padrão. Estou muito triste, como se tivesse perdido um sobrinho. O *Casseta&Planeta* foi a única coisa séria de humor na TV."

Silvio de Abreu, autor de *Belíssima* declarou: "Sua irreverência, sua graça e seu brilhantismo vão fazer uma falta enorme na nossa televisão, tão carente de sagacidade e inteligência. Infelizmente, por mais talentosos que todos os 'Cassetas' sejam, e são, ninguém conseguirá criar outra *Baleíssima* (paródia da abertura da novela *Belíssima*) com o desprendimento e a graça com que Bussunda fez."

O cardiologista Flávio Cure Palheiro, médico de Bussunda, havia oito anos, comentou: "Ele era comilão mesmo. Mas de dois anos para cá, perdeu 30 kg e estava se cuidando. Chegou a contratar um *personal trainer,* não tinha problemas cardíacos e fazia *check-ups* frequentes, e o do início desse ano não mostrou evidência de nenhuma doença. Fazia exercícios físicos regularmente e a sua pressão alta estava controlada. Tudo indica que, lamentavelmente, foi um caso de morte súbita!?!?"

O sucesso que os "Cassetas" alcançaram foi tanto que participaram de muitos *shows,* filmes, livros etc., eles que começaram a sua divulgação e o seu trabalho no campo do humor, quando em 1978, De la Peña, Beto Silva, Marcelo

Madureira, Claudio Manoel e Bussunda, ainda na Faculdade de Engenharia da Universidade Federal do Rio de Janeiro, lançaram o filme *Casseta Popular* e em seguida o *Planeta Diário*, comandado por Hubert e Reinaldo, a partir de 1984.

Debochados, irônicos e engraçados, os dois grupos acabaram se juntando para produzir o *Vandergleyson Show*, exibido na TV Bandeirantes em 1987. Apesar de meio mambembe, a atração acabou revelando o grande talento e a química que unia a trupe.

Com a ida para a TV Globo, isso foi reconhecido de forma indiscutível pelo público brasileiro.

E aí vão algumas piadinhas dos livros da Toviassú.

### 1ª Piada

*Uma professora pergunta a seus alunos:*
*– Se existem cinco passarinhos em um galho e você atira em um, quantos sobram?*
*– Nenhum - responde Juquinha - Todos saem voando com o barulho do tiro.*
*A professora fica surpresa com a resposta.*
*– Não era essa a resposta que eu esperava, mas... gosto do seu jeito de pensar.*
*– Eu posso fazer uma pergunta pra senhora? - pediu Juquinha.*
*– Pode, Juquinha.*
*– Existem três mulheres sentadas em um banco com picolés. Uma está lambendo, outra está chupando e a terceira está mordendo. Qual delas é casada?*
*A professora fica toda ruborizada e responde timidamente:*
*– A que está chupando.*
*– Não, a casada é a que tem um anel no dedo certo, mas eu gosto do seu jeito de pensar...*

### 2ª Piada

*Um psicólogo fazia uma entrevista para admissão em um novo empregado. Entra o primeiro candidato.*
*– O senhor pode contar até dez, por favor? - pediu o psicólogo.*
*– Dez, nove, oito, sete, seis, cinco, quatro, três, dois, um.*
*– Que isso?*
*– Ah, o senhor me desculpe, mas é a força do hábito. É que eu trabalhei muitos anos como organizador de corridas em atletismo.*
*Entra o segundo candidato.*

– O senhor pode contar até dez, por favor? – solicitou o psicólogo.
– Um, três, cinco, sete, nove, dois, quatro, seis, oito, dez!
– Que isso?
– Ah, desculpe. É que eu era carteiro e estava acostumado a ver os números pares de um lado da rua e ímpares do outro.

Entra o terceiro candidato. E o psicólogo pergunta:
– Qual era a sua profissão antes de tentar este emprego?
– Funcionário público!
– E o senhor pode contar até dez?
– Claro! Dois, três, quatro, cinco, seis, sete, valete, dama, rei e ás.

## 3ª Piada

Um turista, entusiasmado, saiu sozinho num passeio por uma trilha não recomendada e entrou numa região da África infestada de canibais.

De repente, no meio da selva, ele ficou muito surpreso, pois se deparou com uma loja superchique, especializada em venda de cérebros humanos.

Entrou nela e disse para o vendedor:
– Uma loja dessas, no meio da selva, vendendo cérebros, que coisa fantástica!
– É a globalização, não dá para ficar parado. Estamos nos especializando em vender um produto muito demandado no único lugar do mundo onde ele pode ser encontrado. – disse o atendente.
– E quanto custa um cérebro?
– Depende. Cérebro de artista ou de jogador de futebol custa US$ 100 o quilo, já o cérebro de filósofo custa US$ 150 o quilo, o de administrador sai por US$ 200 o quilo e o de um cientista por US$ 250 o quilo e o de economista US$ 1.500 o quilo.
– Nossa! Espera aí, por que o quilo de cérebro de economista é muito mais caro do que o de filósofo ou cientista?
– Você está brincando? Sabe quantos economistas é preciso matar para conseguir um quilo de cérebro?

## 1.8 – O RISO NAS ESCOLAS

As escolas não apenas deveriam ver no humor uma forma de crescimento pessoal, mas ativamente buscar desenvolvê-lo, já que se trata de uma atitude que pode ser ensinada e que frequentemente se aprende por imitação.

## BOM HUMOR QUE É ENGRAÇADO, PRAZEROSO E ENERGIZANTE

O bom humor não é simplesmente dar risada de qualquer coisa, mas também desenvolver um senso crítico, o que tem muito a ver com a capacidade de um ser humano de refletir, de incrementar a sua auto-observação.

Para uma geração de jovens que está ansiosa para encontrar algum sentido na vida, o humor é um prato cheio.

Todo mundo ri, seja bebê, seja idoso, e isso, em qualquer cultura, em todas as partes do planeta, contudo, as razões pelas quais as pessoas riem são muitas e o **humor é apenas uma delas**!?!?

Há centenas de anos, escritores, cientistas, filósofos, pensadores de várias áreas tentam categorizar o riso e suas causas, que podem variar da alegria à vergonha, ou de ser despertado pelo exagero, pela ironia, pela humilhação, entre muitos outros fatores.

A gargalhada, o sorriso e o riso são reações primitivas do cérebro humano, e estão ligados à sobrevivência da espécie, ao estimular a liberação da chamada "química positiva", próxima à zona do prazer.

Além disso, a **gargalhada**, assim como o choro convulsivo, produz reações de contágio, como também acontece com o **bocejo**.

O humor é particularmente importante para a educação, pois tem uma capacidade de subverter a ordem de como as coisas estão armazenadas na nossa memória de longa duração.

Dessa maneira, introduz elementos novos nos esquemas prontos e, por isso, está ligado à subversão da ordem estabelecida e à curiosidade.

Por razões como essa, é um componente fundamental no modo pelo qual os seres humanos aprendem a se relacionar e a lidar com o cotidiano.

Alguns especialistas indicam que existem dois tipos de riso: o **bom** e o **ruim**, o que traz à tona o critério moral.

"Você sabe como se pode chegar a um 'Einstein' simplificado, ou seja, uma pessoa que não ri das piadas? Através desta sequência de desenhos."

Um humorista francês chamado Marcel Pagnol explicou o **riso** da seguinte forma: "Ele é um **clamor da superioridade**. Rimos quando nos sentimos **superiores** a algo ou capazes de lidar com as situações em que estamos envolvidos."

Por isso, saber rir de si mesmo é um **traço positivo da personalidade** que denota humildade, consciência das limitações das pessoas e um distanciamento que permite enfrentar com mais leveza a comédia humana.

Já no riso negativo, o que está em jogo não é a nossa **superioridade**, mas a **inferioridade dos outros**.

É aí que começa o perigo, que todos podem entender, ou seja, as piadas que denigrem os outros!!!

As piadas que se referem àquilo que nos faz sentirmos superiores – frequentemente em relação ao quesito inteligência – versam sobre a burrice, a vaidade, a avareza e a outros "defeitos" das pessoas.

Obviamente, os protagonistas variam conforme as culturas.

No Brasil, há piadas de português, na França sobre os belgas, na Inglaterra, eles não perdoam os escoceses, e na Rússia, os preferidos para a gozação são os ucranianos.

Na realidade, pouco importa quem seja, pois o que está no centro das brincadeiras é a posição ocupada por quem conta as anedotas.

Dessa maneira, existe um gênero de piadas no qual a razão do riso é especificamente a inferioridade do personagem de quem se fala, como no caso de piadas nazistas, que se relacionam diretamente à **inferioridade** do negro e do judeu.

Da mesma forma, em situações típicas do meio educativo, como é o caso do trote e do *bullying* (assédio moral) o riso surge da **humilhação**, e a graça vem da percepção da inferioridade do perseguido.

É o caso, por exemplo, de um garoto que cola um papel com mensagem hilária nas costas de um daqueles colegas chatos da escola, que sai andando pelo pátio sob o riso disfarçado de todos. Ou então, uma coisa bem mais moderna, coloca na rede social a mesma mensagem ou um boato, o que gera um constrangimento social intencional à vítima.

Todo mundo já viu isso e muita gente até ficou envolvida em uma situação semelhante, não é?

» O que fazer?

» Rir desbragadamente, avisar, calar-se, procurar reparar?

» Como se sente a vítima da brincadeira de mau gosto?

» O que você faria se estivesse no lugar dela?

Naturalmente, essa situação cotidiana mostra o grande potencial de discussão sobre ética e moral, a partir do **tema de humor**.

O assédio moral, lamentavelmente está na moda, apavorando educadores de escolas públicas e privadas, e tem tudo a ver diretamente com o **direito ao riso**!?!?

De maneira igual, o trote enquadra-se na mesma lógica deturpada de que seja bom humor, quando na realidade, em particular, nas instituições de ensino superior (IESs) ele se transformou em uma intensa humilhação, incluindo abusos sexuais.

Diversas dessas "brincadeiras" (!?!?) que envolvem a violência moral e o trote amparam-se na ideia de que **todos riem**, e isso legitimaria o riso, não só entre os praticantes, mas também entre os adultos que foram obrigados a se posicionarem sobre o que está feito, como os professores e diretores.

"Você acha esse *bullying* criativo?"

Obviamente, **as vítimas** dessas brincadeiras riem de vergonha pela situação vexatória e não por compartilharem do que lhes está sendo imposto!!!

De fato, no trote, o riso "amarelo" do humilhado oferece todas as desculpas necessárias para quem o humilha.

Também no assédio moral, o riso de zombaria está bem presente, e o indivíduo que sofre é o culpabilizado por ele!?!?

Este é um caso típico em que o riso é um argumento antes de tudo, sobre a inferioridade do outro, que não eleva quem humilha, mas **rebaixa sempre mais o humilhado**.

Portanto, a violência moral sistemática surge muitas vezes oculta pelo silêncio, num quadro de personagens do qual fazem parte: o humilhador, o humilhado e também os que são cúmplices por medo ou conveniência.

No riso envergonhado e cabisbaixo da vítima, de qualquer idade, constata-se que sempre existe alguma maquiagem da violência.

Dessa maneira, o trabalho mais amplo sobre o humor na escola deveria atacar essas questões, até como forma de conscientizar os alunos sobre o que está por trás de uma boa risada.

Quando são a vergonha, a humilhação e a dor, e não o prazer, é obrigatório intervir para **civilizar o riso**.

Explica muito bem a psicóloga Denise Ramos: "Formas de violência como o *bullying*, não têm nada a ver com o bom humor.

O bom humor é relativo a si mesmo, e não aos outros, por isso, ter bom humor e fazer piadas são coisas bem diferentes.

Aliás, humor vem do latim *humore*, com sentido de algo que flui internamente, relativo a impulsos e reações.

Se acrescentarmos antes a palavra '**senso**', temos a habilidade de apreciar ou compreender um fato.

Portanto, a consciência tem de estar presente sempre, sem a qual não há **senso de humor**.

O riso não deve humilhar, mas sim curar humilhações, vaidades feridas, ressentimentos e raiva.

O senso de humor funciona como um espelho, dando a importância real de nossos feitos grandiosos ou vergonhosos.

Estudos recentes sobre humor têm evidenciado que as piadas mais engraçadas são aquelas em que o público se identifica com o personagem, isto é, **piadas sobre nós mesmos**.

Do mesmo modo, o bom humor, quando compartilhado, tem uma dimensão social.

Ele nos livra do medo do ataque e aumenta a tolerância para com os diferentes conflitos.

Criamos com bom humor novas soluções, modificamos o ambiente e influenciamos mais gente.

Com tantos atributos formativos, o humor ainda raramente é visto nas escolas como um caminho para a resolução de conflitos.

E as estratégias nesse sentido passam por um diálogo, responsabilização e mediação, e nada impede que isso seja feito também com uma disposição bem-humorada, obviamente, nos momentos adequados.

Claro que o humor sozinho não resolve tudo como se fosse um milagre, pois em muitas situações, principalmente as que envolvem indisciplina, a solução está vinculada à aplicação das normas pedagógicas e administrativas.

Entre as diversas iniciativas bem criativas que têm o tema do humor como elemento central, deve-se citar a do advogado Marcelo Pinto, fundador do Instituto do Riso, em São Paulo, em 2011.

Aliás, Marcelo Pinto também inaugurou o primeiro Clube da Gargalhada de São Paulo, em 2009, inspirando-se numa iniciativa que nasceu na Índia, em 1995, com o médico Madan Kataria.

Marcelo Pinto, que também é conhecido como Dr. Risadinha, criou um programa denominado InseRir nas Escolas, com o objetivo de conscientizar os educadores e alunos sobre a importância do riso.

Entre as estratégias, está a proposição da risada sem motivo, como um exercício antes das atividades didáticas – a exemplo da ginástica laboral nos ambientes corporativos.

Comentou o Dr. Risadinha: "As crianças a partir dos 10 anos desenvolvem mais preconceitos em relação ao riso e ao trabalho proposto, de lidar bem com o humor. Ao atuar no primeiro ciclo do ensino fundamental, o meu objetivo foi o de conscientizar as crianças de que o bom humor é importante e deve ser cultivado, ao longo da vida.

Naturalmente, esse trabalho não é simples, pois é comum ter que enfrentar a desconfiança e até uma reação contrária por parte de alguns professores, mas o sucesso tem sido maior que o fracasso e, com isso, vou conseguindo mostrar que o riso pode ser um eficiente antídoto para a violência moral.

Ensino às crianças que bom é rir com os outros, e não dos outros!!!"

A distinção entre o riso negativo e o positivo remete diretamente à questão: o **direito ao riso**!!!

A questão é: do que podemos rir, então, sem cair nos limites estreitos do politicamente correto?

Esta pergunta pode dar início, **na escola**, a um mundo de reflexões éticas que vem sendo realimentado frequentemente pela mídia em casos como o do humorista Danilo Gentili, por exemplo, quando disse que os judeus que vivem no bairro de Higienópolis, em São Paulo, não queriam o metrô porque o associavam com os trens que os levavam para os campos de concentração, na época da 2ª Guerra Mundial.

Há entre alguns humoristas o consenso de que só temos direito de rir sobre os valores fortes (ou arraigados) e seguros de uma pessoa ou de comunidades.

Desse ponto de vista, tornou-se inadequada toda piada sobre tragédias recentes, pessoas fragilizadas e situações dolorosas que ainda não foram absorvidas.

Este é, porém, um campo mais de debates do que de consensos, e por isso se mostra especialmente fértil para o trabalho em sala de aula.

Até porque, praticamente **90%** do bom humor é crítico, é uma competência cara à escola e à educação contemporânea.

Neste caso específico, trata-se de uma criatividade turbinada, tanto é que os programas de humor sofrem restrições em períodos eleitorais.

Promover o posicionamento, a compreensão do que está em jogo em uma situação de humor transforma-se em um debate bem interessante.

Outro elemento rico da cultura contemporânea trazida pelo humor são os próprios programas televisivos e especialmente o que se divulga no YouTube, pela Internet, recebendo geralmente diversas críticas.

Isso ocorre porque de um lado é humanamente impossível ter um humor inteligente o tempo todo.

É por isso que esses programas apelam para outras formas de estimulação, com frequência, envolvendo o sexo e o uso de expressões grotescas e muitos palavrões.

O incrível é que o riso do sexo não vem na realidade do humor, mas sim é causado pela vergonha e pelo constrangimento, tanto é que se pode notar que se ri de forma histérica nessas situações!?!?

Está aí mais um tema para a sala de aula, evidentemente com alunos mais velhos, de preferência no final do ensino médio ou já na faculdade.

Seja como for, a riqueza do humor pode se explorada de muitas maneiras pela escola nos seus diversos níveis.

O que é vital é que o humor não seja associado com irresponsabilidade ou desorganização.

Podemos ser pessoas muito bem-humoradas e extremamente responsáveis, pois não há nenhuma divergência, ao contrário, como dizem alguns, **humor é coisa séria**!!!

O humor traduz um princípio existencial que interessa a todos, e é uma lição para qualquer idade: a necessidade de se lembrar do que é, de fato, **essencial**, dando a proporção devida aos acontecimentos.

O humor amplia a consciência dos seres humanos, e tirando as situações de vida e morte, pode-se achar que nada é mais importante que ele para a vida feliz de uma pessoa!!!

É muito estranho esse silêncio que temos nas nossas escolas em relação ao humor, visto que temos uma cultura alegre, que valoriza o riso e a música, e ambas quase sempre estão fora da vida escolar.

A pesquisadora Elvira Lima, que trabalhou com escolas indígenas ressaltou: "O traço humorístico da cultura brasileira é em grande parte tributário dos índios.

Os estudos antropológicos vêm mostrando que os índios influenciaram muito esse traço.

Realmente, é raro ver um índio gargalhar, mas a expressão do humor está no seu cotidiano de maneira muito intensa.

Nas escolas indígenas em que trabalhei, a inclusão da música e de atividades lúdicas têm reduzido muitas situações de conflito entre os alunos.

O humor é um tema de tanta importância que deveria fazer parte da **formação** de educadores.

Um dos entraves que vem sendo estudado e confirmado pelos psicólogos sobre a dificuldade de aprendizagem é o medo que os alunos nutrem de **não aprender** a partir do que ensina o professor.

Esse estado de alerta é decorrente do medo, e acaba bloqueando o caminho da aprendizagem, como, por exemplo: 'Nunca vou ser bom em matemática!!!'

Um ambiente educativo com a leveza do humor desarma essa situação tensa em que vive o estudante e o aproxima do conhecimento real."

Muitas escolas já fizeram relatos de que a escolha consciente de trabalhar e ensinar, **valendo-se do humor**, levou-as a experiências bem positivas no que se refere ao desempenho dos seus alunos.

E o caminho encontrado para isso foi justamente o do uso da **comédia**.

Assim, incluiu-se nos programas de certas disciplinas a leitura de sátiras escritas por Millôr Fernandes ou Ariano Suassuna, o estudo de clichês humorísticos de alguns comediantes da *stand-up comedy* (comédia em pé), análises sobre o humor despretensioso, passando por Charles Chaplin, Jerry Lewis e indo até Mazzaropi ou até Renato Aragão. Dessa maneira, os jovens puderam experimentar os diferentes recursos usados na produção do riso.

Em um segundo momento, por intermédio do humor crítico, consegue-se explorar a estratégia do exagero e das mensagens rápidas para captar a atenção dos alunos (do público).

É fundamental, nas escolas, desenvolver um estudo sobre a discriminação, o ridículo e o preconceito, frequentemente divulgados nos meios de comunicação.

E no final de cada ano, é muito bom promover um festival de humor, algo como uma Risadaria, com criações satíricas dos próprios alunos ou então apoiadas em humor que existe na literatura, procurando acabar com o mito de que o riso não é levado a sério na educação brasileira.

No entanto, o humor tem características artísticas plenas, como se vê nos livros clássicos do escritor francês Molière ou do autor brasileiro Luis Fernando Veríssimo, mesmo em histórias em quadrinhos como as da Mônica, de Maurício de Sousa, as do gato Garfield, de Jim Davis, pseudônimo de James Robert Davis, ou então do Asterix, de René Goscinny (1926-1977) (texto) e Albert Uderzo (ilustrações).

O que os professores brasileiros devem entender é que o bom humor permite ou contribui intensamente para a construção de fortes vínculos com os seus alunos.

Em muitas situações, é na sala de aula que se revela o impacto motivacional do riso. Além disso, o humor é também um recurso legítimo de didática.

E não se trata de valer-se do velho e nem do um tanto contestado ditado: **"Aprender brincando"**, mas sim uma forma de cativar o aluno, criar vínculos e motivá-lo por meio de uma forma de expressão humana da qual todos gostam.

Mas, novamente, é importante alertar que é preciso muito cuidado ao se usar o humor.

Bom humor não significa rir à toa, de forma descontrolada. Do mesmo modo, as razões do riso variam da sacada inteligente ao sarcasmo agressivo.

Todo professor que pretende lançar mão do humor como uma estratégia de encantamento do seu processo de ensino-aprendizagem, precisa ter consciência desses perigos.

E muitas vezes, não é necessário desenvolver técnicas extremamente humorísticas, mas simplesmente criar um ambiente um pouco menos rígido, com momentos de relaxamento e livre expressão para os alunos.

Cabe ao professor estar atento às coisas engraçadas e às expressões que os próprios estudantes utilizam, para trazê-las em evidência nos momentos certos, ou mesmo registrar histórias bem *light*, que possam ser contadas eventualmente para todos.

Não podemos nos esquecer dos jogos com trocadilhos de palavras e outros recursos pontuais a serem explorados, mesmo por aqueles alunos que julgam não ter muito jeito para as coisas hilárias ou chegar a conclusões engraçadas.

Para se ter humor numa escola é evidente que isso não é um desafio só para os professores, mas envolve diretamente a sua gestão, ou seja, a figura do seu diretor que deve dar um firme apoio ao seu uso.

Mas infelizmente, isso não é tão fácil, pois muitas vezes o próprio ambiente institucional não facilita o processo, já que é **"falsamente leve"**.

É aquele ambiente no qual o riso frequentemente não é sinônimo de bom humor.

Nos ambientes corporativos, especialmente, há quem ria por conveniência social, para fugir de problemas ou simplesmente não acusar a insatisfação.

O líder escolar é quem tem de assumir o papel de dar o tom do ambiente da escola, o que fará por ato ou omissão.

O humor é sabidamente uma característica da liderança positiva e, de novo, nada tem a ver com ser bonzinho e dizer sim a tudo. Porém, é uma mensagem clara de que é possível enfrentar as dificuldades de forma seletiva, com respeito às pessoas e com o trabalho em equipe.

O bom humor, assim como o mau humor, tem um efeito irradiador no ambiente.

Cabe, assim, ao líder estabelecer um clima organizacional diferente e levar isso em consideração na própria montagem de sua equipe.

Dessa maneira, para os alunos, professores e gestores escolares, esta aí uma boa ideia para começar com um novo ano escolar, com o pé direito.

Entre tantos temas árduos na educação, numa IE (instituição de ensino) com tantos desafios, pode ser um bom caminho temperar o planejamento, as leituras, o currículo, enfim, toda a escola, com uma pitada desse poderoso elixir da saúde mental, tão temido por seu poder transformador: o **riso**.

Para exemplificar, como se poderia criar um clima de descontração numa sala de aula, dependendo da idade dos estudantes, podemos começar fazendo as seguintes 13 perguntas um tanto quanto "cretinas":

**1ª) Qual é a menor lagoa do mundo?**
Resposta: A calcinha, pois só cabe uma perereca!

**2ª) Dois litros de leite atravessaram a rua e foram atropelados. Um morreu, o outro não, por quê?**
Resposta: Porque um deles era Longa Vida!

**3ª) Se cachorro tivesse religião, qual seria?**
Resposta: Cão-domblé.

**4ª) Por que a plantinha não fala?**
Resposta: Porque ela ainda é "mudinha".

**5ª) O que o tomate foi fazer no banco?**
Resposta: Foi tirar extrato.

**6ª) O que a galinha foi fazer na igreja?**
Resposta: Assistir à missa do galo.

**7ª) Como as enzimas se reproduzem?**
Resposta: Fica uma enzima da outra.

**8ª) Por que não é bom guardar o quibe no *freezer*?**
Resposta: Porque lá ele esfirra.

**9ª) Por que o japonês não sente frio quando dorme?**
Resposta: Porque ele dorme com a japona.

**10ª) Por que as estrelas não fazem miau?**
Resposta: Porque Astronomia.

**11ª) O que o advogado do frango foi fazer na delegacia?**
Resposta: Foi soltar a franga.

**12ª) Qual é a parte do carro que se originou no Antigo Egito?**
Resposta: Os faróis.

**13ª) Por que o lagarto tirou o lagartinho da escola?**
Resposta: Porque ele réptil.

Quem quiser algo mais profundo, pode ler algumas reflexões de Julien Henry Marx, ou como tornou-se conhecido: Groucho Marx. Na opinião de muitas pessoas, ele foi o **homem mais engraçado do mundo**.

Julien Henry Marx era o irmão "do meio" do que mais tarde passaria a ser um grupo mundialmente conhecido como os irmãos Marx.

Groucho destacou-se por sua brilhante habilidade verbal, lapidando frases que revelam a essência do seu humor anárquico, cáustico, inteligente, surrealista, mas sempre imensamente divertido.

Aí vão algumas das suas "tiradas":

» "Seu marido trabalha fora, num serviço 24 h e ainda vocês têm dez filhos? Imagine se ele trabalhasse em casa..."

» "Não me importo de abusar de sua paciência. Fique à vontade e abuse um pouco da minha."

» "Não me entenda mal senhorita. O meu interesse por você é puramente sexual."

» "Atrás de todo homem bem-sucedido, existe uma mulher. E, atrás desta, existe a mulher dele."

» "O casamento é a maior causa do divórcio."

- "O casamento é uma bela instituição, mas quem quer viver con uma instituição?"
- "Em quem você vai acreditar? Em mim ou em seus olhos mentirosos?"
- "Por que eu estava com ela? Ora, ela me lembra você. Na verdade, ela me lembra mais de você do que você mesma!!!"
- "Esses são os meus princípios. Se não gostar deles, tenho outros."
- "Não gostaria de pertencer a nenhum tipo de clube que aceitasse gente como eu como sócio."
- "Eu nunca esqueço um rosto, mas no seu caso estou inclinado a fazer uma exceção."
- "Se a senhora está casada com o mesmo homem há 33 anos, ele já não deve ser mais o mesmo homem."
- "Uma cama de hospital é um táxi parado com taxímetro acionado."
- "Comprei o livro *Lolita* logo que saiu, mas só fui ler depois de seis meses. É que esperei Lolita completar 18 anos."
- "As nossas esposas e amigas... que jamais se encontrem."
- "Até quando estou brincando eu falo a verdade e isto é uma piada."

## 1.9 – O PODER DOS QUIETOS

Susan Cain é autora de *O Poder dos Quietos*, no qual mostra como os **introvertidos** são subvalorizados e o quanto todos perdem com isso.

Na apresentação do livro, o divertido e brilhante consultor Max Gahringer destacou: "O introvertido é uma pessoa sensível que se sente confortável tendo a si mesmo como companhia. Ele quer entender o que se passa a seu redor, mas não sente necessidade de alardear seus pontos de vista.

Entre um filósofo em causa própria e um alienado social, ele se encaixa perfeitamente na primeira definição, mas a arbitrariedade das convenções tende a empurrá-lo para a segunda.

Isso porque, ao buscar líderes em seus quadros, a maioria das empresas parece confundir **liderança** com **autopromoção** e **exuberância**.

O introvertido sabe que dificilmente será o general que sai brandindo a sua espada à frente de suas tropas, mas tem tudo para ser o **estrategista** cujo plano garantirá a vitória na batalha. Se não for um novo Alexandre, o Grande, nada impede que ele seja um novo Albert Einstein, um dos muitos introvertidos célebres que não se dobraram aos requisitos que poderiam encaixá-los em uma categoria à qual eles não pertenciam, e não queriam pertencer.

Mas os introvertidos e aos calados, a autora procurou explicar que eles, no final das contas, estão em ótima companhia.

Realmente, os que sofreram até agora com as críticas à sua atitude, ou falta dela, se sentirão reconfortados ao descobrirem no livro de Susan Cain que sempre estiveram certos.

Não importa se uma pessoa é introvertida ou extrovertida. O que importa é como essas características podem ser bem utilizadas, e as chances de sucesso são **iguais** para os **dois lados**."

Susan Cain explica: "Nossas vidas são moldadas tão profundamente pela personalidade quanto pelo gênero ou pelo código genético. E o aspecto mais importante da personalidade, 'o norte e o sul do temperamento', como salientam alguns especialistas, é onde cada um se localiza no **espectro introversão-extroversão**.

Nosso lugar nesse contexto influencia como escolhemos amigos e colegas, como levamos uma conversa, resolvemos as diferenças e demonstramos amor. Afeta a carreira que escolhemos e se seremos ou não bem-sucedidos nela. Governa o quanto temos a tendência de nos exercitar, a cometer adultério, a funcionar bem sem dormir, a aprender com nossos erros, a fazer grandes apostas no mercado de ações, a adiar gratificações, a ser bons líderes e a perguntar: 'E se?'.

Isso se reflete nos caminhos do nosso cérebro, nos neurotransmissores e nos cantos mais remotos do nosso sistema nervoso. Atualmente, introversão e extroversão são dois dos aspectos mais pesquisados na psicologia da personalidade, despertando a curiosidade de milhares de cientistas. Poetas e filósofos têm pensado sobre introvertidos e extrovertidos desde o início dos tempos. Aliás, os dois tipos de personalidade aparecem na *Bíblia* e nos escritos de intelectuais gregos e romanos, e alguns psicólogos evolucionistas dizem que a história desses comportamentos vai muito além: '**introvertidos**' e '**extrovertidos**' entre os peixes, os macacos etc.

Sem dois estilos – masculinidade e feminilidade, Ocidente e Oriente, liberais e conservadores – a humanidade seria irreconhecível e imensamente diminuída.

Nos EUA, vemo-nos como uma nação de extrovertidos, o que significa que perdemos de vista quem realmente somos. E veja que, dependendo de que estudo você consultar, de um terço, a metade dos norte-americanos é **introvertido** – em outras palavras, **uma em cada duas ou três pessoas que você conhece**.

Se você não for um introvertido, certamente está criando, gerenciando, namorando ou casado(a) com um(a). Se essas estatísticas o surpreendem, provavelmente é porque muitas pessoas **fingem ser extrovertidas**.

Introvertidos disfarçados passam batidos em parquinhos, vestiários de escolas e corredores de empresas.

Alguns enganam a si mesmos, até que algum fato da vida – uma dispensa do emprego, a saída dos filhos de casa, uma herança que permite que passem o tempo como quiserem – os levam a avaliar sua própria natureza.

De certa forma, faz sentido que tantos introvertidos escondam-se até de si mesmos. Vivemos em um sistema de valores que chamo de **ideal da extroversão** – a crença onipresente de que o ser ideal é aquele **alfa**, que se sente **confortável sob a luz dos holofotes**.

O típico extrovertido prefere a ação à contemplação, a tomada de riscos à cautela, procura ser o centro das atenções contando piadas, tomando decisões rápidas, mesmo correndo o risco de estar errado. Ele trabalha bem em equipes e socializa-se facilmente em grupos.

Gostamos de acreditar que prezamos a individualidade, mas muitas vezes admiramos um determinado tipo de indivíduo – o que fica confortável sendo o centro das atenções.

É claro que permitimos que solitários com talentos para a tecnologia, que criam produtos em garagens, tenham a personalidade que quiserem, mas estes são **exceções**, não a regra, e nossa tolerância estende-se principalmente àqueles que ficaram incrivelmente ricos ou que prometem fazê-lo.

A **introversão** – com suas companheiras: sensibilidade, seriedade e timidez – é hoje, um **traço de personalidade de segunda classe**, classificada entre uma **decepção** e uma **patologia**.

Introvertidos vivendo sob o ideal da extroversão são como mulheres vivendo em um mundo de homens, desprezadas por um traço que define o que são.

A **extroversão** é um estilo de personalidade extremamente atraente, mas não devemos transformá-la em um padrão opressivo que a maioria de nós acha que deve seguir. O ideal da extroversão tem sido bem documentado em vários estudos, apesar dessa pesquisa nunca ter sido agrupada sob um único nome.

Pessoas loquazes, por exemplo, são avaliadas como mais espertas, mais bonitas, com mais senso de humor, mais interessantes e mais desejáveis como amigas.

A **velocidade** do discurso conta tanto quanto o volume: colocamos aqueles que falam **rápido** como mais **competentes** e **simpáticos** que aqueles que **falam devagar**. A mesma dinâmica aplica-se a grupos, e as pesquisas mostram que os eloquentes são considerados mais inteligentes que os reticentes – apesar de **não haver nenhuma correlação** entre o dom do falatório e boas ideias.

Dessa maneira, cometemos um erro grave ao abraçar o ideal da extroversão tão inconsequentemente.

Algumas das nossas maiores ideias, a evolução da arte, as invenções – desde a teoria da evolução até os girassóis de Van Gogh e os computadores pessoais – vieram de pessoas quietas e cerebrais que sabiam como se comunicar com o seu mundo interior e os tesouros que lá seriam encontrados.

Sem introvertidos, o mundo não teria:

» A teoria da gravidade de *sir* Isaac Newton.

» A teoria da relatividade enunciada por Albert Einstein.

» Os *Noturnos* de Fréderic Chopin.

» O espetacular livro *Em Busca do Tempo Perdido*, de Marcel Proust.

» A ferramenta de busca Google, graças ao seu cocriador Larry Page.

» A famosa série de romances sobre *Harry Potter*, da escritora J.K.Rowling.

Os introvertidos, muitas vezes, trabalham de forma mais lenta e ponderada. Eles gostam de se focar em uma tarefa de cada vez e podem ter um grande poder de concentração. São relativamente **imunes** às tentações da **fama** e **fortuna**.

Os introvertidos podem ter várias habilidades sociais e gostar de festas e reuniões de negócios, mas depois de um tempo desejam estar em casa, de pijamas. Eles preferem devotar suas energias sociais aos amigos íntimos, colegas e família. Ouvem mais do que falam e na maioria das vezes sentem que se exprimem melhor **escrevendo** do que **falando**. Tendem a não gostar de conflitos. Muitos têm horror a jogar conversa fora, mas gostam de discussões profundas.

Algumas coisas que os introvertidos não são: a palavra '**introvertido**' não significa eremita ou misantropo. Eles também **não** são necessariamente **tímidos**. Timidez é o medo da desaprovação social e da humilhação, enquanto introversão é a preferência por ambientes que não sejam estimulantes demais. A timidez é inerentemente dolorosa; a introversão não."

Tanto para os introvertidos como para os extrovertidos, Susan Cain dá os seguintes conselhos para terem sucesso na vida:

**1º) O amor é essencial; a sociabilidade é opcional.**
Valorize aqueles mais próximos e queridos para você. Trabalhe com colegas de quem goste e a quem respeite. Bons relacionamentos deixam todos mais felizes, inclusive os introvertidos, mas pense mais na qualidade do que na quantidade.

**2º) O segredo da vida é colocar a si mesmo sob a luz certa.**
Para alguns são os holofotes da Broadway, em Nova York; para outros, basta uma escrivaninha bem iluminada.
Use seus poderes naturais – a persistência, a concentração, o discernimento e a sensibilidade – para fazer um trabalho que você ama e com o qual se importa. Resolva problemas, faça arte, pense profundamente.

**3º) Descubra qual deve ser a sua contribuição para o mundo e assegure-se de contribuir.**
Se para isso for necessário falar em público, fazer contatos ou desempenhar outras atividades que o deixam desconfortável, faça assim mesmo.

**4º) Passe seu tempo livre como quiser, não da maneira que acha que deve.**
Assim, fique em casa no Ano-Novo se é o que o deixa feliz. Atravesse logo a rua para evitar conversar banalidades com conhecidos aleatórios.

**5º) Se é de criatividade que você precisa, peça a seus funcionários para resolverem problemas sozinhos, antes de compartilhar suas ideias.**
Já se você quiser aproveitar a sabedoria da multidão, reúna-se virtualmente ou por escrito e assegure-se de que as pessoas não vejam as ideias uma das outras até que todas tenham tido uma oportunidade para contribuir.
O contato face a face é importante, pois constrói confiança, mas a dinâmica de grupo contém obstáculos inevitáveis para o pensamento criativo. Planeje para que as pessoas interajam uma a uma ou em pequenos grupos casuais.
Não confunda assertividade ou eloquência com boas ideias. Se você tiver uma mão de obra proativa, lembre-se de que ela pode ter um melhor desempenho sob o comando de um líder **introvertido** do que sob o comando de um **extrovertido** ou **carismático**.

Quem quer que você seja, tenha em mente que as aparências enganam.

Algumas pessoas agem como extrovertidos, mas o esforço custa-lhes a energia, a autenticidade e até a saúde física. Outras parecem distantes e reclusas, mas suas paisagens interiores são ricas e cheias de atividades.

Então, da próxima vez que vir uma pessoa com rosto plácido e uma voz suave, lembre-se de que em sua mente ela pode estar resolvendo uma equação, compondo um soneto, criando um *design* de um chapéu. Ou seja, ela pode estar empregando os **poderes da quietude**.

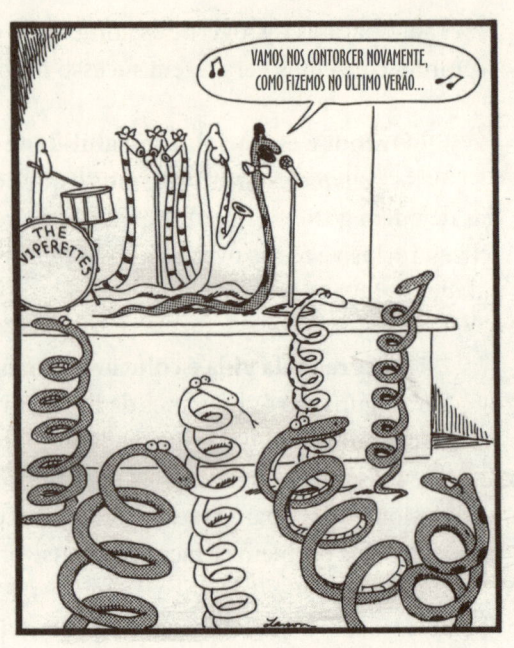

"Cartum de Gary Larson."

Sabemos pelos mitos e contos de fadas que há muitos tipos de poderes diferentes no mundo. Assim, uma criança recebe um sabre de luz; a outra, a educação de um mago. O truque não é ter todos os tipos de poderes disponíveis, mas usar bem os que você recebeu.

Aos introvertidos é oferecida a chave para jardins privados cheios de riquezas. Possuir essa chave é cair como Alice no buraco do coelho. Ela não **escolheu** ir ao País das Maravilhas, mas transformou isso numa aventura que era nova, fantástica e pessoal. Aliás, Lewis Carrol também era um introvertido. Sem ele, entretanto, não haveria *Alice no País das Maravilhas*.

Um lembrete importante: os introvertidos apreciam **muito o bom humor!!!**

## 1.10 – COMO OS PSICÓLOGOS DEFINEM O HUMOR?

O humor é bem fácil de identificar, mas difícil de definir.

O escritor norte-americano Samuel Langhorne Clemens, que ficou conhecido com o pseudônimo Mark Twain (1835-1910) dizia: "O humor é a maior benção da humanidade!!!"

Por muito tempo, a definição mais usada para humor pelos psicólogos que estudaram o assunto foi aquela criada por Sigmund Freud, o inventor da psicanálise.

No livro *Os Chistes e a sua Relação com o Inconsciente,* Freud escreveu que o humor é o maior mecanismo de defesa do ser humano, um instrumento que permite equilibrar as emoções e minimizar as frustrações.

Atualmente, a psicologia prefere enxergar o humor menos sob a ótica individual e mais à luz de sua capacidade de influir nos relacionamentos.

O **tipo de humor** que uma **pessoa pratica** é um elemento forte na **percepção** que **os outros têm dela**, ou seja, na definição que se dá à sua personalidade.

O psicólogo Rod A. Martin lançou em 2006, nos EUA, o livro *The Psychology of Humor (A Psicologia do Humor)*, no qual salientou que o humor não é um estado de espírito único e que ele tem **quatro variantes principais**, cada uma delas com suas implicações específicas nas relações pessoais e profissionais de cada ser humano.

Não é difícil associar pessoas conhecidas – ou a si próprio – aos quatro tipos de humor apresentados por Rod Martin que são: **autodepreciativo**, **agregador**, **corrosivo** e **"de bem com a vida"** (ou **otimista**).

É o caso daquele menino gordinho e desajeitado que todos desprezam (ou gozam) na escola e que, de repente se torna o mais engraçado da turma, capaz de juntar mais de uma dezena de colegas em torno de si, praticando o **humor autodepreciativo**.

Ele usa as próprias imperfeições para fazer graça.

O humor autodepreciativo é, por exemplo, o do famoso diretor de cinema Woody Allen.

Esse humor é comum entre pessoas que não se encaixam em determinados padrões sociais, mas são ávidas por atenção, como é o caso do menino gordinho, que procurou se tornar o mais divertido da sua turma.

Quem usa esse tipo de humor, que corrói a autoestima, corre o risco de desenvolver depressão e ansiedade.

Como um exemplo do que seja uma piada autodepreciativa, aí vai aquela do "reflexo da loira".

### Reflexo acurado

*Um bebê estava caindo da janela de um prédio.*
*Uma loira que ia passando pela calçada viu o nenezinho se precipitando ve-*

lozmente em direção ao solo e, imediatamente, saiu correndo, em verdadeira disparada, colocando-se bem debaixo dele, a tempo de ampará-lo em seus braços.

Todos que estavam ao redor aplaudiram muito a loira.

Um indivíduo que passava pelo local não se conteve e a elogiou:

– Puxa, parabéns! Que reflexo maravilhoso!!!

E a loira:

– Gostou? É Wellaton!!!

Na opinião de Rod Martin, o segundo tipo de humor é aquele **agregador**, que identifica as pessoas, que se dão bem com todo mundo e surpreendem a todos com suas tiradas, que permitem reduzir as tensões em situações desconfortáveis.

Mas ele também tem o seu lado negro, pois às vezes é usado para excluir alguém do grupo, por ser integrante da classe que está sendo ridicularizada.

Aí vai outra "piadinha" que talvez lhe dê a condição de entender que houve **agregação** e também **exclusão**...

### Fantasma no armário

Ao chegar mais cedo em casa, o marido encontrou a mulher nua na cama prostrada, respirando ofegante.

– O que houve, querida? Você não está passando bem? – pergunta preocupado.

– Acho que é um ataque do coração – respondeu ela.

Ao ouvir isso, o marido pega imediatamente o seu telefone e liga para um médico.

Enquanto estava tentando completar a ligação, o seu pequeno filho chega perto dele e avisa:

– Paiê, tem um fantasma no banheiro.

O marido vai até lá, abre a porta e encontra um indivíduo coberto com um lençol.

Puxa o pano e dá de cara com o seu melhor amigo pelado. Ficou indignado:

– Pelo amor de Deus, Joseval!!! Minha mulher está tendo um infarto e você fica aí assustando as crianças!!!

O terceiro tipo de humor é o **corrosivo**, ou seja, o empregado para criticar, provocar e manipular os outros por meio de sarcasmo e do ridículo.

O autor da piada costuma usar a desculpa de que tudo não passa de "uma brincadeira".

Esse tipo de humor pode por em risco a convivência no trabalho e muitos relacionamentos amorosos.

Aí vai uma possível piada que se enquadra aproximadamente nessa classe:

### Reconhecimento às cegas

*Sábado à noite, o padre resolve visitar um dos moradores da paróquia.*
*Toca a campainha e é recebido pelo anfitrião completamente nu.*
*Uma festa nada convencional estava acontecendo ali.*
*– Entre, padre - convida o dono da casa.*
*– Estamos brincando de um joguinho muito interessante. Está vendo aquelas garotas de olhos vendados? Elas precisam apalpar o "peru" dos homens e descobrir quem é. Vem se divertir com a gente também?*
*– Desculpe, mas creio que aqui não é meu lugar.*
*– Ora, padre! Deixe de cerimônias! O seu nome já foi citado três vezes por elas por engano!*

Finalmente, o quarto tipo de humor é o que se pode denominar "**de bem com a vida**".

Este é o humor de quem enxerga um lado positivo em tudo na vida.

Diante de um problema, em vez de ficar apreensivo ou nervoso, dá um passo atrás e ri dos absurdos que ocorrem cotidianamente.

Diversos estudos mostram que esse tipo de humor traz enormes benefícios à saúde.

Para caracterizar esse tipo de humor, em homenagem ao(à) leitor(a), aí vão duas "piadinhas" de quem vê tudo de forma positiva, mesmo tendo passado por algum tipo de "exploração."

### O barbeiro filantropo

*O florista foi ao barbeiro para cortar seu cabelo. Após o corte, perguntou o preço, e o barbeiro respondeu:*
*– Não posso aceitar seu dinheiro porque estou prestando serviço comunitário esta semana.*

O florista ficou feliz e foi embora. No dia seguinte, ao abrir a barbearia, havia um buquê com uma dúzia de rosas na porta e uma nota de agradecimento do florista.

Mais tarde, no mesmo dia, veio um padeiro para cortar o cabelo. Após o corte, ao perguntar o preço, ouviu do barbeiro que não era nada, pois estava prestando serviço comunitário.

O padeiro ficou feliz e foi embora. No dia seguinte, havia na porta da barbearia um cesto com pães e doces e uma nota de agradecimento do padeiro.

E então, apareceu um deputado para cortar o cabelo. E de novo, o barbeiro disse ao término do corte que era grátis.

No dia seguinte, quando o barbeiro chegou para trabalhar, e encontrou na porta, uma fila de mais de 100 eleitores com um "santinho" do deputado, no qual estava escrito: "Vale um corte de cabelo."

## A loira tranquilizada...

Depois de trinta dias de férias, uma loira está voltando para casa. Assim que se senta na poltrona do avião, ao lado de um homem elegante, respira e diz – Enfim juntos!!!

Espantado, o homem vira-se para ela:
– Mas como? Eu nem a conheço.
E ela:
– Desculpe, eu estava falando com os meus joelhos.

Não sei se você sorriu ou ficou irritado(a), mas essas piadas deveriam estar incluídas na classe "de bem com a vida", ou você não acha isso?

Como ferramenta nas relações sociais, o humor fornece ótimas oportunidades para se conhecer os valores e as opiniões alheias, caso haja de fato alguma conexão ente as piadas e o que está se discutindo.

Rod Martin afirmou: "Uma piada é capaz de revelar mais sobre alguém do que perguntas diretas, principalmente em questões polêmicas como: política, religião e sexo."

O humor costuma ainda ser um grande aliado no **jogo da sedução**.

Uma cantada bem-humorada pode até não dar resultado, mas é garantia de que a conversa não será interrompida bruscamente, com constrangimento para ambas as partes.

A tentativa pode terminar em boas risadas e abrir as portas para um segundo encontro entre o casal, nem que seja para continuarem a ser só "bons amigos".

Isso porque a mensagem contida numa cantada nunca fica totalmente óbvia, o que possibilita colocar algumas opiniões e afirmações numa espécie de jogo de tentativa e erro.

Pode-se mudá-la, se for preciso, dizendo que foi apenas uma piada!?!?

O humor também é uma arma eficiente na manutenção das normas sociais e de hierarquia.

Ao satirizar, mesmo com um humor corrosivo, as atitudes e os traços da personalidade de alguém, os integrantes de um grupo comunicam implicitamente as regras para que essa pessoa possa fazer parte da turma.

O discurso bem-humorado dos chefes quase sempre contém mensagens críticas ou admoestações disfarçadas.

Funcionários com um *status* menor, ao contrário do que se pensa, costumam rir das piadas dos chefes para agradá-los ou chamar a atenção para si.

Aproximar parceiros é outro grande benefício do humor, principalmente se ele for dos tipos agregador ou de bem com a vida.

Parece que quando as pessoas riem juntas, se tornam cúmplices, dividem as mesmas emoções e têm atitudes mais positivas em relação às outras.

Na realidade, todo mundo abriga em si, em maior ou menor grau, os quatro tipos de humor citados por Rod Martin, isso porque os comportamentos a que eles estão associados fazem parte da natureza humana.

A forma e a intensidade com que se pratica cada tipo de humor é que faz a diferença nos relacionamentos.

A princípio, pode parecer que os tipos de humor autodepreciativo e corrosivo são **negativos** (!?!?), enquanto o agregador e o de bem com a vida são **positivos** (!?!?)

Não é bem assim.

Um indivíduo considerado agregador, geralmente utiliza o humor para reunir pessoas e formar grupos, mas dependendo de como ele age, o seu senso de humor pode servir para excluir quem não lhe convém.

O humor corrosivo também pode servir a outros propósitos, além da humilhação.

Ele pode funcionar como uma reação a um ambiente hostil.

Assim, os empregados que sofrem com um chefe tirano, costumam tornar o ambiente de trabalho mais ameno ao falar mal do chefe pelas costas em tom ácido e jocoso.

Embora não seja muito correto dizer que existem formas boas ou ruins de humor, o tipo **de bem com a vida** é considerado pelos psicólogos o mais **saudável**.

Dessa maneira, quem está sempre bem-humorado, apesar dos contratempos dificilmente fica ansioso e estressado por longos períodos, e isso mantém o organismo sob controle.

Pesquisas recentes, de fato, têm levado à conclusão que as pessoas que tendem a sempre olhar o lado positivo das coisas ativam com maior frequência o lado esquerdo do cérebro e, com isso, parece que desenvolvem uma melhor capacidade imunológica.

Mas quem não consegue praticar o humor do tipo de bem com a vida não precisa ficar preocupado, desde que tenha qualquer outro tipo de humor.

**O que não pode é não ter nenhum tipo de humor, viu?**

Não se esqueça de que é **preciso rir**, pois a risada é considerada uma expressão explícita de bom humor.

Não se pode dizer o mesmo do sorriso.

O psicólogo norte-americano Dacher Keltner, da Universidade da Califórnia, em Berkeley, elaborou uma pesquisa com milhares de faces sorridentes, e concluiu que existem dois tipos de sorriso. Nem sempre é fácil identificá-los.

Um deles revela que a pessoa está realmente achando **graça** de algo ou demonstrando felicidade.

O outro mostra que ela apenas se **esforça** para ser **simpática**.

Enquanto a risada é involuntária, alguns músculos necessários para sorrir podem ser controlados.

Um deles é o zigomático maior, que puxa os cantos dos lábios para cima.

Ao contraí-los, forma-se o que Dacher Keltner chama de "**sorriso de aeromoça**", em alusão à expressão automática de comissárias de bordo.

É um sorriso que expressa mais a delicadeza do que a alegria.

Explicou Dacher Keltner: "É esse sorriso que o funcionário esboça quando o chefe conta a piada que ele já ouviu centenas de vezes ou que uma pessoa utiliza quando cumprimenta outra e ambas movem os lábios num movimento quase simultâneo.

 Os músculos responsáveis pelo sorriso verdadeiro não podem ser controlados por 95% das pessoas. Um deles é o orbicular, que fica ao redor dos olhos. Quando esse músculo se contrai, formam-se pequenas rugas do tipo pé-de-galinha, o olhar ganha um leve brilho, as bochechas se elevam e pequenas bolsas se formam embaixo dos olhos. Essas são as características do **sorriso espontâneo** – aquele que os bebês, nos primeiros meses de vida, dirigem apenas à mãe."

Faça agora o seguinte exercício para testar o seu humor, preparado pelo psicólogo Rod Martin, autor do livro *A Psicologia do Humor*, e verifique, segundo os critérios que ele estabeleceu, se você o usa de forma corrosiva, agregadora, autodepreciativa ou como alguém de bem com a vida.

## 1.11 - TESTE OS USOS DO SEU HUMOR

Primeiro, anote o número correspondente à sua avaliação sobre cada uma das afirmações abaixo. Depois, siga as instruções no fim do teste para saber que tipo de humor predomina na sua personalidade.

| Discordo totalmente | 1 |
| --- | --- |
| Discordo em parte | 2 |
| Discordo muito pouco | 3 |
| Não tenho certeza | 4 |
| Concordo um pouco | 5 |
| Concordo, mas não totalmente | 6 |
| Concordo totalmente | 7 |

1) Se alguém comete um erro, sempre aproveito para fazer uma provocação.

2) Deixo as pessoas rirem de mim ou faço piada das minhas imperfeições com mais frequência do que deveria.

3) Não preciso me esforçar para fazer as pessoas rirem. Sou naturalmente bem-humorado.

4) Mesmo quando estou sozinho, divirto-me com os absurdos do cotidiano.

5) As pessoas nunca se sentem ofendidas nem ficam magoadas com o meu senso de humor.

6) Raramente faço as pessoas rirem contando minhas histórias pessoais.

7) Minha visão bem-humorada da vida faz com que eu não fique decepcionado nem deprimido mesmo em situações adversas.

8) Se estou sozinho e triste, penso em algo divertido para me animar.

9) Às vezes não consigo me conter em contar piadas, mesmo que elas sejam inconvenientes.

10) Gosto de fazer todo mundo rir.

11) Quando estou chateado, geralmente perco todo o senso de humor, inclusive com pessoas que não têm nada a ver com meus problemas. ☐

12) Amigos ou familiares sempre me escolhem como alvo na hora de fazer piadas e brincadeiras. ☐

13) Se tenho problemas ou me sinto infeliz, acoberto meus sentimentos e faço brincadeiras. Nem mesmo meus amigos mais chegados percebem meus reais sentimentos. ☐

14) Geralmente não consigo pensar em coisas inteligentes e divertidas para dizer quando estou com outras pessoas, só quando estou sozinho. ☐

15) Não faço piadas se elas forem ofender alguém, mesmo diante de situações muito engraçadas. ☐

16) Deixar os outros rirem de mim é uma forma de manter todos de bom humor. ☐

## Agora veja quanto você usa de cada tipo de humor

O tipo de humor com maior pontuação é aquele que predomina em sua personalidade.

### Autodepreciativo

| Avaliação das questões | | | | | |
|---|---|---|---|---|---|
| 2 | 12 | 13 | 16 | | Total |
|   + |   + |   + |   | = |   |

## Agregador

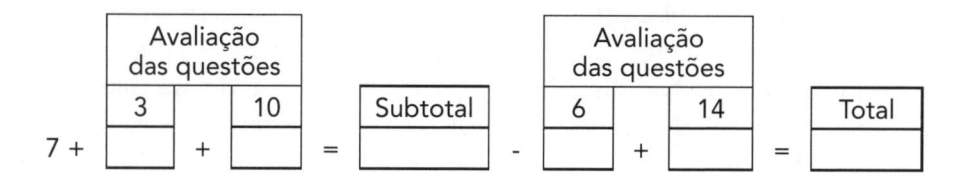

7 + [Avaliação das questões: 3] + [10] = [Subtotal] − [6] + [14] = [Total]

## Corrosivo

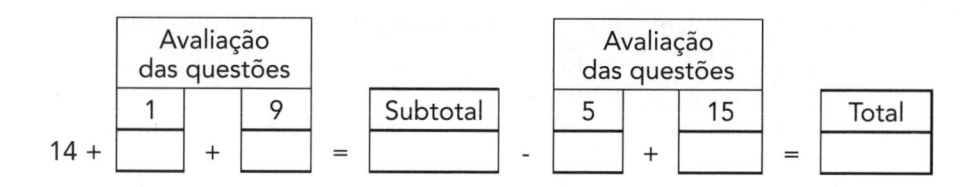

14 + [Avaliação das questões: 1] + [9] = [Subtotal] − [5] + [15] = [Total]

## De bem com a vida

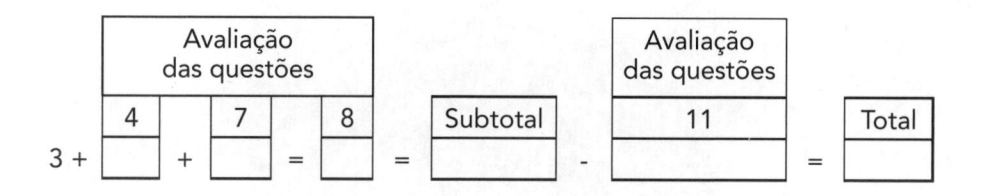

3 + [Avaliação das questões: 4] + [7] = [8] = [Subtotal] − [Avaliação das questões: 11] = [Total]

## Pontuação

**Maior que 17**
Você se vale do seu humor predominante com frequência.

**Entre 11 e 17**
Seu humor predominante se manifesta só em algumas situações.

» **OBSERVAÇÃO IMPORTANTE** – Quando ainda não imaginava o quanto era o poder do humor, no aprendizado eficaz, para "facilitar" as minhas aulas de Cálculo Numérico e de Estatística, lancei em 1972, dois "cadernos" como sendo uma forma de instrução programada sobre as duas disciplinas, repletos de piadas, inclusive com uma capa cheia de "contatos fraternais" e as seguintes instruções para o aluno sobre o seu material didático:

1. Não empreste para ninguém (nem para os parentes).

2. Não leia de trás para frente.

3. Traga-o sempre consigo quando vier à escola (mesmo que não tenha aula de Cálculo Numérico ou Estatística), pois assim desenvolverá o seu físico e em todos os intervalos, poderá sorrir um pouco, o que é fundamental!!!

"Aí está, uma inspiração que ocorreu há muitas décadas para se chegar a esse livro..."

# CAPÍTULO 2

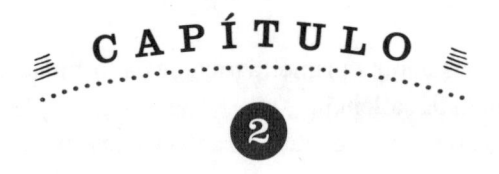

# O HUMOR DANDO MUITO PRAZER E DIMINUINDO AS TENSÕES

## 2.1 – POR QUE O HUMOR?

A intenção aqui é ter uma explicação melhor sobre o propósito para o qual o humor serve e qual é o motivo de nosso cérebro não adotar meios mais simples de transformar **conflito** em **prazer**.

O humor é notavelmente escasso de fórmulas quantitativas. Claro que a **surpresa** e o **conflito interno** são importantes para que alguém ache engraçada, digamos, uma piada, mas como é que podemos medir essas coisas?

Na realidade é impossível, contudo, mesmo assim, isso não tem impedido que algumas pessoas tentem uma quantificação aproximada como a desenvolvida por Peter Derks, que até criou uma fórmula bem inteligente (2.1).

$$\text{HUMOR} = \frac{\text{SALIÊNCIA}}{(\text{CARACTERÍSTICA} + \text{ESTADO})} \times \text{INCONGRUÊNCIA} + \text{RESOLUÇÃO}$$

» (2.1)

A princípio, essa expressão parece uma grande bagunça ou um verdadeiro arranjo caótico.

**Saliência? O que é isso?**

Para entender melhor a fórmula de Peter Derks, é importante tentar interpretá-la a partir da sua segunda metade: onde temos **incongruência** e **resolução**.

De fato, rimos de coisas que nos surpreendem (incongruência) e que nos obrigam a olhar as coisas de forma diferente (resolução). A partir de incongruência e resolução, achamos engraçadas as coisas que nos pegam de surpresa e mudam a nossa visão do mundo.

Agora, vamos considerar a primeira metade da fórmula, que diz que o humor depende também da **saliência**.

A saliência tem dois componentes: **característica** e **estado**. Já existem muitos estudos nos quais se analisaram a relação entre características de personalidade e senso de humor.

Há três aspectos-chave de nosso temperamento que se acredita que sejam configurados no nosso nascimento:

O primeiro é a **extroversão**. Ela existe em um *continuum*, variando de introversão a extroversão, e descreve quanta energia nós buscamos de nosso ambiente em contraste com o quanto nós gostamos de ficar sozinhos. Também está intimamente ligada à excitação – os extrovertidos tendem a procurar a excitação em seus arredores, como um meio de superar o tédio, enquanto os introvertidos procuram ambientes mais silenciosos, devido à sua natureza nervosa.

Se você sente uma necessidade constante de estar em torno de pessoas e experimentar ambientes estimulantes, então é provavelmente um **extrovertido**. Se isso lhe parecer muito trabalhoso, considere-se então na outra extremidade do espectro.

A segunda característica é o **neuroticismo** que existe em um *continuum* que varia de estabilidade e neuroticismo. Esta mede a quantidade de ansiedade que normalmente sentimos e o quanto somos influenciados por depressão, tensão e sentimentos de culpa.

O neuroticismo está intimamente ligado à reação de **lutar** ou **fugir**, uma reação que é ativada de forma relativamente rápida em pessoas neuróticas, porque elas ficam facilmente estressadas ou ansiosas.

Pessoas com níveis elevados de estabilidade tendem a manter-se calmas sob pressão.

A característica final (a 3ª) é o **psicoticismo** que contrasta com a socialização. Os indivíduos psicóticos são assertivos, manipuladores e dogmáticos. Isso os tornou inflexíveis como o seu ambiente, e também agressivos com ele. Eles também podem ser cabeças-duras, bem como imprudentes e hostis.

A testosterona, muitas vezes, é identificada como a culpada por este comportamento, o que pode explicar porque os estudos realizados em mais de 30 países descobriram que os homens, geralmente exibem níveis mais elevados de psicoticismo do que as mulheres. É importante notar que essas características não implicam em qualquer tipo de patologia.

Por sua vez, os estudos de humor de uma pessoa variam muito de momento a momento. Mas, por exemplo, muitas **pessoas religiosas** têm **pouco senso de** humor. Isso pode parecer uma generalização injusta, mas é cientificamente embasada, na aplicação de muitos testes de senso de humor com pessoas extremamente religiosas.

Uma constatação que já aconteceu há algum tempo na sociedade estadunidense de classe média é que, a princípio, as mulheres não sabem contar piadas (parece que isso vale também para o Brasil...), ou seja, elas destroem o desfecho, misturam a ordem das coisas e assim por diante. Além disso, parece que têm uma dificuldade maior para entender piadas, ou, em resumo, as mulheres norte-americanas **não têm senso de humor**!

Mas outros estudos revelaram que elas riem, e até muito, apreciam uma boa piada, embora, em muitos casos, por diferentes razões dos homens!?!? Talvez seja uma coisa de macho, ou talvez elas sejam, por natureza, mais reservadas.

Os homens são muito mais propensos a provocar o riso de uma pessoa próxima a eles do que a rirem eles mesmos. Agora, coloque duas mulheres numa sala e logo compartilharão uma risada, mas quando os sexos se misturam, os homens é que são os **palhaços** e as mulheres, o **público**. Talvez isso explique por que as mulheres são menos propensas a entrarem no ramo da comédia profissional.

Assim, em 1970, nos EUA, o percentual de comediantes de *stand-up* do sexo feminino era cerca de 2%, e subiu para 20% na década de 1990, e agora está perto de 35% (mas essa proporção pode estar errada...).

No Brasil, por exemplo, o percentual de comediantes mulheres é de 10% e o restante são homens.

» **Por que as mulheres têm mais dificuldade no mundo da comédia?**

Uma forma de descobrir, é olhar para o cérebro de artistas cômicos e comediantes. Sabe-se que existem várias áreas do cérebro que são ativadas quando processamos o humor, incluindo aquelas associadas a conflito e recompensa. No entanto, não foi possível concluir se esse padrão é o mesmo para todas as pessoas. Talvez, realmente, homens e mulheres tenham diferentes tipos de cérebro, e é por isso que acham coisas diferentes engraçadas!

Bem, pode-se dizer que eles são contadores de piadas... e elas são ouvintes exigentes. Talvez, mas não é exatamente uma verdade incontestável.

Assim, as piadas sexistas são um problema especialmente controverso, e com tanta coisa já escrita sobre o tema é difícil saber por onde começar. Hoje, sabe-se que as mulheres **não gostam de piadas que zombam de vítimas femininas**. Sabe-se ainda que elas não gostam do humor sexual que objetiva seu gênero.

Não faz muito tempo, uma das explicações mais razoáveis para escassez histórica de mulheres engraçadas (não as divertidas, pois esse é um contingente bem respeitável...) era o olhar torto que os pais e as mães costumeiramente dirigiam às meninas zombeteiras.

Rir e fazer rir são sinais evidentes de inteligência, agudeza e irreverência.

Nas filhas dos outros, essas qualidades podiam ser fontes de entretenimento; nas próprias, tradicionalmente eram motivos de angústia, por limitar com alguma drasticidade o número de bons partidos de que a filha em questão iria dispor.

O que os homens têm em comum com as mulheres nesse território é que eles também não gostam que seu objeto de desejo os trate como **alvos de troça ou ridículo.**

Mas o mundo mudou muito, principalmente nessas três últimas décadas, com as mulheres conquistando paridade de cargos nas empresas e os seus salários foram sendo equiparados aos dos homens.

Como não podia deixar de ser, as mulheres começaram a surgir também com muito talento no campo do humor.

Temos agora uma geração de pais e mães que incentivam a graça de suas filhas engraçadas, e de muitos espectadores que querem ouvir e se divertir com **as humoristas** que têm competência especial para satirizar muitas coisas que os homens não conseguem...

O fato é que no século XXI, em breve, os homens é que irão começar a incluir **o senso de humor** entre as virtudes da mulher, sem medo, assim, de viver uma vida de solidão!!!

Ainda vivemos numa era da supremacia dos humoristas masculinos, porém tudo indica que isso pode mudar em breve.

De fato, os homens são, por natureza (!?!?) ou talvez pela cultura vigente, mais piadistas que as mulheres.

E trata-se de uma tendência que se verifica desde a infância, em vários estudos nos EUA, nos países da Europa e em alguns da Ásia, confirmando que os garotos já se destacam na área do humor a partir dos **6 anos de idade**!!!

Os homens tendem a fazer piada a respeito de outras pessoas, muito mais do que sobre si próprios.

Eles também são mais propensos a contar piadas a grandes audiências.

Ao analisar o comportamento de casais num primeiro encontro, pesquisadores alemães averiguaram que o riso dos homens nessas situações não era indicativo de desejo sexual pela interlocutora.

O que de fato mais interessava a eles era descobrir as que riam mais de seus gracejos!?!?

O fato de as mulheres se sentirem atraídas por homens que as fazem rir tem uma explicação à luz da **psicologia evolucionista:** elas identificaram esse traço como sendo de um **macho dominante**.

Mas há uma diferença e tanto entre o homem que faz rir e aquele que ri demais. Elas não apreciam esse último, por achá-lo **pouco viril**.

No Brasil, há alguns anos, foi feita uma pesquisa com uma amostra bem representativa de homens e mulheres da classe média, que revelou que elas sentem mais atração por pretendentes que esbanjam **senso de humor**.

Aliás, cerca de **22%** das entrevistadas disseram que se trata de um atributo fundamental num parceiro.

Nas conversas entre homens e mulheres, elas riem **130%** mais que eles, de acordo com um estudo norte-americano ao se avaliarem 5.000 situações de riso.

Um detalhe importante é que elas riem mais quando a piada é contada por um homem.

O humor feminino costuma ser autorreferente: ao contrário dos homens, elas fazem mais piadas sobre si próprias que a respeito dos outros.

As mulheres também preferem exercitar seus dotes cômicos em conversas a dois, e não em grandes rodas.

Mas o **riso feminino** é um bom termômetro dos relacionamentos.

Enquanto o homem é capaz de fazê-las rir, está tudo bem. Quando isso já não ocorre, pode ser sinal de que algo vai mal na relação.

Num estudo com casais jovens, constatou-se que, quanto mais as mulheres riram no primeiro encontro, maior era seu desejo declarado de voltar a se encontrar com o homem!!!

Outro ponto importante é examinar o humor em crianças, o que nos permite conhecer em que estágio cognitivo de desenvolvimento elas estão. Depois da permanência dos objetos na sua mente, um grande desafio para as crianças é alcançar a **"teoria da mente"**, ou seja, a capacidade de atribuir estados mentais aos outros e de entender que os outros têm crenças e intenções que são bem diferentes das nossas. Em suma, é a capacidade de superar o egocentrismo.

Crianças com idade inferior a cerca de seis anos não sabem a diferença entre uma **mentira** e uma **piada**, porque elas não têm a teoria da

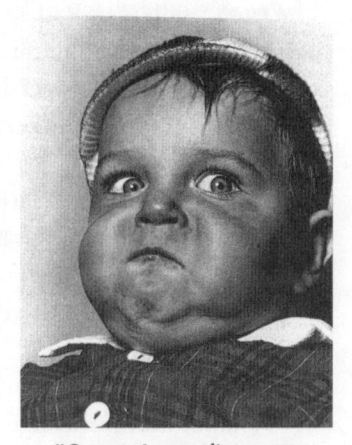

*"Quem é que disse que um menino prodígio é uma criança cujos pais têm muita imaginação? Será que ele também sabe rir?"*

mente para reconhecer que estas são coisas diferentes. Por razões semelhantes, também não entendem ironia e sarcasmo.

Em cada um destes casos, a mensagem, se literal, é diferente da pretendida, e o ouvinte deve reconhecer isso considerando as motivações e intenções do falante.

Como as crianças com menos de seis anos normalmente não conseguem entender que alguém possa ter intenções diferentes das suas próprias, o humor em declarações sarcásticas é perdido. Aliás, alguns estudos têm revelado que muitas crianças com até 13 anos de idade não reconhecem **sarcasmo** em declarações faladas, mesmo quando elas percebem que as declarações estão incorretas.

Boa parte do humor é impulsionada pela existência de muito conservadorismo, isto é, como as pessoas estão muito presas às suas crenças. Não é por acaso que **90%** delas citam que **apreciam** uma piada, ou seja, o seu humor devido à **incongruência** e **75%** dizem que **não lhes agrada** o **humor absurdo**!

Na verdade, ao revelar tanto sobre nós mesmos, o humor pode ser a melhor maneira para conhecer quem realmente somos.

## 2.2 - HUMOR É COISA SÉRIA

Abrão Slavutzky, médico e psicanalista, autor de diversos livros, lançou em 2014, *Humor É Coisa Séria*, no qual convida o leitor para uma **tripla viagem** pela história da cultura, pelas condições psicológicas que favorecem a eclosão do humor ou a ela se opõem, e pela intimidade do consultório de um analista.

O autor salienta: "Pode parecer piada afirmar que humor é **coisa séria**.

O humor é um jogo que integra **alegria** e **tristeza**, **comédia** e **tragédia**, criando uma forma própria de ver o mundo.

O humor brinca, **sua certeza é a incerteza**, se diverte com o otimismo ingênuo.

Faz graça com temas sérios, goza sem perder a seriedade, logo, é um **paradoxo** no qual convivem dois sentidos contrários.

Portanto, o humor é, ao mesmo tempo, **uma coisa séria e engraçada.**

No humor são duas as verdades que podem ser percebidas: uma **esperançosa** e uma **cética**.

O olhar do humor é irreverente diante até das verdades sagradas.

O humor diminui a angústia ao permitir a descontração que suaviza o viver diante da difícil realidade.

Portanto, ter sentido de humor é dispor de um poder no difícil jogo da existência.

O humor é uma forma de jogar, de brincar e se rebelar diante da humilhação e do desamparo.

É, também, a capacidade simbólica de gerar prazer onde geralmente ocorreria a dor.

O humor não muda o mundo – pode, sim, **mudar a vida**; não é revolucionário, mas é sempre **rebelde**.

"Há quem diga que o mundo não acabou porque ainda consegue rir..."

Aí vai a anedota para contestar a rebeldia, ou melhor, não ter que lidar com ela:

*O chefe do departamento pessoal de uma empresa justificando para o jovem solteiro por que não vai contratá-lo:*
*– Desculpe, você é até talentoso, mas não podemos contratá-lo, pois a regra da empresa é a de empregar só homens casados.*
*– Por quê? Por acaso são mais inteligentes e competentes que os solteiros? – questiona o jovem.*
*– Não, mas estão mais acostumados a obedecer!?!?*

Agora, não há só **um humor**, mas muitos para todos os tipos e gostos, e ele varia segundo a cultura e a época.

Hoje, os historiadores e antropólogos asseguram que o humor existe desde os primórdios da humanidade.

Às vezes, é difícil entender o humor da Roma antiga ou dos tempos medievais, porém o denominador comum entre todos os tipos de humor é o jogo, uma forma de brincar com a realidade.

Escreveu o criativo e engraçado cineasta Woody Allen: "A eterna tríplice questão: '**Quem somos? De onde viemos? Para onde vamos?**', não me diz respeito, pois eu sou eu, venho da minha casa e volto para ela."

O humor tem a sua ética, que elimina toda forma de hierarquia, seja ela econômica, política ou religiosa.

Uma ética em que os ricos podem revelar-se pobres de espírito, pouco espirituosos.

Uma ética que suporta o inevitável, pois nem sempre se vence o destino.

A ética do humor questiona as verdades, não se deixa empolgar e segue, em alguma medida, o Dom Quixote, que sempre sorriu diante dos fra-

"O engraçado Woody Allen!!!"

cassos. A ética do humor se diverte com as ilusões e não entra em pânico, nem diante da morte, afirmando seu poder erótico diante das adversidades. O humor nunca esquece que a vida é mais para ser mais suportada, não nega as dores, ao contrário, faz delas sua matéria-prima.

Charles Chaplin afirmava que a leveza do humor deveria estar a favor dos mais fracos e não dos poderosos.

Um dia, perguntaram ao nosso sarcástico Millôr Fernandes, por que ele sempre criticava os **poderosos** e não os **defendia**.

Ao que ele respondeu, simplesmente, que eles já eram fortes o suficiente e não precisavam de defensores.

O humor goza a arrogância dos ricos, como revela a seguinte história: "Numa sinagoga, um judeu muito rico reza ao lado de um homem bem pobre. O rico diz: 'Diante do Senhor Todo-Poderoso, eu não sou nada', e o pobre repete em seguida: 'Também eu, diante do Senhor Todo-Poderoso, não sou nada'. Ao que retruca o judeu rico: 'Veja só, Senhor, **quem** pretende ser nada'"

O humor possibilita reduzir um pouco o poder do masoquismo e consegue **sorrir até diante da morte**.

Conta-se que um guarda ofereceu um cigarro a um condenado à morte, momentos antes de sua execução.

O preso agradeceu e se explicou: "Obrigado, mas por questão de saúde, não posso fumar!"

Brincar diante do inevitável, ou seja, quando o seu fim está próximo é uma forma de **humor negro**!!!

Quando alguém lida com o humor negro, cai em chistes como o seguinte:

☺

*Um senhor acaba de morrer. O padre encomenda o corpo e se rasga em elogios:*

*– O finado era um ótimo marido, um excelente cristão, um pai exemplar...*

*A viúva se vira pra um dos filhos e lhe diz ao ouvido:*

*– Vai até o caixão e dá uma olhada para ver se esse enterro é mesmo do seu pai.*

O humor tem uma visão tolerante e cética diante da realidade, encara as dificuldades como parte da existência.

Quando o reino do humor parece condenado ao peso do desânimo, o humor permite mudar a forma de perceber até mesmo os horrores.

Existe uma divisão entre **humor** e **ironia**.

Uma frase famosa de Groucho Marx, durante uma apresentação para o público, foi: "Já tive muitas noites excelentes, mas não esta que estou convivendo com vocês agora!"

Caso ele dissesse para algum anfitrião seu, isso seria **ironia**, mas dito para a sua plateia, numa apresentação, foi considerada **humor**, pois estava **gozando de si mesmo**!!!

O filósofo Comte-Sponville escreveu que se pode gozar de tudo: da morte, do fracasso, da doença, da tortura, desde que o riso acrescente algo de alegria, doçura, leveza e não ódio, sofrimento ou desprezo.

"Uma caricatura do incrível humorista Groucho Marx."

Assim, a ironia fere, o humor cura.
A ironia ataca, o humor ajuda a viver.
A ironia é impiedosa, o humor é misericordioso.
A ironia é humilhante, o humor é humilde.

Às vezes são os próprios médicos que precisam de cura, quando cabe uma anedota ilustrativa para explicar essa situação.

*Um médico estava sofrendo um terrível dilema ético.*
*Procurou um psicólogo para ajudá-lo.*
*O profissional procurou acalmá-lo.*
*– Você não tem que ficar tão nervoso. Não é nem o primeiro e nem será o último médico a transar com uma paciente...*
*– É..., mas é que eu sou veterinário!!!*

Ninguém consegue estar **sempre bem-humorado**, assim como ninguém pode estar **alegre em tempo integral**.

Isso porque não faltam situações cotidianas nas quais preservar o bom humor é **praticamente impossível** – são momentos em que vivemos perdas traumáticas, tempos em que a imaginação se empobrece, nada tem graça; tempos de desespero, de descrença, de luto.

Por isso, seguramente, Francis Bacon acertou ao escrever: "A imaginação foi dada ao homem para compensar o que ele não é, e um senso de humor para consolá-lo pelo que ele é."

O humor tem seus opositores e, talvez, um dos maiores seja a **depressão**. Estudos da Organização Mundial da Saúde (OMS) apontam que a depressão será a **segunda doença mais frequente** até 2020, logo abaixo das cardíacas.

Há muitas depressões, por isso são sempre plurais: agudas, crônicas, racionais, transtornos bipolares, entre outras.

Os depressivos vivem fazendo força, por vezes muita força para **viver**, ou melhor, **sobreviver**.

Às vezes, as pessoas não entendem que todos querem sobreviver ao ter uma vida melhor como é o caso desse chiste:

*O policial atendeu ao telefone e foi anotando o pedido de socorro:*
*– Socorro, socorro! Mandem alguém urgente, porque entrou um gato em casa!*
*– Mas como assim um gato em casa?*
*– Um gato! Ele invadiu minha casa e está caminhando em minha direção! Socorro! Socorro!*
*– Mas qual é o problema de um gato entrar em sua casa? Por favor, identifique-se! Quem está falando aí?*
*– É o papagaio!!!*

Há pessoas que não conseguem festejar uma conquista, pois logo pensam nas dificuldades que virão à frente.

As depressões podem ser pensadas como expressões de desamparo, ou seja, o deprimido vive em um vazio de sentido.

O depressivo costuma fugir do presente, dorme muito, não come (ou então come muito), não vê mais graça em acordar, não deseja mais se divertir.

Logo, a desgraça é o seu elemento orientador, e às vezes até se aproxima da morte.

Conta-se a história de que, um dia, o escritor James Joyce foi falar com Jung para explicar-lhe que sua filha não estava bem; na verdade, ela sofria de esquizofrenia.

Então Joyce disse: "Veja, aqui está o que minha filha escreveu. Diga-me se isso não é uma obra de um escritor como eu?"

E Jung respondeu: **"Onde tu nadas, ela sucumbe."**

Ou seja, ele quis dizer que Joyce escrevia e assim nadava ou flutuava, enquanto sua filha, mesmo escrevendo, terminou afundando e acabou se suicidando.

Muitas pessoas de bem com a vida podem mudar ao se desiludir diante de doenças, expectativas frustradas, sejam elas profissionais, familiares ou com a própria condição humana.

Então afundam e começam a ver a vida com lentes bem sombrias, perdem os seus sorrisos e não sabem rir de piadas bem-humoradas.

Aí surge a questão: **é possível melhorar o sentido de uma pessoa?**

A expressão **sentido do humor** originou-se na Inglaterra, quando os filósofos britânicos criaram as **noções de sentido** na primeira metade do século XIX, ou seja, o sentido da beleza, o sentido da honra, da decência, sentido moral e assim por diante.

Todavia, havia o **sentido do ridículo**, que definia a sensibilidade para **coisas risíveis**, que com o tempo foi substituída pelo **sentido do humor**.

Rapidamente, ele se transformou numa virtude bem importante, e assim, ao se dizer que alguém tinha sentido de humor, **passou a ser um grande elogio**, algo positivo sobre o caráter de uma pessoa.

Carecer de sentido do humor, por sua vez, significava ser muito sério, egoísta, fanático, inflexível e até passou a ser considerado uma **doença mental**.

Portanto, não por acaso que se falou muito no **sentido do humor inglês**.

Porém, deve-se esclarecer que os ingleses criaram a expressão – senso de humor –, mas não o humor, **viu?**

No século XX, esse sentido do humor começou a ser cada vez mais valorizado e continua tendo uma avaliação positiva no século XXI.

O sentido do humor, como já foi dito antes, é a habilidade de notar incongruências, o engraçado do cotidiano, escutar o duplo sentido de algumas palavras; enfim, ver o lado gracioso da vida.

Sentido do humor é também definido como aptidão, e há quem prefira caracterizá-lo como um **dom** ou um **sexto sentido**!!!

Há dois consensos: um é a valorização desse dom e o outro é a sua imprecisão.

Ter sentido do humor, tem tudo a ver com pessoas criativas, capazes de desenvolver o pensamento divergente.

É, portanto, uma habilidade de brincar com a linguagem e as ideias.

Infelizmente, pesquisas recentes indicam que o sentido do humor nas pessoas é **bem mais raro que se imagina**.

A dificuldade para se ter esse sentido é a exigência de uma certa inteligência criativa, uma flexibilidade para pensar, de ver o outro lado de tudo, como, aliás, ocorre no humor, repleto de **ambiguidade**.

Ver o lado sério do cômico e o cômico do sério é uma arte, uma riqueza diante da realidade traumática.

É fácil ver a graça no engraçado, a desgraça no sofrimento, mas é difícil perceber o alegre no triste, ou, ao contrário, o triste no alegre.

Os humoristas excelentes são os que possuem essa arte, como foi, por exemplo, o caso de Charles Chaplin, que entre duas guerras mundiais – um período de sofrimento e tristeza – conseguiu com seu personagem Vagabundo, que se pudesse ficar alegre com situações tristes...

O humor tem muitos segredos.

Aliás, a palavra **segredo** é bem sedutora, ou seja, promete mais do que tem para dar.

Todos querem saber o segredo das mulheres, dos homens, do sucesso, os segredos da cama, do poder e assim por diante.

Um dos segredos do humor é que ele ativa de **forma simultânea duas percepções contraditórias**, e o resultado disso é tornar-se **engraçado**.

Um exemplo é a expressão "Analista de Bagé", criada por Luis Fernando Veríssimo, em que se reúne a palavra **analista** – associada à fineza, à sofisticação – com a cidade de Bagé, símbolo do gaúcho **"grosso barbaridade"**. O comportamento do personagem alia na sua identidade essa contradição e trata os pacientes a joelhaços, com um mínimo de palavras delicadas, sem rodeios e outras "frescuras".

O que se percebe claramente é que os contrários convivem muito bem no humor.

Outro exemplo é a palavra **"piada"**, que é usada para descrever uma pequena história engraçada, como também ser o oposto ao **sério**.

Dizer que algo é uma piada é desvalorizar, esvaziar a sua importância.

A piada merece ser estudada seriamente como fez Sigmund Freud no seu livro *A Piada e sua Relação com o Inconsciente* ou como fez Friedrich Schlegel, um dos pensadores do romantismo alemão, que definiu a piada (*Witz*, em alemão) como um fim em si, como **virtude**, **amor** e **arte**, ou seja, caracterizou-a como uma obra de arte abreviada.

Um importante segredo do humor é como as pessoas se sentem **gratas** aos humoristas.

Gratidão aos que ajudam com sua graça diante das desgraças. Frente a doenças, traumas, mortes, tanto o sorriso como o humor parecem ser impossíveis!?!?

Quando se perde o encantamento pela vida, tudo perde o colorido, o desencantamento se impõe, e a pessoa afunda em dor e lágrimas.

O humor, até diante da morte, pode abrir algo que traz a pessoa para a vida.

Aí vai uma piadinha para exemplificar o que é **medo**!!!

*Durante o voo, o comandante pega o microfone e comunica:*
*– Senhores passageiros, quem vos fala é o comandante. Estamos voando a uma altitude de 9.900 m, numa velocidade de 840 km/h. Neste momento, estamos sobrevoando a cidade de... que é, isso... trunk... tloc... crash... Oh! Meu Deus!*
*– Alguns segundos depois, o comandante prossegue:*
*– Senhores passageiros, desculpem o susto, mas enquanto falava, fui pegar a minha xícara de café e acabei derrubando tudo nas minhas calças...*
*– **Ahhhh**! – fizeram os passageiros aliviados!!!*
*– Puxa! – continuou dizendo o comandante, com a intenção de distrair os passageiros.*
*– Vocês precisam ver em que estado ficou a parte da frente das minhas calças...*
*Ao que alguém lá no fundo da aeronave gritou:*
*– E o senhor precisa ver em que estado ficou a parte de trás da minha cueca, seu desastrado!!!*

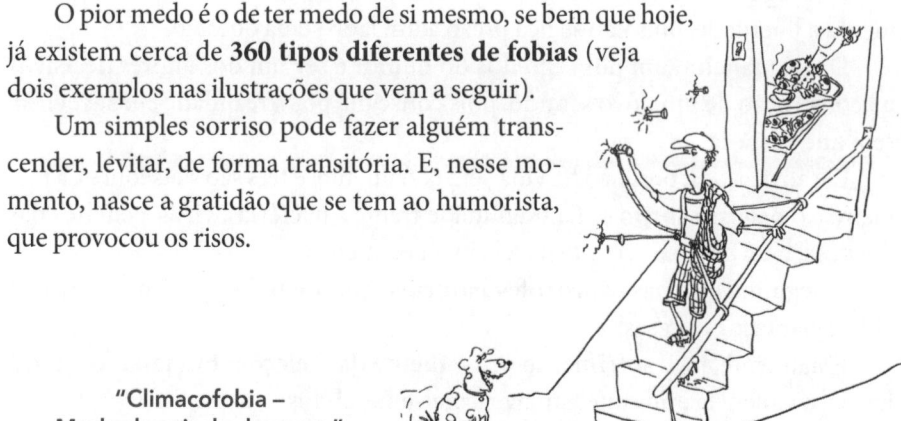

O pior medo é o de ter medo de si mesmo, se bem que hoje, já existem cerca de **360 tipos diferentes de fobias** (veja dois exemplos nas ilustrações que vem a seguir).

Um simples sorriso pode fazer alguém transcender, levitar, de forma transitória. E, nesse momento, nasce a gratidão que se tem ao humorista, que provocou os risos.

"Climacofobia –
Medo de cair de degraus."

"Coitofobia – Medo de que ocorra uma relação sexual."

Os humoristas, ao brincarem com todos os temas, nos fazem brincar também com as nossas angústias e os medos.

A graça e o sorriso são uma boia a qual se pode agarrar para não afundar, um ato de potência erótica, um amparo diante do desamparo.

Os caminhos diante do desamparo são múltiplos, e a psicopatologia expressa, de diferentes formas, os sistemas resultantes da luta diante do vazio. O desamparo se agravou na modernidade, pois diminuiu substancialmente a solidez das instituições e, com isso, aumentaram a desconfiança e a insegurança.

**E o que se pode fazer para aliviar o desamparo?**

É preciso algum tipo de ajuda, de apoio.

A forma mais construtiva é aprender a suportar perdas, as duras frustrações, e recomeçar o jogo.

Nessa reação à dor, o humor ajuda muito, pois ele, afinal de contas, é um **jogo ilusório**.

Um jogo que reside no triunfo narcisista sobre as circunstâncias que aumenta a liberdade, pois não se fica preso a um lado só da questão.

Dessa maneira, um dos segredos do humor é ser um dos fatores decisivos na construção de um novo sentido, pois consegue por a realidade em suspenso, sem **anestesiá-la**.

Ele alivia a dor, pois não há vida sem sofrimento, e três são suas fontes; a primeira é o **próprio corpo** e sua fragilidade frente a bactérias, vírus, genética das doenças, bem como o seu inevitável envelhecimento.

A segunda está nas **catástrofes naturais**, que, quando ocorrem, destroem vidas, plantações e casas.

Finalmente, há o **sofrimento proveniente das relações humanas** devido à inveja, à violência e aos intermináveis mal-entendidos.

Logo, como as dores acompanham a vida, o humor tem seu futuro garantido.

E para ter senso de humor é preciso valorizar menos a dor, que impede as pessoas de aproveitarem a sua vida mais alegremente.

O escritor inglês George Orwell, autor do clássico *1984*, escreveu, em 1945, um artigo sobre o humor bem contundente, em que definiu uma **boa piada** como uma **pequena revolução**.

Na verdade, todas as rebeldias são pequenas revoluções, que às vezes, transcorrem em circunstâncias aterradoras. Ou seja, se ter sentido de humor já é difícil, os criadores de humor nas prisões, nas ditaduras, não deixam de ser heróis.

Heróis porque lutam contra a opressão com inteligência, desafiando a força bruta da espirituosidade.

O humor é uma colonização do princípio do prazer nos reinos do princípio da realidade!!!

O caráter surpreendente do humor produz efeitos desconcertantes sem cair no absurdo, ou seja, ele tem sutileza e graça.

Claro que o humor só pode ser gerado em quem tem um mínimo de **quociente intelectual**.

Além de que, em situações muito dolorosas, não sobram energias para se rir de nada, pois a pessoa que vive uma grande perda está dominada pelo sentimento trágico, e o humor não a penetra.

O humor, porém, na maioria dos casos, alivia a dor, pois há quem defina que o **humorismo é arte de fazer cócegas no raciocínio de um indivíduo**.

O humor é, às vezes, simples, em outras situações, complexo. É objetivo e paradoxal. É prazer, gozo, e sempre se esquiva da prisão dos conceitos.

Cada povo tem seu humor característico, integrando sua identidade.

Um dos segredos do humor é por tudo em discussão, pois ele é do contra, nunca a favor, e segue assim a máxima anarquista: *"Hay gobierno? Soy contra!"* (Há governo? Sou contra!).

O humor é do contra, porque é irreverente com todos os poderes, sorri e brinca até com as verdades sagradas como se dissesse: **"Há certezas? Sou contra!!!"**.

Dessa maneira, outro dos segredos do humor é que ele pode se aproximar do tabu, o qual é proibido, algo que se deve evitar, ou ser tratado com cautela, assim como as perversões sexuais, a morte, os pecados etc.

*"Aí está um exemplo de humor negro!!!"*

No seu livro *Antologia do Humor Negro,* André Breton destacou logo na introdução que o **humor negro** é o **inimigo mortal do sentimentalismo**.

Revelou também que o **sadismo**, o qual, existindo em todos em menor ou maior proporção, que o melhor a fazer com ele é trazê-lo à luz como um alívio para a pessoa...

Aliás, essa antologia nada mais é que uma seleção de trechos de livros de escritores que souberam lidar com os diversos tipos de tabus.

Assim, por exemplo, ele se refere ao escritor irlandês Jonathan Swift, considerado o **inventor da piada feroz e fúnebre**.

Por sinal, o nascimento do humor negro com Swift levou o estudioso do humor Robert Scarpit a defini-lo como uma pessoa que teve espinhos por fora e rosas por dentro.

O humor, para Swift: "Era o único remédio contra o desespero de não poder acabar com o mal!!!"

O humor, portanto, permite conviver com temas proibidos e, assim, nos alivia do medo, da culpa dos desejos perversos e mortíferos.

Quando se ri de piadas tristes e escabrosas, há um alívio das fantasias assustadoras e ainda se tranquiliza e se pode gozar melhor a vida.

Talvez uma das chaves para entender a lógica do humor e um dos seus segredos mais importantes é a **palavra paradoxo,** pouco usada em geral.

Ela é de origem grega, sendo composta por *para* (contra) e *doxa* (opinião). Portanto, o paradoxo é constituído de opiniões contrárias que coexistem sem exclusão.

Ele é indispensável no humor, pois revela a nobreza do ridículo e o ridículo da nobreza, a humildade da vaidade e o orgulho da modéstia, o lado cômico do trágico, ou seja, o **outro lado de tudo!**

Dessa maneira, as verdades contrárias coexistem e formam uma **terceira verdade**.

Alguém pode não acreditar em Deus, mas, mesmo assim, costuma falar: "Graças a Deus, eu não acredito em Deus?!?!"

Às vezes, não se entende a lógica paradoxal, pois afirma simultaneamente dois sentidos contrários.

O segredo do paradoxo e do humor está num sistema que se conhece ainda pouco, que é o **inconsciente**.

É no inconsciente que convivem os contrários e nele não há contradição!?!?

Jean Paul Richter definiu o indivíduo com humor como sendo aquele que tem alma melancólica, mas se diverte até com a tristeza.

Por sinal, ele foi um dos primeiros a pensar o **humor** como sendo um **paradoxo**.

Talvez o mais importante segredo do humor é que a sua **seriedade segue oculta**!

Isso provavlemente porque o ser humano prefira ser como alguém superior, como tendo sido feito à imagem e semelhança de Todo-Poderoso.

Uma verdade arrogante, que faz o homem se imaginar muito acima do mundo animal e da natureza.

Quem, entretanto, pode sofrer muito com o humor é o próprio humorista!

O humor, ao aproximar-se da realidade de maneira perigosa, ao ver sempre o outro lado de tudo, pode conduzir o humorista a um **aumento de desilusão**.

Naturalmente, não se deve creditar ao humor em si a potencialidade destrutiva, pois são raros os humoristas que se matam ou buscam a morte (é verdade que o comediante Robin Williams, em vista de forte depressão, suicidou-se em 11 de agosto de 2014).

No Brasil, entretanto, uma fatalidade ocorreu há algumas décadas com um dos seus humoristas mais populares. Conhecido como Péricles, o criador do *Amigo da Onça*, no auge da sua fama suicidou-se.

Péricles de Andrade Maranhão nasceu em 14 de agosto de 1924, na cidade de Recife, e muito cedo, aos 15 anos, começou a desenhar.

Aos 18 anos, já estava trabalhando na renomada e poderosa revista *O Cruzeiro*, no Rio de Janeiro, a mais importante do Brasil à época.

Um ano depois, desenhou o personagem que o iria consagrar: o Amigo da Onça.

Suas *charges* na revista *O Cruzeiro* foram publicadas desde 1943, ao longo de mais de 20 anos.

O Amigo da Onça era um personagem malicioso, malandro, típico carioca, conquistando rapidamente o Brasil.

Integrou o anedotário nacional por décadas, e nessa época todas as pessoas que recebiam ou compravam a revista, rapidamente a folheavam à procura da página sobre a nova peripécia do Amigo da Onça.

"Indicando a rota que o colega deve seguir para não ter problema!!! Esse é o Amigo da Onça."

Esse nome surgiu de uma piada que fazia muito sucesso na cidade do Rio de Janeiro, no início da década de 1940.

*Dois caçadores conversavam em seu acampamento.*
*– O que você faria se estivesse agora na selva e uma onça aparecesse na sua frente?*
*– Ora, dava um tiro nela.*
*– Mas se você não tivesse nenhuma arma de fogo?*
*– Bem, então eu a matava com meu facão.*
*– E se você estivesse sem o facão?*
*– Apanhava um pedaço de pau.*
*– E se não tivesse nenhum pedaço de pau?*
*– Subiria na árvore mais próxima!*
*– E se não tivesse nenhuma árvore?*
*– Sairia correndo.*
*– E se você estivesse paralisado pelo medo?*
*Então, o outro já irritado, retruca finalmente:*
*– Mas afinal, você é meu amigo ou amigo da onça?*

Nessa piada de caçadores, um coloca o outro numa situação difícil frente à onça, mostrando seu sadismo com o amigo, que só na frase final consegue sair da armadilha.

Logo, o personagem Amigo da Onça tinha como objetivo criar uma situação ruim para quem estava ao seu lado.

Um exemplo é do Amigo da Onça trabalhando num bar como garçom e dizendo ao patrão em voz alta, na frente dos clientes, a respeito do uísque que um cliente pediu: "Patrão, posso passar a servir do seu? O falsificado acabou!?!?"

Outro exemplo é o Amigo da Onça se atirando do alto de um edifício e dizendo ao seu amigo: "Escuta: só de brincadeira eu escrevi neste bilhete que você foi culpado deste gesto!"

Ou seja, na brincadeira dessa *charge*, o Amigo da Onça já havia se suicidado, antecipando o que viria a fazer de verdade o próprio humorista.

A *charge* do edifício no qual o Amigo da Onça se suicida e põe a culpa em um outro chamou muita atenção após o suicídio do próprio Péricles.

Ele tinha somente 37 anos quando, no último dia do ano de 1961, escreveu um bilhete de despedida no seu pequeno apartamento em Copacabana, explicando o quanto estava deprimido e sozinho.

Péricles também colocou na porta de seu apartamento que dava para o corredor do edifício o aviso: **"Não risquem fósforos"**, pois havia ligado o gás do fogão para morrer.

Ele foi um humorista de sucesso, mas sucumbiu à depressão.

O humor diante da separação traumática da esposa e do filho não foi uma defesa eficaz contra a tristeza e a solidão...

Nesse caso, o **humor** perdeu para a **dor**, as lágrimas sobrepujaram claramente os risos, a morte sobre a vida.

O humor, como já foi dito, é rebelde.

Aí vai a piada da dor...

Tem gente que gosta de fazer troça com o sofrimento ou a dor dos outros, como nessa piada.

*Um sujeito foi ao dentista e perguntou quanto custava a extração de um dente.*

*– Quatrocentos reais.*

*– Mas isso é um absurdo! Não tem nada mais barato?*

*– Bem, se eu fizer sem anestesia pode sair pela metade do preço.*

*– Ainda está caro!!!*

*– Bem, se eu fizer sem anestesia e usar um alicate para arrancar o dente, posso fazer por 100 reais.*

*– Tá caro ainda.*

*– Bem, se um dos meus estagiários do primeiro ano de faculdade fizer isso sem anestesia e com o alicate, pode fiar por uns 20 reais.*

*– Beleza!* – *o indivíduo concordou.*

*– Pode então marcar essa internação, que vou trazer aqui a minha sogra amanhã!!!*

**Em tempo, você já pensou que praticamente não se contam piadas sobre sogros?**

É essencial saber o que de fato significa a **rebeldia**. Ela é definida nos dicionários como sendo uma atitude contra a ordem, as instituições, o poder.

Assim, rebelde é estar contra, não ser submisso, ou seja, insubordinado, desobediente e até teimoso.

É bem simples notar a carga negativa que existe em todas essas definições.

Na verdade, o **rebelde** não é só quem resiste à autoridade, mas é, principalmente, quem **primeiro mudou de ideia** ao pensar em algo de errado que ocorre com a sociedade.

"Você acha que isso é uma expressão de dor? Está enganado, viu?"

A forma positiva de se entender o rebelde é como sendo alguém **crítico, livre para pensar, irreverente, desafiante do proibido.**

Os artistas são rebeldes, os cientistas que não se conformam com o já descoberto, os que contestam poderes autoritários e os inovadores em geral.

O rebelde é contra as regras rígidas e intolerantes.

Quando são vitoriosos, são exaltados, chegam a ser tratados com destaque.

Quando os rebeldes fracassam, são relegados, marginalizados, alguns são presos e até mortos.

Entretanto, talvez se possa afirmar que a própria condição humana começa com a rebeldia.

Ser rebelde é assumir uma atitude ativa na vida, é ousar saber, é não se satisfazer só em consumir.

Logo, não só a arte e o humor são rebeldes, mas todos que buscam o conhecimento, os curiosos, aqueles que não adormecem felizes com o já conquistado.

Todo rebelde pode pagar o preço de sua audácia diante do estabelecido como verdade, mas goza ou se aproveita muito bem de sua liberdade e criatividade.

A rebeldia do humor e do riso ao longo da história gerou tensões, censuras e perseguições, entre elas, as que ocorreram no campo religioso.

O humor, sendo rebelde, desafia o autoritarismo e, assim, diminui o medo.

A **religião** depende, em boa medida, do **medo** do ser humano para manter o seu **poder**.

Um exemplo típico está no livro *O Nome da Rosa*, de Humberto Eco.

No seu capítulo final, tem-se um diálogo que exemplifica claramente a **importância da seriedade** e o **perigo do riso**.

O venerável abade Jorge expõe a William de Baskerville, que estava no mosteiro para investigar os crimes, por que se deveria impedir que fosse lido o segundo livro da *Retórica* de Aristóteles.

Perguntado sobre o motivo de Jorge se assustar tanto diante do discurso sobre o riso ele explicou: "**O riso é a fraqueza, a corrupção, a insipidez de nossa carne.**"

Seus longos e consistentes argumentos revelam como o riso libera o ser humano do **medo do diabo**, tão usado pela religião para incentivar o temor.

Por fim conclui: "Seríamos nós, criaturas pecadoras sem o medo, talvez o mais benéfico e afetuoso dos dons divinos?"

As palavras do abade Jorge revelam como o medo foi usado através da história pelos poderes políticos e religiões como fator de coação e obediência.

O riso era visto como um ato ameaçador do poder sagrado, como se enfatizou no livro *O Nome da Rosa*.

Tudo começou a mudar a partir d século XV, inclusive no próprio Cristianismo, como escreveu o historiador Jean Delumeau, no seu livro *A História do Medo*.

Aliás, foi nessa época que se desenvolveu a ideia de que, diante do **grande medo**, era preciso o **grande riso**, como ocorre no *Decameron,* de Boccaccio.

Nele se contam histórias engraçadas, nas quais o sagrado não é poupado, se ri dos monges dissolutos, do inferno, do diabo, e são relatadas saborosas histórias eróticas.

Em boa parte da história houve uma tendência de demonizar o riso e o humor.

Só a partir do século XV é que a arte começou a brincar com as seriedades.

As obras de Boccaccio e Rabelais, no Renascimento, são os exemplos dessa mudança dos tempos mais rebeldes.

Surgiram pensadores como Erasmo de Roterdã e Tomás Morus e gênios do nível de Leonardo da Vinci, Michelangelo, Miguel de Cervantes e William Shakespeare.

Após esse grande momento, retornou o conservadorismo, com tempos em que se proibiam a **desordem** e a **contestação**.

Voltou a seriedade, com a grande aliança entre a Igreja e a monarquia absoluta, contra o Carnaval e outras grandes festas populares.

Em 1540, por exemplo, o Parlamento inglês interditou o uso de máscaras, e o puritanismo passou a reinar.

Nesse clima de oposição ao riso e à graça, um filósofo da importância de Thomas Hobbes, em seu famoso livro *Leviatã*, **atacou o riso**.

Sustentou que ele é uma característica dos fracos, dos pusilânimes.

Finalmente, no século XVIII, na Inglaterra, ocorreu a ascensão de valores individualistas, como enfatizou o escritor John Locke.

O humor e a liberdade começaram a caminhar juntos, **tendo no humor uma verdadeira filosofia de vida.**

Pouco depois, Immanuel Kant exaltou a graça, confiou no poder curativo do riso, receitou-o como sendo um dos remédios mais eficazes para diversos problemas, sem efeitos colaterais danosos.

Ele escreveu que o riso tem um efeito de tornar uma situação **tensa** em **nada**!!!

Voltaire disse que os céus nos deram duas coisas para compensar as turbulências da vida: a **esperança** e o **sono**.

Kant defendeu que deveria ser acrescentado o **riso**.

Em *Crítica da Faculdade de Julgar*, ele afirmou: "Numa piada inicia-se o jogo de pensamento, conquanto queira exprimir-se sensorialmente, mexe-se também com o corpo... dando uma sensação de bem-estar à saúde."

Foi Kant também que relacionou a música com a anedota, pois ambas brincam com materiais que, ao final, nada nos dão a pensar profundamente, mas podem proporcionar intensos prazeres com sua versatilidade.

As ousadias criativas de Kant seguem o que ele propôs: *sapere aude*!

Ousar saber, ou seja, o homem deve ousar pensar por si mesmo, o que não deixa de ser uma tarefa difícil.

Por sinal, no seu livro *Ousar Rir*, Daniel Kupermann parte exatamente dessa instigante expressão kantiana sobre a coragem de ousar.

Todo sistema autoritário se protege das críticas dos opositores e se cuida, principalmente, para não ser ridicularizado.

Logo, o humor foi sempre combatido pelas ditaduras e os poderes prepotentes de toda ordem.

Quem manda, quem detém o poder, tenta impor respeito servil, estimula a submissão.

Nesse sentido, os poderes tanto sagrados como profanos **podem igualar-se**.

Para concluir essa parte, deve-se ressaltar que a palavra humor no seu sentido moderno, apareceu em 1682, na Inglaterra, como a disposição mental ou temperamento.

*Lord* Shaftesbury, em 1709, no seu famoso *Sensus Communis: An Essay on the Freedom of Wit and Humour*, deu o sentido atual da **palavra humor**.

Voltaire, por seu turno, defendeu que a palavra tem origem do francês, *humeur*, mas Victor Hugo, em 1862, reconheceu a palavra como sendo de origem inglesa.

Jean Paul, o poeta do movimento romântico alemão, definiu o humor como um riso filosófico em que o homem compara a finitude do mundo com o infinito da ideia!

O humor seria a forma do cômico, própria do espírito romântico.

No *Oxford Dictionary*, o humor é definido como a faculdade de perceber o que é ridículo, divertido, ou expressar através da conversação, da escrita, ou outra forma, a imaginação e a abordagem de um assunto.

O humor, como tudo, tem uma história, mas **não se sabe quando começou**, e fica mais fácil avaliar o humor de um povo a partir de sua literatura.

A literatura e o teatro são as duas artes em que humor foi sendo desenvolvido, e nesse sentido, o surgimento da imprensa e a era do Renascimento na Europa contribuíram bastante para a evolução do humor.

O homem começou a aprender a viver com uma nova liberdade trazida pelo riso, com essa forma filosófica que gera o humor, o de rir de si mesmo e dos semelhantes, dos problemas, enfim, o humor e a alegria cresceram tremendamente nos últimos dois séculos, a ponto de irem ocupando um espaço cada vez mais destacado em todas as artes, na propaganda e sua filosofia.

O humor goza das nossas dificuldades e, ao fazer isso, diminui os nossos problemas, mesmo que seja um alívio temporário, faz bem para a nossa vida.

Isso porque, viver seus problemas com bom humor é **viver melhor**, pois transforma o narcisismo e diminui o sofrimento.

O humor é uma forma incrível que os seres humanos encontraram para enfrentar o cada vez mais difícil mundo em que vivem, para não serem tão pessimistas. Às vezes, o pessimismo leva ao otimismo, como nessa vingança matrimonial.

*Duas mulheres já um pouco maduras e um tanto "peruas" se encontram.*
*– Nossa, como você está magra!!!*
*– É sofrimento minha amiga. Meu marido está me traindo com outra, bem magrela...*
*– E por que você não pede divórcio?*
*– Agora não. Deixe-me emagrecer mais uns cinco quilos...*

O sentido de humor não representa um quadro de grandiosidade e euforia do ser humano, mas sim do seu sereno triunfo interior com uma mescla de melancolia jamais negada.

"Será que algum marido largaria essa?"

## 2.3 – PENSE MELHOR

No livro *Uma Piada Pode Salvar sua Vida*, o autor Beto Silva declara que as piadas sempre o ajudaram a lidar melhor com as situações de **tensão**.

Ele escreveu logo no início do seu livro: "Desde pequeno, sempre gostei de contar e escutar piadas."

Perdi a conta dos momentos que passei com meus amigos, cada um deles querendo contar uma piada mais engraçada do que a outra.

E assim passávamos muito tempo entre gargalhadas e muitos ataques de riso.

Mas, além do entretenimento que as piadas me proporcionaram, eu não ligava muito para elas, não estava nem aí para as anedotas, até desprezava alguns chistes, não apreciava para os trocadilhos.

Na realidade, para mim, as piadas eram somente historinhas engraçadas que contamos uns aos outros para relaxar e descontrair e **nada mais que isso**.

Porém, num dia que considero crucial, isso mudou.

A partir desse instante decisivo, as piadas passaram a ser causa de muito mais do que apenas risos ou gargalhadas.

Elas não eram mais somente um meio para conseguir distração, diversão e alegria.

Depois desse momento marcante, descobri que as anedotas podiam ter um papel fundamental em minha vida.

Elas passaram a ser essenciais!

Naquele dia, não sei por que, a minha reação ao escutar uma piada foi diferente.

Aí tive um lampejo (*insight*), como uma faísca atravessando o meu cérebro que me fez parar de rir.

Imediatamente comecei a meditar sobre a anedota que ouvia e tentar encaixar o seu conteúdo aos acontecimentos que experimentava naquele momento.

E *bang*!!!

A piada explicou tudo!

Da gargalhada passei à seriedade, do que logo se transformou em sorriso de contentamento pela certeza de que eu havia aprendido algo sobre a vida e que agora sabia como agir.

Nesse momento de iluminação, pela primeira vez, tive contato com o assombroso poder das piadas.

A partir desse instante, comecei a testá-las em várias situações e comprovei: **elas funcionam!**

Eu notei que sempre conseguia resolver melhor os meus problemas, buscando as minhas decisões nos ensinamentos que elas me ditavam.

As anedotas tornaram-se indispensáveis em minha vida.

Hoje, eu tenho a certeza de que as piadas escondem, sob o manto de simples entretenimento, verdadeiras lições de vida.

Acredite, às vezes uma singela anedota, de três linhas, traz em si a sabedoria de mil sábios, os ensinamentos de séculos.

Todos os nossos problemas podem ser resolvidos a partir da interpretação das piadas.

É isso mesmo!!!
Uma simples piadinha de salão, ou mesmo um ingênuo trocadilho, pode causar uma revolução em sua vida!!!"
Que extraordinário posicionamento de Beto Silva em relação à importância das piadas e do humor, não é?
É por isso que acredito também que as piadas junto com assuntos sérios, se possível correlatos, ajudam muito para entendê-los e a não esquecer as mensagens, as informações e as ideias de cada tópico principal, como é o caso do que você vai ser abordado a seguir: como desenvolver um **pensamento produtivo**.

Para que você se anime a tirar algumas lições e entender melhor o que é o método que leva a pensar melhor, aí vão três tirinhas sarcásticas, algumas expressões com duplo sentido e três piadinhas com historinhas...

"Não pense que eu o considero um imprestável, pois você até serve para algumas coisas..."

"Pensei que hoje seria um dia muito tenso e que não iria dar uma gargalhada espontânea jamais, até que vi você James, vestido com essa roupa."

"Boa noite senhor, posso explicar-lhe baseado nesse gráfico de *pizza* o meu desvio de comportamento e, inclusive, o relacionamento emocional com a sua esposa."

Para treinar a sua capacidade de entender uma frase de pelo menos duas maneiras, aí vão as pegadinhas.

1. Você trabalha com humor, mas quantas pessoas já te **gozaram**?
2. A língua portuguesa é muito rica e complexa e você pode utilizar as palavras de várias formas. Como você prefere usar a **nossa língua**?
3. Muitas vezes temos um estalo e nos ocorre uma ideia. Quando alguma coisa **estala dentro** de você, o que você faz?
4. Muitas vezes nós temos que guardar segredo dos nossos projetos e fazer a coisa na moita. Você já fez muita coisa na **moita**?
5. Se há uma coisa de que os homens gostam é colocar uma roupa nova para sair. Você já saiu com **alguma velha** na noite?
6. Há dias em que a gente não está bem-humorado. Alguém já te **pegou com raiva**?
7. O jogo de damas requer raciocínio rápido. Você pensa muito antes de comer **a dama** do seu adversário?
8. Tem mulher que adora mudar os móveis de lugar. Você é do tipo de mulher que mexe muito com as **cadeiras**?
9. Todo ano, o cidadão tem que fazer a declaração do Imposto de Renda. Quando você faz o **balanço** consegue tirar o **líquido do bruto**?

**10.** Os parafusos têm seu tamanho conforme o tipo de rosca. Você prefere um **com a rosca** grande ou pequena?

E agora, aí vão as três piadas para que você reflita sobre as suas mensagens.

### 1ª) Vovô exultante

*Um senhor adentra no confessionário de uma igreja e diz para o padre:*
*– Eu tenho oitenta anos, uma esposa maravilhosa de setenta e dois, vários filhos, netos e bisnetos. Ontem, eu estava passeando no parque, encontrei duas estudantes lindas e fomos juntos a um motel. Ficamos lá a tarde inteira e eu fiz sexo com cada uma delas três vezes.*
*– Você está arrependido dos seus pecados? – pergunta o padre.*
*– Que pecados? – responde o vovô.*
*– Eu sou judeu.*
*– Então por que você está me contando isso num confessionário?*
*– Cara, eu tenho oitenta anos. Estou contando isso para todo mundo!*

### 2ª) Banqueiro aproveitador

*Uma tarde, um famoso banqueiro estava em sua limusine quando viu um homem na beira da estrada comendo grama. O ricaço então ordenou a seu motorista que parasse. Ele saiu do carro e perguntou:*
*– Por que está comendo grama?*
*– Não tenho dinheiro para comida – disse o pobre homem – por isso estava comendo grama.*
*– Bem, então venha à minha casa, eu lhe darei de comer – disse o banqueiro.*
*– Obrigado, mas tenho a mulher e três filhos comigo. Estão ali, debaixo daquela árvore.*
*– Que venham também – convidou o banqueiro.*
*Entraram todos no enorme e luxuoso carro. Uma vez a caminho, o homem olhou o banqueiro e disse:*
*– O senhor é muito bom. Obrigado por nos levar a sua casa para comer.*
*O banqueiro respondeu:*
*– Meu caro, não tenha vergonha, fico muito feliz por fazê-lo. Vão ficar encantados com a minha casa... A grama está com mais de 20 cm de altura.*

### 3ª) Troca inconveniente

*Na arca, a bicharada fazia sexo o tempo todo. Até que Noé decretou que só era permitido transar aos sábados. Cada animal ganhou uma ficha. Na sexta, a macaca reclamou que o macaco tinha passado o dia dizendo a ela que ia sofrer no sábado.*

*Noé repreendeu o bicho:*
*– Macaco, essa sua gracinha não pega bem.*
*– Mas Noé, não é gracinha.*
*– É que eu perdi a minha fichinha do sexo no pôquer. E quem ganhou foi um jumento!?!?*

## 2.4 – COMO ESCREVER COM HUMOR

O professor e diretor de criação Mel Helitzer e o professor de psicologia Mark A. Shatz são os autores do livro *Como Escrever Humor,* no qual eles abordam o básico da redação de humor e as técnicas de humor.

Os autores destacam: "A verdade é que qualquer um pode aprender a escrever com humor.

Embora alguns indivíduos sejam naturalmente mais engraçados do que os outros (assim como alguns indivíduos são mais atléticos ou musicalmente mais talentosos), a redação pode ser ensinada e a habilidade para escrever pode ser adquirida. O humor não é um mistério, pois (assim como a mágica nos palcos) é possível desmistificá-lo. E os benefícios da redação do humor são os **três Rs**: **r**espeito, **r**ecordação e **r**ecompensa.

"Assim, o uso habilidoso do humor pode angariar-lhe **respeito**; fazer com que suas palavras sejam **recordadas** e obter grandes **recompensas** pessoais e financeiras."

Porém, independentemente das ferramentas que alguém utilize, precisará criar um sistema para organizar as coisas sobre as quais escreve.

O método tradicional é classificá-las por assuntos, usando algum tipo de sistema de arquivamento.

Por exemplo, diz-se que os famosos comediantes norte-americanos Milton Berle e Bob Hope tinham, cada um, o seu cofre contendo cerca e **seis milhões de piadas em fichas organizadas por assunto!?!?**

Atualmente, as alternativas digitais para as fichas são os programas de planilhas ou bancos de dados.

Se você planeja escrever um humor mais elaborado (como artigos, roteiros ou colunas de jornal), há programas de computador que podem ajudá-lo na sua redação.

Um dos mais úteis é o *Inspiration*, que permite fácil visualização e manipulação do material, seus ambientes integrados entre diagramação e esquematização facilitam o *brainstorming* ("tempestade de ideias"), a organização de ideias, a sinopse do texto e o mapeamento dos seus conceitos.

Poucos artistas contemporâneos do humor concordam a respeito de qualquer filosofia cômica a não ser no seguinte: **se provoca risos é engraçado**!

Dessa maneira, se você deseja escrever engraçado, primeiro precisa entender como as plateias reagem ao humor. Ou seja, deve compreender o porquê do riso.

A célebre psicóloga Patrícia Keith-Spiegel identificou dois motivos primários para rirmos:

» **Rimos quando somos pegos de surpresa.**

» **Rimos quando nos sentimos superiores.**

"Seria uma grande surpresa se essa equipe executasse um trabalho eficiente."

Além disso, Keith-Spiegel identificou **seis motivos adicionais** para o riso, e cada um deles reforça os dois motivos principais: a **surpresa** e a **superioridade**.

» Rimos por instinto.

» Rimos de incongruência.

» Rimos diante da ambivalência.

» Rimos de alívio.

» Rimos quando solucionamos um quebra-cabeça.
» Rimos para regredir.

Aí vão oito piadinhas para enfatizar os motivos por que rimos:

### Surpresa

*"Numa cidade da Dinamarca, um homem foi preso por ter roubado várias bonecas infláveis. Parece que a polícia não teve dificuldades de capturar o sujeito, que já estava sem fôlego..."*.

### Superioridade

*"O desagradável não é comprar em lojas vagabundas. O pior é quando outro freguês te confunde com um vendedor."*

### Instinto

O humorista Jay Leno disse: *"Cientistas acreditam que os macacos podem ser ensinados a pensar, a mentir e até mesmo a agir politicamente dentro da comunidade. Se conseguíssemos ensinar-lhes a enganar as pessoas, poderíamos economizar milhões de dólares e salários de deputados."*

### Incongruência

O famoso economista Milton Friedman afirmou: *"Só há dois tipos de dinheiro no mundo: o seu dinheiro e o meu dinheiro."*

### Ambivalência

O comediante Bill Cosby disse: *"Ouça o que estou lhe dizendo, porque fui eu quem te trouxe ao mundo e sou eu quem pode te tirar dele."*

### Quebra-cabeça

*"Aprendi sobre sexo da maneira mais difícil: através dos livros!"*

## Alívio

*"Todo mudo sabe que um motorista bêbado é muito perigoso. Mas perigoso mesmo é um passageiro palpiteiro embriagado, ainda mais se ele for persuasivo."*

## Regressão

*"Rimos para poder regredir à infância sem parecermos idiotas."* Ou então, *"Adotamos um jeito brincalhão, porque e uma forma de relaxamento."*

"Você sabe que os médicos fazem o teste do sorriso nos seus pacientes? Dando positivo, isso lhes gera um certo alívio..."

Existem seis ingredientes essenciais em qualquer receita de humor. A ausência de qualquer um deles desanda a receita e faz o humor murchar como um suflê.

Esses **seis elementos** são necessários, quer o humor esteja em formato de frases (como em uma longa anedota) ou de peça teatral (em três atos).

São eles: **alvo, hostilidade, realismo, exagero, emoção e surpresa.**

Claro que eles estão ligados no "**como**" (é o alvo) e no "**porquê**" (hostilidade, realismo, exagero, emoção e surpresa) do humor.

Instintivamente, **acreditamos** que o humor é sempre divertido.
**Não é não!?!?**

Humor é uma crítica disfarçada de entretenimento e direcionada a um alvo específico. Os alvos mais comuns são: sexo, celebridades, lugares, produtos, ideias e você mesmo.

Aí vão algumas declarações bem sarcásticas ou bem-humoradas.

## Sexo

Drew Corey: *"Não sou bom amante, mas pelo menos sou rápido."*

## Celebridade

O apresentador de TV Conan O'Brien: *"Neste Halloween, a máscara mais vendida é a de Arnold Schwarzenegger. E sabe o que é melhor? Com a boca cheia de balas, você consegue falar igualzinho a ele!"*

## Lugar

*"Mudei-me de São Paulo para uma pequena cidade no interior de Minas Gerais. Que choque cultural!!! Saí da cidade que nunca dorme para a cidade que não acordou."*

## Produto

A apresentadora de TV Ellen DeGeneres, estimulando seu público: *"Se pendurar cabeças de veado espalhados na parede já é ruim, pior quando eles estão de óculos escuros, chapéu no chifre e serpentina enrolada no pescoço. É aí que você descobre que eles estavam em uma festa quando foram baleados. Conheço um indivíduo que tem um AK-47 que dispara 100 tiros por minuto. Bem, se você precisa de 100 balas para acertar um veado, a caça não é o seu forte."*

## Ideia

O criativo cineasta Woody Allen: *"Ser bissexual dobra as suas chances de você se dar bem numa balada de sábado à noite."*

"Não seja neurótico!!! Aprenda a rir mais, principalmente no seu trabalho."

Uma questão bem inteligente é: **de onde vêm as piadas?**

Coisas engraçadas eventualmente acabam acontecendo no dia a dia. Assim, se somos extrovertidos, acabamos contando dramaticamente nossas experiências bizarras em versões exageradas.

As pessoas irão rir e acharão que somos engraçados.

Entretanto, os humoristas profissionais não podem ficar esperando coisas absurdas acontecerem, pois precisam **produzir todos os dias**.

As duas melhores maneiras de fazer isso são: recriar um material antigo ou criar humor novo a partir de ideias surgidas do noticiário local, nacional ou mundial.

Nesse caso, é interessante usar um chavão ou então frases ou ainda palavras de **duplo sentido**, que são aquelas ambíguas, permitindo uma segunda interpretação, geralmente apimentada.

Um bom exemplo são os **oximoros**, ou seja, as expressões incongruentes em que se combinam termos ao mesmo tempo contrastantes e contraditórios.

Aí vão alguns exemplos: voz do silêncio, otimismo lamentoso, silêncio eloquente, viver só na multidão, democracia ditatorial, concordância divergente, guerra santa, pequena multidão, estimativa exata, crescimento negativo, luz negra, gravado ao vivo, falsificação autêntica, ilustre desconhecido, doido manso, consegui o impossível, sem querer querendo, mentiras sinceras, sexo seguro, televisão educativa etc.

As palavras são o instrumento dos humoristas e o domínio das **sutilezas** da língua, sendo um passo necessário para tornar-se um redator de humor bem-sucedido.

Usar expressões ao "**pé da letra**" é uma boa técnica para criar humor que se apoia nas implicações do sentido **literal** dessas expressões, sem o contexto das presunções lógicas.

O interessante é que a própria expressão ao pé da letra não pode ser tomada ao pé da letra.

Dessa maneira, ao assumir o sentido literal de uma palavra-chave, você pode acabar surpreendendo o público, que automaticamente interpreta a declaração pelo seu sentido tradicional.

"Querida, não leve ao 'pé da letra' o meu aspecto. Mas, na realidade, quero comê-la..."

Aí vão quatro citações que talvez não devessem ser interpretadas apenas ao pé da letra:

- » "É uma pena que os analfabetos não consigam curtir a sopa de letrinhas."
- » "O Homem Invisível casou com a Mulher Invisível. Seus filhos não eram bonitos de se ver."
- » "Se não der certo de primeira, desista do paraquedismo."
- » "Toda vez que sua mulher disser que está tendo uma onda de calor... você sabe que vai entrar numa fria."

Os redatores de humor fazem bom uso da **associação**, colocando duas atividades que não estavam conectadas anteriormente, em uma cena plausível, **porém ousada!**

Uma associação pode começar com um simples clichê ou até mesmo com uma expressão que o público interpretará de forma correta apenas quando o apresentador lhe der um exemplo ilustrativo, revertendo o significado antecipado.

Os humoristas, frequentemente, só levam eles mesmos a sério, **mais ninguém**!!!

E quanto mais algum deles combinar o realismo e o exagero, mais engraçado será o que está sendo dito.

É por isso que associações debochadas dos ricos e famosos, com títulos de filmes, funcionam para fazer as pessoas rirem.

É o caso de: Britney Spears em *Levada da Breca*; Danny De Vitto em *Quero ser Grande*; Bruce Willis em *Duro de Matar*. Helitzer e Shatz destacaram também no seu livro que: "**Reversão** é um recurso que acrescenta um fecho contraditório à frase de abertura de um chavão ou uma expressão típica."

Reversão é o que leva a uma troca inesperada no ponto de vista do público que ouve ou lê algo humorístico, digamos no seguinte diálogo:

*– Rapaz: "Posso te fotografar tirando a roupa?"*
*– Moça: "Claro que não!!! Você não vai conseguir tirar a minha roupa e segurar a câmera ao mesmo tempo!!!"*

A reversão padrão é uma declaração simples que estabelece um ponto de vista que é cancelado pelas palavras que vêm a seguir.

Oscar Wilde disse: "Quando eu era jovem, pensava que o dinheiro fosse a coisa mais importante da vida. Agora, que sou velho, tenho absoluta certeza de que é."

Sarah Silverman relatou: "Tudo bem que o médico tinha que me dar umas palmadas quando eu nasci, mas não havia motivo, ainda, para ele me chamar de vagabunda."

O truque para criar uma boa reversão numa anedota é elaborar o roteiro da história de maneira tão realista para que a reversão seja totalmente inesperada para aqueles que a cavam.

Aí vai uma anedota com interessante reversão:

*Um homem encontra um chimpanzé no meio da rua.*
*Ao passar um carro de polícia, o homem perguntou ao guarda:*
*– Ei! O que devo fazer com esse macaco?*

– Leve-o para o zoológico – gritou o policial.
No dia seguinte, o policial passou na mesma rua e encontrou de novo o homem com o chimpanzé.
– Não falei para você levar esse macaco para o zoológico? – disse o guarda.
– Foi o que eu fiz. – respondeu o homem.
– Nos divertimos tanto que hoje eu vou levá-lo ao parque de diversões!

Ou ainda essa:

Marido para a esposa:
– Você é linda, mas é burra!
Esposa para marido:
– Bem, Deus me fez linda para que você ficasse atraído por mim. E me fez burra para que eu ficasse atraída por você!

O humor é uma façanha da **ginástica verbal** e **elementos casados**, que é um tipo de redação usada esperta e habitualmente nos discursos políticos, sermões, oratória solene e nos brindes à mesa.
Para maior eficácia, as frases ou sentenças casadas devem ter um paralelismo: serem iguais em seu sentido gramatical, em estrutura e ritmo.
Algumas precisam de uma preparação introdutória (a maioria não).
Em muitos casos, a primeira unidade do par é uma simples declaração; a segunda, elaborada cuidadosamente, é um eco da primeira, mas com uma palavra-chave alterada ou a ordem invertida para modificar o significado.
Aforismas (expressões concisas de uma verdade ou sabedoria popular) também, às vezes, contêm frases casadas que soam quase líricas em sua repetição, valiosas por tornarem as palavras fáceis de lembrar.

Aí vão algumas frases com "palavras casadas":

**William Shakespeare:**
"Melhor um tolo esperto do que um esperto que só diz tolices."

**Mary Jo Crowley:**
"É melhor ter amado uma mulher de peitos pequenos do que nunca ter mamado."

**Charles M. Schultz:**
"Adoro a humanidade. Só não aguento as pessoas."

**Samuel Johnson:**
"Seu manuscrito é tão bem escrito quanto original, mas a parte que é bem escrita não é original e a parte original não é bem escrita."

**George Bernard Shaw:**
"O homem racional adapta-se ao mundo. O homem irracional persiste tentando adaptar o mundo a ele mesmo. Portanto, todo progresso depende do homem irracional."

**Robin Williams:**
"Eu venho de Nova York, onde os homens são homens... e mulheres são homens também."

Cada humorista tem sua preferência quanto à estrutura das piadas, mas as frases com segmentos triplos constituem um dos formatos mais utilizados e repetidos.

Com sua construção prolongada, o **triplo** (um agrupamento de três exemplos ou uma sequência de três ações, comentários ou categorias) aumenta a **tensão**.

Aí vai um exemplo:

> "Se quiser ser visto – levante o braço!
> Se quiser ser ouvido – levante a voz!
> Se quiser ser apreciado – cale a boca!"

De acordo com uma teoria da comédia elaborada pelo escritor William Lang, há somente três componentes na maioria dos textos cômicos, seguindo a fórmula PAP, isto é, **p**reparação (introdução da piada), **a**ntecipação (triplos) e *p*unchline (desfecho).

» **Preparação**: "Eu e minha esposa nos damos bem."

» **Antecipação**: "Faço minhas refeições separado, tiro férias separado e durmo num quarto separado."

» *Punchline*: "Estou fazendo tudo que posso para manter esse casamento unido!"

Um texto humorístico sempre passa a ideia de que foi escrito livremente, mas para um ouvido treinado, sua estrutura fica aparente e, às vezes, pode ser previsível.

Os britânicos acreditam que as pessoas das classes inferiores exageram "**para mais**" e que os das classes superiores exageram "**para menos**".

Os redatores de humor, de um modo geral, não tem muita classe, e exageram para todos os lados.

O exagero é a massa de modelar da redação de humor, e aí você começa com a situação realista e torce-a e distorce-a, visando sempre aos efeitos mais cômicos.

» **Exagero para mais:** *"O espantalho assustou tanto os corvos, que eles trouxeram de volta o milho que tinham roubado em outras duas colheitas."* (Fred Allen)

» **Exagero para menos:** *"Tenho meus padrões. São baixos, mas são os meus padrões."* (Better Midler)

Se existe algo instintivo na redação de humor é a capacidade de determinar medida certa entre a realidade e a distorção.

Dean Martin, que gostava de se embriagar, tinha o seguinte entendimento: *"Beber até cair no chão não significa que você esteja bêbado. Bêbado é quando você tem que se segurar no chão para não cair."*

Finalmente, deve-se saber que o humor sutil nunca é subestimado, mas é apenas atenuado.

A atenuação é uma técnica excelente para o humor autodepreciativo.

A plateia sente-se mais confortável com pessoas que tenham uma atitude modesta para com as suas realizações, e um bom exemplo de atenuação está nessa situação: *"Um pai exaurido, ao chegar em casa encontra sua esposa e seus cinco filhos e diz para ela: 'Tive um dia difícil, querida. Diga-me o nome de todo mundo de novo!'"*

"O galã Dean Martin, que geralmente estava sempre 'muito alegre'!!!"

São as palavras com sons engraçados que funcionam melhor no meio de uma piada.

Assim, por exemplo, muitos produtos alimentícios e os nomes de suas marcas soam engraçado.

Quantos trocadilhos já não foram feitos com petiscos inocentes como biscoitos!?!?

A própria palavra **comida** já contém um duplo sentido.

Não se pode falar em **pepinos** e **abacaxis** que as pessoas logo pensam em problemas.

E se os nabos já são coisas chocantes, um nabo seco então...

No humor, usam-se **palavrões** e, nesse caso, o desfecho de uma piada é uma combinação clássica entre surpresa e choque.

A vulgaridade em certas situações até funciona.

A irreverência é uma mercadoria vendável.

A comédia questiona tudo que foi dito e feito.

Nada está além de seus limites, nada é sagrado a ponto de estar além da crítica, e isso inclui: o papa, Deus, o presidente, a bandeira nacional, crianças deficientes, doenças debilitantes, e não só as sogras como as próprias mães.

Embora haja uma grande diferença entre ser grosso e ser engraçado, às vezes, palavras **obscenas** são justamente as **perfeitas**.

E, quando são, devem ser usadas!!!

Uma palavra não é apenas um som ou uma combinação aleatória de letras impressas. No humor, cada palavra é um **míssil** cuidadosamente projetado e calculado, para penetrar na mente de uma pessoa e criar um impacto bem específico.

A palavra perfeita não é fácil de ser encontrada, mesmo quando se tem acesso aos melhores dicionários.

Aí vai uma declaração meio chocante de Margaret Cho: "*Tenho uma cantada que nunca funcionou. Se estou num bar e vejo um cara de quem gosto, dou um sorriso. E, se ele sorri de volta eu me sinto bem confortável, ando até ele e digo – Mete tudo!*"

A **atenuação** é uma alternativa admirável à linguagem obscena e uma das técnicas mais sofisticadas de redação de humor, por ser tão difícil de executar com eficácia.

Tanto o realismo atenuado quanto o material chocante sublimado atendem à imaginação e à inteligência do público, incentivando as pessoas a completarem o roteiro usando suas próprias palavras. **E, se as palavras são delas, não poderão reclamar das suas**!

Vale aqui destacar e exemplificar que o comediante Célo Bechert, vencedor em 2013 do concurso de *stand-up comedy* promovido pelo jornal *Folha de S.Paulo*, que é formado em publicidade, já apresentou até o início de 2015, praticamente, trezentos *shows*. É um exemplo típico de "**humorista para a família**", ou seja, as **suas piadas são sem palavrões**!!!

Explicou Célo Bechert: "Humor com palavrões é mais fácil. Acredito que ao me propor a fazer piadas sem palavrões, preciso de anedotas mais inteligentes.

Ofensas e ataques a pessoas também não são válidas para mim.

Alguns me criticam por ter adotado esse estilo, mas humor é humor, e cada um faz de sua maneira.

Isso não quer dizer que não me inspiro em comediantes, de bastante sucesso, como: Fábio Porchat, Danilo Gentili, Marcelo Marrom entre outros."

Veja agora se essas piadinhas foram bem comunicadas na nossa língua:

### Texto conciso

*Uma professora pede aos seus alunos que escrevam um texto de poucas linhas no qual estejam incluídos elementos de religião, nobreza, sexo e mistério.*

*No dia seguinte, recebe um trabalho anônimo bem curtinho: "Oh! Meu Deus!", disse a princesa. "Estou grávida... e não sei de quem!?!?"*

### Justificativa que não cola...

*Tião chega em casa tarde da noite e leva a maior bronca da mulher.*
*– Bonito, né! Pode me dize onde você estava?*
*– Jogando bola com os amigos, querida.*
*– Ééé? Jogando bola, néééé? E esse chupão no seu pescoço?*
*– Para você ver como são esses juízes... você que nem viu o jogo, reparou... e aquele filho da mãe nem marcou falta!!!*

### É o fim...

*Depois de tentar manter a todo custo o time na primeira divisão, o presidente reuniu os jogadores e disse:*
*– Lembrem que quando assumi, estávamos à beira do abismo?*
*– Lembramos. E agora, como é que estamos?*
*– Demos um passo à frente!!!*

## Incompreensão da degradação

*Paciente:*
*– Doutor, a perna esquerda está doendo muito!!!*
*Doutor (depois de tê-lo examinado):*
*– Não há nada que possa ser feito. Trata-se da sua idade!?!?*
*Paciente:*
*– Mas doutor, a minha perda esquerda é tão velha como a direita, e essa não dói nada!?!?*

## Concurso de sabedoria!!!

*Num concurso internacional, perguntaram aos participantes:*
*– Qual é a coisa mais rápida do mundo?*
*– A luz. – respondeu o norte-americano.*
*– O pensamento. – disse o japonês.*
*– A diarreia. – falou o português.*
*– Por quê? – perguntaram os jurados.*
*– Porque ontem à noite, tive uma dor de barriga que não deu tempo para pensar e nem de acender a luz!?!?*

Se você deseja rir de uma forma gostosa, uma **ideia** é a de "consultar" o *Dicionário Humorístico*, de Folco Masucci.

Aí vai uma degustação passando por todas as letras do alfabeto (veja a Tabela 2.1):

| Anzol | Instrumento que tem numa ponta um peixe e na outra um imbecil, em especial, se estiver num pesqueiro. |
|---|---|
| Barulho | Mau cheiro no ouvido. Música não domesticada. O principal produto e o sinal mais autêntico da civilização. De qual você gosta mais? |
| Casamento | Uma mulher com vários maridos: poliandria.<br>Um homem com muitas mulheres: poligamia.<br>Um homem com duas mulheres: bigamia.<br>Um homem com uma mulher: monotonia. |
| Dança | Um exercício popular usado por aqueles que querem apertar alguém do outro sexo, e que não se atrevem a fazê-lo de outro modo. |
| Escândalo | Publicidade gratuita. |

Tabela 2.1

| | |
|---|---|
| Funcionário | É assim chamado um indivíduo por ironia, porque não funciona quando precisamos dele. |
| Guarda-chuva | Uma bengala de batina. |
| Homem | O homem é o mais inteligente dos animais... segundo sua própria opinião. |
| Instinto | Desculpa que o homem toma por empréstimo dos animais. |
| Juventude | Fruta que se consome antes que se torne madura. |
| Karl | Karl é o moço alemão, que diz que sapólio é o melhor sabão!!! |
| Loucura | Publicamente, somos normais; particularmente, somos todos um tanto quanto loucos... |
| Monólogo | Geralmente é a conversa de uma mulher com o marido. |
| Nada | Extensão daquilo que conhecemos. |
| Otimista | É um homem que não se preocupa com o que acontece, até que lhe aconteça alguma coisa. |
| Paradoxo | Para compreender os paradoxos é necessário ser inteligente, mas para segui-los é preciso ser estúpido! |
| Q | O Q nasceu no dia em que o O cheio de alegria moveu o seu rabinho... |
| Riso | O homem ri para mostrar o espírito; a mulher ri para mostrar os dentes. |
| Segredo | O único segredo que uma mulher guarda tenazmente é a sua idade. |
| Tempo | O tempo é sem dúvida um grande mestre; mas tem o defeito de matar os seus alunos! |
| Ultimato | O princípio do fim. |
| Vento | Ar que tem pressa. |
| Woodrow Wilson | Um homem que enervou os demais com os seus 14 mandamentos. E pensar que o próprio Padre Eterno se contentou com dez. |
| X | Letra que encerra diferentes valores que os matemáticos se esforçam por descobrir. |
| Y | É a árvore, a separação de dois caminhos, a confluência de dois rios, um cálice em pé, um suplicante que levanta os braços ao céu. |
| Zero | O nível ao qual desce a nossa emoção quando a sogra anuncia que vai passar uns tempos em casa. |

Tabela 2.1 (continuação).

Vamos agora ao novo dicionário das ideias prontas (elas estão bem definidas) (veja a Tabela 2.2):

| | |
|---|---|
| Antiamericanismo | É a ideologia dos pobres de espírito que ficaram sem o que combater ou criticar depois da queda do Muro de Berlim. |
| Bush | O senhor Arbusto, que está colocando o mundo num estado bélico incrível e sugerindo a excelência da dieta carnívora. |
| Crítico cultural | É um indivíduo que já foi organizador do gosto burguês, funcionário do mercado das artes, agente industrial e às vezes bom jornalista. Teve uma breve vida como analista e denunciador das ilusões sistemáticas da "alta costura" e como orientador de teses de vanguarda. Atualmente, esse cognome pode ser aplicado a qualquer um que demonstre ter "opinião". |
| Dinheiro no ponto de vista do analista | O analista é aquela pessoa que diz: "Este trabalho não tem preço!!!" E cobra muito caro mesmo. Você conhece outros profissionais com a mesma característica? |
| Estabilidade de poder | Doutrina supostamente criada numa ilha para manter as peças do tabuleiro do xadrez continental em permanente estado de *coitus interruptus*. |
| Fome zero | Um projeto que alimentou esplendidamente a publicidade governamental numa certa época. |
| Globalização | Uma palavra *enfant terrible*. Ela sugere que existe uma grande dispersão do poder incontrolável pelo globo como um todo, escondendo na verdade uma terrível concentração nas mãos de alguns pouquíssimos centros mundiais. |
| Horror ao cinema | Infelizmente a representação do abjeto e do aversivo constitui hoje o elemento central de muitos filmes do "cinema marginal". Neles são recorrentes as cenas explícitas de abjeção e degradação, beirando o grotesco. Os personagens são ignóbeis e corruptos. |
| Inconsciente | Todos possuem um. Por causa dele, ninguém é melhor do que ninguém. Serve bastante como argumento em brigas de casais: "Você parece santinho, mas no fundo é um grande cafajeste!!!" |
| Latinos | Vem do latim *latu*, passando a ideia de incomum, exagerado. Geralmente designa povos que falam muito, gesticulam muito, reclamam muito, namoram muito... |
| Mistura | Designação de um processo em que predomina a justaposição simples de empréstimos tomados a sistemas diversos, sem, entretanto, pretender apresentar uma elaboração criadora mais complexa que produza um sentido diferente. Por exemplo: música popular ou moda, ou ainda a literatura popular. |

Tabela 2.2

| | |
|---|---|
| Ninguém baixa juros por decreto | Só se pode reduzir os juros, quanto o mercado financeiro não especula contra o Banco Central. |
| O que os olhos não veem o coração não sente | Esse é um absurdo facilmente comprovável. Para tanto, basta você pedir a alguém que lhe dê um bom beliscão (sem que veja o "agressor"...) enquanto mede a própria frequência cardíaca. Mesmo sem ter visto quem deu o beliscão, além da provável dor, você vai notar um acréscimo sensível de parâmetros que descrevem a função cardíaca, atestando que informações de outros sistemas sensoriais podem afetar tanto a função do sistema cardiovascular quanto o do sistema límbico (emoções). |
| *Pizza* | Indicador de consumo. Quando a classe média deixar de consumi-la por falta de dinheiro é sinal que a revolução social está triunfando... |
| Quântico | Adjetivo criado por físicos alemães no início do século XX com referência a fenômenos físicos calculáveis, porém incompreensíveis, e empregado com frequência crescente, por assim descritos intelectuais do final do mesmo século para dar uma aura de compreensibilidade a bobagens incalculáveis. |
| Respeito a contratos | Condição de comportamento imposto pelos detentores de privilégios e de direitos adquiridos por meios duvidosos. Essa cláusula é invocada em situações de crise financeira, moratória iminente da dívida externa ou da dívida pública ou, mais recentemente, como garantia exigida pelos ricos para que a democracia seja tolerada, por exemplo, na Rússia. |
| Só usamos 10% do cérebro | Uma afirmação sem nenhuma base neurológica, ainda que empiricamente comprovável em várias situações, particularmente em diversas decisões políticas.<br><br>Mas para que serviriam os outros 90% do cérebro?<br><br>O custo energético da produção de neurônios é alto demais para que tantos se deem ao luxo de ignorar a vasta maioria deles. Ideias como essa – só usamos 10% do cérebro – comprovam somente que existem cérebros destituídos de 90% de seus neurônios e não são exatamente das mulheres louras... |
| Tradição | Tradição designa uma prática ou saber herdado, repetido de geração em geração. Atribui-se à tradição uma origem ancestral e uma estabilidade de conteúdo. Mas, tais características não resistem à análise. |

Tabela 2.2 (continuação).

Quem soube também escrever com muito sarcasmo foi Scott Adams.

Logo na introdução do seu livro *O Príncipe Dillbert*, Scott Adams destacou: "Os cientistas acreditam que os humanos são o grande resultado de milhões (ou até bilhões) de anos de evolução.

Ele na realidade pode ser bem resumido.

Assim, inicialmente, existiam as amebas.

Amebas dissidentes se adaptaram melhor no ambiente, tornando-se, dessa maneira, **macacos!!!**

Depois de algumas dezenas de milhares de anos surgiram os humanos, que desenvolveram a **gestão da qualidade total** (GQT) quando nessa altura, o planeta já era habitado por mais de seis bilhões de bobos vivendo numa civilização que foi projetada por uns poucos milhares de dissidentes interessantemente inteligentes.

Aliás, mais ou menos nessa época, já se tinha escrito algo muito importante como o '**princípio Peter**', ou seja, aquele que destacava: 'Os funcionários incompetentes são promovidos diretamente a cargos de gerência sem jamais terem passado por um estágio temporário de avaliação de sua competência!'

Com isso, muita gente passou a ter um chefe que decidia a maior parte das vezes de forma **errada**, até porque não conhecia as técnicas de gerenciamento.

Como os detalhistas tiveram problemas com o princípio Peter, ele cedeu lugar ao **princípio Dilbert**.

O conceito básico do princípio Dilbert é que os funcionários mais **ineficazes são sistematicamente transferidos para onde podem causar menos danos: para a gerência!!!**

Claro que esta não tem se revelado uma **grande estratégia** como você pode estar pensando."

Scott Adams analisou com muito sarcasmo as condições, as funções e as maneiras de trabalhar numa empresa.

Por exemplo, uma das suas análises é sobre como proceder para fugir do trabalho, principalmente daquele chefe que quer fazer você "**trabalhar até quase morrer**".

Dessa maneira, todo funcionário precisa de uma estratégia para sobrevivência, ou seja, desenvolver a sua habilidade para parecer produtivo sem desperdiçar muito tempo e energia.

"Um livro incrivelmente humorístico, apesar do tema principal ser gestão."

Scott Adams chegou à conclusão que existem três tipos de funcionários, a saber:

1ª) Os que trabalham muito, independentemente do salário, que ele classificou como **idiotas**.

2ª) Os que evitam o trabalho, parecendo assim serem preguiçosos, que também são **idiotas**.

3ª) Os que evitam o trabalho, mas de alguma forma parecem ser produtivos. Estes são os funcionários considerados **satisfeitos**!?!?

Outro bom exemplo de uma pessoa que consegue escrever muito bem, usando trocadilhos e destacando coisas muito engraçadas é o de Max Gehringer, como se pode comprovar pelas mensagens que ele publicou no seu livro *Máximas e Mínimas da Comédia Corporativa*.

"Max Gehringer, campeão das mensagens eruditas e ao mesmo tempo engraçadas."

» "As estatísticas provam que 93% das decisões erradas são tomadas por quem acredita em estatísticas."

» "O pessimista acha que o sucesso é algo que jamais acontecerá. O otimista acha que o sucesso é algo que ainda não aconteceu. Já o realista não acha nada, apenas trabalha para que o sucesso aconteça."

» "Entender um organograma é simples: 'chefe' é o que conta uma piada sem graça. 'Subordinado' é o que ri dela. E o empregado com 'potencial' é o que pede para o chefe contar outra."

» "Só há dois tipos de reunião: as importantes, que a gente sempre vai lembrar, e as outras, que caem rapidamente no esquecimento. É por esse motivo que 99% das reuniões têm de ser registradas em ata."

» "**Politicamente correto** é aquele movimento que quer nos convencer de que Branca de Neve e os Sete Anões se sentiriam mais integrados à sociedade se fossem chamados de A Caucasiana Despigmentada e os Sete Indivíduos Verticalmente Prejudicados."

» "Vale a pena ser bem-humorado, nem que seja por preguiça. Porque ser mal-humorado dá muito trabalho!!!"

» "Tive um assistente cuja autoestima era tão baixa, mas tão baixa, que quando sonhava com ele mesmo, dizia que tinha tido um pesadelo."

» "Gênios são pessoas com as quais não é fácil conviver. O que não significa que qualquer pessoa de difícil convivência seja um gênio!"

• • •

E aí vão mais três exemplos de pessoas que escreveram (ou escrevem) sempre com muito bom humor, e devido a isso atraíram muitos leitores:

Um deles é João Ubaldo Ribeiro, que faleceu aos 73 anos, em 18 de julho em 2014.

Embora fosse conhecido do grande público, principalmente, por suas crônicas – sempre bem-humoradas, cáusticas ou emotivas – publicadas toda semana nos jornais mais importantes do País, já há muitos anos, o escritor baiano foi acima de tudo um grande romancista.

Todo aquele que leu um livro seu teve uma **vivência única**, e o incrível é que João Ubaldo conseguiu que ela fosse totalmente diversa na leitura de uma outra obra sua.

"João Ubaldo Ribeiro, um crítico ácido da incompetência governamental."

Esse é o caso de quem leu o seu livro *A Casa dos Budas Ditosos,* a história de uma mulher que dedica sua vida ao sexo; ou o *Albatroz Azul,* no qual conta a história de Tertuliano, filho de um proprietário de terras que teve filhos com duas irmãs; ou então *O Sorriso do Lagarto,* no qual aborda temas como a ambição, o amor e as ameaças do mundo moderno, uma história com traições e mistérios.

João Ubaldo Ribeiro tinha uma inteligência assombrosa, assustadora, soberana e sarcástica, que talvez só Millôr Fernandes mostrou nos seus escritos, se comparados com esse dotadíssimo, engraçadíssimo e gravíssimo baiano.

Para recordar um pouco o seu estilo, a sua imaginação e cultura, aí vai um trecho de uma crônica sua – *O Correto Uso do Papel Higiênico* (publicada no jornal *O Estado de S.Paulo,* em 19/7/2014).

"O título que escolhi é meio enganoso, porque não posso considerar-me uma autoridade no uso de papel higiênico, nem o leitor encontrará aqui alguma dica imperdível sobre o assunto. Mas é que estive pensando nos tempos em que vivemos e me ocorreu que, dentro em breve, por iniciativa do Executivo ou de algum legislador, podemos esperar que sejam baixadas normas para, em banheiros públicos ou domésticos, ter certeza de que estamos levando em conta não só o que é melhor para nós como para a coletividade e o ambiente.

Por exemplo, imagino que a escolha da posição do rolo do papel higiênico pode ser regulamentada, depois que um estudo científico comprovar que, se a saída do papel for pelo lado de cima, haverá um desperdício geral de 3,28%, com a consequência de que mais lixo será gerado e mais árvores serão derrubadas para fazer mais papel.

E a maneira certa de passar o papel higiênico também precisa ter suas regras, notadamente **no caso das damas**, segundo aprendi outro dia, num programa de televisão.

Tudo precisa ser muito simples e eficaz, como em todas as outras medidas e procedimentos que as autoridades governamentais criam para nos proteger dos muitos perigos que nos rondam, inclusive dos nossos próprios hábitos e preferências pessoais.

Assim, nos banheiros públicos, como os de aeroportos e rodoviárias, poderão ser instalados câmeras de monitoramento, com aplicação de multas imediatas aos infratores.

Nos banheiros domésticos, enquanto não passa no Congresso um projeto obrigando todo mundo a instalar uma câmera por banheiro, as recém-criadas Brigadas Sanitárias (milhares de novos empregos em todo o Brasil) farão uma fiscalização por **escolha aleatória**.

Nos casos de reincidência em delitos como esfregada ilegal, colocação imprópria do rolo e usos não autorizados, tais como assoar o nariz ou enrolar um pedacinho para limpar o ouvido, os culpados serão encaminhados para um **curso de educação sanitária**. Nova reincidência, aí, paciência, **só cadeia mesmo**."

* * *

Outro escritor que apresenta relatos extremamente inteligentes e atraentes é o criativo Arnaldo Jabor, que facilita para qualquer um que cumpra rapidamente o recomendado: **sorrir faz bem para a saúde e, por isso, sorria gostosamente pelo menos 20 vezes cada dia!!!**

E aí vai um trecho do incrível texto de Arnaldo Jabor, com o título *Felicidade não se compra*, para o jornal *O Estado de S.Paulo* (2/10/2014):

"Quero ser feliz modernamente, mas carrego comigo uma depressãozinha básica, medos, traumas.

"O criativo Arnaldo Jabor."

Sinto-me aquém dos felizes de hoje. Não consigo me enquadrar nos rituais de prazer. Posso ter uma crise de melancolia em meio a uma orgia, não tenho o dom da gargalhada interminável, posso broxar no auge de uma bacanal.

Fui educado por jesuítas e pai severo, para quem o **riso era quase um pecado**.

Para mim, felicidade sempre foi uma missão a ser cumprida, a conquista de algo maior que me coroasse de louros, a felicidade demandava '**sacrifício**', a luta contra obstáculos.

Como quebrei a cara nessa busca de plenitude...

Descobri com a idade que **não há este lugar** 'além do arco-íris'. Mas o narcisista de hoje passa a ideia de que já chegou lá, de que não precisa de ninguém. Ele não quer aporrinhações.

A felicidade moderna é o **consumo do outro**, e o mundo é um grande pudim a ser comido. Meu homem feliz pode ter todas as mulheres, **mas é casado consigo mesmo**.

Não pensem que estou criticando isso; estou é com inveja dessa leveza de ser, dessa ligeireza nas relações.

Assim como a mulher deseja ser um objeto de consumo, como um liquidificador rebolante, o homem quer ser um grande pênis voador, um 'passaralho' superpotente, mas frívolo, que pousa e voa de novo, sem flacidez e sem angústia.

O macho brasileiro quer se apaixonar, mas na realidade tem pânico disso, pois o amor é desejado, mas aprisiona.

Por isso, pela aridez do tempo, o amor ficou '**transgênico**', geneticamente modificado e, como os hambúrgueres, virou '*fast love*'.

Por isso, nosso macho não se entrega; basta-lhe o encaixe.

O encontro humano virou um modelo de se encaixar.

O macho A se encaixa em fêmea B e produzem uma engrenagem C, repleta de luxo e arrepios.

E o pior é que as pessoas de um modo geral atribuem uma estranha 'profundidade' a essa superficialidade toda, porque esse diletantismo tem o charme de ser uma sabedoria elegante e '**pós-tudo**'.

O homem feliz, divulgado pela mídia, é um indivíduo informado e cínico, conhece bem as tragédias do tempo, mas se lixa para elas, por uma falsa 'maturidade', um alegre desencanto. Ele vive em intensa velocidade; o mundo veloz da Internet, do *smartphone*, do mercado financeiro, imprimiu-lhe um ritmo incessante, dando-lhe um *glamour* de onipresença, um funcionamento sem corrosão, uma eterna juventude que afasta a ideia de morte ou velhice.

O homem 'feliz' antes de tudo é um forte, mas é também um negador.

Para ser feliz, é necessário negar, denegar, renegar problemas, esquecer.

São três as receitas da felicidade: **não pensar em doença, nem em angústia, nem em miséria.**

Mas chega um dia em que o herói se deprime, um dia em que a barriga cresce, o pau cai e o homem feliz descobre que precisa de um ideal de encontro, algo semelhante à velha felicidade, pois ele sabe confusamente que a verdadeira solidão é apavorante. Então, ele passa a evitar que qualquer 'profundidade' existencial possa surgir, que a ideia de finitude apareça à sua frente, senão sua 'liberdade' ficaria insuportável.

Aí, ele percebe que precisa do amor, como uma esperança de 'sentido'. E ele espera, então, aparecer uma sensação de eternidade, uma juventude para sempre, espera que o mistério da 'falha' humana não se revele — queremos esquecer, queremos 'não saber' que vamos morrer, como só os animais não sabem.

Não consegue amar, mas precisa amar, como única solução.

O problema é que amar exige coragem, e hoje somos todos covardes.

Daí, ele passa a viver um paradoxo: **ligar-se sem ligar-se**.

Nosso homem livre inventa uma ideia de felicidade e de amor inatingíveis, para satisfazer-se numa **eterna insatisfação**."

* * *

Mais um notável expoente na forma de escrever clara e atraente, inclusive para tratar de assuntos áridos como os problemas políticos, financeiros e econômicos, foi Joelmir Beting (que faleceu com 75 anos, em 19/11/2012).

De fato, o jornalista Joelmir Beting revolucionou a cobertura de assuntos de economia nos jornais, no rádio e na televisão, ao traduzir em linguagem comum o **dialeto do economês** que só os iniciados eram capazes de entender.

"O notável articulista Joelmir Beting, que criou o dialeto do economês."

Ele chegou a São Paulo em 26 de dezembro de 1955, só com a roupa do corpo e vinha de Tambaú, uma cidade que dista 260 km da capital paulista, onde nasceu em 21 de setembro de 1936. Neto de imigrantes alemães que ficaram ricos na lavoura e depois perderam tudo, Joelmir José Beting começou trabalhando como boia-fria aos 7 anos de idade, para ajudar o pai na colheita de jabuticaba e limão, na roça.

Vendeu tomates na rua e foi coroinha do famoso padre Donizetti Tavares de Lima, em processo de beatificação no Vaticano, a quem se atribuíram milagres...

Foi o padre Donizetti que, milagrosamente ou não, curou Joelmir Beting de uma **gagueira crônica**, fazendo-o rezar com ele em voz alta.

Locutor do serviço de alto-falante da prefeitura de Tambaú e, mais tarde, comentarista de economia em São Paulo, Joelmir Betting exibiu-se com desenvoltura e orgulho ao microfone, principalmente para os seus ex-colegas de escola, que riam dele pela sua gagueira.

Joelmir entrou na profissão empurrado pelo padre Donizetti, que o aconselhou a estudar Sociologia e a fazer Jornalismo.

Uma carta de apresentação do seu "guru espiritual", como ele definia o padre Donizetti, garantiu-lhe uma vaga de revisor num dos jornais de Assis Chateaubriand.

Fez cobertura de futebol, em *O Esporte* e no *Diário Popular* e na rádio Panamericana, atual Jovem Pan.

Até aí queria seguir o magistério, como fizeram dois brilhantes colegas de turma, Francisco Weffort e Ruth Cardoso.

Ao se formar em Ciências Sociais, Joelmir Beting trocou o jornalismo esportivo pelo econômico, em 1962.

Quatro anos mais tarde, foi convidado para lançar uma editoria de Automóveis na *Folha de S.Paulo*.

Em 1968, foi nomeado editor de Economia do jornal e, em 1970, passou a assinar uma coluna diária.

Em 1991, foi contratado pelo jornal *O Estado de S.Paulo,* no qual trabalhou até 2003 e a sua coluna foi publicada em mais de 50 jornais do País.

Joelmir Beting, em 2004, escreveu no seu currículo:

"Essa coluna diária foi o meu pau da barraca profissional. Com ela, desbravei o economês, vulgarizei a informação econômica, fui chamado nos meios acadêmicos enciumados de 'Chacrinha da Economia'. Virei patrono e paraninfo de 157 turmas de Economia, Administração, Engenharia, Direito etc."

Joelmir Beting tornou-se também um conferencista muito requintado e fazia, em média, oito palestras por mês em empresas, convenções, simpósios, congressos e seminários, o que lhe permitia ganhar muito mais que no jornal, rádio ou televisão.

Nos últimos anos de sua vida, foi editor e comentarista de Economia da Rede Bandeirantes, para a qual voltou depois de ter ficado um período na TV Globo.

Sua ascensão no jornalismo se deu em fins de 1968, quando o País vivia sob forte censura imposta pelos presidentes militares.

Na realidade, o que silenciou muito foi o noticiário político-partidário e a **economia ganhou espaço!!!**

Joelmir Beting soube cautelosamente relatar conflitos entre setores empresariais e o "czar" da economia na época, o todo poderoso ministro Antônio Delfim Netto.

Os tecnocratas de Brasília passaram a falar um idioma desconhecido, o **"economês"** e o colunista virou uma espécie de tradutor que não levava a sério o jargão.

De fato, Beting inventou uma nova forma de explicar coisas complexas, com bom humor e as boas metáforas, recheadas de erudição e caipirismos como:

» "Inflação é quando a mão fica maior que o bolso."

» "Derrubar a inflação a golpe de recessão é como matar a vaca para acabar com o carrapato."

Perguntaram certa vez a Joelmir Beting por qual razão ele preferia escrever para as donas de casa e não para empresários. E a sua resposta foi: "Não escrevo para a dona de casa. Eu escrevo é para a empregada dela!!!"

O grande legado de Joelmir Beting foi, sem dúvida, a dissociação que conseguiu fazer do que é complicado em economia, do que é complicado na linguagem, além de introduzir suas conclusões surpreendentes.

Ao encontrar formas mais simples de dizer as coisas, sem trair a teoria econômica, mostrou que o jargão é discriminatório, uma espécie de gíria inventada para assustar os menos iniciados. Por exemplo, a empregada da dona de casa!!!

E aí vão 10 perguntas simples (bem escritas e claras...) com respostas surpreendentes (elas também estão bem escritas...):

**1ª) Qual é a diferença entre uma moto e um vaso sanitário?**
Resposta: Na moto a gente senta para correr. No vaso a corre para sentar.

**2ª) Que mulher teve o melhor físico de todos os tempos?**
Resposta: A mulher de Albert Einstein.

**3ª) O que o porco-espinho disse para o cacto?**
Resposta: É você mamãe!

**4ª) Quanto é que pescar não é uma boa maneira de relaxar?**
Resposta: Quando você é a minhoca.

**5ª) Quando a Lua perde a paciência?**
Resposta: Quando ela fica cheia!

**6ª) Por que o urso está sempre de casaco de pele?**
Resposta: Porque ele fica ridículo de jaqueta.

**7ª) O que é que a mulher usa para lavar louça e o policial tem que fazer com desordeiros na rua?**
Resposta: Detergente!!!

**8ª) O que os policiais falaram para o mímico quando o prenderam?**
Resposta: Você tem o direito de permanecer em silêncio!!!

**9ª) Qual é o mar que vive fora da lei?**
Resposta: O marginal.

**10ª) Por que o Manoel sempre abre a caixa de leite no supermercado?**
Resposta: Porque está escrito: **abrir aqui**!!!

Bem, caro(a) leitor(a), deu para entender quando é que se consegue ter uma redação bem-humorada?

## 2.5 - UM CÃO É MELHOR QUE UMA MULHER (UM HOMEM)!!!

Inicialmente a ideia é a de indicar-lhe os motivos de alguém no lugar de querer uma companhia humana para a sua vida deva (ou possa) optar por um(a) "amigo(a)" do reino animal.

E isto serve tanto para uma mulher, que pode trocar um homem por um cão obediente ou para o homem que contenta-se em passar sua vida com uma agitada e obediente cadelinha no lugar de ter uma mulher.

Comecemos com o caso de uma mulher que não esteja conseguindo achar a sua "alma gêmea" e por isso inclina-se em ter uma amigo canino.

Aquele companheiro para uma boa parte de sua vida pode estar mais próximo do que você pensa, talvez enco-

"Escuta Tommy, nós viemos caçar. Você já esqueceu?"

lhido à sua espera na entrada da sua casa ou olhando para sua janela com olhos de súplica.

Não, não está se falando de um vizinho e sim de um cachorro, a melhor companhia que uma mulher pode ter também!!!

Os cães são bem melhores que os homens na hora de serem substituídos.

Os cães, infelizmente, não ajudam nos afazeres domésticos, mas ter um animalzinho adorável como esse, pode lhe abrir um mundo de oportunidades sociais.

Quantas vezes alguém não puxaria uma conversa com você se tivesse um lindo cão, com o seguinte papo: "Ah, que bonitinho! Posso fazer um carinho nele?"

Pois aí vão alguns motivos – 30 no total – para que você opte por um cão no lugar de ficar com um namorado impaciente, malcheiroso, preguiçoso, chato e ainda reclamão:

1º) Não precisa conhecer a mãe do cachorro antes de decidir morar com ele.

2º) O cão fica sempre feliz quando você dedica um tempo para ele.

3º) O cão nunca chega em casa atrasado, alegando que teve algo difícil lá fora.

4º) Na sua ausência, o cão realmente sente a sua falta.

5º) Se o cachorro estiver de mau humor, você pode colocá-lo para fora e continuar tranquilo.

6º) Um cão nunca faria um comentário de que você está com uns quilos a mais.

7º) Um cão se sente realmente culpado e faz de tudo para agradá-la depois de aprontar alguma coisa errada.

8º) Um cão não passa a noite bebendo com os seus "amigos".

9º) Seu cão entende quando você está animada com algo, e se esforça para partilhar esse sentimento contigo.

10º) O cão não a menospreza porque você não entende de futebol.

11º) O cão pensa mais com o estômago (e você sabe qual é o órgão correspondente no caso de um homem...).

12º) Um cão pode até dar atenção a outras mulheres, mas sempre obedece ao chamado da dona.

13º) O cão sabe ouvir.

14º) Você pode passar a noite inteira respondendo mensagens aleatoriamente ou assistindo à televisão que o cão nunca irá repreendê-la por isso.

15º) O cão demonstra de forma bem evidente quando quer sair da casa.

16º) O cão não tem vergonha de demonstrar que sente ciúmes.

17º) Um cão é fiel e dedicado.

18º) O cão reconhece quando está perdido ou desorientado.

19º) O cão não muda de assunto.

20º) O cão entende de forma definitiva o significado da palavra "não".

21º) O seu cão olha nos seus olhos quando você fala com ele.

22º) O seu cão nunca irá terminar o relacionamento por não ser o cão que você gostaria que ele fosse.

23º) Sempre é possível adestrar um cão.

24º) O cão aceita a superioridade da sua dona.

25º) Quando você fica brava, o seu cão irá para o seu canto (cama) em silêncio e não vai procurar ser espalhafatoso, mostrando o seu descontentamento, batendo portas ou tendo acessos de raiva.

26º) O cão nunca reclama quando você se atrasa. Ao contrário, fica ainda mais feliz ao vê-la, do que quando você chega na hora.

27º) O seu cão não traz "colegas" barulhentos e malcheirosos para assistir a jogos de basquete ou futebol no seu sofá.

28º) O cão não fica careca quando envelhece...

29º) Basta uma boa coleira para controlar o cão que está em busca de aventuras amorosas.

30º) Seu cão nunca a trocará pela melhor amiga... a não ser que você se esqueça de alimentá-lo.

"Se você cara leitora não ficou comovida com a opção pelo cão, arrume um gatão que seja o seu rei!"

É claro que existem pelo menos mais outros 30 motivos que as mulheres acham que justificam que é preferível ter um cão a um homem. Isso, de certa forma, também vale para os homens, que com algumas pequenas alterações podem transformar as razões já citadas (e outras) em vantagens óbvias para **trocar uma mulher por uma linda cadelinha**, estimulados por algumas definições e classificações que as mulheres têm recebido (muito divulgadas na Internet), tais como:

» **"Ninfomaníaca"** – Aquela que quer fazer sexo com mais frequência que o homem.

» **"Fácil"** – Aquela que tem um comportamento sexual semelhante ao do homem, ou seja, é bem "galinha"..

» **"*Supermodel*"** – Aquela que comprova com evidências físicas que todos nós fomos malfeitos, mas também que não vale a pena importar-se tanto com isso...

"Você pode me explicar como conseguiu ensiná-lo a fazer isso."

» **"Adora exame oral"** – Aquela que tem facilidade para conseguir estágio em lugares especiais e concorridos, como a Casa Branca, em Washington (EUA).

» **"Futebolista despojada"** – Aquela que quando você assiste a uma sensacional partida de futebol, é exatamente nesse horário que ela tem uma vontade incrível de ter relações sexuais.

## 2.6 - A IMPORTÂNCIA DO BEIJO

Bem, se você não aceitou a ideia de viver com alguém do mundo canino, para se dar bem com outro ser humano e quem sabe até casar com ele, é necessário especializar-se em uma fantástica ferramenta de aproximação: **o beijo**.

Temos muitos livros que tratam da importância do beijo, como é o caso de *O Beijo – Primeiras lições de Amor, História, Arte e Erotismo*, de autoria de Gérald Cohen, ou então *O Beijo*, escrito por Xavier Fauche e Christiane Noetzlin.

Vamos abordar esse tema para dar-lhe um exemplo de um assunto que deve interessar a todos e, por isso, deve estar bem esclarecido, pois ele acaba, frequentemente, levando ao sexo.

Bem, foi o sopro de Deus que insuflou Adão, e então, tudo começou com o beijo...

Sabe-se que o beijo é um acelerador da atividade da tireoide: como se fosse uma descarga, o pulso de uma pessoa passa de 75 a 150 pulsações e, no fim de um beijo, queimam-se 12 calorias, trocam-se albumina, sais combinados com enzimas, bactérias, e o cérebro apaixonado acaba "fabricando" mais endorfina e experimenta uma euforia.

"O beijo, o 'gatilho' para acontecerem muitas outras carícias..."

Um dos beijos mais longos e famosos do cinema foi aquele que Cary Grant e Ingrid Bergman trocaram em 1946, no filme *Interlúdio,* de Alfred Hitchcock.

Esse beijo fabricado na cabeça de Alfred Hitchcock disputou o recorde de duração com outro trocado seis anos antes entre Regis Toomey e Jane Wyman (que mais tarde se tronou esposa de Ronald Reagan, ex-presidente dos EUA), em *You're in the Army Now,* que durou **185 s** e era, até então, o mais longo.

Mas no cinema há de tudo.

O beijo do fim do filme, o beijo proibido pelo Código Hays – o código de pudor, elaborado em Hollywood, nos EUA, em 1934, que durou até 1960 –, os beijos da tela colecionados pelo projecionista fetichista, em *Cinema Paradiso,* de Giuseppe Tornatore.

Agora, eles já fazem parte do nosso imaginário afetivo.

No Japão, ele ainda significa pouco asseio, falta de modéstia e tem conotação indecorosa ou desagradável.

No Irã e na Turquia (agora já não tanto...) foi abolido das telas por ser ato libidinoso!?!?

Também, desde que o mundo é mundo, o beijo foi proibido algumas vezes, mas a medida foi causada pelas epidemias: sífilis e **peste**.

Entretanto, hoje temos os beijos rituais, sagrados, oficiais, como os do papa curvado sobre o solo que visita. Ou então, aqueles que Winston Churchill atirava aos deputados, fazendo troça.

Há beijos de paz, sonoros, espetaculares. Beijos que são pactos de silêncio, filtros de amor, venenos.

Beijos de conquista, como o da Macedônia por Alexandre, o Grande, em 334 a.C.

Beijos de cavalaria na Idade Média.

O beijo na boca dado pelas damas romanas em parentes e amigos, nos séculos XV e XVI – e retirados um século depois, por pudor ou religiosidade, substituídos por respeitosos beijos de bons costumes ou um insosso beija-mão.

Eis aí algumas "alusões" sarcásticas sobre o beijo:

Marcel Proust brincou: "Para o beijo, as nossas narinas e os nossos olhos estão tão mal colocados quanto os nossos lábios são malfeitos."

Paul Léautaud arrasou o beijo: "O amor! Ama-se um aparelho respiratório, um aparelho digestivo, intestinos, órgãos de dejecção, um nariz que assoa, uma boca que come, um odor corporal... Se pensássemos em tudo isso, como seríamos menos tolos!?!?"

E Maria, vivida na tela por Ingrid Bergman, pergunta em boa hora, no filme *Por Quem os Sinos Dobram*: **"E o que a gente faz com o nariz?"**

Já no *Cântico dos Cânticos*, os lábios do amado destilam néctar, mel e leite.

Embora não tenha sido exatamente esse néctar que Júlio Cesar recebeu de Tílio Cimbro, que lhe beijava ao implorar a volta do irmão exilado.

Repudiado, Tílio começou a rasgar a toga de César, e foi acompanhado por muitos, incluindo Brutus, que passaram a apunhalar César de todos os lados.

A superstição diz que nunca se deve beijar ninguém no nariz, porque isso chama **discórdia** (se bem que não é exatamente o que pensam alguns povos das ilhas do oceano Pacífico e particularmente os esquimós...)

Também que duas crianças que ainda não falam não devem beijar-se, porque senão podem ficar mudas ou surdas (!?!?)

E se uma mulher beija um homem de bigode, mas sobra algum pelo na sua boca, corre o sério risco de não casar e ficar para titia...

E a pior de todas as superstições: se uma jovem virgem se deixar beijar de surpresa, pode ficar grávida.

**Essas superstições são humorísticas, não são?**

É verdade que o que se tornou muito popular hoje é o **beijo erótico**, no estilo daquele que se tornou famoso ao ser dado por Humphrey Bogart em Lauren Bacall, quando ela disse: **"Foi bom, tem mais?"**

"Humphrey Bogart e Lauren Bacall, no filme *Uma Aventura na Martinica*."

Mas, como ressaltaram Xavier Fauche e Christiane Noetzlin, no seu livro *O Beijo*: "O beijo tem tantas virtudes que por vezes, se torna mágico.

Duas pessoas amam-se sem grandes entusiasmos; um dia beijam-se e um verdadeiro relâmpago ocorre, que acende todos os sentidos – o tato, o olfato, o paladar e todo o resto – fazendo-as dizer o quanto se amam.

O beijo provoca uma misteriosa alquimia, diferente e mais do que a fusão das almas e a união dos corpos, na realidade atua como um sortilégio.

*"No famoso filme ...E o Vento Levou, o beijo de Clark Gable em Vivien Leigh."*

Ao primeiro beijo, todo ser disse um sonoro **sim**..."

O beijo completo e profundo utiliza 29 músculos, sendo 17 linguais.

Durante o beijo completo ocorre uma troca de substâncias, sendo 9 mg de água, 0,7 mg de albumina de substâncias orgânicas, 0,7 mg de matérias gordurosas, 0,45 mg de sais minerais, hormônios, bactérias e vírus!?!?

Paralelamente, é importante não esquecer que tudo o que nos dá prazer e alegria, como o **riso** e o **beijo**, faz aumentar no cérebro a produção de endorfinas, substâncias da família das morfinas, que nos dão uma grande sensação de bem-estar, sendo, por isso, chamadas de **"hormônios" da felicidade**.

Desde que nascemos, a boca se evidencia como o nosso primeiro órgão de comunicação que nos permite contatar, tocar o mundo exterior, sentir a realidade.

É através dela, por meio da amamentação no protetor seio materno, nesse contato íntimo, que recebemos as primeiras informações de gratificação, satisfação, prazer, alegria e amor.

Devido à facilidade de aderência dos lábios, como se fosse uma ventosa, quando beijamos, nós sugamos, talvez para reviver o ato da amamentação, ou talvez por um desejo inconsciente de sentir nos lábios a mama e, na língua, o mamilo oferecendo-nos o sumo, a quota de afeto tão importante para suprir nossa carência de contato e de amor.

Quem sabe, também por essa razão, gostamos tanto, tanto de beijar...

Quanto maior e melhor o beijo, maior é a participação de todos os órgãos dos sentidos que propiciam um grande aumento das sensações, solicitando a participação de todo o corpo.

E, de tudo o que nos dá satisfação, o beijo é o que nos dá o **maior prazer**, razão pela qual algumas pessoas até o **preferem** a uma **relação sexual**!?!?

É impossível não falar em sexualidade quando se fala do beijo.

O beijo pode ser dado em qualquer região do corpo, mas certamente é na boca que ele alcança enorme complementação, pois a boca é uma região **erógena por excelência**.

Áreas ou zonas erógenas são regiões eróticas do corpo, bem supridas de terminações nervosas em extremo, bastante sensíveis, que reagem aos estímulos táteis e transmitem o impulso nervoso aos centros de excitação na medula ou no cérebro, gerando sensações que ajudam na escalada até o prazer sexual ou **orgasmo**.

"Pois é, queremos nos divorciar. Os beijos dela são mais doces que qualquer vinho... mas eu sou apreciador só de cerveja!!!"

As zonas erógenas primárias são os órgãos genitais femininos e masculinos, a boca e as mamas.

Secundariamente, destacam-se os lábios, os lobos das orelhas, o pescoço, a nuca, as axilas, os mamilos, as nádegas, as coxas, os ombros, os joelhos, as dobras das articulações e outras regiões que precisam ser descobertas pela boa exploração, como se garimpássemos uma mina de ouro e/ou diamantes do mais alto quilate.

Toda excitação deve corresponder a uma satisfação, para que uma pessoa possa atingir o prazer maior, cujo ponto máximo é o orgasmo.

E, por ser a boca uma área do corpo rica em erotismo, ela só pode chegar ao máximo de suas possibilidades sensuais quando encontra outra boca desejosa de encontrar o seu par ideal.

E quando o beijo é para valer, associam-se a ele o abraço, e outros gestos, como o olhar, o riso, o sorriso, o toque, a tão essencial carícia, o abraço, enfim, a entrega total.

No livro *A Terapia do Beijo*, o dr. Eduardo Lambert apresenta 26 tipos de beijo a saber:

1º) **Beijo maternal/paternal** – É aquele que é dado quando o bebê nasce, quando se deixa o filho à porta da escola, ou quando eles vão dormir.

2º) **Beijo de amizade** – É o beijo carinhoso, delicado, de consideração e respeito, acompanhado de um aperto de mão ou um abraço.

3º) **Beijo sanduíche** – É um beijo para três pessoas, no qual duas delas beijam a do meio nos dois lados da face da pessoa homenageada, que fica assim, entre duas bocas, amigas, carinhosas e felizes.

4º) **Beijo fraterno** – É o beijo que damos numa pessoa carente, geralmente acompanhado de um olhar sincero, de palavras de apoio e de um abraço amigo.

5º) **Beijo água com açúcar** – É o beijo típico dos romanos, ou dos filmes, por isso é chamado de **açucarado**, no qual o homem assume **papel ativo**, tomando a mulher nos braços e debruçando-se sobre ela que, **passivamente**, se inclina e se entrega ao herói devorador. Na realidade, esse beijo transmite ao mesmo tempo dominação, machismo, sedução e proteção.

6º) **Beijo nupcial** – É aquele em que o casal de noivos dá no altar, seguindo o ritual, ou seja, após a troca de alianças, para oficializar publicamente a união.

7º) **Beijo firme** – É aquele bem forte, com as bocas num ângulo de 45°, podendo-se fazer a rotação de um lado ao outro do eixo frontal vertical da face. Indica interesse, heroísmo, posse, volúpia e significa: "Eu tenho a força!"

8º) **Beijo de saudade** – É um beijo bem demorado, ou seja, de reencontro, de extrema saudade. Os dois quase se mordem, se comem e se engolem.

9º) **Beijo de mordida** – Inicia-se beijando naturalmente e, de repente, vai dando uma vontade de morder ou mordiscar a outra pessoa como se quisesse comê-la. Irradia atração, desejo e posse.

"De fato, o jantar à luz de velas é muito romântico. O problema é que toda vez que me inclino para beijá-la, os pelos do meu nariz pegam fogo!!!"

10º) **Beijo felino** – É semelhante aos beijos dos gatos e cães, isto é, o beijo da lambida.

11º) **Beijo de cheiro** – Quando uma pessoa fica aspirando o aroma da outra.

12º) **Beijo ritual** – É aquele de bom dia, boa tarde ou boa noite. Na realidade é algo do tipo: "Querida, cheguei...!"

13º) **Beijo de sucção** – É o beijo no qual, alternadamente, uma pessoa aspira os lábios da outra.

14º) **Beijo relâmpago** – Dizem que o "apressado come cru", e quem dá esse tipo de beijo rápido também não sente o seu sabor. Somente é válido no caso em que se tem de cumprimentar várias pessoas.

15º) **Beijo na testa** – É um beijo de proteção e respeito, que pode ser dado em adultos, sendo mais utilizado para beijar bebês.

16º) **Beijo tântrico** – É o beijo dado com os olhos nos olhos, toques suaves, carícias em vários lugares do corpo, com as mãos, com os lábios e com a língua. Alternando-se o doar e o receber em harmonia, visa à troca e a ampliação da energia transmitida pelo afeto, o amor e a sexualidade.

17º) **Beijo aéreo** – Algumas pessoas que só querem receber um carinho, na despedida, ou quando se conhecem socialmente, oferecem o rosto para serem beijadas e não retribuem com beijos na face da outra, preferindo dar beijos estalados no ar.

18º) **Beijo de amor** – É o terno beijo que se dá quando se tem o puro sentimento de amor por uma pessoa especial. Somos movidos pelo afeto, pela admiração, pela amizade, pela confiança, pela atração.

19º) **Beijo francês** – É o beijo no qual o casal usa a língua para vasculhar a boca do parceiro numa dança de movimentos sincronizados e profundos. Significa atração, desejo, posse, integração e sexualidade.

20º) **Beijo norte-americano** – É o chamado beijo que, em geral, é dado de lábios fechados, ocorrendo após rápido conhecimento e não implicando nenhum compromisso. Indica superficialidade e é dado apenas como forma de cumprimento.

21º) **Beijo inglês** – É o chamado beijo em que não basta somente a atração. Ele só ocorre depois que as pessoas se conhecem, sentem afeto e têm confiança mútua.

22º) **Beijos repetitivos** – São beijos dados em série, no rosto, na testa, no nariz, nos olhos, nas orelhas, no queixo, no pescoço, deixando a pessoa que as recebe atordoada, embevecida... Transmitem muito afeto e carinho.

23º) **Beijo de nariz** – É aquele semelhante ao beijo das focas, muito utilizado pelos esquimós, um nariz roçando o outro. A vantagem é que, assim, você pode beijar falando: "Eu te amo!!!"

24º) **Beijo de cumprimento ou despedida** – Em geral, é dado quando as pessoas se conhecem ou se despedem. Varia de 1 a 3 beijos na face; os franceses dão 4 beijos.

25º) **Beijo respeitoso** – É aquele dado na fronte ou nas mãos. Irradia mesura, educação, fineza, consideração e respeito.

26º) **Beijo soprado** – Começou na Suméria, quando as pessoas enviavam beijos alados, para os deuses no céu. É utilizado para se dar um beijo a distância, podendo-se colocá-lo na palma da mão, de onde, com um sopro, é enviado à pessoa amada.

Claro que existem outros tipos de beijo atualmente, como é o caso o beijo do vampiro, o beijo *gay*, o beijo pedagógico etc., e é por isso que os sociólogos, críticos de arte, pediatras, filólogos, historiadores etc., têm se preocupado e escrito tanto sobre isso.

Para nós, o que deve ficar é que o beijo, assim como o riso, faz o nosso cérebro liberar endorfina de maneira que isso nos torna mais felizes.

A receita então é: seja bem-humorado, ria muito e, para tanto, esteja o mais que possa na companhia de alguém que tem vontade também de beijar...

Dizem que o norte-americano Alfred A. E. Wol estabeleceu o recorde mundial de beijos, ao beijar 8.001 pessoas em 8 h. Provavelmente, a maioria foi de beijos relâmpagos. O bom é que beijar é sempre decisivo, se for muito bom vira namoro, se for médio, uma simples "ficada", se for ruim, aí é um adeus!!!

Como muitos beijos levam ao sexo bem praticado, nada melhor do que abordar um pouco o tema sob uma forma humorística, não é?

O beijo está entre o sexo e o casamento. Aliás, casamento é o preço que o homem paga para ter sexo. Já sexo é o preço que a mulher paga para ter casamento.

## 2.7 – O HUMOR ENVOLVENDO O SEXO

Se você já resolveu bem o seu problema do beijo, está apto a pensar em sexo, viu?

Houve uma época em que na revista *Playboy*, na sua página de humor, apareciam "definições" do que estava incluído no seu *Dicionário Bem Transado*.

Aí vão algumas (Tabela 2.3):

| | |
|---|---|
| Aeramoça | Comissária de bordo já velhusca. |
| Alicear | Atrair e seduzir a Alice. |
| Boom boom | A explosão das nádegas das mulheres pera, melancia, popozudas etc. |
| Cara metade | Cada uma das mulheres do bígamo. |
| Cingana | Advinha que nunca acerta. |
| Dezejo | Aquela vontade que dá depois da nona. |
| Diário orificial | Órgão favorito do burocrata lascivo. |
| Faloeste | Terra de caubóis machões. |
| Fundo fixo | Onde, com certeza, não investe a Valesca Popozuda. |
| Furor uterino | Grrr!... Ahh!.. Grrr! Ahhhh!... Grrr!!! |
| Gaga linha | Eta velha impossível! |
| Garrafa | Objeto erótico em que os antigos armazenavam líquidos. |
| Gnomossexual | Um que tinha horror à Branca de Neve. |
| Obsexão | Desvario pelas coisas da carne. |
| Pitbull | Uma fera – rosna e agarra, morde, estraçalha... mas não come |
| Resseio | Temor de apalpá-lo. |
| Sexo oval | Aquele praticado no salão presidencial. |
| Shaloon | Taberna no faroeste israelense. |
| Socialight | Perua peso leve. |
| Têtanic | Naufrágio no colo da mulher amada. |
| Turismo sexual | Excursão repleta de prazeres no monte de Vênus. |
| Viés de baixa | Tendência que leva o investidor a comprar Viagra. |

Tabela 2.3

Quem quiser pensar em sexo, ou mais que isso, em algo erótico, deveria ter sempre à sua disposição os livros dos mestres da história em quadrinhos (HQ) eró-

"O que você acha dessa coelhinha?"

tica, como Jean-Claude Forest (1930-1998), que se celebrizou com a sua personagem Barbarella; Guido Crepax (1933-2003), que criou a célebre Valentina – um ícone do feminismo – e que inspirou Milo Manara; Paolo Eleuteri Serpieri (1944–), criador da voluptuosa Druuna; do nosso Alcides Aguiar Caminha (1921-1992), que com o seu pseudônimo de Carlos Zéfiro se tornou o mais célebre quadrinista erótico do Brasil e Milo Manara, um mestre da HQ erótica, que diferentemente dos outros expoentes do erotismo desenhado, não se **celebrizou** por nenhuma personagem em particular, mas pelo seu talento de **desenhar mulheres**, **quaisquer mulheres**.

"Eis uma amostra da arte de Milo Manara na representação de uma mulher atraente."

E ele as desenhou às pencas.

Dos personagens históricos da família Bórgia às super-heroínas de ficção, passando pela Mônica de Maurício de Sousa, o italiano Manara é o nome mais convocado quando o objetivo é criar sensualidade.

Você já viu os álbuns **Gullivera**, **Clic** ou **Bórgia**, de Milo Manara?

**Não**!!! Então não sabe o que está perdendo!

Hoje, vivemos em tempos incríveis, nos quais uma brasileira, mais especificamente uma catarinense chamada Ingrid Migliorini, de 20 anos, colocou em leilão a sua virgindade, e no dia 24/10/2012, foi batido o martelo nesse leilão internacional e um japonês que se identificou apenas como Natsu foi quem arrematou a "oferta" por US$ 780 mil.

Por sinal, na mesma época, foi também oferecida a virgindade de um russo Alexander Stepanov, de 21 anos, que foi arrematado por apenas US$ 3 mil e não se sabia se a pessoa que deu o lance era homem ou mulher...

O perspicaz articulista da *Folha de S.Paulo*, Hélio Schwartsman, na sua coluna de 14/10/2012 comentou: "Penso que essa jovem está certíssima. Vai levantar um bom dinheiro para entregar uma simples abstração, que a maioria das meninas dá de graça a seus namorados. Se há algo chocante na história é o valor que nós, como espécie, atribuímos à **virgindade**.

A obsessão se materializa em todos os níveis, do mais sagrado ao mais profano. De acordo com Paul Bloom, no livro *How Pleasure Works*, o termo aparece nada menos do que 700 vezes no Antigo Testamento e ocupa lugar ainda mais central no cristianismo, com o suposto nascimento virginal de Jesus.

Mesmo no mundo materialista do capitalismo, mulheres gastam pequenas fortunas em cirurgias de reconstituição do hímen.

Tamanho interesse tem raízes evolutivas. Desde que a fêmea humana deixou de anunciar ostensivamente seu período fértil, como o faz a maioria dos primatas, ficou muito mais difícil para o macho ter certeza de que o filho que ele criaria **era mesmo seu**.

Um modo de aumentar as chances de o rebento ser legítimo era copular preferencialmente com virgens.

Isso não faz nenhum sentido agora, quando a mulher pode controlar sua fertilidade e existem exames de DNA à disposição dos homens mais desconfiados.

Hoje, o conceito de virgindade oscila entre uma relíquia mental da pré-história e, nas sociedades mais conservadoras, uma forma de **tiranizar a mulher**.

Antes, porém, de maldizer o processo que levou a fêmea humana a esconder até de si mesma a ovulação, gerando milênios de opressão, é bom lembrar que a ocultação do estro resultou também no sexo recreacional e na formação de relações duradouras entre homem e mulher."

Esse sexo recreacional levou também a grandes problemas como a exploração da prostituição, geralmente por terríveis grupos de facínoras, mas também favoreceu a abertura de um novo negócio, que prosperou muito no Brasil, ou seja, ser dono de uma rede de motéis.

Um motel parece um hotel, mas não é, e a permanência nele não é em diária de 24 h, mas sim de algumas horas..."

Já foram realizados os estudos mais diversos sobre o sexo, a melhor maneira de atingir o orgasmo, como as mulheres usam o seu capital erótico para conseguirem o que quiserem dos homens e assim por diante.

Um estudo muito engraçado foi aquele que Girolamo Lo Verso conduziu na Itália, publicando um livro – *A Psique da Máfia* – com as reflexões de diversos professores universitários sobre como era o sexo dos chefes mafiosos e dos seus cúmplices.

Contou Girolamo Lo Verso: "Os chefes mafiosos são quase assexuados, eles se saem muito mal na cama e são muito breves.

"Doutor: 'Eu lhe sugiro a desistir de metade de sua vida sexual!?!?'

O paciente idoso: 'De qual metade devo desistir? Daquela que eu fico pensando ou daquela sobre a qual fico falando?'"

"Se você preferir, tenho também *bagels* e salmão defumado!!!"

E eles não são mais amorosos longe de suas casas.

Eles têm prostitutas e mulheres devassas, mas nunca **amantes**!?!?

Uma verdadeira amante poderia fazer exigências e esperar que fosse mais que uma peça de engrenagem numa corporação de lealdade total.

E isso pode provocar uma crise, pois se você ama e é amado, tem um nome, uma identidade.

Por isso, o regulamento da Máfia é claro: **você não pode ter amantes**!!!

Muitos chefes mafiosos só participam de 'rapidinhas' que duram cerca de 40 s e o fazem raramente – apenas para fazer filhos."

Tudo indica, se for verdade o que Girolamo Lo Verso constatou, que diferentemente dos chefes mafiosos, pelo menos no mundo ocidental, desenvolveu-se muito a libido *sentiendi*.

Libido, que vem do latim, significando "desejo" ou "anseio", é caracterizada como **energia** aproveitável para os instintos da vida.

De acordo com Sigmund Freud, o ser humano apresenta uma fonte de energia separada para cada um dos instintos gerais.

A libido apresenta uma característica importante que é a sua mobilidade, ou a facilidade de alternar entre

"Pelo amor dos nossos filhinhos, não surpreenda assim a plateia, Natalie!?!?"

uma área de atenção para outra. No campo do desejo sexual está vinculada a aspectos emocionais e psicológicos.

Santo Agostinho foi o primeiro a distinguir três tipos de desejos: a libido *sciendi*, o desejo de conhecimento; a libido *sentiendi*, desejo sensual em sentido mais amplo; e a libido *dominendi*, desejo de dominar.

E agora, vamos rir (se possível...) com algumas situações em que se evidencia a libido *sentiendi*.

Para finalizar este capítulo, divirta-se com as 11 piadinhas, leves, envolvendo **sexo**:

### Primeira noite

*O noivo tinha acabado de levar a noiva no motel e, todo tímido, falou:*
*– Não exija muita experiência de mim, querida...*
*Ela, por sua vez, disse:*
*– Tudo bem, querido! Desde que você não exija muita virgindade de minha parte...*

### Sabor queijo

*O namorado comprou um monte de camisinhas com sabores diferentes e sugeriu para a namorada:*
*– Vou apagar a luz e colocar uma delas, vamos ver se você advinha o sabor.*
*A luz se apaga, ela espera uns instantes, abocanha o membro do rapaz e dispara:*
*– Gorgonzola!*
*– Calma, amor! Eu ainda nem coloquei!*

### Ver para crer

*No interior do Estado de Minas Gerais, o juiz interrogava uma vítima de sedução.*
*Era a imagem da inocência.*
*Indagada sobre o que houve, respondeu que o suspeito a havia encostado num muro perto do matagal, forçando-a a ter com ele relações íntimas.*
*O magistrado, sempre prudente, indagou:*
*– Quer dizer, minha filha, que o acusado prendeu seu braço esquerdo com a mão direita dele?*
*– Sim senhor!*

– E prendeu seu braço direito com a mão esquerda dele, prendendo com força nas suas costas?
– Sim doutor Juiz.
– E você ficou com ambos os braços presos às suas costas?
– Isso mesmo meritíssimo.
– Então absolvo o réu. Minha filha, se tudo foi assim, me diga uma coisa: quem guiou o ceguinho?!?!

### Assédio no trabalho

Um funcionário passa perto de uma colega de escritório e diz
– Seu cabelo tem "um cheiro gostoso".
Indignada, a mulher dirige-se imediatamente ao gabinete do chefe, dizendo-lhe que quer fazer uma queixa de assédio sexual e explica o motivo.
O gerente então pergunta:
– Mas, afinal, qual é o mal de um colega lhe dizer que o seu cabelo tem um cheiro gostoso?
A mulher:
– O desgraçado é um anão!!!

### Desonra

No feriado da Semana Santa, a garota vai pedir à mãe permissão para viajar com o namorado.
– Mamãe, posso acampar com o meu namorado no feriado?
– Pode filha, mas vai acontecer o seguinte: uma hora ele vai tentar subir em você, e você não pode deixar que ele faça isso. Porque desonra a nossa família.
Passado o feriado...
– Mamãe, bem que a senhora falou. De madrugada ele tentou subir em mim, mas eu fui mais rápida. Subi nele primeiro e desonrei a família dele.

### O segredo das minhocas

O avô observa o neto brincando no quintal e pergunta-lhe o que está fazendo, ao que o neto diz:
– Enfiando as minhocas de volta para a toca delas...
– E como é que você consegue? O bicho é tão molenga!
– É segredo vovô!

– Vou lhe dar R$10 se você me ensinar a fazer isso.
– Bem, eu passo laquê e espero secar e esticando a minhoca... Aí é só colocar no buraco.
– Toma os R$ 10.

No dia seguinte, o avô chega para o neto, tira R$ 100 do bolso e dá para o garoto.
– Tá ficando esquecido vô? O senhor já me deu R$ 10.
– Eu sei. Esses R$ 100 foi a tua vó quem mandou...

## Vida a dois

Marido chega preocupado em casa e diz à esposa:
– Tenho um problema no serviço.
A esposa, compreensiva e amorosa responde:
– Não diga: "Tenho um problema". Fale: "Temos um problema", porque os teus problemas são meus também.
E o marido responde:
– Está bem, temos um problema no serviço. A nossa secretária vai ter um filho nosso!!!

## Mineirinho danado!?!?

A madame abre a porta do bordel situado em São Paulo, e dá de cara com o mineirinho vestido com roupas modestas.
– Quero a Nathalie! – diz ele.
– Senhor, a Nathalie é uma das mais caras. Posso lhe apresentar outra...
– Mas eu quero a Nathalie! – insiste o mineirinho.
Nathalie aparece, é uma escultura de Vênus.
Diz que cobra R$ 2.000 por hora.
O mineirinho nem pisca e tira o dinheiro escondido no sapato.
Os dois passam uma hora de muito movimento. Inesquecível para o mineirinho.
Na noite seguinte, o mineirinho aparece de novo e pergunta por Nathalie e já pega o dinheiro no fundo do sapato.
A sessão se repete, ainda melhor que na noite anterior, para o mineirinho!!!

Na terceira noite consecutiva, o mineirinho surge mais uma vez, com os R$ 2.000, entrega o dinheiro para a Nathalie e aproveita o mais que pode uma hora de loucuras sexuais.

Nathalie não resiste e lhe pergunta:

– Ninguém nunca usou os meus serviços três noites seguidas, afinal sou a mais cara da casa. De onde é o senhor?

– Sou de Belo Horizonte.

– Sério?! Eu tenho uma tia que mora lá!

– Eu sei, foi ela que pediu para lhe entregar os R$ 6.000...

"Será que esse era o mineirinho danado?"

## O espertinho

Na sala de espera do consultório médico, um espertinho está sentado bem em frente a uma loira tão boa, mas tão boa, que não dá nem para dizer o quanto ela é gostosa.

Ela está vestindo uma minissaia e o espertinho dá sempre um jeito de deixar seu smartphone cair.

Ao apanhá-lo no chão, o sacana aproveita para ver tudo o que tem direito.

Repete essa operação umas dez vezes, e a loira, que já não sabe mais o que fazer com as coxas, explode:

– Francamente, o senhor não é um cavalheiro.

– Concordo, mas a senhorita também não é loira!!!

## Reflexões de uma velhinha

Um surfista, para se tornar um vencedor, fazia jiu-jitsu, malhava na academia, tomava todos os cuidados com o seu corpo.

Naturalmente, era muito vaidoso e um dia, ao se olhar no espelho, viu que suas partes íntimas estavam muito brancas, e não combinavam com o belo bronzeado do resto de seu corpo.

Então, ele teve uma ideia...

No dia seguinte, foi a uma praia deserta, tirou o calção e se enterrou na areia, deixando apenas o respectivo de fora...

Depois de um certo tempo, veio uma velhinha que, ao deparar-se com aquele estranho "objeto" na areia, falou, numa voz trêmula:

– Quando eu tinha 20 anos, eu tinha medo dessa coisa...

– Quando eu tinha 40 anos, eu queria mais e mais dessa coisa...

– Quando eu tinha 60 anos, eu tinha que pagar para ter essa coisa...

– E hoje, que eu tenho 80, essa "droga" cresce em qualquer lugar!!!

## A vingança do marido rico

Um empresário milionário chega totalmente embriagado no meio da tarde em sua casa. Puxa o seu revólver, aponta para sua mulher, uma fêmea belíssima e ordena:

– Quero que você fique completamente nua, se cubra com um roupão e em seguida, vamos para o meu carro!

Ela, toda atordoada com a situação, segue as ordens, bem assustada.

O homem vai então até o jardim zoológico.

Bem em frente à jaula de um enorme gorila, diz para a mulher:

– Mostra seu seio direito pra ele.

Ela mostra e o gorila fica excitado.

– Agora mostra o esquerdo...

Ela exibe seu outro seio escultural e o animal começa a se agitar cada vez mais na jaula, meio doidão e com cara de tarado.

– Agora abre o roupão e mostra tudo!

Diante dessa visão, o gorila fica agitadíssimo, arrebenta as grades e parte com tudo pra cima da gostosona.

Em pânico, ela pergunta para o marido:

– E agora? O que eu faço?

– Ah, agora você diz pra ele que está com enxaqueca, que as crianças deram muito trabalho hoje, e que você está cansada porque malhou demais na academia e está toda dolorida!!!

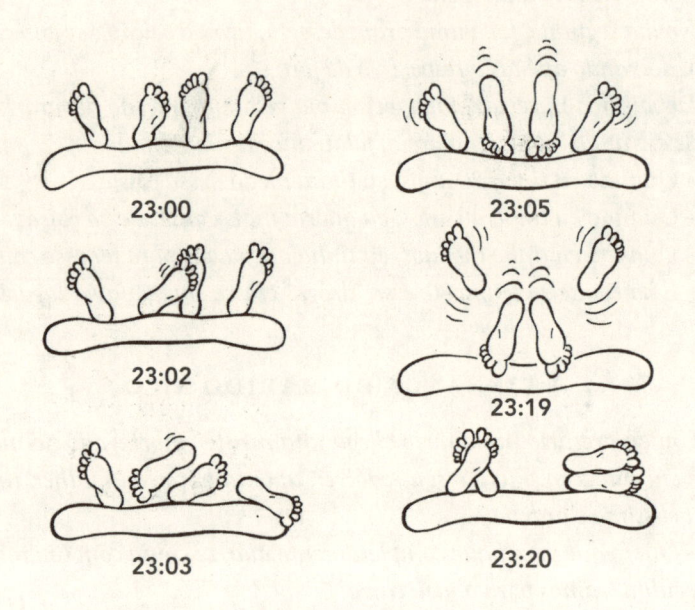

"A história de 20 dedos contados em 20 min..."

# CAPÍTULO 3

# Os Benefícios e os Malefícios do Humor

## 3.1 – O HUMOR PERMITE QUE A PESSOA SEJA MAIS JOVIAL?

Talvez uma outra formulação dessa pergunta fosse:

» **Por que devemos nos importar com o que é o humor e como ele influencia nosso bem-estar físico, psicológico e social?**

Estudos diversos já comprovaram que o humor melhora nossa saúde, ajuda-nos a conviver melhor com os outros e até mesmo nos torna mais **inteligentes**.

Um grande desafio para os psicólogos e médicos é identificar como estados cognitivos, como a alegria, levam a mudanças físicas no corpo.

Já se sabe, por exemplo, que o exercício físico nos deixa de bom humor, pois leva à **liberação de dopamina**, o que nos dá prazer. Isso é um ato físico, que leva à mudança psicológica.

» Mas será que a causa e efeito funcionam em ambos os sentidos?

» Será que o estado de espírito melhorado pode levar à alteração fisiológica?

Felizmente, **ele pode**!

Considere o caso da imunoglobina A.

Este anticorpo é uma das linhas de frente de nosso sistema imunológico de defesa contra organismos invasores, tais como bactérias, vírus e mesmo células cancerígenas.

Embora nossos corpos produzam vários tipos diferentes de tais anticorpos, todos eles trabalham da mesma maneira – inicialmente identificando e localizando o corpo estranho, neutralizando-o, ou marcando-o para o ataque por outros mecanismos de defesa. Assim, estudos mostram que assistir a filmes engraçados e ver comédia *stand-up* aumentam significativamente a resposta imunoglobínica, bem como estar de bom humor.

Sem dúvida, você deve pensar que o riso é a melhor coisa que poderia fazer por seu corpo. É isso mesmo, pois ele melhora a saúde cardiovascular, aumenta a resposta imunológica e até mesmo ativa as células que atacam os corpos estranhos, ou seja, invasores do nosso corpo.

O riso certamente tem seus benefícios, entretanto, ele não nos garante necessariamente uma vida mais longa. Pode ser um fato um tanto quanto decepcionante, mas é importante reconhecer isso porque **rir não é uma panaceia**. É uma atividade como correr ou pular corda.

Usado de forma responsável em certas circunstâncias, pode ser um grande protetor... Mas se for usado sem bom senso, pode ser tão perigoso como correr uma maratona descalço...

O riso, ou mais especificamente o **afeto positivo**, não é o que confere benefícios para uma pessoa. O que importa mesmo é o nosso **compromisso emocional**.

Nossa mente precisa de envolvimento emocional, assim ela necessita de exercício. Sem esse compromisso, nós ficamos passivos com nosso ambiente. **E uma mente passiva é uma mente doente**!!!

A razão pela qual tanto as comédias quanto as tragédias levam a maior tolerância à dor é que nossa mente é exercitada por ambas. Quando rimos, exatamente como quando choramos, nosso corpo experimenta excitação emocional. Este efeito é envolvente e perturbador, fortalecendo nosso corpo e nossa mente para o que está por vir.

Como o exercício físico, o humor assume muitas formas diferentes, e nem todas elas são criadas da mesma maneira. O humor mantém nosso cérebro e corpo ativos, mas nem toda atividade – seja física ou mental – é benéfica. Existem dezenas de estilos humorísticos, os quais variam, com base em motivações psicológicas.

Um exemplo é o **humor afiliativo**.

Pessoas com alto grau de humor afiliativo gostam de dizer coisas engraçadas, compartilhar brincadeiras espirituosas para divertir os amigos e fazer piadas para reduzir a tensão interpessoal. O humor afiliativo é considerado um estilo humorístico positivo, o que significa que leva a comportamentos psicológicos e sociais construtivos.

Outro estilo positivo é o humor **autoenriquecedor**, que caracteriza pessoas que têm perspectivas engraçadas e que riem a fim de ver o lado positivo das situações preocupantes, recorrendo a qualquer coisa para manter uma atitude positiva. Pessoas com alta pontuação em medidas de humor autoenriquecedor tendem a ter autoestima elevada e ser conscienciosas. Esse último traço de personalidade é especialmente importante para a **saúde** porque é o único fator de personalidade que prediz longevidade.

Dessa maneira, o humor pode realmente nos ajudar a viver mais tempo, desde que seja do tipo certo!

Enquanto estilos humorísticos positivos aumentam os sentimentos de autoestima e conscienciosidade e, possivelmente, até mesmo melhoram a longevidade das pessoas, estilos humorísticos negativos têm efeito contrário.

"Foi a vida que me estragou..."

Pessoas que usam o **humor autodepreciativo** (já citado no Capítulo 1), tendem a sofrer depressão, ansiedade, baixa autoestima, e aqueles que usam **humor agressivo,** muitas vezes, adotam mecanismos de enfrentamento, que as levam a um certo tipo de conflito. É fácil entender como isso poderia ter efeitos nefastos sobre a longevidade em longo prazo.

Portanto, o humor pode melhorar ou prejudicar nossa saúde, depende da forma como é usado.

Lidar com conflito de maneira positiva, como rir para nos colocar em um bom estado de humor, é provavelmente tão importante quanto subir quatro vezes por semana nos equipamentos de uma academia, buscando ter um condicionamento físico melhor.

**O humor é muito parecido com trocar fraldas de um bebê: ele não necessariamente resolve todos os nossos problemas, mas com certeza torna as coisas mais agradáveis por um tempo!**

O psicólogo e filósofo William James disse uma vez que **bom senso** e **humor** são a mesma coisa movendo-se em velocidade diferentes.

**O bom senso anda, mas o humor dança!**

Dançar é a analogia perfeita de como o humor funciona.

O humor, como a dança, é por natureza um fenômeno social. Tente contar uma história engraçada em uma sala vazia e você verá o que quero dizer. Sem ter outros rostos para os quais olhar para ver uma reação, você achará que a piada não é uma piada.

O humor requer tanto um contador quanto um receptor, e seu sucesso depende do quanto um influencia os pensamentos e expectativas do outro.

A analogia da dança também destaca o papel importante, mas fugidio, do ritmo.

Na dança há sempre uma batida clara.

O humor também tem uma batida, que costuma chamar-se de *timing* cômico, mas não há nenhuma cadência rítmica, somente nossos instintos e nossa capacidade de ler o público.

Como a dança, o humor é uma forma de comunicação interpessoal, embora seja uma forma complexa. O que achamos engraçado depende não apenas do *timing* e de ritmo, mas também do desenvolvimento acumulado de ideias levando em direção a um ponto final.

O que diferencia o humor de outras formas de comunicação é que ele busca as regras para que possa quebrá-las. A ideia de sair das regras normais do humor é importante, porque mostra como os comediantes nem sempre falam literalmente.

Quando ouvimos uma piada, construímos certas expectativas, apenas para tê-las violadas para fins de entretenimento. Essa violação controlada permite aos comediantes que falem indiretamente, transmitindo mensagens que talvez não sejam apropriadas se o tema fosse abordado de frente.

A influência que os outros têm sobre nossos estados de espírito subjetivos, particularmente o humor, é bem conhecida. É por isso que programas de televisão usam sons de riso, pois os produtores sabem que quando ouvimos riso, **queremos rir também**!!!

*"Não esqueça, o bom senso anda mas o humor dança."*

▼ OS BENEFÍCIOS E OS MALEFÍCIOS DO HUMOR ▼

Na verdade, nem precisamos ouvir os outros rirem. Simplesmente ao nos dizerem que um amigo está próximo e apreciando no YouTube um vídeo divertido é o suficiente para aumentar nossa resposta humorística.

O riso compartilhado é mais pronunciado entre pessoas "próximas", ou seja, bem juntas... rimos mais quando estamos cercados de amigos em vez de estranhos. E quanto maior a plateia, maior a quantidade de riso compartilhado. O humor é social da mesma forma que nossas amizades são sociais.

Quando semelhanças compartilhadas são exploradas conjuntamente, formam-se laços estreitos. Mas quando o riso é artificial, o resultado é tão satisfatório quanto levar sua irmã ao baile.

Como fenômeno social, o humor tem um impacto direto sobre nossos relacionamentos, pois ficar perto de pessoas que riem aumenta a chance de acharmos uma piada engraçada. Mas a influência também funciona em sentido inverso: ter uma atitude bem-humorada melhora a qualidade de nossas relações sociais. Isso revela algo muito importante, não só sobre o humor – que ele nos aproxima, fornecendo experiências compartilhadas –, mas também sobre os próprios **relacionamentos**.

Conectamo-nos com pessoas que compartilham perspectivas semelhantes em relação à vida. O humor é a melhor maneira de descobrir quais são essas perspectivas. Não precisamos, portanto, procurar muita para encontrar a prova científica de que o humor é importante para o romance.

Muitos pesquisadores já perguntaram a pessoas, quais são os traços que mais desejam em um parceiro, e uma característica que está sempre no topo da lista é: **senso de humor**. Em muitos levantamentos, as mulheres classificaram-no em **primeiro lugar** e os homens como **número três**, depois de **inteligência** e **boa aparência**.

Em suma, o humor é **essencial** não só na escolha do parceiro, mas para a manutenção de parcerias saudáveis também.

Nove em cada dez casais dizem que o humor é uma parte importante de seu relacionamento. Em comparação com aqueles casamentos disfuncionais, casais em matrimônios duradouros também dizem que valorizam e apreciam bastante o humor de seu parceiro.

De fato, estudos examinando casais que estão vivendo juntos há bastante tempo – aqueles que permaneceram juntos por 45 anos ou mais – descobriram que **rir juntos,** é essencial para o **sucesso conjugal**!!!

Assim como uma atitude bem-humorada sinaliza uma mente engajada, uma apreciação partilhada por uma vida bem-humorada indica uma parceria ou um casamento ajustado.

Um bom senso de humor é mais do que uma perspectiva ou um ponto de vista. É um meio de partilhar expectativas com alguém próximo a nós.

**Então, o humor dança – e não há melhor maneira de construir um relacionamento sólido, do que encontrar alguém que dance no mesmo ritmo!**

*"Esse seu hábito de gostar de bebida com insetos nos aproximou, além de eu me realizar com a minha aparência."*

O humor é complicado porque nós mesmos **somos complicados**!!! Rimos e choramos e temos personalidades maleáveis porque nosso cérebro desenvolveu-se ao longo de gerações para ser adaptável. Sem a capacidade de rir, não teríamos uma forma de reagir a muito do que acontece conosco.

Sem ter senso de humor para ter prazer com o incongruente ou absurdo, poderíamos passar a vida inteira em um perpétuo estado de confusão, no lugar de às vezes transformar esses sentimentos em diversão.

Embora a maioria de nós **não** aspire ser comediante profissional, ainda assim, com estes, podemos aprender a ser engraçados, tornando o humor uma parte inconsciente de nossa vida.

Quando nos referimos a alguém como tendo uma personalidade bem-humorada, o que de fato se quer dizer é que esta pessoa vê a ambiguidade, a confusão e os conflitos inerentes à vida e os transforma em prazer.

Se você realmente quer ser mais engraçado, deve participar de cursos sobre o humor ou ainda pode apenas internalizar tudo o que você aprendeu, digamos, lendo mais livros como este...

O importante é que toda pessoa deve pensar mais profundamente sobre a importância do humor e do seu uso, pois, dessa maneira, também se consegue ter uma melhor compreensão de como nossa mente funciona.

Toda vez que você ouvir uma piada que não for particularmente engraçada, por favor, ria de qualquer maneira, pois todo mundo a sua volta acaba se beneficiando.

Não só você vai ter uma vida mais feliz e mais saudável, mas os outros provavelmente vão rir juntos com você. E é difícil ficar de mau humor quando você está rindo...

## 3.2 – A LÓGICA DO HUMOR E OS RISOS GALINÁCEOS

O dr. Richard Wiseman, da Universidade de Hertfordshire, colaborou com a Associação Britânica para o Avanço da Ciência, na realização de uma experiência chamada *Laugh Lab* (algo como Laboratório de Risadas) e aí pessoas de todo o mundo foram estimuladas a enviar piadas e também o quanto acharam engraçadas as piadas das outras pessoas.

Nesse projeto ficou em **2º** lugar a seguinte piada:

*Sherlock Holmes e o dr. Watson saíram para acampar.*
*Depois de um bom jantar e de uma garrafa de vinho, eles foram dormir.*
*Horas depois, Holmes acordou e cutucou seu amigo fiel!*
*– Watson, olha para cima e me diga o que você vê?*
*– Vejo milhares e milhares de estrelas, Holmes – respondeu Watson!*
*– E o que você deduz disso?*
*Watson refletiu por um instante.*
*– Bem, astronomicamente, isso me diz que há uma imensidão de galáxias e potencialmente, devem existir muitos bilhões de planetas.*
*Astrologicamente, observo que Saturno está em Leão.*
*Deduzo também que são mais ou menos 3 h 15 min.*
*Meteorologicamente, suponho que teremos belo dia amanhã.*
*Teologicamente, vejo que Deus é o Todo-Poderoso, e que somos uma parte pequena e insignificante do universo.*
*E você, o que deduz, Holmes?*
*Holmes fica em silêncio por um momento.*
*– Watson, seu idiota! – diz ele, deduzo que roubaram nossa barraca!!!*

**E onde foi que a dr. Watson errou?**
**A resposta é: ele pensou demais!!!**

Quando Sherlock Holmes perguntou o que ele viu, dr. Watson fez uma busca consciente em sua mente, procurando soluções para a questão. Surgiram várias respostas plausíveis, todas com alguma relevância para a pergunta feita.

Mas a resposta mais evidente lhe escapou. Não que a resposta óbvia, nesse caso, fosse particularmente criativa por natureza, mas essa anedota serve para mostrar como pensar demais pode impedi-lo de ver soluções que estão bem diante de seus olhos.

Pode-se chegar a ideias novas e úteis por meio de uma **deliberação consciente** e um **pensamento passo a passo**.

Mas existe também um segundo trajeto para o pensamento criativo, ou seja, o caminho espontâneo, que permite que novas soluções sejam geradas num nível de processamento de informação abaixo de sua percepção consciente.

Essas soluções, quando parecem encontrar um padrão de adequação, avançam para a consciência como um momento "Arrah!", "*Voilá!*" ou "Ufa!" quando parece que toda a cerrada vegetação de uma floresta se abre para revelar um *insight* (lampejo) criativo em toda a sua glória!!!

A principal diferença entre esses dois caminhos, em **termos de neurociência**, é que o centro executivo do córtex pré-frontal – principalmente o centro executivo do hemisfério esquerdo dominante do cérebro – permanece firmemente no controle do processo criativo no **caminho deliberado**.

Tal centro direciona o que você pensa e o que puxa de seu banco de memória enquanto tenta trabalhar criativamente.

Em contraste, no **caminho espontâneo**, o centro executivo (propositalmente ou por conta de fadiga) cede parte do controle sobre o conteúdo do pensamento consciente.

Isso permite que mais ideias dos centros de associação nos lobos temporal e parietal – que comumente seriam impedidas de chegar à consciência – **manifestam-se conscientemente**.

Há evidências de que o processo espontâneo também permite mais integração do hemisfério não dominante do cérebro (que seria o direito nas pessoas destras e também em muitos canhotos).

O resultado é que uma ideia criativa pode repentinamente brotar na consciência quando você menos espera.

Hoje em dia, temos até a representação gráfica do riso nos *e-mails*, visto que a humanidade envia milhões deles por segundo e em alguns está se tornando comum, por exemplo, aparecer kkkkkkkkkkk.

Assim, o remetente escreve algo, que ele próprio acha engraçado e aí então tecla o k e deixa a letra disparar.

Pronto, está enviada a hilariante mensagem.

Se o recipiente não rir, problema dele!?!?

O kkkkkkkkkk, até pela facilidade de escrever, parece ter aposentado o tradicional e querido hahahahaha.

**Mas o que isso significa?**
**Agora cacarejamos em lugar de gargalhar?**
Parece que nos *e-mails* é o que acontece.

Mas seria bom que, na vida real, as pessoas não abandonassem o alegre hahahaha!!!, pois ele vem das profundezas do nosso cérebro que comanda uma série de movimentos (dos músculos da face e abdominais) e cria uma série de sons, fazendo com que a gente se sacuda bastante.

O pior é quando chegam em lugar de kkkkkkkkkkk, as abreviaturas de risos rsrsrs, que muitas vezes as pessoas respondem com grrrrrr.

Pois é, estamos na era digital em que as pessoas querem perder menos tempo possível e desse jeito talvez percam um pouco do seu **riso espontâneo** e adquiram um riso **galináceo** (kkkkkkkkkkk...).

Deve-se destacar que de um modo geral, achamos graça quando percebemos um choque entre dois códigos de regras ou de contextos, todos eventualmente consistentes, mas incompatíveis entre si, como nessa afirmação: "**O masoquista é a pessoa que gosta de um banho frio pelas manhãs e, por isso, toma uma ducha quente**".

Você não fez nem kkkkkkkkkkk e nem hahahahaha, então vai se cometer agora um pequeno pecado, ou seja, explicar a piada.

Aqui, o fato de o sujeito da anedota ser um masoquista subverte a lógica normal: ele faz o contrário do que gosta, porque gosta de sofrer.

É claro que a lógica normal não coexiste com seu reverso, daí a graça da pilhéria.

Uma variante no mesmo padrão é: "**O sádico é a pessoa que é gentil com o masoquista.**"

Immanuel Kant no seu livro *Crítica do Juízo,* diz que o riso é o resultado da "repentina transformação de uma expectativa tensa em nada."

Dessa maneira, rimos porque nos sentimos aliviados.

Torna-se assim plausível rir de desgraças alheias.

Em alemão, há uma palavra para isso: *schadenfreude,* que é o sentimento de alegria provocado pelo sofrimento de terceiros.

Não necessariamente estamos felizes pelo infortúnio do outro, mas, sentimo-nos aliviados com o fato de não sermos nós as vítimas.

É mais ou menos nessa linha que vai o filósofo Henri Bergson, que no seu livro *O Riso,* destacou que muitas piadas exigem "uma anestesia momentânea do nosso cérebro".

Ou seja, pelo menos as partes mais primitivas do nosso eu acham graça em troçar dos outros.

Daí surgem os inevitáveis choques entre **humor** e **adequação social**.

Como não podemos dispensar o riso e nem o combate à discriminação, o conflito é inevitável.

Resta torcer para que tudo isso acabe se autolimitando, ou seja, não deixamos de rir das piadas racistas, sexistas, religiosas etc., mas não podemos nos esquecer de que elas sempre colocam um problema moral.

Em 2014, no Brasil, venceu o **tiririquismo**, ou seja, Francisco Everaldo Oliveira Silva, que ficou famoso como palhaço Tiririca se candidatou a reeleição para deputado federal, obteve uma votação muito expressiva (pouco mais de 1 milhão de votos, sendo assim o 2º deputado federal paulista mais bem votado). Valendo-se de uma campanha na qual utilizou tons bem agressivos, tornou-se mesmo assim, um astro dentro do horário eleitoral.

Ele aparecia na tela caracterizado como o palhaço que o tornou um nome famoso: peruca branca, roupas de cores gritantes, voz aguda, risadinha única dizendo: **"Tá de saco cheio da política?"**

E aí vinha a sequência: **"Vote no Tiririca"**

Bastante revoltado, o jornalista e professor Eugenio Bacci escreveu o artigo: O tiririquismo (publicado no jornal O Estado de S. Paulo de 18/4/2014): "Para mim, para essa modalidade pesada de demagogia, que consiste em engrupir o eleitorado com piadas, enquanto o indizível se perpetra na escuridão do esgoto, deve-se dar o nome de tiririquismo.

O tiririquismo não é algo banal, não é o culto de um apelido vulgar.

Se fôssemos seguir a escolástica das bibliografias em voga, diríamos que o tiririquismo é um pacto social tácito mediado por uma peruca branca e financiado pela credulidade popular, que torna viável o escambo social: em troca de umas boas risadas, a massa oprimida prorroga a validade da coalizão que já está em cima, bem instalada.

O tiririquismo é denominador comum possível para uma ideologia de ocasião sem nenhuma ideologia de fundo.

O tiririquismo dá ao povo uma mentira que até o povo sabe que é mentira, mas na qual é divertido acreditar.

Os mal-humorados se enfurecem ao ver Tiririca na TV.

"O palhaço Tiririca que soube explorar como ninguém as mazelas existentes no País para se eleger."

Dizem que se o nobre deputado Francisco Everaldo Oliveira Silva aparecesse em plenário fantasiado de Tiririca, seria expulso do recinto e sofreria um processo na Comissão de Ética por quebra de decoro.

Inconformados, os rabugentos se perguntam: se ele não poderia entrar como Tiririca no Congresso Nacional, como é que ele pode pedir votos no horário eleitoral oficial com esse figurino?

» **Não é uma contradição?**

O seu partido, patrocinando esse sujeito que compara a capital federal a um carro velho, que já foi personagem da canção dos Mamonas Assassinas, não estaria faltando com respeito à Câmara dos Deputados?"

Pois é, dá vontade de mandar grrrrrr para muita gente e, obviamente, concluir que a lógica desse humor só leva as pessoas a se afastarem totalmente da política, deixando-a nas mãos de poucas pessoas bem espertas, que assim no final das contas, ainda riem de todos os indignados...

## 3.3 – CONTROLANDO NOSSOS HUMORES

Lamentavelmente, numa grande parcela do nosso tempo de vida, não percebemos de forma consciente nossos **sentimentos** que acabam ficando num segundo plano, ocupando uma quantidade mínima de nossa atenção quando não devia ser assim.

Esse estudo é chamado pelos psicólogos de **fluxo** ou **corrente de afeto** ("afeto" é o termo psicológico para emoções).

Quando notamos essa corrente de afeto, às vezes, achamos que estamos num estado moderadamente positivo ("vou ter um bom dia, pois acordei de bom humor") ou razoavelmente negativo ("parece que levantei com o pé esquerdo").

Infelizmente, apesar de ainda não estarmos valorizando adequadamente essa corrente de afeto, ela tem uma enorme influência em como tratamos os que estão próximos a nós e o modo como vemos o mundo.

Uma corrente de afeto positiva nos torna um pouco mais **abertos a novidades**, enquanto uma corrente de afeto negativa nos fecha a novas ideias. Assim todo adolescente sabe que é melhor pedir ao seu pai dinheiro, ou ser autorizado para uma festa noturna que irá começar no sábado, quando ele está cantarolando, assoviando ou rindo, do que quando está carrancudo!!!

É vital, dessa forma, estudar corretamente a nossa intensidade emocional, ou seja, o nosso **humor.**

Quando você está num certo estado de humor, pode estar ansioso, irritável, contente, deprimido, feliz ou triste.

Os estados de humor podem ter uma duração relativamente longa.

Alguns podem durar meses, e aí, ocupam muito a nossa atenção consciente.

Certos humores – como: a **ansiedade** e a **melancolia** (também conhecido como **depressão**) – interferem significativamente em nosso trabalho e em nossas relações interpessoais.

Nesses casos, você pode precisar buscar a ajuda de um profissional de saúde mental.

No início de fevereiro de 2012, esteve no Brasil, em São Paulo, no evento *Campus Party,* Christina Xu, uma das fundadoras da *ROFL Con*, uma conferência sobre cultura na Internet, que acontece no Instituto de Tecnologia de Massachusetts (MIT na sigla em inglês), sendo que ROFL (*Roll On Floor Laughing*) significa em português "rolando no chão de rir".

Christina Xu nasceu em Fuzhou, uma cidade chinesa com mais de 7 milhões de habitantes, e que mora agora nos EUA desde criança, sendo que em 2005, foi estudar história da ciência na Universidade Harvard, pesquisando como as tecnologias da comunicação se desenvolveram e foram apropriadas pelas pessoas.

Ela tentou responder à questão: **tecnologia e humor podem salvar o mundo?**

Aí ela explicou: "A tecnologia é **menos importante** para salvar o mundo do que as pessoas pensam. Já o bom humor é **mais importante** para salvar o mundo do que a maioria dos indivíduos pensa.

O humor é muito importante para camuflar mensagens, em especial para contornar a censura, como acontece no país em que nasci – China.

Já a tecnologia é como um sabre de luz: uma ferramenta usada pelos dois lados da força.

Por exemplo, a parte mais interessante da *ROFL Con* é conhecer as pessoas que criaram piadas e se tornaram famosas na Internet.

Isso porque você pode ter visto um vídeo até cem vezes e continua sem saber quem foi o criador dele, o que é lamentável.

Busco incorporar piadas em tudo o que procuro comunicar, como por exemplo, na assinatura de um *e-mail* com um *link* para fotos de '**bichos fofos**'.

Deixo-os lá, porque quando você trabalha para fazer do mundo um lugar melhor, existem momentos em que fica deprimido e ao olhar essas imagens não há quem não fique mais aliviado e até contente."

O estado emocional mais intenso que alguém pode experimentar é a **emoção verdadeira**.

No nosso discurso cotidiano, costumeiramente nos referimos a todos os estados de sentimentos como **estados emocionais**, mas as emoções verdadeiras têm características específicas, como, por exemplo, levar-nos a ações.

**Emoções** são acontecimentos de duração relativamente curta (geralmente menos de um 1 h).

São uma resposta a um acionador específico (seja algo no ambiente ou em acontecimento interno, como uma lembrança hilariante ou uma experiência traumática ou de dor) e são extremamente intensas.

São seguidas por expressões faciais características, pensamentos especiais, mudanças psicológicas e sentimentos subjetivos.

Tendem também a levar o corpo, comandado pelo seu cérebro curativo, a se comportar de maneiras específicas, chamadas "**tendências de ação**" (por exemplo, a tendência de ação associada ao **medo** é a resposta "**fugir ou bater**", enquanto a tendência de ação para a **raiva** é a **agressão** ou **retaliação**).

Caso a emoção seja muito intensa, a pessoa poderá se sentir completamente controlada por ela, o que se pode, denominar de "**sequestro emocional**".

O sequestro emocional pode assumir a forma de uma **explosão violenta de fúria** (raiva extrema), de uma **tentativa de suicídio** (desespero extremo) ou de um **ataque de pânico** (medo extremo).

Quando o indivíduo é sequestrado emocionalmente, sua **tendência de ação** se torna um **imperativo de ação** e aí ele tem pouco controle consciente sobre suas ações, o que se torna, em alguns casos, a base da alegação de "**insanidade temporária**".

As emoções, os humores e a corrente de afeto, absorvem mais a atenção das pessoas quando têm uma validade negativa do que quando essa é positiva.

Isso porque sentimentos positivos indicam que está tudo bem com seu mundo, e que você está interagindo com o seu ambiente de maneira propícia à sua sobrevivência.

Por exemplo, num instante de fúria, tudo parece conspirar para que você não pule no pescoço de alguém, o coração dispara, as pupilas se dilatam, os músculos recebem mais sangue e você se prepara para o ataque.

Poderia ocorrer um combate feroz, se não fosse seu próprio cérebro, que sem você precisar contar até dez, se lembra das prováveis consequências do embate.

É fácil concluir que não existe vida social sem um autocontrole.

A ciência já provou e até indicou o endereço de onde fica a regulação das emoções no cérebro.

A boa notícia é que as últimas descobertas dão esperança aos mais **impulsivos**: com treino, dá para melhorar muito o controle emocional.

Claro que quem souber reconhecer o efeito das emoções no seu corpo, isso ajuda muito a administrá-las melhor. Dessa maneira, na:

- » **Tristeza** – Aumentam os níveis de cortisol. A respiração e o intestino ficam mais lentos e há uma maior produção de lagrimas. A pessoa acaba ficando bem introspectiva.

- » **Raiva** – Ocorre a liberação dos hormônios noradrenalina e cortisol e, em vista disso, aumenta a frequência cardíaca, a pupila dilata e o sangue vai para os membros superiores e inferiores, preparando o corpo todo para bater em alguém ou então correr o mais rápido para se afastar daquele que lhe provocou essa raiva.

- » **Medo** – Nota-se uma taquicardia, surge uma certa vertigem e a boca fica mais seca, tudo isso causado pela liberação de adrenalina. O intestino e a bexiga ficam mais ativos e o sangue vai para as pernas, preparando o corpo para fugir.

- » **Nojo** – A boca fica seca, dificultando a ingestão de algo desagradável ou perigoso. A expressão facial demonstra claramente repulsa.

- » **Surpresa** – Ocorre a liberação de adrenalina, que contribui para aumentar o tônus muscular. Sobe o nível de estresse, a pupila se dilata e aumenta a transpiração.

- » **Alegria** – Acontece a liberação de serotonina e dopamina, relacionados ao bem-estar. Os músculos relaxam e mais sangue chega ao cérebro, para que o momento seja registrado de forma mais eficiente.

Para poder se acalmar, uma das atitudes mais eficazes é respirar de forma especial.

» **E por que se deve respirar adequadamente?**

Porque em situação de estresse (raiva, medo, tristeza etc.), prendemos o ar aumentando o nível de gás carbônico ($CO_2$) no corpo.

O organismo entende que precisa de oxigênio e passamos a respirar mais rápido.

O desequilíbrio faz com que aumente o número de batimentos cardíacos, a pressão arterial e a liberação de hormônios como a adrenalina e cortisol.

Ao controlar a nossa respiração, mandamos uma mensagem para nosso cérebro que a retransmite para o corpo, que está tudo ficando bem!!!

Para controlar a respiração, as etapas são:

1ª) Inspire pelo nariz contando até quatro mentalmente e inflando a barriga.

2ª) Retenha o ar pelo menos por 2 s.

3ª) Expire contando de seis a oito.

4ª) Repita esse exercício por mais ou menos 5 min, que no final dele, certamente você se sentirá mais tranquilo(a).

A psicóloga Ana Maria Rossi, a autora do livro *Autocontrole,* afirma: "Quando alguém tenta se controlar, o principal erro é o de se concentrar exatamente no sentimento que quer inibir.

Pensamos erradamente: 'Não vou ficar mais com raiva ou nervoso.'

Isso só atrapalha o nosso cérebro.

A minha recomendação é usar a técnica de visualização e assim quem tem medo, por exemplo, de falar em público, deve se imaginar em uma situação de completo domínio da sua audiência."

A psicóloga Shelley Carson criou o método ou modelo CREATES, que descreve que qualquer pessoa pode acessar diversos modos cerebrais, em especial o **modo transformar** (é o T da sigla).

O modo cerebral **transformar** é basicamente, um estado em que os seus sentimentos são levemente negativos e seus pensamentos são autorreferenciais.

As pesquisas de neurociência indicam que todos nós de vez em quando entramos em algumas fantasias.

Nossos pensamentos ociosos (os momentos em que não estamos direcionando conscientemente nossos pensamentos) podem refletir estados de humor, frustrações e desejos.

O modo cerebral transformar é, identificado por três fatores: pensamento autocentrado, estados de sentimentos negativos e insatisfação.

» **Pensamento autoconsciente** – É aquele direcionado para si mesmo e para sua relação com o ambiente.

Isso pode incluir (e geralmente inclui) comparar a si mesmo ou às suas circunstâncias com as de outras pessoas, o que pode levar a recalques e ressentimentos em relação àqueles que parecem estar melhor do que você e ainda a uma situação de autopiedade e a sensação de que o mundo é injusto com o seu desempenho.

No final de tudo, pode ainda incluir culpa e arrependimento exagerados em relação a coisas que você fez ou deixou de fazer no passado.

Quando pensamentos desse tipo começam a fluir para a consciência, muitas pessoas têm dificuldades para afastá-los.

Na realidade, essas pessoas parecem ficar presas numa espiral descendente de autoavaliação negativa.

» **Estados de sentimento negativo** – Obviamente eles fazem parte do fluxo normal de emoções humanas.

Representam um contraponto natural para as ocasiões alegres e felizes, e acrescentam uma rica gama de experiências humanas.

Há mais de um século que os seres humanos têm recebido orientações confusas e desenvolveram um medo incrível de **estados de humor negativo.**

Assim, as pessoas, quando se deparam com eles fazem imediatamente todo o possível para se livrar da tal condição, recorrendo à bebida, sexo, diversões, drogas etc., sem buscar entender o que esses humores estão tentando dizer a elas.

E aí se torna interessante acionar o modo cerebral transformador, e pensar seriamente porque se entrou num estado de humor negativo, no lugar de comprar uma passagem e embarcar num avião para ir bem longe...

Explorações de sentimentos negativos têm sido objetos de estudos criativos desde o tempo dos filósofos gregos e Aristóteles, por exemplo, foi o que pela primeira vez associou o trabalho excepcional de poetas e dramaturgos quando estavam em estado de melancolia.

Aí vão três exemplos dessa situação:

» O célebre quadro expressionista *O Grito*, de Edvard Munch, retrata um estado de grande ansiedade em que estava o pintor.

» O gênero musical *blues* é todo baseado num estado de sentimento negativo. Seu nome é derivado do termo blue devils, que a comunidade afro-americana usou durante séculos para denotar uma disposição de melancolia e tristeza.

» A Sinfonia Nº 6 em Si menor de Tchaikovsky, *Pathétique*, é frequentemente caracterizada com o "bilhete suicida" do compositor (ele morreu nove dias depois de conduzir sua primeira apresentação).

"O assustador quadro de Edvard Munch, *O Grito*, que demonstra bem o que é um sentimento negativo."

O escritor e musicólogo Joseph Horowitz comentou: "Esta é uma obra que não pode ser ouvida casualmente... Ali está um indivíduo em crise pessoal extrema revelando sua alma."

Apesar de ter sido essa uma composição notável de Tchaikovsky, toda vez que o seu humor, caro(a) leitor(a), ficar muito negativo bastante tempo, não pense que vai compor uma grande música ou fazer algo extraordinário no seu campo profissional.

» **Insatisfação** – O lado positivo para os esforços criativos, é que a insatisfação pode levar a pessoa a produzir arranjos florais, peças, objetos, textos, pinturas etc., muito criativos.

Na verdade, o **contentamento** é frequentemente um **inimigo** do **esforço criativo**!?!?

Deve-se notar que embora a criatividade esteja associada a uma melhora do humor, o **humor positivo** que evoca o pensamento divergente **não** se revela na forma de **contentamento**, mas sim de surpresa prazerosa, leve euforia, orgulho, expectativa positiva ou alegria.

A criatividade está relacionada a uma espécie de insatisfação com o atual estado das coisas, do contrário, tal ímpeto estaria ausente.

A pessoa criativa está sempre atenta a circunstâncias da vida que poderiam ser melhoradas. Entretanto, para melhorá-las você precisa ter muita clareza sobre o que está causando a **insatisfação.**

Quando conseguir identificar o problema, então você pode usar o pensamento divergente ou os passos clássicos para a sua solução [valendo-se, por exemplo, do CREATES, elaborado por Shelley Carson, que passa pelas etapas: conectar *(connect)*, razão *(reason)*, visualizar *(envision)*, absorver *(absorb)*, transformar *(transform)*, avaliar *(evaluate)* e corrente ou fluxo *(stream)*], encontrá-la e implementá-la.

Seja através da música, das artes plásticas, da literatura, do teatro, de um novo *videogame* ou de algum outro meio, um dos melhores usos que alguém pode fazer da sua insatisfação é como sendo uma **inspiração** pura, **suportar** o **sofrimento** e **superá-lo.**

O sofrimento faz parte da condição humana, mas talvez uma das razões pelas quais estejamos nos deparando com um aumento dos índices de depressão no mundo, seja o fato de que nossa capacidade de suportar o sofrimento tenha diminuído devido à disponibilidade de recuperações rápidas que prometem o fim imediato de todos os estados de sentimento negativo.

Se não aprendermos que **podemos** suportar sentimentos negativos – e sairmos de tais situações mais fortes –, estaremos sujeitos a episódios de depressão cada vez que aborrecimentos normais da vida nos atingirem.

Um dos métodos mais poderosos para lidar com os humores negativos e a insatisfação é combatê-los por meio de um trabalho criativo. É por isso que muitas pessoas criativas acabam canalizando seus esforços inventivos para suavizar o impacto das influências de humor negativo.

Por esse motivo, o romancista inglês Graham Greene disse: "A arte é uma forma de terapia. Às vezes, imagino como todos aqueles que não escrevem, compõem ou pintam conseguem escapar da loucura, da melancolia, do pânico inerente à situação humana."

Em termos psicanalíticos, a energia das emoções negativas que é perigosa demais ou inaceitável para ser manifestada diretamente, pode ser redirecionada para o trabalho criativo, que é **mais socialmente aceitável.**

Isso é uma espécie de mecanismo de defesa benéfico, chamado **sublimação**.

Quando um indivíduo libera energia negativa em um projeto criativo, o poder das emoções negativas é enfraquecido.

Aliás, hoje existem muitas terapias, para ajudar os indivíduos que sofrem de depressão, transtornos de ansiedade, distúrbios alimentares e até psicose, a lidarem melhor com seus demônios. As pessoas são convencidas ou levadas a envolver-se com música, dança, teatro, literatura e artes plásticas.

Os benefícios das terapias criativas incluem a formação de um grupo (o sofrimento adora companhia...), bem como a presença de um terapeuta treinado para incentivá-lo e ajudá-lo a interpretar (executar) seu trabalho.

Se você estiver com depressão, não precisa necessariamente recorrer a um grupo de terapia ou a ajuda de um profissional capacitado para obter o benefício terapêutico do trabalho criativo.

Pode, sozinho, pegar uma caneta que faz desenhos tridimensionais (3D), a *3Doodler*, ou um violão e dedilhar uma música inédita, ou ainda recorrer a um aplicativo para o seu *iPad*, que lhe permita colorir (se não quiser algo tão moderno, recorra a uma tradicional caixa com 24 lápis de cor...), e com esses seus esforços artísticos se distribuirá e ficará no final bem mais animado.

## 3.4 – O RISO ALÉM DE SER UM MEDICAMENTO TEM OUTRAS IMPORTANTES FUNÇÕES!!!

A ligação entre o riso e a área de saúde é conhecida no mundo inteiro. No Brasil, há um bom tempo que o trabalho dos Doutores da Alegria, um grupo teatral que leva humor aos doentes, já está mais do que aprovado em vários hospitais e muitos outros grupos similares têm desenvolvido trabalho semelhante em diversas cidades do País.

O riso, de fato, é um dos remédios que são ministrados aos doentes, pois entre outras benesses, aumenta as defesas do sistema imunológico e auxilia na redução da dor.

No mínimo, o riso, pode ajudar-nos a reduzir o incômodo da dor.

E essa terapia do alívio da dor não nos custa quase nada, não vicia e pode ter muitos efeitos positivos nas pessoas que nos cercam.

Já existem muitos estudos no mundo inteiro que comprovam os poderes terapêuticos do riso em doenças graves e terminais, tais como:

» **Combate ao estresse.**

Durante o estresse, a glândula suprarrenal libera corticosteroides que são convertidos em cortisol na corrente sanguínea.

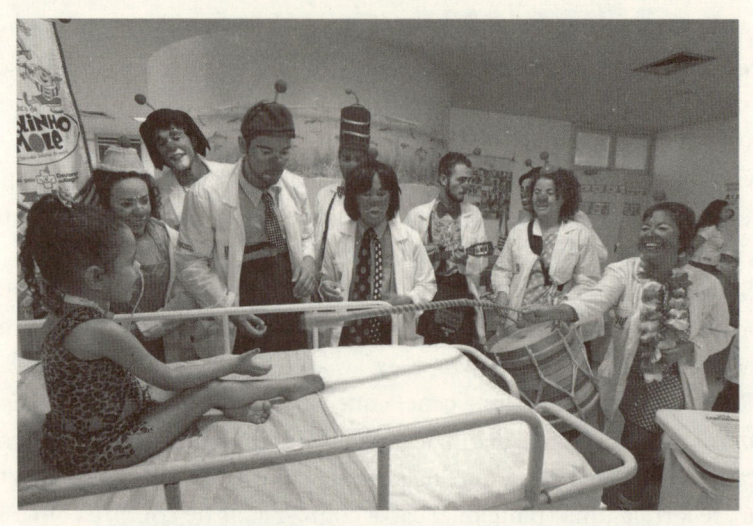

"Os Doutores da Alegria em ação, ajudando na recuperação de uma criança."

Níveis elevados de cortisol têm um efeito imunodepressivo.

Não se pode esquecer nunca que o estresse é o elo entre a pressão alta, a tensão muscular, o sistema imunológico enfraquecido, enfarto, diabetes e muitas outras doenças.

- Já existe a **comprovação científica** de que o riso acelera a **recuperação** de convalescentes e é eficaz no combate à dor.

Aliás, o poder do riso de ativar a produção de endorfinas é tão eficiente quanto à acupuntura, o relaxamento, a meditação, os exercícios físicos e a hipnose.

- Com o riso, suas **lágrimas** passam a ter mais **imunoglobulinas**, um anticorpo que é a sua primeira linha de defesa contra algumas infecções oculares provocadas por vírus ou bactérias.
- Sua boca também passa a ter mais **imunoglobulinas**, resultando em uma melhor função imunológica.
- **Hormônios do estresse** produzidos pelas glândulas suprarrenais são **reduzidos**. O nível de cortisol que aumenta de forma nociva durante o estresse, diminui significativamente com o riso.
- A pressão sanguínea **aumenta** durante o riso e cai abaixo dos níveis de repouso depois.

- Há uma **redução** da **tensão muscular** depois do riso.

- O ar é expelido com grande velocidade de seus pulmões e de seu corpo quando você dá uma boa **gargalhada**. Seu corpo todo é mais oxigenado (inclusive o seu cérebro). Esse fenômeno contribui tanto para que você pense com mais clareza quanto para ter uma boa forma aeróbica.

- O riso possui um **efeito anti-inflamatório** em suas **juntas** e **ossos**, o que contribui para reduzir a inflamação e aliviar a dor em condições artríticas.

Marina Funes, uma experiente *coach* em assuntos cognitivos, já há um bom tempo divulga as seguintes descobertas sobre as vantagens trazidas pelo riso ao bem-estar das pessoas:

» **O riso define nossa sanidade.**

Estudiosos afirmam que o momento em que pacientes clinicamente deprimidos **dão risada** é um momento de ruptura em direção à **cura**!!!

- Estudos mostram que o processo de **doutrinação** ou **lavagem cerebral** (processo em que a pessoa é forçada a ter uma determinada visão e se torna incapaz de desviar-se dela), está destinado ao **fracasso** se a pessoa rir.

Eles garantem que, se a pessoa rir em algum momento do processo, todo o trabalho é arruinado e é preciso recomeçar tudo.

- Estudos neurológicos mostram que são os aspectos conscientes da **memória**, da **percepção** e da **ação** que se perdem em pacientes com lesões cerebrais.

Mas o hemisfério direito do cérebro (intuitivo e abstrato) permanece intacto apesar da lesão, e algumas evidências sugerem até que a lesão desinibe o riso!?!?

- A habilidade de realizar uma tarefa desenvolve-se com mais rapidez do que a habilidade de articular o que estamos fazendo. Do mesmo modo, podemos **rir** e **não saber por quê**!?!?

- Podemos usar determinadas conexões cerebrais sem conhecê-las conscientemente.

Assim, o riso é uma ação reflexa, muitas vezes **acionada sem a compreensão consciente**.

- Nossa confiança em nossas habilidades (competências) provém mais da nossa intuição (hemisfério direito do cérebro, do inconsciente) do que do pensamento consciente (hemisfério esquerdo do cérebro).

Mas para confirmá-las, precisamos do pensamento consciente. É o **riso** que nos ajuda a **juntar** os dois modos de pensamento e, portanto, aumentar a confiança em nossas habilidades.

- Há uma defasagem entre a percepção e a conscientização – uma defasagem de 350 milésimos de segundo, de fato.

O movimento começa antes de termos consciência dele; e o riso é um tipo de movimento.
O início do movimento é executado pela porção intuitiva de nosso cérebro, e esta pode ser a razão de, às vezes, sermos incapazes de responder à pergunta: **"Por que estou rindo?"**

- A nossa porção cerebral lógica pode atrapalhar toda uma variedade de funções mentais, porque desvaloriza informações afetivas e sensoriais que contêm padrões úteis.

As **emoções** são um portal de acesso à forma intuitiva de pensar.
Em outras palavras: o riso é o caminho para o pensamento mais **"emocional"**.
O pensamento lógico precisa ser atualizado pelo pensamento intuitivo, resultando em um pensamento com **mais qualidade**!!!

- No que se refere especificamente a questão biológica, o riso não é apenas um elemento de primeira necessidade para a saúde da mente. É fundamental também para a saúde do corpo (até porque não há separação entre eles).

Os problemas e as emoções que experimentamos todos os dias **prejudicam nosso sistema imunológico**, e o riso funciona como um antídoto para estes males.

O riso pode criar mudanças neuroquímicas que protegem nosso sistema imunológico dos efeitos decorrentes do estresse.

Essas mudanças ocorrem não porque estamos felizes e damos risada, mas porque o riso possui uma função reequilibradora em nosso corpo, independentemente de nossos motivos para rirmos.

Como diz o velho ditado: **"Não damos risada porque estamos felizes; estamos felizes porque damos risada!!!"**

A fisioterapeuta e palestrante Leila Navarro, que granjeou fama pelas suas palestras-*show* e sua capacidade de fazer a plateia dar gargalhadas, sempre disse que todo o seu foco de atuação está direcionado para a **qualidade de vida**, sendo o **riso** a sua principal ferramenta para chegar a ela.

Afirma Leila Navarro: "O bom humor é um **estado de inteligência**, faz com que você fique em estado de aprendizado, proporciona sensação de bem-estar; de poder, de autoestima; aumenta a criatividade e a capacidade de inovação; amplia o foco de visão e é fundamental nestes tempos repletos de turbulências e fatos inesperados.

Quando uma pessoa está bem, qualquer motivo provoca risos.

O bom humor é o primeiro sintoma de **boa qualidade de vida**.

Se uma criança está em estado de equilíbrio (sem fome, sede ou dor), a maior parte do tempo está rindo, não é?

Por isso, quem quer se mostrar no mínimo jovial, deve sempre adotar uma atitude ou postura bem-humorada."

A psicóloga e professora Ethel Bauzer Medeiros, escritora e conferencista, com dezenas de livros publicados, hoje com mais de 90 anos de idade, falava nas suas palestras: "O humor mostra-se cada vez mais valioso, nestes tempos inquietos, de pressão desumana e competição intensa.

O riso é um excelente antídoto do estresse e dispensa prescrição médica.

**Custo zero!!!**

Não causa dor, não tem gosto amargo, não apresenta nenhum risco de *overdose*.

Pode ser usado a qualquer hora e em qualquer lugar. E tudo isso é bem sério.

Lembro-me do preconceito contra o riso, quando iniciei a minha carreira como professora, com 17 anos de idade, e recebi um pai muito desconfiado que foi até a escola para cancelar a matrícula do filho justificando-se: 'Algo está errado aqui, pois o meu filho chega em casa sempre rindo.

Boa coisa é que não devia estar fazendo, não é?'

Que preconceito sem nexo, mas muitas pessoas ainda têm aversão a pessoas rindo...

O humor é que capacita um indivíduo a levar a vida com mais leveza, ou seja, ser menos tenso na vida.

O descompromisso característico do humor alivia as pressões do dia a dia.

O que todos fazem – e esperam que seja feito – não o atormenta tanto.

Com um sorriso, seu espírito simplesmente ignora a pressão e assim um indivíduo vai fazendo aquela higiene moral e cotidiana do seu espírito.

Uma consequência adicional – e bem mais profunda do exercício do senso de humor – é o fortalecimento de sentimentos cruciais, como a **liberdade**.

Sentir-se livre, provavelmente é um dos mais importantes desejos (ou sonhos) do ser humano.

Consegui-lo em meio à alegria é reconquistar aquela parte da dignidade estropiada pelas frustrações e perda da luta pela vida."

De fato, o riso é **libertador**.

O bem-humorado é muito mais livre, porque como tem um repertório muito aberto, está sempre encontrando saídas para as pressões formais (principalmente no caso de ambiente de trabalho), para as suas limitações, inclusive quando alguém está numa prisão.

Um exemplo deste componente libertador do riso foi Viktor Frankl que no seu livro *Em Busca de Sentido – Um Psicólogo no Campo de Concentração*, contou que ele sabia de antemão quem conseguiria sobreviver pela simples observação da capacidade de rir de cada um, diante do horror.

Viktor Frankl escreveu: "Nunca teria conseguido sobreviver se não conseguisse rir. O riso me levava momentaneamente para fora daquela situação horrível, o suficiente para torná-la suportável. A habilidade de rir passou assim a ser sinônimo da arte de viver."

O ser humano moderno está sempre procurando alternativas, fórmulas e respostas sobre como viver melhor, como ser bem-sucedido, como ser saudável, feliz...

E a busca acaba sendo nas mais variadas direções, desde aquelas apontadas por orientações científicas até para as mais exóticas vertentes místicas.

Um caminho interessante a seguir é aquele que indica que **tudo o que precisamos está dentro de nós**, basta que saibamos acessá-lo.

Pois bem, neste terreno, nada cabe tão bem quanto o **bom humor** e o seu produto físico, o **riso**.

Para qualquer tipo de situação, qualquer forma de dor, em qualquer contexto... o riso oferece uma saída (quase como uma alavanca mágica), um consolo, uma afirmação, um ensinamento...

A cultura popular reforça as maravilhas do poder do **riso** com expressões do tipo:

- "Lava a alma da pessoa."
- "Desopila o fígado."
- "É sinal de inteligência e criatividade."
- "Provoca sensação de bem-estar."
- "Facilita o aprendizado."
- "Melhora a autoestima."
- "Liberta emoções reprimidas."
- "Desarma os irados."

Mas apesar de todas essas benesses, a importância do riso ainda não é um **consenso geral**, em especial nos locais e situações em que ele é mais necessário, como por exemplo, no ambiente de trabalho (melhora a produtividade), nas relações interpessoais (funciona como um lubrificante) e na sala de aula (aumenta a compreensão e a retenção de conteúdo).

A psicóloga cognitiva, especialista em desenvolvimento pessoal e gerencial Mariana Funes, no seu livro *O Poder do Riso – Um Antídoto contra a Doença*, salienta que os pesquisadores chegaram à conclusão que perdemos muitas centenas de risadas à medida que avançamos da infância para a idade adulta.

De fato, a criança tem uma disposição natural para a brincadeira, para o riso, entretanto, à medida que vai crescendo, fica cada vez mais condicionada a conter o riso.

- **E por que o adulto ri cada vez menos?**

Os motivos surgem de diversas vertentes. Dessa maneira, modelos educacionais rígidos, preconceitos e a própria cultura **desfavorecem o riso do adulto**.

Os exemplos de críticos ao riso vão desde o ensaio *República*, escrito por Platão, no qual ele enfatizou que: "**O riso enfraquece o caráter e confunde a mente**".

E nem é preciso ir para a antiguidade, pois um autor contemporâneo, ou seja, Umberto Eco, no seu *best-seller O Nome da Rosa* escreveu que: "**O riso é fraqueza, corrupção, a loucura da carne**"!?!?

E ditos populares reforçam o movimento contra o riso com o bordão: "**Muito riso, pouco riso!!!**"

São muitos os escritores que nos séculos XVII e XIX rotularam o riso como sendo algo demonstrado por **pessoas abobadas**, foi associado à loucura ou com pessoas de pouca inteligência!?!?

Inclusive o riso foi considerado pecaminoso para a mulher.

Assim, em algumas sociedades mais tradicionais, até hoje, o riso tem uma conotação negativa, e percebe-se isto na dificuldade que os orientais evidenciam para rir.

Ainda nos dias de hoje, a mulher japonesa esconde o riso com o leque!?!?

Muitos ainda são os venenos contra o riso, conectando-o com falta de seriedade, com indolência ou até com incompetência.

Mas já está mais do que comprovado, em especial pela ala dos neurocientistas, que o **bom humor** não tem nenhuma contraindicação e que ao contrário, só contribui para o bem-estar das pessoas.

Está provado, por exemplo, que o riso é um forte indício de **inteligência** e, melhor ainda, que o riso constante **aumenta a inteligência.**

E esta não é uma informação tão recente. Você e todas as pessoas já sabem disto, pois é uma informação que é fácil de constatar no seu cotidiano, não é?

Afinal de contas, quantas vezes você já ouviu a pergunta: por que está tão macambuzio (essa você não ouviu?) ou então taciturno ou ainda emburrado?

Vamos explicar só o emburrado, que é sinônimo de amuado, embrutecido, triste e... **tolo**!!!

Pois é, as pessoas, quase que automaticamente, já associam à **falta de inteligência** ao **mau humor**.

Portanto, ainda temos os sisudos e ferozes inimigos, que combatem o riso e orgulham-se (erradamente...) de sua exagerada seriedade.

Para que os sisudos comecem a perder essa polêmica – **o humor não é coisa séria** é que se escreveu este livro, no qual se estimula todos a aceitarem as grandes mudanças que conduzem cada um a ser mais risonho, pois como foi dito há pouco "**riso é sinal de inteligência**".

Alguns neurocientistas e também os psicólogos cognitivos costumam dizer que temos duas maneiras de pensar.

Uma é a forma que podemos chamar de **consciente** (graças ao hemisfério esquerdo do cérebro), na qual entra o pensamento lógico, a consciência cognitiva, o explícito e articulado, a linguagem, os símbolos e os objetivos.

A outra parte se denomina de **inconsciente** (graças ao hemisfério direito do cérebro), sendo aí o terreno da inteligência inconsciente, da abstração, da percepção intuitiva etc.

Há evidentes distinções entre esses dois modos de pensar, apesar de eles serem partes fundamentais de nossa capacidade de dar sentido ao mundo, e por isso mesmo, devemos desenvolver a ambos para sermos tudo o que poderemos ser!!!

Os dois lados do cérebro são fundamentais, pois cada um deles é importante para determinadas ações ou tarefas.

Mas as duas porções do cérebro precisam de igual desenvolvimento porque uma **complementa** a outra.

Por exemplo, um cientista, em suas descobertas e experimentos, usou muito o seu lado prático, consciente e lógico (hemisfério esquerdo), porém é o seu lado intuitivo que é o responsável pela sua capacidade inovadora, pela sua intuição de que ele está no caminho certo para chegar a uma determinada descoberta.

"Franken, pare de constantemente trocar o seu cérebro. Você não precisa rir!"

» **Mas qual dos dois lados a sociedade e a cultura valorizam mais?**

Infelizmente, o consciente, o lógico, e a nossa cultura ainda desvaloriza de certa forma o pensamento inconsciente, apesar de que já existem os primeiros sinais de que isso não vai continuar assim...

O fato é que precisa mudar bastante o nosso sistema educacional, no qual a maior parte do tempo ensina-se a usar o pensamento lógico, e somos cada vez mais pressionados depois, no nosso trabalho e na vida, a obter rapidamente resultados que atendam as metas ou objetivos estabelecidos.

Fica-se, assim, com a impressão de que é esse "lado lógico" que vai nos levar mais rapidamente aos resultados almejados.

Mas cada vez fica mais claro para todos que para o cérebro humano funcionar bem, em capacidade integral, precisamos aprender a usar os dois lados conjuntamente: o esquerdo e o direito.

Bem, essa concepção está ganhando cada vez mais espaço, especialmente dos educadores.

Entretanto, continua o lado lógico e consciente sendo aquele de mais fácil avaliação e medição, por isso é **melhor compreendido**.

O outro lado do cérebro, menos palpável – porque é desconhecido – é incompreendido e um tanto quanto rejeitado!!!

**» E adivinhe em qual das partes do cérebro está o comando do riso?**

Se você disse que o riso está na parte "desvalorizada" no lado inconsciente, **acertou**!!!

O mais significativo é que, quando caímos numa gargalhada, conseguimos acionar o renegado e pouco utilizado pensamento inconsciente.

Comentou Mariana Funes: "O riso nos ajuda a acessar nosso hemisfério direito do cérebro para funcionalidades diversas, isso acontece por meio da compreensão inconsciente. É por isso que às vezes não conseguimos verbalizar nossas razões para o riso. Sabemos mais do que sabemos que sabemos!!!"

Claro está dessa maneira que quanto maior for o **repertório intelectual** de uma pessoa **maior** será a sua **capacidade para o riso**!!!

Em uma destas combinações é que surge o disparo para o riso, ou seja, é o momento em que alguém entende uma piada ou enxerga o lado cômico de uma situação.

Geralmente os professores que são alegres, e que às vezes contam piadas para crianças de 6 anos ou um pouco mais, têm a seguinte experiência: elas riem ao término da piada e de novo quando a explicamos!?!?

Relatou uma professora: "Uma das minhas alunas para a qual contei piadas ficou tão fã delas, que sempre pedia que eu lhe contasse uma nova.

Eu contava a piada e no final ela ria muito e me dizia: 'Agora me explica a piada.'

Ela ria muito, mesmo sem entender, porque a criança tem uma disposição muito grande pela ludicidade – **afinal trata-se de uma piada**!!!

E, como faltava informação para ela, eu tinha a tarefa de dar-lhe a explicação sobre qual era a conexão e recontar a piada, novamente.

No final, ela ria tanto quanto da primeira vez."

Pois é, quanto maior a capacidade de riso de um adulto, maior é a sua capacidade de fazer conexões cerebrais.

É por isso que, quando alguém não entende uma piada, **duvidamos da sua inteligência.**

Em especial o humor de bom gosto – inteligente, requintado, sutil – exige um bom repertório e uma boa dose de acuidade intelectual.

E, por falar nisto, quando falamos de bom humor, não é só aquele que é provocado por uma piada. É o estado de bom humor, a predisposição para o riso, é a atitude para achar graça na vida, nas diversas situações e, inclusive, das trapalhadas que você mesmo faz.

O famoso ator e comediante norte-americano Bill Cosby enfatizou: "Se você puder rir de uma coisa, poderá sobreviver a ela."

Por sua vez, Mariana Funes ressaltou: "Confundimos seriedade com perfeição nas coisas que fazemos.

É essa confusão que nos leva a perder o contato com aquele 'lugar interior do riso', que pode dar alegria às nossas vidas."

A **predisposição para o bom humor** deve ser um ingrediente para que cada um tenha uma vida mais feliz, e principalmente nessa 2ª década do século XXI deve ser uma ferramenta para equilibrar e contornar a terrível pressão e competição no ambiente de trabalho, quando é bem fácil ficar desempregado por manobras antiéticas dos colegas de serviço.

Se de um lado toda essa agitação, turbulência, velocidade e dinamismo da era da Internet pode até ter incrementado a produtividade, por outro, tem prejudicado, razoavelmente, o fator humano, em particular nas empresas sisudas, nas quais o clima é sempre tenso e nelas não se estimula muito o riso.

Parece que nessas empresas existe uma cultura que se apoia sobre leis de "antirriso".

Nelas, os seus gestores líderes associam o riso a pouca produção, à dispersão, à falta de foco, sendo comum ouvir-se frases do tipo: "As vendas (receitas) em baixa e lá estão todos os funcionários sorrindo.

A empresa indo para o buraco e todos parecem muito felizes.

Que falta de engajamento!!!"

Pois é, a atitude dos gestores líderes, inclusive nos momentos de crise ou de intensos desafios, deveria ser de otimismo, de entusiasmo. Eles deveriam ser adeptos do riso, pois com ele surgiria uma energia renovadora para se enfrentar melhor e vencer os obstáculos.

E mais do que incentivar para o riso e o contentamento, eles deveriam favorecer os funcionários com outras regalias, como locais de trabalho ergonomicamente mais confortáveis, equipamentos e mobílias modernas e bons programas de qualidade de vida, pois isso tornará mais espontâneo o surgimento de gargalhadas na organização.

Tudo indica que em muitas situações, as pessoas sisudas ou então mal-humoradas atrapalham a obtenção dos resultados almejados, pois são uns tremendos "pés-frios".

Isso sem dizer que o prejuízo sorrindo parece sempre menor que quando se está chorando...

Para ter bom humor é como ter fé. Para ter fé é preciso orar e para orar, é preciso ter fé, pois um alimenta o outro.

Para ser bem-humorada, a pessoa deve acostumar-se a apreciar as comédias, as tiras dos diversos cartunistas, divertir-se com livros de piadas, ver na Internet os vídeos jocosos, ler crônicas sarcásticas e assim por diante.

O humor tem que fazer parte do cotidiano de um indivíduo e este, por sua vez, em todas as situações, conseguir observar, sempre que for possível, **o aspecto cômico, o lado trágico e a parte interessante**.

Pode-se dizer que a própria vida tem um lado cômico muito interessante!!!

Aliás, procura-se atualmente mostrar o lado cômico em tudo, ou seja, mesmo nas maiores tragédias.

Basta ver a quantidade de piadas que surgem após elas terem acontecido, como os acidentes de avião, trens, terremotos, ou ainda, os terríveis atentados terroristas, inclusive aquele no qual foram explodidas as *Torres Gêmeas* do World Trade Center, em Nova York, em 11/9/2000.

Porém, o riso, mesmo proveniente de uma piada de humor negro, acaba tendo muita utilidade...

Estamos em uma era na qual se nota claramente a supervalorização da capacidade de **construir** e **manter relacionamentos** e aí o bom humor tem uma importância inquestionável, pois age como um imã, atrai as pessoas.

O clima que emana do detector de bom humor é perceptível e todos querem ficar próximos e se relacionar com pessoas desse tipo.

**Mas aqui vale um alerta!!!**

Assim como todas as coisas boas da vida, o riso deve ter qualidade.

Trocadilhos infames, de mau gosto, piadas preconceituosas envolvendo etnias, culturas, enfim, o lado obscuro do **humor não é bem-vindo**!!!

Se você é adepto da máxima "Perco o amigo, mas não perco a piada", resista à tentação ou, então, você acabará sendo marginalizado por ser grotesco ou inconveniente.

"Ah, mas é só uma piada, é uma brincadeira, não é nada real. É só ficção", pensa você, e pode até estar certo...

Nunca se esqueça do seguinte: **toda piada precisa de uma certa permissão!!!**

Por isso que o bom humor verdadeiro, o grau máximo alcançado pelo riso, vem da **capacidade de rirmos de nós mesmos!!!**

Sem dúvida, a capacidade de rir de si mesmo é um dos indícios do amadurecimento de uma pessoa.

## 3.5 - DO MAU HUMOR PARA O BOM HUMOR

O mau humor obviamente tem remédio.

Cansados e desanimados podem estar enfrentando um problema conhecido como distimia, ou seja, um distúrbio da família da **depressão**, que melhora, e muito, com o uso da medicação adequada.

Os principais sintomas da distimia são: cansaço, preocupação excessiva, humor deprimido na maior parte do dia, aumento ou diminuição do apetite, insônia, baixa autoestima, diminuição da concentração, indecisão, desesperança e perda de interesse ou prazer.

Durante muitas décadas os psiquiatras acreditaram que esse "**jeito de ser**" fosse uma característica da personalidade e que havia muito pouco a ser feito.

No entanto, nos últimos anos, pesquisas inéditas e a descoberta de um novo arsenal de antidepressivos mostraram que esse mau humor crônico e arrastado poderia ser alterado com tratamento.

O psiquiatra Táki Cordás, que é um dos autores do livro *Distimia: Do Mau Humor ao Mal do Humor*, no qual explica que: "O mau humor puro e simples é mais circunstancial, episódico e tem um fator desencadeante que o justifica (uma briga, um problema financeiro, uma sobrecarga no trabalho etc.).

Mas não são apenas as distimias que podem deixar as pessoas de mau humor. Alguns distúrbios da ansiedade também podem levar a um quadro de desânimo, tristeza, irritação e ideias depreciativas.

Aqui vale o exemplo, ou seja, o personagem que garantiu ao Jack Nicholson o Oscar de melhor ator, devido à sua interpretação no filme *Melhor é Impossível*.

Nesse filme, que se tornou um clássico, Nicholson interpretou um indivíduo obsessivo, extremamente mal-humorado, cheio de manias (compulsões) e que passava boa parte da sua vida trancado, dentro de casa.

Era arrogante, carrancudo, irritado e muito infeliz.

Aí a vida do escritor dá uma guinada quando ele começa a se tratar e pode entrar em contato com outras pessoas (a garçonete, a criança com asma e o seu vizinho).

Além do transtorno obsessivo-compulsivo, outros distúrbios da ansiedade como a síndrome do pânico e a fobia social, podem alterar muito o **jeito de ser** das pessoas."

Bem, sem querer acabar com as prescrições dos médicos, de antidepressivos para combater distimias e outros distúrbios que levam ao mau humor, a recomendação para se curar é **rir bastante** e isso significa que é essencial entrar num **curso de riso**!!!

Os cursos de riso já são um grande sucesso em alguns países, em especial os da Europa, onde parece que as pessoas não sabem rir tão naturalmente como os brasileiros!!!

Assim, os cursos de riso, por exemplo, na Alemanha, proliferaram e são recomendadas como uma forma de **medicina preventiva** – afinal, como diz o ditado, **rir é o melhor remédio**!!!

Uma das explicações para o sucesso deste tipo de terapia, segundo os especialistas, é a **dificuldade** cultural alemã em **encarar os problemas com bom humor**.

A professora de ioga Ursula Lucie Hausting que leciona todo mês pelo menos uma vez um seminário da gargalhada, na cidade de Kassel – com lotação esgotada – explicou: "Muita gente, com o passar do tempo perde a alegria de viver e precisa **reaprender a rir**.

Para os brasileiros, a risada é natural, as pessoas conseguem rir dos próprios problemas.

Na Alemanha, não é assim que funciona. As pessoas, lamentavelmente, têm dificuldade em encarar a vida com leveza.

A necessidade de reaprender a rir não faz distinção de sexo ou idade. Nos meus cursos compareçem pessoas com idades variando de 18 a 65 anos, homens e mulheres.

Dar uma gargalhada em grupo é muito mais fácil do que sozinho. É impressionante como as pessoas, unidas por um mesmo problema – alguma distimia – identificam-se rapidamente.

O impressionante no riso é que ele permite perceber o alívio num quadro depressivo ou de sofrimento afetivo em pouco tempo (às vezes menos de uma hora...)."

Embora haja atualmente uma variada gama de profissionais – psicólogos terapeutas ocupacionais e até pessoas ligadas ao teatro – dando cursos de riso, Ursula Hausting, especificamente, utiliza uma das correntes da ioga, chamada Hasya, para induzir seus "aprendizes" ao riso.

A sua aula começa com uma rodada de "**risada forçada**".

Ela destaca para todos que está cientificamente comprovado que somente mento dos músculos faciais (e em certas situações dos abdominais), ainda que de forma não espontânea, pode ajudar a reduzir a suscetibilidade a dores e tendências a comportamentos depressivos.

Participar de grupos de riso também é uma oportunidade para que as pessoas possam descobrir que não há nada de errado em fazer **papel de bobo** de vez em quando!!!

"Saber rir, ajuda muito a criar bons relacionamentos."

Por isso, Ursula Hausting oferece aos participantes de seus cursos objetos e fotografias engraçadas, mostrando exemplos de vários tipos de risadas, para que todos tenham a oportunidade de encontrar uma "**voz**" própria na hora de expressar o bom humor.

Salienta Ursula Hausting: "Existem várias risadas, como aquela do Papai Noel, a do macaco sarcástico, a risada do Harley-Davidson, aquela que para e continua, e assim por diante. O importante na risada é '**amolecer**' ao máximo os músculos faciais, fazer com que eles não fiquem atrofiados."

A pesquisa sobre os efeitos positivos do riso começou nos anos 1950 e ganhou muita expressão nesses últimos 25 anos, especialmente com Hunter Adams interpretado por Robin Williams em um filme em 1998.

Ursula Hausting enfatiza: "A risada precisa ser usada preventivamente e uma gargalhada de 1 min produz a mesma quantidade de endorfina que 10 min de corrida ou de remo, por exemplo.

O movimento em favor da risada na Alemanha ganhou muita visibilidade, em especial na Internet.

Vários *sites* recomendam a risada como um tratamento preventivo de doenças, além de darem dicas sobre como viver de maneira mais leve e bem-humorada. Entre os endereços mais visitados destaca-se *Lachyoga* (ioga do riso), que além de ensinar várias 'técnicas' de gargalhada, oferece também seminários e cursos de riso para grupos de pessoas físicas e jurídicas em toda a Europa."

Cabe, pois, a você, caro(a) leitor(a), começar a construir a partir de agora um vasto arsenal de casos cômicos, ou seja, que lhe permitam rir, principalmente se estiver sozinho.

Isso significa ter DVDs com apresentações de bons humoristas nacionais, ter um bom acervo de revistas e livros cômicos, estar atento aos melhores programas de humor na TV, inclusive os do canal Cultural Comedy, ir ao teatro sempre que estiverem sendo apresentadas peças alegres e obviamente estar a par de tudo de engraçado, que se pode acessar na *Web* (isso não é tão fácil, mas é bem barato...).

Naturalmente, isso inclui estar atento ao fenômeno brasileiro do momento, ou seja, o *site* Porta dos Fundos, que já conseguiu reconhecimento internacional.

De terno preto, o humorista Gabriel Totoro, apareceu na frente de um fundo branco, olhou para a câmera e disse: "Hoje eu vou apresentar para vocês um mundo repleto de fantasia, diversão e aventura... E possíveis processos cíveis ou criminais.

Foi assim que, em 2012, começou na Internet o que viria a se tornar o maior canal brasileiro do YouTube, o Porta dos Fundos.

E foi aproximadamente com essa cena que no dia 14/10/2014, o Porta dos Fundos fez sua história no canal pago Fox.

Gabriel Totoro comentou: "Nessa série para a Fox, a gente fala de todas as coisas que as pessoas já se acostumaram a ver no Porta dos Fundos, e não sofremos nenhum tipo de censura. Foi por isso que os roteiros continuaram cheios de palavrões, conotações sexuais e situações controversas."

Por seu turno, Antonio Pedro Tabet, um dos cocriadores do Porta dos Fundos e que já obteve sucesso com o seu programa *Kibe Show* no canal pago TBS, afirmou: "Se inicialmente não tínhamos interesse de ir para a TV, cabe salientar que a proposta financeira que recebemos foi muito boa, além de total independência editorial e a promessa de outros trabalhos nos próximos anos, caso essa primeira experiência for bem-sucedida.

Mas já conseguimos provar que o nosso conteúdo é bom, apesar de fugir dos moldes clássicos da TV.

Isso obviamente abriu um bom precedente para canais como a Fox, que perceberam que o que a gente faz pode ser bom do jeito que queremos fazer, sem passar pelo crivo de ninguém."

O humorista Fábio Porchat, outro dos cocriadores do Porta dos Fundos, que já reclamou muito de ter demorado tanto o reconhecimento do valor do grupo, explicou: "Mesmo agora, no início de 2015, metade dos lares brasileiros não tem Internet, mas existe neles o aparelho de televisão.

Apesar de o acesso ao Porta dos Fundos ser bem intenso e de muitas pessoas terem visto os nossos vídeos, que já ultrapassaram 650, no celular, muita gente viu os principais, mas não outros, e nós mesmos, quando revemos algumas coisas falamos: 'Caramba! Você ainda se lembra disso?'

Na mais razoável das hipóteses, a pessoa assiste ao programa na TV e vai até o *site* para ver outros.

Acredito que agora vai existir uma ligação mais forte da Internet com a TV.

Se a gente tivesse estreado direto na TV, talvez houvesse um estranhamento muito maior sobre o que a gente faz, mas, como as pessoas já conhecem a nossa pegada, vamos causar uma estranheza muito menor."

Joshua Klein, no seu livro *Reputation Economics* (*Economia da Reputação*), destaca que o prestígio nas redes sociais está dando impulso a novas empresas, que estão conseguindo ganhar muito dinheiro.

Um exemplo brasileiro ajudou muito o autor a ilustrar as ideias da sua obra, ou seja, antes, seria impensável exibir de graça um programa de humor pela Internet ou que uma empesa patrocinasse humoristas que a satirizaram.

Mas o retumbante sucesso do canal gratuito Porta dos Fundos (que já ultrapassou 1 bilhão de visualizações) aponta para uma nova realidade.

Ressaltou Joshua Klein: "Certamente ainda é preciso cobrar algo de alguém. Porém, a ordem desse processo mudou.

No caso do Porta dos Fundos, o conteúdo é oferecido de graça na Internet visando lucro no futuro – com o patrocínio e convites para participações em programas de TV, comerciais, teatro e cinema.

Quando a visão que o público tem de um programa é positiva, as empresas acabam aproveitando essa sátira, agregando-a a sua marca, para criar uma nova forma de exposição.

Essas *start-ups* (empresas embrionárias), por serem criadas em um ambiente de maior colaboração, elas beneficiam-se muito da **reputação** e do **trabalho voluntário**, enquanto as organizações maiores são bem mais lentas, pois são construídas sobre sistemas burocráticos e metódicos.

Na teoria da administração de empresas, a reputação de uma empresa é um ativo estratégico que pode ser alavancado para gerar vantagem competitiva.

A nossa economia tradicional foi radicalmente transformada pela tecnologia, especialmente pela Internet.

Antigamente, fazíamos negócios apenas com pessoas de nossa região, de **reputação conhecida**.

As redes sociais mudaram significativamente o modo como alguém procura se hospedar num hotel ou alugar um carro, ou fazer a cotação de serviços de desconhecidos, baseando-se na reputação deles.

Hoje, existe um número grande de plataformas para validar e apoiar a reputação de alguém, entre elas, o LinkedIn e o Facebook.

Essas redes ajudam os usuários, individuais ou corporativos, a tirarem proveito de muitos recursos não financeiros, como chamar um táxi de uma maneira mais simples ou, inclusive, divertir-se muito com o que existe na Internet, praticamente de graça...".

Gregório Duvivier, um integrante e cofundador do Porta dos Fundos, que é intensamente politizado, falou sobre o conceito da **reputação** e a **dicotomia** que existe no Brasil sobre as mensagens humorísticas: "Uma forte influência na minha vida de comediante foi sem dúvida o grupo britânico Monty Python, em especial o Eric Idle, com quem sempre me identifiquei mais, e o seu humor surreal.

O incrível é que os esquetes que fazemos aqui, como o do Natal, em que se fez uma sátira sobre a virgindade da Maria, que o Monty Python poderia apresentar sem problemas na Grã-Bretanha, aqui, gerou muita controvérsia e processos judiciais contra os humoristas.

Isso de fato é algo estranho e misterioso, e uma repórter da BBC de Londres que veio entrevistar a gente, pois assistiu ao esquete do Natal lá, gostou muito e não entendia como que isso dá processo no Brasil.

Para mim, tem tudo a ver com o fato de que os religiosos no Brasil acreditam que são representantes legais de Deus, de Jesus Cristo.

Acredito, entretanto, que aos poucos está surgindo uma nova fase do humor no Brasil. O humorista dá opinião em primeira pessoa. Antigamente, havia o culto da anedota, que quase sempre era reciclada.

A gente no Porta não tem nenhuma anedota desse tipo.

E não tem nenhum tabu: religião, homossexualidade, palavrões, marcas, a gente fala de tudo.

A única coisa que a gente não faz é repetir anedota: a do português tolo, a da loira burra etc.

Não fazemos isso, pois desse jeito vão se perpetuar piadas antigas.

Mas ainda existe uma dicotomia no Brasil, que eu acho muito burra, de que **'você é um humorista, pare de falar sério'**.

Quando a gente faz um esquete político vem a questão: 'Vocês são humoristas ou são políticos?'

Como se você tivesse a possibilidade de não ser político!?!?

As pessoas não percebem que você não pode fugir da política.

Aliás, a nossa reputação é construída porque além de sermos comediantes, engraçados, temos também as nossas convicções de que o nossos trabalho deve servir para promover melhorias na sociedade, no que os políticos têm muita responsabilidade."

**Observação importante** – Um evento que quem gosta de humor não deve perder, é o projeto Risadaria, no qual são apresentadas as mais variadas formas de fazer as pessoas rirem.

E em cada edição são apresentadas várias vertentes do universo cômico: literatura, cartum, quadrinhos, teatro, *stand-up comedy*, improviso, circo, rádio, televisão, cinema, fotografia, Internet, grafite, música e humor para crianças.

Esse evento apresenta geralmente mais de uma centena de *shows,* espalhados por dezenas de locais.

Na sua 5ª edição, que ocorreu entre 4 e 13 de abril de 2014, vivendo o clima que antecedia a Copa do Mundo de Futebol que foi realizada no Brasil (com um grande fracasso nosso...), os organizadores do evento resolveram homenagear não um comediante, mas sim o locutor esportivo Silvio Luiz, responsável por introduzir humor e irreverência na narração de jogos de futebol. Vale ressaltar que esse profissional completou 80 anos de idade em 2014. Anteriormente foram homenageados Chico Anysio (2010), Jô Soares (2011), Renato Aragão (2012) e Carlos Alberto de Nóbrega (2013).

Uma mostra que os "amantes do humor" não podem perder também é o Salão do Humor de Piracicaba, sendo que no período de 23 de agosto a 12 de outubro de 2014, ocorreu a sua 41ª edição, já sendo um dos eventos que atrai muitos visitantes, não só de Piracicaba, mas de outras cidades do Brasil (cerca de 230 mil em 2014).

Eduardo Vicente, jornalista e presidente da 41ª edição da mostra comentou: "O que existe de protesto no mundo contra a guerra, a pobreza, a política, a economia, entre outros temas, se apresentou em 2014, com 368 trabalhos nas categorias caricatura, cartum, charge, tiras e desenhos temáticos, selecionados entre mais de 2.000 inscrições de 55 países.

Aliás, numa mostra paralela *Humor nos Tempos de Chumbo* se expuseram charges publicadas no jornal *Folha de S. Paulo*, durante a ditadura militar no país (1964-1985).

Nessa seleção se mostraram desenhos de Luis Gê, Fortuna, Angeli e Fausto Bergocce."

"Salão de Humor de Piracicaba: o cartaz que ganhou o primeiro prêmio."

"Uma tira do brasileiro Raimundo Rucke, um dos trabalhos vencedores do Salão de Humor de Piracicaba de 2014."

## 3.6 – *KAMA SUTRA* APÓS O INFARTO!?!?

Se nesse capítulo estamos destacando as vantagens do humor para a saúde, é necessário também salientar que mesmo após um infarto (quando o humor não conseguiu evitar que isso ocorresse...) pode a pessoa manter uma **vida sexual ativa**, apesar de que para alguns isto é um verdadeiro tabu.

E isso não é uma piada de humor negro, no sentido de levar o infartado a ter o mesmo problema em pouco tempo...

Em 2013, foi lançado um manual nos EUA com recomendações sobre o **retorno à vida sexual** após uma doença cardiovascular.

"Será que essa é a forma adequada para um infartado voltar à vida sexual?"

De fato isso foi algo inédito, ou seja, uma associação médica incentivar os cardiologistas a tocar em um assunto ou tema quase tabu, com os seus pacientes.

Estudos anteriores já indicaram que os cardiologistas reconhecem a importância e a necessidade de falar a respeito, entretanto, muitos deles se sentem constrangidos ou não sabem exatamente que recomendações devem dar.

A vergonha de perguntar pode também tomar conta de pacientes e seus parceiros que costumam ter ansiedade e uma lista de medos nessas situações.

E esses problemas podem ter sérios impactos na autoestima e nos relacionamentos.

Uma das preocupações é sobre uma parada cardíaca durante o ato sexual – coisa rara, já que o **sexo** como **gatilho de um infarto** só ocorre em **0,9% dos casos**!?!?

Esse é o tipo de informação que deveria ser repassada aos pacientes para tranquilizá-los, segundo as diretrizes publicadas na revista *Circulation,* pela Associação Norte-Americana do Coração e pelo Conselho de Enfermagem Cardiovascular e Profissões Aliadas da Sociedade Europeia de Cardiologia.

Por incrível que pareça, mesmo atingindo a 2ª década do século XXI, esse é um tema difícil de abordar e essa publicação tirou-o da penumbra, pois ainda existem médicos que não sabem como falar sobre sexo com pessoas que tiveram problemas cardiovasculares e esse manual incentiva e facilita essa abordagem.

Aliás, nele se sugere que é o próprio médico que deve tomar essa dianteira.

Caso seja o médico que tocar esse assunto inicialmente, isso facilita muito, pois ele abre um canal de comunicação.

Claro que isso também pode gerar um constrangimento, mas o médico deve sempre perguntar se o paciente tem dúvidas, dizer quando a atividade sexual pode ser feita.

Uma pessoa que tem um infarto e que acaba colocando umas pontes de safena, tem muito medo de retomar a sua vida sexual normal, mesmo que o médico a libere.

Comumente o médico, em especial para os homens, recomenda que tenham relações sexuais, mas que escolham posições confortáveis que requeiram menor gasto de energia, e de preferência ser mais passivo.

Vem daí a sugestão de descobrir aquelas posições do *kama sutra* que sejam as **mais confortáveis**, tanto para o homem como para a mulher!!!

Dessa maneira, o documento da Associação Norte-Americana do Coração recomenda que os casais avancem aos poucos, começando por beijos e carícias, para que o paciente vá ganhando **confiança** e **perca o medo**!!!

Outra preocupação é em relação aos remédios prescritos para pacientes cardíacos. Alguns deles, como os betabloqueadores e diuréticos, podem causar perda de libido e disfunção sexual, e o ideal é conversar com o médico a respeito, para que ele considere trocar a classe das drogas ou reduzir as doses.

Já os remédios para disfunção erétil são contraindicados para os homens que tomam drogas vasodilatadoras à base de nitrato.

As recomendações, naturalmente, precisam ser individualizadas e dependem das condições clínicas de cada paciente.

E, se o médico não falar no retorno à vida sexual, o paciente deve tocar no assunto e também relatar quaisquer sintomas que possam aparecer durante a relação sexual.

A pessoa não pode sair do consultório com dúvidas.

E o médico tem que mostrar que existe, sim, vida sexual após um infarto e que vai ser possível dar ainda muitas gargalhadas...

E a bem da verdade, de que adianta o paciente estar vivo sem ter uma boa qualidade de vida, não é?

## 3.7 – O HUMOR NO CINEMA, NA RÁDIO E NA TELEVISÃO

Embora o humor esteja presente nas manifestações humanas dos mais variados temas, vamos agora nos concentrar mais nas obras de **apreciação** coletiva que geram o riso, ou seja, no teatro e na literatura e mais especificamente como o humor foi apropriado pela indústria cultural nos seus produtos.

A comédia, como gênero dramático, tem sua origem na Grécia antiga, vinculada a **grupos de foliões** (a palavra grega *komoidía* se refere ao canto entoado por foliões).

Mesmo depois de ter se tornado uma forma de poesia, manteve suas características originas, mas foi em Atenas, por volta do século V a.C., que a comédia como texto passou a ser conhecida, misturando dois elementos díspares, o *kômos* (dança cômica) e a farsa literária.

O *kômos* poderia ser popular, profano ou demoníaco, religioso, e as duas manifestações encontram-se na comédia antiga.

Os séculos foram passando e surgiu afinal, na França, durante o século XVII, um artista que soube conciliar o que havia de melhor na comédia da Antiguidade, na farsa popular e na *Commedia dell'Arte* italiana que surgiu no século XV.

Esse foi Molière, pseudônimo adotado por Jean-Baptiste Poquelin para, sem envergonhar a sua família, seguir carreira de ator, encenador e autor teatral.

Depois de anos fazendo espetáculos itinerantes e aprendendo a arte do espetáculo, ele tornou-se um protegido do rei Luis XIV, monarca francês que sentia interesse pelas artes, em especial pelo teatro, e promovia grandes festas para a corte.

Criando ou atendendo aos pedidos de seu mecenas, Molière levou aos salões da aristocracia comédias como: *O Tartufo, Escola de Maridos, Escola de Mulheres, O Burguês Fidalgo, O Doente Imaginário, O Burguês Nobre*, entre outras, que denunciavam os defeitos e as manias de nobres e burgueses de seu tempo, **afrontando com humor**, pessoas poderosas.

Molière, a partir da farsa, divertiu os espectadores com a sua linguagem, às vezes grosseira; da *Commedia dell'Arte* extraiu o jogo de cena, a parte acrobática, o improviso; das comédias gregas e romanas (escritas por Plauto e Terêncio), retomou personagens que o público logo reconhecia, como o velho avarento, os casais de namorados proibidos de casar, os criados espertos etc.

Claro que além do teatro, o humor se fez presente na literatura.

E já na Idade Média, o **riso**, principalmente nas classes populares, era uma atitude antagônica à seriedade do mundo feudal e da religião.

Naturalmente, as festas populares como o Carnaval, as obscenidades proferidas publicamente, as *performances* dos bufões também influenciaram a literatura cômica da época.

É o caso, por exemplo, da obra de François Rabelais (1493-1553), médico, escritor e padre francês do século XVI, autor das aventuras de *Gargântua* e *Pantagruel,* personagens grosseiras e de imenso tamanho.

Com o seu humor crítico e ácido, Rabelais procurou atacar o sistema jurídico vigente.

Com o Modernismo (no Brasil, de 1922 a 1930), o humor tornou-se cada vez mais uma ferramenta crítica nas mãos de artistas inconformados com o destino da humanidade.

André Breton salientou muito o uso do humor negro (cáustico, grotesco) por parte dos integrantes do movimento surrealista, ao longo da década de 1930, que apareceu nas artes plásticas, na poesia e no cinema.

É por exemplo, o caso dos filmes realizados por Luis Buñuel, diretor espanhol, nos quais se apresentam sequências absurdas e com muito sarcasmo para atacar as convenções sociais, a burguesia, o conservadorismo da Igreja Católica, como foi o caso das películas: *Um Cão Andaluz, O Anjo Exterminador, A Bela da Tarde, O Fantasma da Liberdade, O Estranho Caminho de Santiago, O Discreto Charme da Burguesia, Esse Obscuro Objeto do Desejo.*

No livro *Humor e Riso na Cultura Midiática*, um dos seus organizadores, o professor Roberto Elísio dos Santos explicou: "A partir do século XVIII, quando ocorreu a Revolução Industrial, o sistema capitalista foi se consolidando, criando com isso relações sociais novas e possibilitando o surgimento de novas formas de comunicação voltadas para sociedades com populações cada vez maiores.

Os meios de comunicação de massa (o jornal impresso, as revistas, o cinema, a rádio e a televisão) passaram a fornecer informações e alimento para o imaginário desse grande espectro de receptores, além de se tornarem fontes de lucro para as empresas que os controlam.

Para chamar a atenção do público, estes meios de difusão cultural recorreram a diversas fórmulas que se tornaram conhecidas e consumidas, gêneros ficcionais ficaram atraentes para um grande público e acabaram se transformando em mercadorias culturais rentáveis.

Sem dúvida, hoje em dia, o **humor** é um dos principais recursos empregados pela **indústria cultural** para seduzir os receptores-consumidores.

Ele se faz presente nos jornais e revistas [por meio da caricatura, da charge, do cartum e da história em quadrinhos (HQs)], no cinema, na produção radiofônica e televisiva e, principalmente, nessas últimas décadas passou a ser encontrada em *sites* que podem ser acessadas pela Internet.

Como recurso para chamar a atenção e fixar mensagem, o **humor** tem servido à publicidade nas várias mídias em que é veiculada [nos *spots* (intervalos de tempo) de rádio, nas peças impressas e televisivas].

Em uma sociedade que se afasta dos ditames morais e das amarras religiosas, na qual o hedonismo e o consumo são incentivados, onde há promessas incessantes de prazer, e que o riso não é apenas **permitido**, mas **estimulado** e **exigido**, o **humor transformou-se** em ferramenta de *marketing*, a serviço da venda.

Nessa sociedade do espetáculo e do devaneio, o humor pode ser comprado para ser usufruído por um determinado prazo.

No entanto, assim como os produtos culturais disseminados pelos meios de comunicação massivos refletem as contradições da sociedade e do ser humano, o humor tem servido não apenas ao entretenimento alienado e inconsequente, mas também para fustigar as ideias estabelecidas, para criticar os modismos e para denunciar a hipocrisia.

O cinema, por exemplo, popularizou-se contando com o humor como um ingrediente importante em sua fórmula de sucesso.

Não há consenso entre os teóricos e historiadores acerca daquela que seria a primeira comédia cinematográfica.

Alguns atribuem a primazia a *O Espirro*, que um criador do cinema, Thomas Alva Edison, filmou em 1894 e o público pôde assistir nos quinetoscópios (máquinas caça-níqueis que exibiam filmes curtos, inventadas por Edison, em 1891).

Este filmete mostrava apenas um funcionário de uma empresa espirrando.

Mas as pessoas que o assistiam achavam graça.

Outros pesquisadores consideram o curta-metragem *O Regador Regado*, realizado pelos irmãos Lumière, em 1896, como a primeira narrativa cômica do cinema, ou seja, um jardineiro rega o jardim com uma mangueira, mas um garoto pisa nela e a água para de jorrar.

Curioso, o jardineiro aponta a mangueira para o seu próprio rosto e toma um banho quando o menino tira o pé da outra ponta.

Trata-se de uma *gag*, ou seja, uma história engraçada, narrada por **imagens em movimento**.

Foi nos EUA, contudo, que a comédia cinematográfica se desenvolveu durante o período do **cinema mudo**.

Esses filmes mostravam correrias, quedas, personagens estereotipados e engraçados, que faziam rir o público formado por imigrantes que não se expressavam em inglês e por norte-americanos analfabetos.

Apesar de apresentarem letreiros, sua leitura não era essencial para o entendimento da história. O riso era despertado pela ação dos atores, pela *gag* visual, o que levou essas comédias a serem chamadas de *slapstick comedy* (denominadas no Brasil de 'comédia pastelão') uma alusão às tortas de creme arremessadas que, invariavelmente acertavam a cabeça dos personagens), em função do humor físico e quase violento.

O pioneiro em 'pastelões' sem dúvida foi Mack Sennett, responsável pelas comédias realizadas pela produtora Keystone (criada em 1912 e uma das primeiras a se estabelecer em Hollywood, no Estado da Califórnia).

Seus filmes eram apresentados em cinemas, muitas vezes improvisados em velhos armazéns e barracas, chamadas de *nickelodeons* (teatros em que a entrada era muito barata).

"O genial Charles Spencer Chaplin, o Carlitos."

O sucesso desses filmes transformou em grandes astros seus intérpretes como foi o caso do inglês Charles Spencer Chaplin.

A contragosto, Chaplin criou o personagem que o imortalizaria nas telas, **Carlitos**.

Romântico e insubordinado, o homenzinho de bigode, vestindo roupa puída, chapéu coco e portando uma bengala – o Vagabundo (*The Tramp*) –, confrontava a lei e os seus opressores, encarnando a vingança dos despossuídos ante seus exploradores e as pessoas autoritárias.

Com essa atitude, Chaplin uniu sua visão humanista às características da comédia norte-americana, pois a *slapstick comedy* produzia o riso por meio de uma total subversão da ordem."

Com o advento do cinema sonoro e o fim da comédia muda, foi necessário que surgissem novos comediantes e talvez a única exceção tenha sido a dupla o Gordo e o Magro, que continuou sua carreira nos filmes falados.

Com o som, iniciou-se a era dos roteiristas e as comédias (então denominadas de *screwball comedy*) passaram a valer-se da palavra falada para provocar o **riso nos espectadores**).

Dessa maneira, a *gag* deixou de ser visual (aquilo que os personagens fazem) para ser verbal (o que é dito pelos personagens).

A influência da comédia muda continuou, porém nas obras do diretor francês Jacques Tati (cujo personagem, *Monsieur* Hulot não fala), nos filmes dos anárquicos irmãos Marx (um deles, Harpo, também não emitia sons...) e, mais recentemente, nos quadros estrelados pelo ator inglês Rowan Atkinson como Mr. Bean.

No tocante ao **humor radiofônico**, em **especial no Brasil**, ele passou por diferentes fases, sendo a primeira caracterizada por um único humorista que se apresentava na frente do microfone.

Em seguida, surgiram as duplas cômicas, a exemplo de cantores sertanejos como Jararaca e Ratinho, que cantavam e divertiam o público com suas tiradas.

"O engraçadíssimo Rowan Atkinson, interpretando Mr. Bean."

A maturidade dos programas humorísticos aconteceu com a utilização de vários esquetes com personagens fixos que repetiam seus bordões.

No Rio de Janeiro, a Rádio Nacional foi a emissora do período (décadas de 1940 e 1950), com seu *cast* (elenco) de artistas, apresentadores e músicos.

A cultura brasileira da época foi enriquecida com a radiotransmissão da ficção, da música popular brasileira e do humor.

Entre os programas de humor mais famosos destacavam-se: Tancredo e Trancado; Edifício Balança, Mas Não Cai e PRK-30.

O *Edifício Balança, Mas Não Cai,* foi escrito por Max Nunes e Haroldo Barbosa, estruturado como se fosse um edifício, no qual em cada apartamento havia personagens engraçados.

Os esquetes focalizavam tipos característicos da paisagem urbana carioca (a própria ideia de que o programa focaliza um prédio, uma construção arquitetônica moderna, simboliza a urbanidade do programa e de seu conteúdo).

O quadro mais célebre mostrava a grande contradição social do País encarnada por dois primos, o pobre e o rico (interpretados por Brandão Filho e Paulo Gracindo, respectivamente).

A metalinguagem era a proposta do programa *PRK-30*, de Castro Barbosa e Lauro Borges (que, anteriormente, já haviam feito outros programas humorísticos no rádio, como *Piadas do Manduca*, que se passava no ambiente escolar, *PRV-8* e *PRK-20*.

Assim, uma emissora clandestina tomava conta da programação e satirizava os programas radiofônicos, a que o público assistia.

A paródia a *jingles* e anúncios comerciais, radionovelas e programas esportivos e jornalísticos, era feita pelos dois apresentadores, que interpretavam diversos personagens, em transmissões ao vivo realizadas no auditório da rádio, lotado de espectadores.

Com o início das transmissões televisivas no Brasil, no início da década de 1950, o rádio foi perdendo sua força como mídia de massa, o que se refletiu muito na programação radiofônica.

A radionovela foi substituída pela telenovela e os programas humorísticos televisivos tomaram o lugar dos transmitidos pelo rádio.

Tributárias do rádio, a TV brasileira adaptou vários programas radiofônicos de humor para o seu formato.

Esse foi o caso de *A Praça da Alegria*, idealizada por Manoel da Nóbrega para a TV Paulista, em 1957.

Com um cenário simples (um banco instalado em uma praça), no programa desfilavam tipos variados que entabulavam conversa com o único personagem fixo, o homem sentado no banco, interpretado pelo próprio criador (hoje, seu filho Carlos Alberto, apresenta a versão transmitida pelo SBT).

Entre os personagens encontravam-se a velha surda, o professor universitário, o mendigo que se portava como um nobre etc.

No ano 1980, no programa *TV Pirata*, foi introduzida a metalinguagem no humor televisivo, satirizando e parodiando a programação de TV.

Aliás, esse procedimento ainda é usado em alguns quadros do programa *Casseta & Planeta, Urgente!*, no ar desde a década de 1990.

Na realidade, uma das fórmulas mais populares do humor televisivo surgiu na década de 1950 nos EUA, o programa *siticom* (*situation comedy* ou comédia de situação).

Nele, normalmente se utiliza apenas um cenário (a sala de estar de uma casa ou de um apartamento é o mais comum) com elenco fixo, que pode receber convidados novos a cada novo episódio, e que costuma ser gravado diante de uma plateia.

Os enredos envolvem as confusões do cotidiano de um casal, de uma família ou de um grupo de amigos.

Esse foi o caso de uma série norte-americana que fez muito sucesso, denominada *Friends*.

No Brasil, pode-se dizer que o primeiro *sitcom* que fez muito sucesso foi a *Família Trapo*, que a TV Record apresentou a partir de 1965.

Na década de 1990, a Rede Globo investiu muito nesse formato, obtendo bastante sucesso com o seu programa *Sai de Baixo*, que seguia as normas tradicionais do *sitcom*, tendo um cenário único e sendo gravado em um teatro, com a presença da plateia.

Ambientado em um apartamento no largo do Arouche, no centro de São Paulo, este *sitcom* apresentava uma família de burgueses falidos que tem de valer-se dos mais estranhos expedientes para sobreviver e manter o *status*.

Emblemático foi o personagem Caco Antibes, interpretado pelo ator Miguel Falabella, que nutre ódio pela pobreza, apesar de não trabalhar e nem ter posses.

A fórmula se repetiu com certo sucesso no *sitcom Toma Lá*, Dá Cá, cuja trama básica acompanha dois casais que trocam de parceiros e vivem no mesmo condomínio."

Atualmente, formas variadas de humor também podem ser encontradas na Internet.

Aliás, os usuários da rede mundial de computadores – a *World Wide Web* – uma das coisas que mais fazem é trocar mensagens que contenham anedotas na forma de textos humorísticos e de imagens (charges e cartuns eletrônicos).

Hoje, existem milhares de *sites* (endereços virtuais) que oferecem piadas, animações cômicas e cartuns a seus visitantes.

Bem, o humor, nessa 2ª década do século XXI encontra-se bastante **disseminado** em todos os ambientes e torna-se quase **obrigatório** em uma sociedade que celebra o fugaz e o prazer, advindo do consumo.

Parece até que na sociedade contemporânea, pós-moderna, quase tudo deve ser tratado de forma humorística, isso incluindo títulos e subtítulos da imprensa, *slogans* das manifestações, meteorológicas, vulgarização científica, publicidade, desenho animado, cinema, apresentações pedagógicas, palestras etc.

Sem a rigidez dos costumes da seriedade predominante em outras eras, o riso, hoje, é padronizado pela mídia.

Constata-se que o humor trata cada vez mais das novas condições históricas, sociais e culturais.

E, mais do que nunca, se quer difundir o humor nos meios de comunicação de massa, cada vez mais poderosos, ao mesmo tempo em que por eles é utilizado para obter a atenção do público para si!!!

## 3.8 – O HUMOR NA POLÍTICA

Na Itália, surgiu a partir de 2009, um novo partido, o Movimento Cinco Estrelas (M5E), por iniciativa do comediante Giuseppe Piero Grillo, ou simplesmente Beppe Grillo, que nas suas apresentações dedicava-se a apontar as mazelas das autoridades governamentais e dos políticos em geral, fazendo sobre eles as mais diversas piadas.

O fato é que nas eleições de fevereiro de 2013 ele elegeu uma bancada de 150 parlamentares (tendo alcançado a preferência de 25,5% dos eleitores), ou seja, deu um espaço para um grande número de seus seguidores – os **"grillinos"** – a de fato poderem atuar na política.

"Uma multidão de jovens cerca o fênomeno político italiano, o comediante e ator Beppe Grillo."

E tudo isso é só um começo, pois ele acha que em breve, 100% do Parlamento será de "grillinos".

Obviamente, os outros partidos sentiram o duro golpe, de tantos italianos não terem votado neles e muitos dos seus representantes passarem a ridicularizar os integrantes do M5E e, em especial, do seu líder, dizendo entre outras coisas que a Itália agora tem na política um superpalhaço, com um conjunto de "jovens palhacinhos."

O escritor e ator italiano Dario Fo, primeiro Nobel em Literatura em 1997 – entre as suas obras destacam-se *Mistério Bufo* e *Morte Acidental de um Anarquista* – saiu em defesa do M5E, dizendo: "Tanto no exterior como aqui na Itália muitas pessoas chamaram Beppe Grillo de *clown* (palhaço).

Mas acredito que é preciso explicar inicialmente e muito bem o que quer dizer ou ser *clown*!!!

Vejamos um pouco a história da Itália.

São Francisco dizia ser um *giullare*, que é um tipo de palhaço.

**Mas o que é um *clown*?**

É, normalmente, aquele que diz as coisas na forma de sátira, do grotesco, mas que permite entender a verdade da situação.

Na Grécia antiga, onde se começaram a fazer comédias satíricas e grotescas, era mais fácil para os gregos entenderem o que estava por trás de um movimento político, de uma decisão ou de uma guerra ouvindo o *clown*, do que ouvindo os historiadores!!!

Pois é, com o *clown* é que eles conseguiam entender as coisas.

Com os historiadores, não, pois a história era truncada e só pessoas de um certo círculo cultural conseguiam entender aquela linguagem.

**Assim, será que a nossa origem cultural é de se jogar fora?**

O *clown* tem uma cultura ou é apenas um bufão, na linguagem comum?

Eu, por exemplo, me considero um *clown*, e faço espetáculo político há muitos anos.

Fiz mais de 80 comédias com temas assim, que são apresentadas ainda hoje.

Assim, eu sou alguém que deve ser descartado ou alguém a ser levado em conta na cultura atual?

Acredito que sou digno de ser levado a sério e, por isso, que muita gente já me entrevistou...

Dessa maneira acredito que Beppe Grillo também precisa ser levado em consideração, pois consegue dialogar, falar, se fazer entender por uma população enorme, que se aborreceu, por sua vez, com aquilo que escuta dos dirigentes políticos que mantêm a Itália em crise, há tantos anos.

Essas pessoas, em especial, os analistas estrangeiros que chamaram Grillo de *clown*, inicialmente não possuem cultura para entender as dificuldades pelas quais passa a Itália, ou seja, demonstrarem a sua **grande ignorância**.

Parece até que da Itália conhecem apenas o espaguete, a fissura pelo sexo e pelas mulheres, a esperteza, a astúcia, a máfia.

Não sabem e, por isso, não podem se lembrar de que houve o Humanismo, o Renascimento, de todos os grandes cientistas, escritores, pintores, artistas e pensadores italianos.

Por exemplo, de Ruzante, ou seja, Ângelo Beolco (1502-1542), certamente, o maior autor teatral da Europa no Renascimento, que ensinou a comédia a todos, inclusive para William Shakespeare, para não falar de Molière.

Todos aprenderam com ele, mas muitas pessoas não sabem disso.

Se você perguntar algo a respeito, todos conhecem Shakespeare, Molière, mas não conhecem Ruzante, que foi o **mestre de todos**.

É preciso começar a dizer essas coisas. Assim, existe o *clown* obscuro, inútil, brincalhão de um lado, e aquele culto, ligado aos interesses do povo.

Não podemos esquecer quantos deles acabaram queimados na fogueira e não porque fizeram rir, mas sim porque no riso havia um discurso político."

## 3.9 – POR QUE DITADORES NÃO GOSTAM DE PIADAS?

Srdja Popovic e Mladen Joksic escreveram na revista *Foreign Policy* a seguinte história: "Em 1998, quando o movimento pró-democracia não violento da Sérvia Otpor não passava de um pequeno grupo de 20 estudantes, cada um com não mais de US$ 50, decidimos pregar uma peça.

Pegamos um barril de petróleo, colocamos uma foto bem grande do ditador sérvio Slobodan Milosevic nele e o colocamos no meio de um grande distrito comercial em Belgrado.

Perto dele, colocamos um bastão de beisebol. Aí, fomos tomar café, nos sentamos e ficamos observando a brincadeira se desenrolar.

Não demorou para que dezenas de cidadãos fizessem fila na rua à espera da sua vez para dar uma tacada em 'Milosevic' – o homem que tantos **desprezavam**, mas que a **maioria** tinha muito medo de criticar. Cerca de 30 min depois, a polícia chegou!!!

Prendemos a respiração, esperando pelo que viria em seguida.

O que faria a polícia de Milosevic?

Não podia prender os cidadãos. Sob que pretexto?

E não podia prender os culpados – porque nós não estávamos à vista.

Então, o que fez a polícia de Milosevic?

A única coisa que poderia fazer: **retirar dali o barril**!!!

A imagem dos dois policiais arrastando o barril para a sua viatura foi a melhor foto tirada na Sérvia durante meses.

Milosevic e seus camaradas se tornaram motivo de chacota e o Otpor tornou-se um nome familiar."

Pois é, revolução é coisa séria, mas começou a ser feita com os rostos carrancudos de revolucionários no século XX, como: Lênin, Mao Tsé-tung, Fidel Castro, Che Guevara etc.

As coisas, porém, mudaram muito, especialmente para os protestos no século XXI, quando se pode observar uma nova forma de ativismo em ação.

As carrancas ameaçadoras de revoluções passadas foram substituídas por **humor** e **sátira**.

Os ativistas não violentos de hoje estão provocando uma mudança global nas táticas de protesto, afastando-se bastante de raiva, ressentimento e furor, em favor de uma forma nova e mais incisiva de ativismo radicada na diversão: o **"risoativismo"**.

Tomem-se os casos do Oriente Médio e do norte da África, onde manifestantes não violentos usaram o **riso** e a **graça** para reforçar seus apelos por democracia.

Na Tunísia, em janeiro de 2011, no auge dos protestos contra Ben Ali, um **homem sozinho** –imortalizado como um super-herói, o Capitão Khoza (que significa **pão** na língua usada na Tunísia) – enfrentou seguidores de Ben Ali armado com humor ferino e uma baguete francesa.

No Egito, um vídeo bizarro, circulou no YouTube, em março de 2013, retratando o presidente egípcio, Mohamed Morsi, como Super Mário.

No Sudão, estudantes provocaram o ditador Omar al-Bashir com protestos de "lamber o cotovelo" – uma referência ao termo depreciativo que ele próprio usou para difamar a oposição democrática.

Mesmo na Síria, onde a guerra civil já tirou a vida de mais de 200 mil pessoas e já dura mais de 4 anos, grafites satíricos e *slogans* mordazes anti-Assad eletrizaram os protestos de rua.

E, não custa lembrar que a relevância política dos comediantes no Oriente Médio foi comprovada pela decisão do governo egípcio, em 2013, de aumentar as acusações criminais contra o apresentador de *talk-show* Bassem Youssef (ele que é frequentemente caracterizado como o Jon Stewart do Egito).

As medidas tomadas pelo governo egípcio, tendo então à sua frente Mohamed Morsi atestaram a grande capacidade do humor de incomodar os poderes vigentes (Bassem Youssef precisou pagar fiança, para ficar livre...).

Porém, o uso estratégico do humor não se confinou ao Oriente Médio e ao Norte da África.

Ao contrário, ele está nos mais importantes países do mundo.

Por exemplo, nos EUA, os manifestantes do movimento Ocupe Wall Street usaram regularmente o humor para zombar das corporações norte-americanas.

Impressionou o mundo todo a forma como os manifestantes se apresentaram, com uma aparência ridícula, vestidos como palhaços de rodeio e toureiros, domando a lendária estátua do touro na Wall Street, em Nova York...

Na Espanha, onde os manifestantes são chamados de Indignados, **rir é uma arma potencial.**

Espetáculos teatrais satíricos *flash mobs* (aglomerações instantâneas previamente combinadas) e explosões **aparentemente espontâneas** de cantoria e dança se tornaram marcas do movimento anticapitalista na Espanha, ajudando a reduzir as tensões e sustentar o entusiasmo.

Os manifestantes de hoje compreenderam que o humor oferece um meio de acesso de baixo custo aos cidadãos comuns, que não se consideram particularmente políticos, mas que estão cansados da ditadura ou de governos inoperantes.

Ao tornar um **protesto divertido**, as pessoas não vão querer perder a próxima ação...

Por outro lado, atos de humor e astúcia lembram o mundo exterior de que os manifestantes, como foi o caso nesses últimos anos no Egito, não eram os radicais enfurecidos que o regime gostaria que se acreditasse que eles fossem.

De fato, o humor passou uma imagem positiva do levante egípcio e ganhou a simpatia da comunidade internacional para a rebelião contra Hosni Mubarak.

E o mesmo está ocorrendo nos movimentos organizados agora, em outras partes do mundo.

Ao usar o humor, os ativistas colocam os autocratas diante de um dilema: o governo ou pode reprimir quem o ridiculariza (parecendo ainda mais ridículo no processo...) ou ignorar a sátira (e corre o risco de abrir as comportas da dissidência).

Aliás, diante da zombaria ácida, regimes opressores não têm nenhuma boa opção. Façam o que fizerem, no final das contas, sairão perdendo.

Entretanto, **os ativistas não violentos** de hoje, elevaram o humor a um novo patamar.

Riso e diversão não são mais marginais à estratégia de um movimento; são agora uma parte central do arsenal ativista, imbuindo a oposição de uma aura que ajuda a quebrar a cultura do medo inoculada pelo regime, provocando suas reações, que diminuem sua legitimidade.

Evidentemente, só porque o riso na luta não violenta é hoje comum, não significa que seja fácil praticá-lo.

Ao contrário, o "**risotivismo**" requer uma corrente contínua de criatividade para permanecer em noticiários, manchetes e tuites, além de manter o ímpeto de um movimento.

Sem criatividade e sagacidade, o "risotivismo" pode esmorecer antes das finalidades de um movimento serem alcançadas.

Mas quando ele funciona, **funciona mesmo**!!!

No caso do barril retirado pela polícia no centro de Belgrado, o que pode ter parecido um ato isolado de humor logo se transformou numa corrente, inspirando ativistas por todo o país.

Não demorou para o Otpor se tornar num movimento nacional com mais de 75 mil integrantes. E uma vez rompida a barreira do medo, Milosovic, não conseguiu mais detê-lo...

Aqui perto, no Equador, o seu presidente Rafael Correa tem tido problemas recentemente e está bastante irritado com os cartuns que Xavier Bonilla, o Bonil tem feito sobre a sua forma de administrar.

## 3.10 – HUMOR COM SUAS IMPLICAÇÕES RELIGIOSAS OU POLÍTICAS

A Tailândia, nesses últimos anos, tem vivido muita turbulência política, com o que surgiu uma grande oportunidade para que os humoristas satirizassem os seus políticos e, inclusive, buscassem afastá-los do poder.

Esse foi o caso de um programa chamado *Notícias Superficiais em Profundidade* no qual os apresentadores convidaram três dançarinas vestidas no estilo da corte real tailandesa da antiguidade para apresentar uma homenagem musical ao comandante do Exército tailandês – um gesto de apreciação pela aparente recusa dele em executar um golpe de Estado.

Assim, rebolando ao som de uma canção que não tinha aparentemente qualquer relação com o assunto, o elenco lançou beijos para a câmera e gritou: **"Amamos você, chefe do Exército! Beijinho, beijinho!"**

Criado por dois tailandeses de origem parcialmente norte-americana, esse é um programa semanal de baixo orçamento público no YouTube.

Esse programa, que já está no ar há mais de cinco anos, emprega um tipo de humor que não é comum na Tailândia, o **sarcasmo acirrado**.

Com a intensificação da crise na Tailândia, sua audiência rapidamente chegou a muitas centenas de milhares de pessoas.

Um dos produtores, Winyu Wongsurawat, comentou: "Se você levar a sério tudo o que acontece na sociedade tailandesa, enlouquecerá."

Mas **ironia** é algo que não falta na Tailândia. Assim, há o bilionário, que é louvado como sendo o defensor dos pobres (!?!?); um político envolvido em escândalos que lidera um movimento de massas contra a corrupção!!!

Mas existem muitos manifestantes na Tailândia que estão preocupados como são as eleições, desejando salvar a democracia...

Winyu Wongsurawat fundou o programa com sua irmã, Janya, que é a principal roteirista.

Eles dizem que produzir o programa é uma espécie de terapia cômica com a finalidade de suprir as pessoas com um "remédio" que lhes possibilite superar a crise em que vive o país, no qual estão sendo destruídas as amizades, estão se rachando as famílias e provocando uma hipertensão numa nação que antes era conhecida pelos sorrisos suaves dessas pessoas e pelo pendor de sua gente para a conciliação.

Os manifestantes em Bangcoc queriam derrubar o governo e expulsar da vida política a primeira-ministra, Yingluck Shinawatra (que foi destituída em maio de 2014, pelo Tribunal Constitucional), e seu bilionário irmão, e ainda influente ex-primeiro-ministro Thaksin Shinawatra, cujas políticas populistas o converteram em herói para muitos pobres da Tailândia!?!?

Eles se opuseram à eleição atual e fizeram de tudo para frustrá-la, ou seja, impediram as pessoas de votarem em muitos distritos, criando confusão suficiente para atrasar o processo eleitoral por semanas ou até meses...

Com isso, a Tailândia ficou paralisada e o governo não funcionou plenamente.

Os integrantes do elenco de *Notícias Superficiais em Profundidade* se dizem os "xingadores" em favor da igualdade de oportunidades, pois esse programa, de fato, ironizou os manifestantes por se descreverem como "a grande massa do povo", ao mesmo tempo em que bloqueavam as eleições que sabiam que iriam perder.

Zomba assim do hábito deles de fazerem *selfies* a todo o momento, enquanto protestavam.

O programa mostrou Thaksin Shinawatra – autoexilado desde que foi deposto em um golpe militar em 2006 – como um **satélite** que orbita o país.

E faz brincadeiras constantes com as guerras de cores do país.

Os partidários de Thaksin são conhecidos como camisas vermelhas, e o movimento para afastá-lo foi liderado pelos chamados camisas amarelas.

Para deixar claro que não toma partido, Winyu Wongsurawat, certa vez, fez uma entrevista sem camisa, enfatizando: "Não temos a intenção de sermos levados a sério. Somos palhaços, nada mais!?!?"

No entanto, por fora da sátira e do sarcasmo constantes, percebem-se evidentemente fortes doses de crítica social e aulas de civismo.

Nattapong Tiendee, outro apresentador do programa comunicou: "Temos uma mensagem muito importante para difundir. Mas ela precisa ser transmitida de uma maneira bem leve, para não termos represálias."

E, deste modo, em todos os lugares, quando os humoristas de alguma forma satirizam, criticam ou afrontam o poder, acabam sendo punidos.

A punição é bem severa e pode acontecer sempre que algum cartunista resolve fazer alguma charge, como aconteceu no final de 2005 e início de 2006, quando no jornal dinamarquês *Jyllands-Posten* foram publicadas charges do profeta Muhammad (Maomé em português), fundador do islamismo.

O islamismo proíbe imagens do profeta para impedir **idolatria**.

O jornal francês *France Soir* também publicou charges consideradas ofensivas pelos muçulmanos.

Na época, os mandatários dos diversos países se manifestaram contra as charges por considerá-las uma grave ofensa ao profeta Muhammad e ao Islã.

O presidente do Irã, Mahmoud Ahmadinejad, disse: "Os muçulmanos deveriam reagir com firmeza a atos tão ultrajantes", e tentou convencer disso o rei Abdullah (que faleceu em 23/1/2015), da Arábia Saudita.

O presidente do Egito, Hosni Said Mubarak, afirmou: "A liberdade de imprensa não deveria servir como desculpa para o insulto a religiões."

Por seu turno, o primeiro-ministro da Turquia, Tayyip Erdogan foi bem mais enfático: "Essa liberdade de imprensa está permitindo ir longe demais. Não se pode deixar que isso se repita."

Bem, imediatamente começaram a ocorrer protestos em vários países com dominância muçulmana, como Irã, Paquistão, Indonésia, Qatar, Bahrein etc.

Em seguida, milhares de pessoas participaram de protestos pacíficos em diversas cidades importantes da Europa, em particular em Paris e Londres onde vivem muitos muçulmanos.

As charges dinamarquesas, que retrataram o profeta Muhammad, vinculavam a sua imagem ao terrorismo, como em uma delas em que ele usa um turbante-bomba.

Claro que não se pode esquecer que os países árabes costumam apresentar nas suas revistas e jornais charges bem agressivas, em especial de políticos de países adversários com destaque para Israel e EUA.

Naturalmente, não escapou a Dinamarca quando um diário de Bahrein, o *Akhbar al Khalij*, publicou uma charge na qual se pedia um boicote aos produtos dinamarqueses, mostrando um queijo podre em forma de estrela de Davi, o símbolo de Israel.

O chargista palestino Baha Boukhari, que publicava no *Al Ayyam*, nos territórios palestinos, comentou que as charges dinamarquesas eram "tecnicamente pobres" e não deveriam ter sido levadas tão a sério.

Disse Baha Boukhari: "Claro que respeitamos a liberdade de expressão, mas há uma diferença entre opinar e insultar nações e religiões. Eu culpo os líderes árabes por abordar a questão de forma tão intolerante e de incitar os extremistas ignorantes.

Meu trabalho como chargista é criar um **sorriso**, não a **raiva**!!!

Quando o assunto é religião, as charges começam a se aproximar de um território arriscado.

**Nenhuma** das três religiões monoteístas – judaísmo, cristianismo e islamismo,– deveria ser satirizada frontalmente.

É politicamente incorreto mexer com uma religião e certamente haverá uma forte reação entre os grupos religiosos quando isso acontece.

Os chargistas, em geral, evitam, todavia, entrar nesse terreno realmente repleto de minas de grande destruição...

O editor de Cultura do jornal dinamarquês *Jyllands-Posten*, Flemming Rose assim se justificou por ter feito 12 charges do profeta Maomé: "Os críticos às minhas charges não mediram suas palavras e disseram que a liberdade de expressão não implica endossar o insulto aos sentimentos religiosos das pessoas.

Não tenho nenhuma intenção de lhes ensinar sobre a liberdade de expressão sem limites.

Concordo que a liberdade de publicar coisas não significa imagens pornográficas ou detalhes explícitos de cadáveres, ou palavrões que também raramente entraram nas edições do nosso jornal. Portanto, não somos fundamentalistas em nossa defesa da liberdade de expressão.

Mas a história das charges é diferente.

Temos uma tradição de sátira quando lidamos com a família real de nosso país e outras figuras públicas, e isto se refletiu nas caricaturas.

Os cartunistas trataram o Islã como satirizam o cristianismo, o budismo e outras religiões.

E, tratando os muçulmanos da Dinamarca como iguais, eles defenderam uma ideia: nós os incluímos na tradição dinamarquesa de sátira porque são parte de nossa sociedade, e não excluímos os muçulmanos."

Sem dúvida, uma grande possibilidade de se gerar conflito quando humoristas começam a satirizar crenças religiosas.

Foi o que ocorreu com a reação de um significativo grupo de pessoas religiosas que se sentiram ultrajadas, no final de 2013, com o vídeo *Especial de Natal*, apresentados pelos humoristas do *site* Porta dos Fundos, que consideraram uma blasfêmia a paródia feita com o nascimento de Jesus Cristo, começando a boicotar o vídeo no YouTube.

De fato, inicialmente fica difícil para o próprio Código Penal definir o que é escárnio.

"O *Especial de Natal* do Porta dos Fundos, revoltou um certo contingente de religiosos."

É, inclusive, razoável supor que se zombar da crença dos cristãos deve levar a uma punição, e isso os tornaria intocáveis para a zombaria e, por extensão, qualquer outra crença digna de ter alguém postulando-se como seu representante poderia também reclamar o mesmo sentimento de humilhação, com o que poderia silenciar quem estivesse caçoando dela...

Mas o humor é a prática da zombaria – escarnecer do que nos escapa à compreensão ou apreensão é **parte da sociabilidade**.

Rimos do que acreditamos, mas também zombamos do que estranhamos.

Para que a zombaria ameace a integridade moral de alguém (como diz o nosso Código Penal: "É proibido escarnecer alguém por motivo de crença religiosa") é preciso que o humor tenha tido um sujeito específico como alvo e não simplesmente crenças.

Ou que tenha sido mais do que um humor ocasional: uma paródia sistemática pode levantar a suspeita **da antipatia ou de perseguição**.

No artigo *Rir ainda é melhor* (publicado no jornal *O Estado de S. Paulo* de 12/1/2014) a profa. Debora Diniz, analisando a repercussão "negativa" do vídeo *Especial de Natal* enfatizou: "Até onde sei, são sempre os palhaços em situações inusitadas que contracenam, seja no divã de um psicanalista embrutecido, seja no sofá da velhinha com seu sequestrador.

Em meio à criatividade que faz pouco de valores burgueses ou familiares, há a zombaria das verdades sagradas. Mas isso é o humor – 'a risada é uma maneira de lidar com o incompreensível', como disse uma vez Slavoj Zizek ao analisar os filmes sobre os campos de concentração nazistas que introduziram o humor nas narrativas.

O cômico é um **falso espetáculo**, por isso os que pedem que o Porta dos Fundos seja fechado me parecem sujeitos, além de mal-humorados, intolerantes à ironia.

A verdade da crença não é abalada pelo humor ou, nas palavras ditas ao personagem deus no *Especial de Natal*: 'Querido, relaxa, o pessoal acredita em qualquer coisa. Vai por mim.'

Sim, seguir deus nessa fase é a segunda maneira de resistir à interpretação equivocada dos que sustentam haver ofensa no humor.

Somos livres para acreditar em qualquer coisa, inclusive para crer ou não no poder do humor como **libertação**.

O espaço em que os palhaços (ou cômicos) se exibem é de difícil acesso.

É preciso ligar um computador, conectar-se à Internet, selecionar o episódio cujo título já anuncia o tom sarcástico, e prostrar-se diante da tela como audiência.

▼ OS BENEFÍCIOS E OS MALEFÍCIOS DO HUMOR ▼

"A revista francesa *L'Express* (10/10/2012) publicou estas charges para criticar o exagero em certas crenças religiosas."

O alguém que se sente ofendido pelo humor escolheu lançar-se como audiência, mas nem de longe tem o poder de suspender suas crenças.

A verdade é que acredito que o humor não pode ser policiado – *ridendo castigat mores* (rindo castigam-se os costumes), já dizia Cícero.

A Porta dos Fundos não nos castiga, mas revira nossos costumes. É um divã pelo humor que nos testa sobre o que seremos capazes de estranhar como verdades pouco sagradas. Mas não é preciso substituir a crença pelo riso.

**É possível rir do que não cremos!!!**

O humor é uma forma de linguagem em que importa conhecer o estatuto de quem fala e a quem dirige a mensagem.

No caso do espetáculo do Porta dos Fundos, são humoristas revirando crenças e não inimigos agredindo vítimas.

Entre o palhaço e a audiência, não há lugar para a polícia.

**Acreditem: rir ainda é o melhor!!!"**

Recentemente, um humorista francês tornou-se o **inimigo público nº 1** do governo francês.

Trata-se de Dieudonné M'Bala M'Bala, um ator nascido em Fontenay-aux-Roses, periferia da classe média de Paris, que já foi adversário da extrema direita, mas que agora flerta com o submundo do extremismo.

Em suas apresentações **sempre lotadas**, ele prega o antissemitismo e opera um milagre: reúne um público que vai de fascistas a islamitas, unidos pelo **ódio aos judeus** – ou pelo direito de **rir sobre qualquer assunto**!!!

Dieudonné ganhou fama nos anos 1990, quando suas piadas batiam firme em Jean-Marie Le Pen, à época presidente da Frente Nacional (FN), o maior partido de extrema direita da França.

Popular, chegou a se candidatar a deputado em 1997 e 2001, sempre com bandeiras antifascistas e até ambientalistas, além da defesa da minoria negra do país, da qual foi líder ao promover a Marcha dos Povos Negros da França, em 2000.

Mas seus alvos, para a surpresa do grande público e da imprensa, repentinamente mudaram radicalmente.

Assim, a partir de 2002, Dieudonné passou a adotar em seu repertório, sem razão aparente, piadas que sugeriam a negação do Holocausto e o antissemitismo, a denúncia do que chamou de "*lobby* norte-americano-sionista" e o apoio indireto ao extremismo islâmico!?!?

Não bastasse tudo isso, ele se aproximou da família Le Pen (parece até que estava adivinhando a força política que iria ter no futuro a sua filha Marine Le Pen), aparecendo muito em público com Jean-Marie, a quem passou a apoiar politicamente.

Essa aproximação se tornou tão íntima que Jean-Marie Le Pen tornou-se padrinho do filho de Dieudonné, que foi batizado em uma abadia católica ultraconservadora.

Nessa época, o humorista já havia multiplicado declarações em favor de Mahmoud Ahmadinejad, ex-presidente do Irã, apoiado o grupo xiita libanês Hezbollah, enaltecido o ditador da Síria, Bashar Assad e até elogiado o terrorista Osama bin Laden (que os norte-americanos mataram no Paquistão...).

Em 2012, ele chegou ao ápice de sua transformação ao tentar apresentar no Festival de Cinema de Cannes um filme denominado *O Antissemita*, barrado pelos organizadores.

O produtor cultural do jornal *Le Monde*, Alain Degois comentou: "Dieudonné deixou o mundo dos humoristas e entrou no de política.

E assim está mergulhando nas sombras.

Hoje, é preciso proibi-lo de se apresentar.

A liberdade de expressão não se justifica tudo."

E foi nessa luta que o governo francês entrou no início de 2015, ou seja, numa ofensiva legal contra o humorista.

Dessa maneira, o Ministério do Interior acusou Dieudonné de suscitar o ódio racial por divulgar o antissemitismo em *shows*, decidindo **proibir** suas **apresentações**.

"O humorista Dieudonné M´Bala M´Bala tem exagerado nas suas apresentações e por isso as autoridades francesas mandaram prendê-lo."

## 3.11 – TRAGÉDIA EM PARIS – TERROR ATACA O HUMOR

No dia 7 de janeiro de 2015, ocorreu em Paris, um bárbaro ataque ao jornal parisiense *Charlie Hebdo*, que obviamente constituiu-se em uma inaceitável violência contra valores universais de liberdade e tolerância.

Dizendo ter vingado o profeta Maomé, assassinos encapuzados entram num carro preto e aceleram rumo a um destino desconhecido, como foi possível ver um vídeo, além da pressa brutal com que fuzilaram um guarda, já caído na calçada, antes de fugir.

Concluía-se dessa maneira um atentado que matou 12 pessoas, entre jornalistas, cartunistas e policiais, na sede do semanário satírico *Charlie Hebdo*.

A publicação estava marcada havia tempos pelos seguidores do fanatismo islâmico.

Aliás, em 2011, um incêndio criminoso atingiu sua sede, buscando punir os autores de algumas caricaturas do profeta.

Mas ninguém na redação do *Charlie Hebdo* se intimidou. Ao contrário, seguidas edições se dedicavam a condenar, pelo sarcasmo, a estreiteza e a violência dos fundamentalistas.

Seu diretor, Stéphane Charbonnier (Charb), constava de uma "lista de procurados" da Al Qaeda, que finalmente conseguiu assassiná-lo.

Quatro cartunistas de grande destaque foram executados pelos extremistas que atacaram a sede da publicação *Charlie Hebdo*: Wolinski, Cabu, Charb e Tignous.

George Wolinski, de 80 anos, era um **mito** dos quadrinhos, ou seja, o cartunista mais cáustico da França e exerceu sua irreverência em muitos outros veículos de comunicação, antes de chegar ao *Charlie Hebdo*.

Foi classificado por alguns críticos como "erotômano", ímpio, provocador e anarquista, porém todos concordavam ser ele possuidor de um bom humor inesgotável.

Trabalhar no *Charlie Hebdo* permitiu a Wolinski ser irreverente, com o

"A vida começa aos 60 anos."

que quisesse, do papa ao profeta Maomé e com qualquer político ou celebridade do mundo.

Assim, as charges que Wolinski fez do papa Joseph Ratzinger, dificilmente seriam publicadas em países tidos como livres, e o Brasil, incluído entre eles.

Wolinski, cuja arte foi moldada no espírito libertário dos anos 1960, dizia que seu humor era da esquerda, "porque a direita tem muito compromisso com a ordem", mas ele não fazia parte de partidos políticos.

Para ele, um humorista não pode pertencer a nenhum partido e nem crer em qualquer religião. Um mestre como ele poderia fazer desenhos perfeitos, mas preferiu mimetizar a vida como ela é, veloz, imperfeita e, muitas vezes, suja.

Com o seu humor cáustico, que o acompanhou no dia a dia, o anarquista Wolinski, talvez risse se alguém lhe dissesse que algum dia morreria como mártir de alguma causa ou ideal, como a **liberdade de expressão.**

Foi o exercício ousado dessa liberdade que o colocou, junto com os seus companheiros do *Charlie Hebdo* sob a mira da brutalidade.

Poderiam ter se calado com as ameaças anteriores que sofreram, mas foram em frente.

E todos os que vivem do humor, devem isto a eles!!!

Jean Cabut faria 77 anos no dia 13 de janeiro e integrou a redação da mítica *Pilote*, onde foi precursor dos chamados quadrinhos reportagens, criando ali o Mon Beauf, um dos anti-heróis mais conhecidos na França.

Ele fez desenhos para os mais importantes jornais e revistas famosos: *Le Monde, Le Nouvel Observateur, Le Figaro* e, obviamente, *Le Canard Enchaîné*, onde se tornou um dos pilares, a partir de 1982.

Stéphane Charbonnier, que usava o nome artístico de Charb, tinha 43 anos, e além de cartunista, era também diretor do jornal *Charlie Hebdo*, sendo colaborador de outras publicações. Não aceitava nenhum tipo de pressão e nunca aliviou no caráter satírico da revista.

Em 2011, por exemplo, após o incêndio criminoso na sede da publicação, provocado após a divulgação das caricaturas de Maomé, ele disse no *Le Monde* que não tinha nenhuma intenção de degolar alguém com uma caneta – em alusão aos métodos dos extremistas muçulmanos.

Bernard Verlhac, que se tornou conhecido como o Tignous, tinha 58 anos e havia antes desenhado para diversas publicações importantes como *L'Express, Fluide Glacial, VSD, Télérama e L'Humanité.*

Ele entrou nos quadrinhos com *Pandas dans la brume*, a partir de um comunicado da Associação de Proteção dos Animais que estimava não haver mais do que 1.600 ursos pandas no mundo.

Em novembro de 1970, morreu com quase 80 anos o general Charles de Gaulle, estadista e ex-dirigente da resistência à ocupação alemã na 2ª Guerra Mundial. Ele se retirara, estava aposentado e vivia numa pequena aldeia da Normandia, chamada Colombey-les-Deux-Églises.

O jornal satírico *Hara-Kiri*, então, estampou uma manchete: "Baile trágico em Colombey: um morto!!!"

A publicação foi proibida de circular pelo então ministro do Interior, o gaullista conservador Raymond Marcellin, com o aval do então presidente Georges Pompidou, também gaullista.

Os jornalistas e cartunistas do jornal decidiram contornar a proibição e lançaram o *Charlie Hebdo*, uma versão semanal (*hébdomadaire*, em francês) do mensal *Charlie*, que mantinham em homenagem a Charlie Brown, personagem de histórias em quadrinhos do americano Charles Schulz (1922-2000).

Mas em verdade, o *Charlie Hebdo* tornou-se bem mais que um veículo de humor negro, pois criou e ampliou na mídia francesa um espaço editorial que se definia como libertário, como se fosse uma casamata que protegia uma constelação diversificada dos pensamentos da esquerda **não oficial**.

Dessa maneira, ele implicava com o catolicismo conservador, com o Partido Comunista, com a hierarquia judaica, com a extrema-direita e com o terrorismo islâmico.

Apesar de nunca ter se tornado um jornal de ampla circulação, era por meio dele que sobrevivia, na mídia, o pensamento criativo nascido nas barricadas estudantis com o movimento em maio de 1968.

O francês Daniel Cohn-Bendit, um dos líderes daquele movimento estudantil, amigo de alguns dos cartunistas assassinados declarou: "É preciso entender que *Charlie Hebdo* foi alvo por ser um jornal, no qual os fundadores eram anticlericais, antirreligiosos e que iam até o fim nas suas críticas.

Foram jornalistas que se consideravam no espírito de 1968, no seu senso crítico, na rejeição da religião e do autoritarismo.

Alguns acham que eles exageravam nas suas piadas, mas era a concepção deles, um jornal satírico, no qual o exagero era parte de sua ideia.

Eles estavam sempre convencidos de que a liberdade de expressão era atacar de Jesus Cristo a Maomé. Esta era a concepção deles.

Pode-se achar isso uma tolice ou bom. Mas é parte do jogo.

Uma sociedade livre é justamente aquela que suporta o **excesso**."

No *Charlie Hebdo* se formou e cresceu o melhor do cartunismo francês.

Passaram ou saíram do jornal nomes como Wolinski, Cabu, Tignous, mortos no atentado, Gebé, Reiser, Cavanna, Siné etc.

Um dos pressupostos editoriais se fundamentava no fato de que simplesmente não prestaria aquilo que era institucionalmente sério, em termos de política ou de costumes.

O bem informado e talentoso articulista Gilles Lapouge, em seu artigo *Horror em plena Paris* (publicado no jornal *O Estado de S.Paulo* de 8/1/2015), explicou: "Por volta das 11h30min, no dia 7 de janeiro de 2015, assassinos vestidos de preto, armados de metralhadoras Kalashnikov e bazucas, entraram na redação da *Charlie Hebdo* e atiraram em muitas pessoas, matando 12 e ferindo outras 11, no atentado mais fatal já cometido na França nos últimos 50 anos.

Rapidamente todos associaram com um ataque jihadista.

Antes de fugirem, após o massacre, um deles gritou: '**Vingamos Maomé**'. Com efeito, o jornal *Charles Hebdo*, conhecido por suas caricaturas cruéis, engraçadas, pesadas e chocantes tem empreendido um combate contra o delírio islamista.

Há oito anos, a revista dinamarquesa *Jyllands-Posten* publicou 'caricaturas de Maomé', e por isso recebeu muitas ameaças terroristas. O problema é que logo em seguida, o *Charlie Hebdo* manifestou solidariedade com a publicação e decidiu divulgar as caricaturas contestadas, e desde então, vem de uma forma ou outra desafiando o terror.

Mobilizou todos os seus talentos, sua coragem, para fustigar mensalmente a ignomínia, resistindo às constantes ameaças que recebia.

Uma proteção policial lhe foi oferecida.

O último número, que chegou às bancas em 7/1/2015, expressa muito bem esse longo e implacável combate: embaixo de uma charge de Charb pode-se ler o diálogo: 'Ainda nada de atentados?', pergunta um homem. E seu amigo responde: 'Aguarde.'

Os assassinos, sem dúvida, estavam muito bem informados.

A redação do jornal encontra-se num grande imóvel, com um labirinto de portas e corredores e não era tão simples assim encontrar a **sala de reunião**, a não ser que se conhecesse bem o local.

Além disso, o momento do encontro semanal dos redatores também foi escolhido com precisão, pois nem sempre os jornalistas e cartunistas estavam todos ali.

Foi também espantoso o grande número de figuras ilustres assassinadas ao mesmo tempo – os cartunistas Charb, Cabu, Wolinski Tignous e Honoré, além do economista e jornalista Bernard Maris, que escrevia como pseudônimo de L'oncle Bernard (tio Bernard).

Eles foram chamados pelo nome e sobrenome antes de serem abatidos.

Finalmente, o ataque foi levado a cabo com armas pesadas, por homens de uniforme preto, protegidos por coletes à prova de balas, sem indícios de qualquer amadorismo, ao contrário, eles exibiram um profissionalismo que outras ações perpetradas por islamistas raramente mostraram.

E esses assassinos não se apressaram e não evidenciaram nenhum gesto precipitado ou conturbado. Não houve o nervosismo e a exaltação que normalmente os 'soldadinhos do terror' demonstram quando operam nos países da Europa.

Tudo indica que os dois assassinos foram os irmãos Saïd (34 anos) e Chérif Kouachi (32 anos), franceses de origem árabe, sendo que Chérif chegou a ser condenado em 2008 a 18 meses de prisão por terrorismo, sob a acusação de enviar guerrilheiros para ajudar insurgentes no Iraque.

Os terroristas mataram, ainda, policiais que protegiam o prédio em virtude das ameaças, e em vídeo foi possível registrar o momento em que um deles voltou para disparar na cabeça daquele que agonizava!?!?"

Após uma operação em que o governo francês colocou em ação quase 100 mil policiais, os irmãos Chérif e Said Kouachi foram cercados e mortos, no dia 9/5/2015.

Tudo isso foi espantoso, inacreditável e extremamente preocupante.

O professor e jornalista Eugenio Bucci, de forma muito inteligente relatou a sua perplexidade no artigo *A primeira vítima é o humor* (publicado no jornal *O Estado de S.Paulo* em 8/1/2015): "A vítima agora é a sátira. A vítima agora é a ironia. Nada pode ser mais expressivo e mais aterrorizante.

Matando a ironia, cortando-a pela raiz (e pelo pescoço), os autores da carnificina pretendiam matar **o próprio espírito da modernidade**.

Se existe um traço distintivo da modernidade, é a ironia, essa sofisticação cética do espírito humano que passa pela recusa do argumento da autoridade – e pela ridicularização, mais ou menos ostensiva, da figura empolada da autoridade.

A ironia duvida do poder porque sabe que o sujeito, em público e em privado, não governa todos os seus atos e todas as suas palavras.

Enquanto uns batem continência e outros se ajoelham, a ironia ri.

Não leva o ego tão a sério assim.

Não dá crédito ao superego.

O melhor da ironia é rir de si mesmo.

Sem ironia o que é moderno fenece.

Não há mundo moderno sem o arejamento da ironia e, no fundo, é exatamente esse arejamento que nos pode vacinar contra as catedrais do fundamentalismo e da intolerância, as forças malignas que nos tracionam para o passado.

Quem disparou contra os desenhistas corrosivos da revista francesa alimenta, sim, a fantasia fanática de aniquilar a democracia, a liberdade, a modernidade e, principalmente, a nossa ideia profana e fugidia de felicidade. Quem quer que tenha cometido tamanha brutalidade quer castrar a imaginação e o prazer, nos semelhantes e em si mesmo."

Bem, ninguém tem o direito de matar e *"Je suis Charlie"* foi a reação emocional espontânea de muitos milhões de pessoas contra essa barbárie, essa estupidez.

E alguns dias após os atentados à sede do jornal satírico *Charles Hebdo* (e também a um supermercado judaico, no qual foi morto o terrorista Amédy Coulibaly, que por sua vez matou quatro pessoas entre os reféns que tomou), a França deu mostras inegáveis que se recuperou do ocorrido.

Assim, mais de 4 milhões de pessoas saíram às ruas nas principais cidades (cerca de 1,5 milhão em Paris) em solidariedade às vítimas, enaltecendo a liberdade de expressão como resposta.

Liderada pelo presidente francês François Hollande, a passeata histórica de Paris, no domingo (11/1/2015) reuniu ex-presidentes e grandes líderes mundiais como a chanceler alemã Angela Merkel, e o primeiro-ministro britânico David Cameron.

"Tudo está perdoado!!!"

Estiveram presentes também figuras antagônicas no cenário mundial, como o premiê israelense Benjamin Netanyahu, e o presidente da Autoridade Palestina Mahmoud Abbas.

A ausência do presidente norte-americano Barack Obama foi amplamente criticada pela imprensa internacional, porém no dia 16/1/2015, o secretário de Estado dos EUA, John Kerry, o representou num encontro com o presidente Hollande.

Os sobreviventes do *Charlie Hebdo* também desafiaram o medo.

Na capa da edição especial pós-atentado, uma caricatura do profeta Maomé derramando uma lágrima e segurando um cartaz no qual estava escrito o lema dos manifestantes *"Je suis Charlie"* ("Eu sou Charlie"), sob a manchete: **"Tudo está perdoado."**

O jornal, com cinco milhões de exemplares disponíveis em seis idiomas, se esgotou com facilidade nas bancas da capital francesa (a tiragem habitual era de 60 mil unidades por mês).

"Ser Charlie" é muito mais do que defender a liberdade de expressão. É uma afirmação de que as ideias se combatem com ideias melhores e não com armas letais.

O arquiteto, *designer* e desenhista de humor Claudius Ceccon foi muito feliz no seu artigo *Novos desafios para "Charlie"* (publicado no jornal *Folha de S.Paulo*, em 26/1/2015) quando destacou: "O humor do *Charlie Hebdo*, frequentemente grosseiro, escatológico, de mau gosto, ultrapassa limites, choca. Suas charges sem sutileza e sua linguagem chula, impublicáveis em qualquer outro jornal, continuarão. Elas cumprem um necessário papel de denúncia. Entretanto, *Charlie Hebdo* também erra.

Essa arrogância, que menospreza e deprecia o outro, esse etnocentrismo, esse laicismo semirreligioso, tudo isso parece ultrapassado no século em que vivemos.

A coragem e a força do humor do *Charlie Hebdo* terão de se reinventar, atualizar-se, para mirar alvos mais ameaçadores: aqueles que aumentam o fosso de incompreensão entre as pessoas e ampliam as injustiças entre os povos.

Liberdade, igualdade e fraternidade, ou são para todos, ou são palavras vazias!!!"

**Algumas das provocadoras capas do *Charlie Hebdo*.**

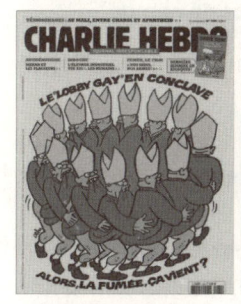

"E aí, a fumaça não chega?"

"A invenção do humor: óleo e fogo."

"Enfim branco."

"O que querem 25% dos franceses? Uma Joana d´Arc que mande os outros para a fogueira!?!?"

## 3.12 – A ANÁLISE DIDÁTICA DO HUMOR

A professora e escritora Marcia Kupstas desenvolveu um projeto que deu origem ao livro *Sete Faces do Humor*, e em sua apresentação, ela pergunta: **"Humor e comédia, o que são?"**

Ela explicou: "Humor é uma palavra de origem grega que significa 'líquido'.

Dessa maneira, alguém bem-humorado é aquele que teria 'bons fluidos', no sentido de o seu organismo estar saudável e em equilíbrio, logo, essa pessoa estaria bem e feliz.

Feliz é um estado de espírito, que é imediatamente associado à comédia – palavra que, originalmente, significava qualquer manifestação teatral –, que junto com as tragédias incorporava o teatro grego do século IV a.C., época em que viveu o filósofo grego Aristóteles, que escreveu *Arte Poética*, no qual discutiu a tragédia e a comédia.

Infelizmente, seus textos sobre a comédia perderam-se no tempo, chegando apenas alguns trechos esparsos entre nós.

Com o passar do tempo, entretanto, as peças teatrais em que predominavam a graça e a sátira foram chamadas de '***comédias***' e tiveram a sua estrutura modificada.

"Um livro didático sobre os tipos de humor."

Dessa forma, passou-se a entender a '**sátira**' como uma variante da comédia, cujo objetivo é censurar ou ridicularizar defeitos ou vícios.

Mas de qualquer forma, os objetivos das sátiras e comédias é a de trazer os '**bons humores**' às pessoas, fazendo-as rir e assim se divertirem.

O humor naturalmente não vive só da comédia.

Em qualquer peça teatral, história em quadrinhos, programas de TV, narrativas em geral etc., pode haver, além de um tema central, mesmo não sendo muito engraçado, momentos de humor.

Assim, num filme, em uma cena de terror mais intensa, por exemplo, é possível arrancar gargalhadas dos espectadores, se acontecer algo inesperado e não adequado, que quebre o clima.

O ritmo acelerado dos filmes de aventura, se de um lado eletriza o público, também pode gerar humor.

É o caso daquela cena do filme *007 Contra Octopussy*, quando o agente secreto britânico 007 está num castelo, lutando contra uma multidão de inimigos e, para escapar deles, escorrega por um enorme corrimão da escadaria.

Vê, de repente, que a escada termina num grosso pedestal.

Não tem dúvidas: põe-se a metralhar o pedestal para evitar uma pancada num local bem sensível, não é?

O humor, deste modo, é muito rico em personagens, situações, momentos surpreendentes.

Por isso mesmo, é difícil, inclusive, em limitá-lo em apenas **sete faces**!?!?

A ideia foi a de condensar em sete maneiras o que nos faz rir, inclusive criando uma inter-relação entre elas.

» **Do que é que o ser humano ri e como?**

Destacou Marcia Kupstas: "Acredito que ele ri do '**humor verbal**', aquele que depende de trocadilhos, frases de duplo sentido, gírias da época.

Do '**humor do objeto e do engano**', envolvendo trapalhadas em torno de algo que muitas pessoas desejam.

Do '**humor de comportamento**', que expõe pessoas comuns a uma situação peculiar, o que pode servir de crítica à sociedade – a chamada comédia de costumes.

Ri, também, do '**humor de personagem**', que traz a imensa galeria de tipos hilários, criada pela imaginação humana – palhaços, bêbados, ricos, pobres, feios, bonitos, gordos, magros etc., ou seja, com características exageradas para fazer rir.

Diverte-se muito com o '**humor do grotesco**', que recai na piada pesada, no rir de situações que podem estar mais próximas da tragédia... alheia.

Das '**trocas de identidade** e '**travestismo**', variações do estado de espírito do personagem, fazendo o jogo do '**parece, mas não é**'.

O fato é que qualquer que seja a maneira adotada, o que se procura apostar é sempre naquele velho conceito de que '**rir é o melhor remédio**' contra qualquer doença, para que os nossos humores – como queriam os antigos – fiquem sempre saudáveis!!!"

» **1º) Humor verbal** – O talentoso comediante Groucho Marx disse: "Certas mulheres não param de falar um minuto. Parece que foram vacinadas com agulha de vitrola..."

Bem, essa frase sarcástica pode não ser entendida por pessoas que nunca viram uma vitrola e que se precisava ter uma "agulha" para que saísse o som do disco.

Claro que fica mais fácil entender (e rir) talvez do seguinte diálogo em que um fã de Groucho Marx lhe disse: "O senhor não é Groucho Marx, a lenda viva?"

Ao que o humorista respondeu: "Não tenho culpa se as outras pessoas morreram!!!"

Aqui, talvez seja útil distinguir o **humorista** do **comediante**, se bem que às vezes pensa-se que é a mesma coisa.

O comediante é aquele que vive a promover a alegria mediante brincadeiras, palhaçadas de toda a sorte.

O humorista não é, necessariamente, alegre e brincalhão.

O comediante geralmente se apresenta risonho, já o humorista pode fazer rir estando absolutamente sério, além de ser mais fino, mais sutil e menos pueril.

Entretanto, o humorista consegue ser, quando necessário, um comediante e vice-versa.

**Mas o que é humor verbal?**

É aquele tipo de humor que depende exatamente da palavra para se concretizar, através de trocadilhos, piadas, respostas inusitadas.

Tornou-se, inclusive em recurso ideal para as crônicas – textos curtos, de caráter variado, que apostam no comentário bem-humorado do autor para apresentar assuntos e problemas cotidianos.

No seu livro *Dois Amigos e um Chato*, o escritor Sérgio Marcus Rangel Porto – entre outras atividades – dá diversos exemplos do seu humor verbal, através de seu heterônimo Stanislaw Ponte Preta, um carioca que representou um tipo de vida boêmia e bem-humorada no Rio de Janeiro, nos anos 1950-60.

Aí vão três exemplos do que dizia:

» "Mulher e livro – emprestou, volta estragado."

» "Política tem uma desvantagem: de vez em quando o sujeito vai preso em nome da liberdade."

» "Entre as três melhores coisas da vida, comer está em segundo lugar e dormir, em terceiro."

No cinema norte-americano Woody Allen especializou-se em filmes de humor verbal acelerado, especialmente no início da sua carreira, quando apostou muito nas tiradas rápidas, nos trocadilhos a respeito da insegurança, da sua falta de jeito de lidar com as mulheres, da sua herança judia, e ao representar o personagem afirmou: **"Quando vi uma mulher nua pela primeira vez, pensei que o rabino tinha ido longe demais na sua circuncisão!!!"**

"Woody Allen, um jovem assustado entre as beldades."

Aí vão diversos exemplos de humor verbal.

Marcelo Barbosa Cotrim, no seu livro *O Exercício da Cultura Inútil - ou Castigat Ridendo Moraes* (que quer dizer "é rindo que os costumes se transformam") apresentou pensamentos, reflexões, lampejos rápidos que sem dúvida levam o leitor ao encantamento e ao riso.

- Quem cedo madruga... perde o melhor do sono.
- Quem ri por último... é retardado ou idiota.
- Urinar dentro ou fora do vaso sanitário, é mera questão de pontaria.
- Deixar as coisas como estão é próprio do cansado.
- Construir uma sociedade mais justa, é um desejo tão antigo que virou sonho.
- Quem se casa pela terceira vez, além de burro é persistente.
- No leito da morte, com muito orgulho, suspirou aos herdeiros: "Eu tripliquei o que meu pai me deixou – só dívidas."
- Do boneco ara o ventríloquo: "Arruma as besteiras que eu falo."
- Não pense que menopausa é um compasso de música erudita.
- Não confunda abalos sísmicos, com abalos no rabo dos símios.
- Não confunda finalista, com quem está no fim do meio da lista.
- Não pense que lei da gravidade é para proteger mulher grávida.

- Não pense que flatulência é o sopro mais forte de um tocador de flauta.
- Não pense que obturar é ter que aturar gente obtusa.

Agora, aí vão algumas frases e opiniões **malditas** de pessoas célebres ou governantes importantes que não serão identificados com elas, por motivo de respeito ou talvez pelo fato de eles terem, inadvertidamente, pisado numa casca de banana.

- "Minha mãe era uma mulher que nasceu analfabeta."
- "Não temos facilidade de descobrir as pistas de pouso clandestinas, até porque elas não estão registradas."
- "É uma lei bem-humorada, mas séria."
- "Todo mundo quer ver Deus, mas ninguém quer morrer."
- "Sou a maria-comédia: só gosto de homens que me façam rir."
- "Se a senhora achou gordura engraçado, compre 1 kg de toucinho. Assim a senhora vai rir bastante tempo..."
- "O que importa é a beleza inferior."
- "Desencana da localização geográfica e brinca no mapa todo."

"PATRÃO, TODOS OS FUNCIONÁRIOS NA EMPRESA ESTÃO FELIZES E LHE DESEJAM BOAS FÉRIAS AQUI NO HOSPITAL!?!?!"

- "Se não houvesse mentira, não haveria sexo."
- "As argentinas bonitas são muito bonitas e as feias são muito feias."
- "Continuo sonhando em tomar banho um dia numa praia boliviana."
- "As ideias me vêm à cabeça. É isso que me deixa maluco! De onde elas vêm?"

No seu sarcástico livro *Ajuda-te a Mim Mesmo*, o jornalista Agamenon Mendes Pedreira, dá um excelente exemplo de uma redação humorística ao apresentar as seguintes **pílulas de otimismo**.

1. O Brasil de hoje é muito pior que o Brasil de ontem, mas em compensação, o Brasil de hoje é muito melhor que o Brasil de amanhã!?!?
2. Sexo com a patroa é igual a votar: não é mais obrigatório para quem tem mais de 65 anos.
3. O meu minimalismo é muito maior que o seu!!!
4. A diferença entre um hospital público e uma cadeia no Brasil, é que da cadeia você tem alguma possibilidade de escapar com vida.
5. O mundo vai acabar. E começou pelo papel higiênico lá de casa.
6. Virgindade é igual a carteira de identidade: quando se perde é só tirar uma segunda via.
7. Todo homem tem seu preço, o problema é que devido à crise no mundo dos negócios, muita gente está em promoção...
8. No Brasil, as coisas estão melhorando de mal a pior.
9. Não sou um homem de princípios, sou um homem com fins. Fins lucrativos.
10. Tudo já foi feito, e fui eu que fiz!!!

Houve uma época em que muita gente se divertia durante uma viagem de automóvel, rindo do que lia nos para-choques dos caminhões pelos quais passava.

Hoje, não está mais tão engraçado, pois muitos deles não têm mais nada escrito, até porque o seu *design* mudou...

Mas aí vão dez dessas inscrições sarcásticas que muitos motoristas já leram e certamente sorriram...

- "Não sou cobra, mas ando todo envenenado."
- "Antes casada arrependida do que freira aborrecida."
- "Marido desconfiado já é corno ou candidato."
- "Aos amigos, um 'bom dia'; aos inimigos um 'dia bão.'"
- "Na viagem para a eternidade, ninguém pede carona."
- "O homem é capaz de quase tudo; a mulher, do resto."
- "Quem gosta de mulher feia é salão de beleza."
- "Estrada reta e mulher sem curva só dão sono."
- "Eu não quero saber o nome do soldado desconhecido; eu quero é o endereço da viúva."
- "Previna-se contra virgindade: vacinações aqui."

**Que tal, gostou dessas provocações?**
Veja se agora lê alguma coisa engraçada durante os seus deslocamentos, nesse "mar de caminhões" com os quais cruza o seu veículo.

» **2º) Humor do objeto e do engano** – Este é aquele tipo de humor muito antigo, que mostra mil e uma peripécias causadas pela troca de um objeto – um presente dado errado, algo que passa de mão em mão – em histórias repletas de quiproquós atrapalhados.

Aliás, a própria origem da palavra quiproquó confirma sua antiguidade: *quid pro quo* em latim e o seu significado é: "**isto por aquilo**", ou seja, uma coisa pela outra.

É a situação cômica que surge baseada em algum equívoco ou troca.

"Ah! Adorei querido, que lindo vestido você comprou para mim!!!"

Por exemplo, um distraído jovem sobrinho que confunde os presentes e manda uma camisola *sexy* para a sua tia de mais de 75 anos que era para ser enviada para a namorada que quer conquistar...

Imagine a confusão, não é?

Aí vão algumas anedotas que se encaixam nessa classe.

### A máquina da verdade

*O pai compra um robô detector de mentiras que dá tapas nas pessoas quando* **mentem**!!!

*Decide testá-lo ao jantar.*

*– Filho, onde esteve hoje?*

*– Na escola pai.*

*O robô dá um tapa no filho.*

*– Na realidade fui ver um DVD na casa do Zezinho!?!?*

*– Que DVD?*

*– Toy Story.*

*O robô dá outro tapa no filho.*

*– Tudo bem, era um filme pornográfico – choramingou o filho.*

*– O quê? Quando eu tinha a sua idade, nem sabia o que era filme pornô – diz o pai.*

*O robô dá um tapa no pai.*

*A mãe ri.*

*– Há! Há! Há! Ele é mesmo teu filho.*

*O robô dá um tapa na mãe.*

*E aí surge um silêncio lúgubre...*

### Caridade

*Uma instituição de caridade nunca tinha recebido uma doação sequer do advogado mais rico da cidade.*

*Aí, o diretor da instituição decidiu, ele mesmo, ir falar com o advogado.*

*– Nossos registos mostram que o senhor ganha mais de R$ 20 milhões por ano e, mesmo assim, nunca fez uma pequena doação para a nossa instituição de caridade.*

*O senhor não gostaria de mudar essa situação e contribuir agora?*

*O advogado respondeu:*

– A sua pesquisa apurou que minha mãe está muito doente e que as contas médicas são muito superiores à renda anual da aposentadoria dela?

– Ah, não... – murmurou o diretor.

– Ou que o meu irmão mais novo é cego e desempregado? – continuou o advogado.

O diretor nem se atreveu a abrir a boca.

– Ou que o marido da minha irmã morreu num acidente, e a deixou sem um real e com cinco filhos menores para criar? Ou que meu pai é diabético, cardiopata e que está na cadeira de rodas há mais de dez anos?

Foi por acaso, verificado que eu tenho dois sobrinhos com necessidades especiais?

Além de tudo isso, vocês já sabem que meu irmão mais velho pediu falência e perdeu todos os seus bens?

– Não, absolutamente não. – respondeu o diretor, totalmente, envergonhado com o papel que fazia.

– Pois então. – disse o advogado: se eu não dou um tostão para eles, por que iria eu dar para vocês?!?!

Obviamente isso nem é bem uma piada, mas uma narrativa tétrica mostrando o motivo porque alguém ficou rico e ao mesmo tempo tão insensível com qualquer tipo de dificuldade, mesmo das pessoas tão próximas a ele.

## A NADADORA

Um homem de meia idade conheceu uma mulher já passando bem dos 30 anos e decidiu casar com ela.

Ela disse um certo dia:

– Mas nós não sabemos nada um sobre o outro!

Ele respondeu:

– Não há problema, nós nos conheceremos com o tempo...

Ela concordou.

Casaram-se e foram passar a lua de mel num luxuoso resort.

Certa manhã, estavam ambos recostados junto à piscina, quando ele se levantou, subiu no trampolim de 7,5 m, realizou uma perfeita demonstração de todos os saltos que existem e voltou para junto da esposa.

Ela disse:

– Isso foi incrível!

– Fui campeão brasileiro de saltos ornamentais. Eu lhe disse que nos conheceríamos com o tempo – respondeu ele.

Nisso, ela se levantou, entrou na piscina e começou a nadar, ida e volta, em impressionante velocidade.

Depois de mais de 25 idas e voltas, ela saiu da água e chegou onde estava o marido, sem demonstrar nenhum cansaço.

Ele diz:

– Estou surpreso! Foi também uma nadadora de competição?

Não explicou.

– Fui durante um tempo, garota de programa em Veneza, tinha muitos clientes e atendia em domicílio.

» **3º) Humor de comportamento** – A comédia de costumes trabalha exemplarmente o humor do comportamento, retomando as cenas típicas do dia a dia, para nos fazer refletir sobre elas, comicamente.

Há umas duas décadas, fez um certo sucesso o filme australiano *Crocodilo Dundee* no qual o personagem central acaba sendo levado para uma cidade muito grande: Nova York, tendo ele vivido a maior parte do tempo no pacato interior de seu país.

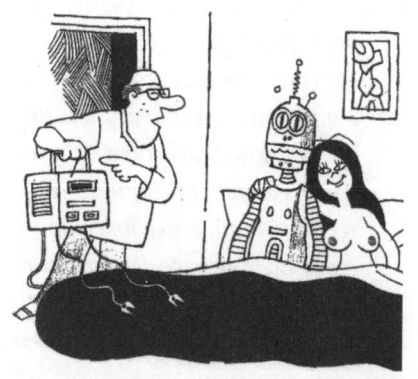

"Quando você terminar, por favor, não se esqueça de ligá-lo no carregador."

Naturalmente, tudo lhe parece interessante na grande cidade, inclusive se espanta com muitas coisas como, por exemplo, a "loucura" para se atravessar as ruas da cidade ou então o evento em que um trombadinha lhe aponta um canivete quando ele reage, puxando imediatamente o seu imenso facão de caça, o que obviamente assustou muito o assaltante...

Claro que desse confronto de comportamentos, nasce muito humor, principalmente para aqueles acostumados a viver nas metrópoles.

Aí vão duas piadas bem intelectuais que podem ser enquadradas no humor de comportamento.

## DE QUEM É A CULPA?

Um jogando a culpa no outro, ao dizer:
Português – Isso é grego para mim.
Espanhol – Isso é chinês para mim.

*Alemão – Isso me parece espanhol*
*Russo – Isso é uma gramática chinesa.*
*Italiano – Você está falando turco.*
*Francês – Isso é hebraico para mim.*

### PORTUGUESINHO ESPERTO!!!

*Dois soldados que estavam nas trincheiras durante a Primeira Guerra Mundial (1914-1918)*

*Aí o soldado português ofereceu-se para ensinar ao soldado francês mil palavras em português em menos de 1 min, desde que lhe pagasse 100 francos (um montante razoável para a época...) e caso ele não aprendesse, seria o português que deveria lhe pagar 10 francos.*

*O francês pensou e no final aceitou o desafio.*

*Aí disse o português: "Todas as palavras que você tem em francês que terminam em tion são as mesmas que em português, só que essas terminam em ação, que você deve pronunciar – saon."*

Pois é, esse foi um português bem esperto, que em menos de 1 min, ganhou 100 francos, não é?

Com isso, deveria-se descontar essa, para não se pensar que os portugueses não devem ser motivo de gozações nas piadas...

A nobre tradição de não fazer nada remonta aos temos antigos. Que comportamento legal, não é?

No Paraíso, é sabido que Adão não precisava atender o *smartphone*, nem Eva ia pegar os filhos na escola...

Até a Revolução Francesa, em especial no mundo ocidental, o trabalho era atividade dos escravos, plebeus e prisioneiros de guerra.

Os nobres preenchiam seu tempo com piqueniques, festas, bailes de máscara, concertos, fofocas, casos amorosos e outras atividades sociais complexas e importantes para o andamento do mundo.

Mas aí, em 1789, os trabalhadores franceses ficaram um pouco aborrecidos com a vida boa da nobreza e com o fato de que eram eles que tinham de sustentá-la.

Com a ajuda de algumas guilhotinas, acabaram com a farra – e com o pescoço, em muitos casos – dos aristocratas, dando fim à era do *dolce far niente* (a tranquila vida de não fazer nada) e conferindo ao trabalho uma grande **superioridade**.

Desde então, a preguiça nunca mais foi a mesma. Passaram a ser mal vistas as pessoas que sabiam apreciar o ócio.

E o trabalho insano e incessante dos tempos modernos foi se tornando o padrão obrigatório.

Para recuperar um pouco a sabedoria milenar de nossos antepassados, aí vão alguns conselhos a favor da preguiça (interessante comportamento, não é?) ou, na pior das hipóteses, no sentido de que você encontre mais tempo para o seu lugar, para aproveitar melhor a vida e deixar o mais possível o seu estresse em férias...

1º) Aquilo que se adia, não se perde.

2º) Descansar é saúde.

3º) Deixe para amanhã o que você não precisa fazer hoje.

4º) Faça menos do que pode e arrume alguém para fazer o que precisa ser feito.

5º) Aos ocupados não sobra tempo para a introspecção, o convívio, a amizade, o jogo, o amor e a aventura.

6º) "O trabalho é uma profissão. O ócio é uma arte". – Domenico de Masi, no seu livro *Ócio Criativo*.

7º) Sigamos preguiçosos em tudo, exceto em amar e beber, exceto em sermos preguiçosos.

8º) Lembre-se da fábula da cigarra e da formiga! Pois a formiga morreu e ninguém sentiu sua falta, enquanto que todos lamentaram não ouvir mais o canto da cigarra!!!

9º) "Hora de comer – comer!

Hora de dormir – dormir!

Hora de vadiar – vadiar!

Hora de trabalhar?

Pernas para o ar que ninguém é de ferro." Ascenso Ferreira em *Catimbó e Outros Poemas*.

10º) Você não consegue ser feliz se trabalhar demais. Você conhece alguém que ao fim da vida disse: **"Eu gostaria de ter trabalhado mais?"**

"O sarcasmo de Angeli com a teologia da libertação."

» **4º) Humor de personagem** – Como disse um humorista: "Invejo as pessoas que bebem. Pelo menos têm alguma coisa em que botar a culpa quando algo dá errado."

Bêbados sempre foram engraçados.

O deus Baco (na mitologia grega, deus do vinho) é apresentado como um ser gordinho e risonho, e as suas festas, chamadas de bacanais eram os "carnavais" da antiguidade.

» **Que outras personagens são engraçadas?**

A empregada atrapalhada, o palhaço, o gordo, o mendigo bem-humorado, a loira e, assim, uma galeria de tipos divertidos é bem grande.

O humor de personagem pode ser definido a partir da distinção entre "tipo" e "caricatura".

**"Tipo"** é o personagem com características definidas, que representa um grupo social – o avarento, a viúva, o gordo etc.

O exagero de tipo é o "estereótipo", um personagem simples, mas sempre associado a algum comportamento ou imagem.

Por exemplo, um desenho de um homem londrino com cartola nos induz a pensar nele como sendo um capitalista ou algum nobre.

Já **"caricatura"** é a personagem com poucas e negativas características, que são realçadas para provocar o grotesco e o riso.

Chico Anysio foi um especialista em criar personagens, como aquele seu jogador de futebol de pernas tortas, dentes falhos e falando tudo errado, com o que estaria caricaturizando uma espécie de jogador não trivial.

A nossa personagem será agora, a tão "desgastada" loira...

## Loira que cura crise de meia idade.

Um homem meditando na cama, vivendo uma certa crise masculina, disse para uma mulher de maneira introspectiva: "Querida, 30 anos atrás nós tínhamos um fusquinha, um apartamento minúsculo todo deteriorado, dormíamos em um sofá-cama e víamos televisão em um aparelho preto e branco de 14 polegadas.

Mas todas as noites eu dormia com uma loira gostosa de 23 anos.

Agora nós temos uma mansão, vários carros do ano na garagem, uma cama super king size e uma TV de plasma com high definition, porém estou dormindo com uma senhora que passou dos 50 anos, que não está evoluindo, ao contrário, parece que está em desmanche."

A esposa desse homem, uma mulher educada, sensata, sem mover os olhos para o lado respondeu-lhe: "Sem problemas. Pode sair de casa e achar um loira de 23 anos que queira ficar com você. Se isso acontecer, com o maior prazer eu farei com que você, novamente, consiga viver em um pequeno apartamento caindo aos pedaços, durma em um sofá-cama e não dirija nada mais do que um fusquinha."

**Moral dessa conversa** – É assim que se cura um homem com crise de meia-idade, graças a essas mulheres loiras mais maduras que continuam demais!?!?

## Tem loira esperta viu?

Um amigo diz para o outro no intervalo da música numa balada: "Quer ver como as loiras daqui são burrinhas? Vou lhe mostrar como consigo tirar dinheiro daquela ali."

Assim, chega perto de uma bonita loira e lhe propõe: "Vamos fazer uma brincadeira. Vou lhe fazer três perguntas, e cada uma que você não souber a resposta, vai me pagar R$ 50. Depois, você pode me fazer uma pergunta e se eu não souber a resposta pago-lhe R$ 1 mil. Você topa?"

A loira, sem titubear respondeu: "Sim!"

Aí, o rapaz perguntou-lhe: "Quem descobriu o Brasil, qual era a capital do Estado de São Paulo e quantas vezes o Brasil ganhou a Copa do Mundo de Futebol."

Ouviu três vezes: "Não sei!!!"

Faturou R$ 150 e todo metido falou que agora era a vez dela.

A loira perguntou-lhe: "Qual é o tempo que um cavalo que perdeu a ferradura leva para ir a galope de Sorocaba a Piedade?

O rapaz pensou, pensou e finalmente disse: "Não sei !"
Assim, a loira embolsou os seus R$ 1 mil, mas o rapaz lhe perguntou: "Mas quanto tempo leva?"
E aí ouviu dela: "Também não sei. Toma lá os seus R$ 50."
Levantou-se e foi embora...

"Sei que não sou inteligente e estou preocupada se algum homem vai querer conversar comigo."

## A loira, notável observadora!!!

Três loiras foram fazer o teste para ingressar na Polícia.
O oficial encarregado de entrevistá-las mostra uma foto para a primeira: "Quero ver se você é observadora. Olhe bem para a foto desse sujeito e diga o que lhe chama mais a atenção.
Responde a primeira loira: "O cara só tem um olho!"
Replica o oficial: "Tem um olho só coisa nenhuma. É uma foto de perfil!"
Aí, o oficial mostra a mesma foto para a segunda loira que diz: "Ele só tem uma orelha!!!"
Desanimado, o oficial mostra a foto para a terceira loira que declara: "Ele usa lente de contato!!!"
Curioso, o oficial consultou a ficha do delinquente, que confirmou que ele usava de fato lentes de contato e exclamou:
"Sua sensibilidade é magnifica – confesso que nem mesmo eu tinha percebido isso. Como você descobriu?"
E aí a terceira loira explica: "Foi muito fácil...
Com um olho só, acho que ele não enxerga bem, e com uma orelha só, não dá para segurar os óculos!?!?"

### Loira bem-sucedida! Afinal!?!?

*Uma loira não conseguia passar em nenhum teste para um emprego. Resolveu tomar uma atitude extrema para ganhar algum dinheiro.*

*Pensou: "Vou sequestrar uma criança! Com o dinheiro do resgate resolvo a minha vida por um tempo..."*

*Ela encaminhou-se para um playground num bairro de classe alta, viu um menino muito bem vestido, puxou-o para trás e foi logo escrevendo o bilhete: "Querida mãe, isto é um sequestro. Estou com seu filho. Favor deixar resgate de R$ 50 mil, amanhã, ao meio dia, atrás da árvore no parquinho.*

*Assinado: Loira sequestradora!!!"*

*Então ela pegou o bilhete, dobrou-o e colocou no bolso da jaqueta do menino, dizendo-lhe: "Agora vai lá e entrega um bilhete para a sua mãe!"*

*No dia seguinte, a loira vai até o local combinado, encontra uma pequena bolsa, abre-a verificando que além dos R$ 50 mil havia um bilhete no qual estava escrito: "Aí está o resgate que você pediu, só não me conformo como uma loira pode fazer isso com a outra..."*

» **5º) Humor do grotesco** – Groucho Marx explicou isso de uma forma genial: "Um amador pensa que é engraçado vestir um homem com uma velhinha, sentá-lo numa cadeira de rodas e dar um empurrão na cadeira, para que ele desça a ladeira feito uma flecha e se esborrache contra um muro de pedra.

Um profissional sabe que isso tem de ser feito com uma velhinha de verdade!?!?"

» **Por que nós rimos da desgraça alheia?**

» **Que sentimento nos leva a rir diante de situações que deveriam despertar piedade?**

» **Por que o humor popular se utiliza de anões, velhos surdos, homossexuais, gagos, banguelas etc. para fazer as pessoas sorrirem?**

"Que belo relógio! Será que vale a pena salvá-lo?"

"Castigo grotesco pelo desempenho ruim!?!?"

Talvez alguns desses personagens devessem inspirar compreensão e piedade em vez de humor. Mas, lamentavelmente (!?!?) acabam sempre sendo motivo de riso.

A explicação talvez esteja nesta frase: "Quando vemos um aleijado de guerra (ou de algum acidente) na rua, sentimos pena.

Agora, três aleijados de guerra, andando na mesma calçada, nos fazem rir."

Não é, pois, a pessoa em si que desperta o humor, mas o contexto em que ela está.

Pois é, recentemente, uma humorista promoveu uma ruptura das convenções!?!?

A *performance* da humorista Tig Notaro, em seu *show* de humor *stand-up* não poderia ter sido mais ousado.

O que poderia ser mais surpreendente que uma comediante subir ao palco e declarar: "Obrigada, obrigada, estou com câncer. Obrigada, estou com câncer. Obrigada mesmo!!!"

No *show,* realizado em 31/7/2012, Notaro encarou seu câncer de mama de frente, com franqueza total e humor sutil e doloroso.

O comediante Louis C. K., presente ao evento, disse: "Foi dos maiores *shows* que vi na minha vida!!!"

E isso se tornou ainda mais notável na *performance* de Tig Notaro no Festival de Humor de Nova York, que ocorreu no dia 6 de novembro de 2014.

Depois de revelar que passou por uma mastectomia dupla bem-sucedida, sem cirurgia reconstrutiva, ela disse à plateia que pensou em fazer o *show* sem a blusa (camiseta), quase desafiando o público a pedir que ela o fizesse.

E assim bastou um grito a mais dos seus fãs e Tig Notaro arrancou sua camiseta com um só gesto, postando-se diante de centenas de pessoas de *topless*, trajando apenas *jeans*.

Ela já tinha feito a mesma coisa em outubro de 2014, num *show* no Club Largo, de Los Angeles. Entretanto, quando fez isso no festival, sua expressão se conservou irônica, como ficam algumas pessoas quando lhes é apresentando o humor grotesco...

Ela comentou: "Tenho muita consciência de que as pessoas estão pensando: 'Quando é que ela vai...?' aludindo a vestir a camiseta outra vez.
**Mas eu não vou fazer isso!?!?"**

Como não demorou para ficar claro, o objetivo não foi **unicamente chocar os presentes!!!**

Na realidade, a intenção maior foi a de convencê-los de que não havia nada para que eles ficassem tão chocados.

Durante a meia hora seguinte, Tig Notaro contou piadas tão divertidas e envolventes que qualquer ansiedade ou tensão presente no recinto se desfez.

Ela inclusive mostrou as suas cicatrizes à plateia e, então, com a força de sua atuação, fez com que todos se esquecessem delas.

Além disso, ela fez uma declaração forte, inclusive até inspiradora, sobre **sobrevivência** e **recuperação**.

Porém, também ficou a impressão de que tinha sido um desafio que ela tinha aceitado por **simples diversão**.

Antes de falar sobre o câncer, o humor que Tig Notaro fazia no palco era desapaixonado e formalmente experimental, de uma maneira que chamava a atenção do público pelo seu caráter ardiloso.

Entretanto, neste *show*, uma parte de sua turnê *Boyish Girl Interrupted*, representou um retorno à sua turma antiga, se bem que um pouco mas mordaz que de costume.

Foi como se a humorista quisesse provar que o câncer e o sucesso não abrandariam ou comprometeriam seu humor.

Ela alternou entre momentos de tolice delirante (como levar a plateia a cantar *Yellow Submarine*, enquanto imaginava a cena em que Ringo Starr teria explicado à sua mulher que tinha composto a canção) e de uma agressividade bem-humorada, que em alguns momentos beirava uma atitude ligeiramente hostil em relação à plateia.

A diferença neste *show* de 6/11/2014 foi o interessante modo como ela manipulou a plateia.

Tirar a camiseta não é um **gesto sutil** para chamar a atenção, mas orquestrar uma ovação em pé por meio de um gesto passivo-agressivo engraçado, **também não é**!!!

No seu *show,* Tig Notaro não falou apenas sobre a necessidade de superar uma doença. Aliás, essa é uma forma ou expressão inteligente do poder persuasivo e intenso da arte.

Ela mostrou fundamentalmente que o humor não apenas consegue **transformar a tragédia em comédia**, como também é capaz de desviar a atenção das pessoas da imagem mais vendida e objetificada da cultura popular: **o corpo feminino nu**!!!

"Será que ele não percebe que ao se expressar assim todos notam que está sob efeito da síndrome do Pinóquio?"

» **6º) Humor do travestismo** – Há muito tempo, Stanislaw Ponte Preta, ou seja, Sérgio Porto, disse: "Pelo jeito que a coisa vai, em breve o terceiro sexo estará em segundo lugar!!!"

Quando ele disse isso, talvez tenha até sido engraçado, mas na 2ª década do século XXI, muita coisa mudou e as piadas a respeito da ambiguidade sexual são apreciadas ainda por alguns, porém podem causar também grandes aborrecimentos para aqueles que as contam.

É verdade que uma pessoa travestida continua sendo uma fonte intencional de humor, quer seja para esconder a identidade sexual, quer como mero disfarce.

Para fazer um contraponto do travestismo, convém lembrar aqui uma lição dada por um professor norte-americano de filosofia, chamado Arnold Lorenzo Farr, sobre o que significa de fato **tolerância** e se ela deve ser levada (ou não) em conta quando as piadas giram em torno de uma certa desmoralização dos homossexuais, dos travestis e transgêneros.

Ao ser indagado sobre como conseguia envolver seus alunos em lutas contra a discriminação, ele lembrou que nada melhor do que mostrar a eles como nós, eu e você, agimos inconscientemente para reforçar **processos de exclusão**.

Somos agentes inconscientes e involuntários, mas nem por isto menos eficazes.

Arnold Farr lhes contou a história de uma relação com seu irmão homossexual. Disse que quando adolescente, ele gostava de levar suas namoradas para a casa dos pais a fim de orgulhosamente apresentá-las e ouvir depois elogios de todos.

Anos depois, em um certo dia, ele se deu conta de como seu irmão nunca pôde fazer algo parecido e como ele Arnold, nunca se importara com isso.

Ele sequer sentia a tristeza do seu irmão por não poder ser reconhecido, por ter que conservar seu desejo invisível e um total silêncio para seus próprios familiares.

Um dia, no entanto, ele foi capaz de sentir.

Mesmo não sendo homossexual, ele pôde por um momento entender o que pode ser o sofrimento de um homossexual.

Então, ele pegou o telefone e pediu-lhe desculpas.

"A grande manifestação homossexual."

Esse telefonema foi um gesto político por excelência que se deve esperar de todas as pessoas.

Se continuarmos a não sentir a violência que tais grupos sofrem, continuaremos a ouvir, do outro lado da linha, apenas piadas que os machucam muito..."

» **7º) Troca de identidades** – Inocente por culpado, rico por pobre, covarde por herói, gato por lebre etc., a troca de identidades é um recurso muito bem utilizado em comédias.

Um bom exemplo disso é o livro *O Príncipe e o Mendigo*, uma obra de Mark Twain (1835-1910), na qual ele desenvolveu diversas confusões a partir da troca de funções de dois sósias.

Um deles, futuro rei Eduardo VI da Inglaterra troca de lugar com um menino mendigo.

O príncipe consegue passar pelas ruas da cidade como mendigo sem ser incomodado, enquanto este se regala com o luxo da corte.

Infelizmente, a morte do rei (1835-1910) desencadeia muitos problemas, porque o príncipe tem de retornar urgentemente ao palácio...

Aí vão dois exemplos de humor que podem ser incluídos na categoria identidade.

*"Não, madame, não é uma obra escandalosa, mas apenas um espelho!!!"*

1º) Caracterizando, de forma depreciativa ou sarcástica uma mulher chamando-a de alguma fruta (ou algo parecido):

- Mulher Abacate – Se comer todo dia engorda muito!!!
- Mulher Abacaxi – Gostosa, porém a preparação requer muita paciência.
- Mulher Acerola – É pequena, azeda e boa para curar resfriado.
- Mulher Ameixa – Só dá uma vez por ano.
- Mulher Banana – É pesada e dá indigestão se for comida antes de dormir.
- Mulher Beterraba – Ninguém come porque gosta, só porque mamãe quer.
- Mulher Caju – Amarra-se com facilidade.
- Mulher Cana-de-açúcar – É bem docinha, mas depois de chupada só sobra o bagaço.
- Mulher Coco – Tem a cabeça dura e cheia de água.
- Mulher Cogumelo – Só dá no escurinho.
- Mulher Framboesa – Só que dar para estrangeiro.

- Mulher Fruta-de-conde – Dá mais trabalho para comer do que parece.
- Mulher Fruta-pão – Para poder comer, tem que cozinhar bastante.
- Mulher Goiaba – A maioria vem bichada.
- Mulher Graviola – Só dá no Nordeste.
- Mulher Ingá – Só quem já comeu conhece.
- Mulher Jabuticaba – Quando se come demais, fica-se três dias sem evacuar.
- Mulher Jaca – Ninguém consegue comer todo dia.
- Mulher Jambo – Dá muito mais do que você consegue comer, e quando come muito, dá dor de cabeça.
- Mulher Kiwi – É estranha, mas é gostosa.
- Mulher Laranja – Adora ser chupada.
- Mulher Laranja Lima – Só dá de vez em quando e não tem gosto de nada.
- Mulher Limão – Com pinga é uma delicia, mas depois dá uma azia danada.
- Mulher Maçã – É fácil de encontrar e dá o ano inteiro.
- Mulher Mamão – Só dá numa posição: mamãe & papaia.
- Mulher Maracujá – Tem a cara enrugada e quase sempre está azeda.
- Mulher Melancia – É redonda, pesada, cheia de caroços e tem a casca grossa.
- Mulher Melão – É comida por gente rica.
- Mulher Mexerica – É fácil de abrir, mas é cheia de gomos.
- Mulher Morango – É bonita, vistosa, mas estraga com facilidade.
- Mulher Pera – Tem o tronco fino e a bunda grande.
- Mulher Pêssego – A maioria está em conserva.
- Mulher Romã – Ninguém sabe onde encontrar.
- Mulher Uva – Está sempre enroscada em algum cacho.

**Aí vão definições semelhantes para "homens frutas":**

- Homem Abacaxi – Geralmente é um coroa, mas sabendo descascar é uma delícia e muito suculento, porém a preparação é trabalhosa.

- Homem Abacate – Só apertando para saber se está no ponto, mas engorda com facilidade.

- Homem Acerola - É pequeno, meio azedo e não faz o tipo que chama atenção, mas por trás disso tudo é supervitaminado.

- Homem Banana - Muito comum, só anda agarrado com amigos, é pesado e dá indigestão se consumido antes de dormir.

- Homem Beterraba – Apesar de ter sabor um pouco adocicado, nem fruta é!!! E a gente só consome porque a mamãe recomenda.

- Homem Cereja – Narcisista, exibido, quer sempre ficar por cima e se acha muito importante, mas para ser bom tem que estar maduro.

- Homem Coco – Tem a casca dura, mas até que é gostosinho...

- Homem Damasco – É meio fresquinho, mais ácido e menos suculento que o seu primo, o homem pêssego.

- Homem Framboesa – É uma delícia, mas só tem no estrangeiro.

- Homem Fruta-do-conde – Dá mais trabalho do que parece, finge ser muito importante.

- Homem Goiaba – A maioria está bichada.

- Homem Jaca – Grande, parece ser gostoso, mas é enjoativo.

- Homem Kiwi – Peludo, exótico, mas muito gostoso.

- Homem Laranja – Adora ser chupado, mas no fim está um bagaço!

- Homem Limão – Azedo demais. Só dá para encarar com cachaça.

- Homem Maçã – É fácil encontrar e todo mundo já experimentou. O importado é o mais gostoso.

- Homem Manga – É cheiroso, suculento e no final ainda tem um caroço para chupar, o triste são os fiapos...

- Homem Mamão – É muito bom pela manhã, mas é difícil saber a diferença entre o papaia e o macho.

- Homem Maracujá – É azedo, todo enrugado e dá um sono! Mas com boa vontade dá um bom *mousse*...

- Homem Melancia – Casca grossa, redondo, pesado e por dentro é cheio de caroços e sem muito conteúdo.

- Homem Melão – O cheiro é sempre melhor que o gosto.

- Homem Morango – Bonito, vistoso, cheiroso, mas é meio azedo, artificial e estraga com facilidade.

- Homem Pêssego – É até gostoso, mas a maioria já está em estado de conserva.

- Homem Romã – Divino, mas para ser consumido devemos seguir um ritual de paciência. Difícil de achar.

- Homem Uva – Bom de qualquer jeito, mas seu produto embriaga o sexo feminino...

2º) Aí vem uma outra dificuldade para a identificação...

*Dois gêmeos, vestidos a mesma maneira, entram num bar e sentam-se bem em frente de um bêbado.*

*Ele fica olhando para os dois, espantado, e esfrega os olhos várias vezes. Um dos gêmeos resolve falar com o manguaceiro.*

*– Meu amigo, não fique preocupado. Você não bebeu demais. Somos gêmeos.*

*E o bêbado arregala os olhos e pergunta:*

*– Os quatro?*

# CAPÍTULO 4

# O HUMOR NOS MAIS DIVERSOS MEIOS DE COMUNICAÇÃO

## 4.1 – DESENVOLVENDO O RISO BOM E O RISO MAU

O professor Elias Thomé Saliba, um especialista em humor, como ninguém, soube bem explicar o que é o "riso bom" e o "riso mau" e como os nossos humoristas colaboraram com ele nesses últimos 50 anos.

Ele afirmou: "Felino, cáustico, mordaz, cortante, corrosivo – a proliferação dessas palavras que machucam, na fala comum das pessoas para designar as modalidades de humor, parece-nos um primeiro sintoma de amplo lugar que o riso ocupa em nossa época e da dificuldade, cada vez maior, de definir e determinar o '**riso bom**' do '**riso mau**'.

Parece que dispomos de mais adjetivos para o riso que machuca do que para a graça leve da comédia, relevando indisfarçável pudor de nossa época para o lado degradante do humor.

Por isso, não raro já ocorreram e continuam acontecendo certos curtos-circuitos e choques, no lugar de harmonias, pois o humor – sobretudo aquele que nasceu e se desenvolveu a partir século XX – possui uma fortíssima vocação para a ambiguidade.

Se uma piada agrada e gratifica alguns, ela acaba por ferir outros, não tem como fugir disso.

Dessa maneira, se fui eu que escorreguei na casca de banana, não vou rir...

Mas se o escorregão for de alguém que tem poder (político, pessoal ou qualquer outro), ele não só não vai rir, como também **proibir os outros de rirem.**

Além da censura institucionalizada, sempre atuante, a intolerância social ainda aplicou a sua tesoura afiada para cortar os engraçadinhos abusados – embora nem sempre soubesse **onde** e **o que** cortar.

Se, em razão do tom mais definitivo e permanente da palavra, a **piada verbal** é sempre mais ferina, a **troça visual** já guarda um tom de comiseração pitoresca ou de simpatia divertida que a torna ainda mais ambígua.

Essa ambiguidade se reproduz de várias formas: da gargalhada desopilante das emoções reprimidas à careta do riso de zombaria e de escárnio – nem sempre é um riso que liberta.

Clichês, preconceitos, clarões, ideias feitas, traduzidas em cartuns, às vezes, reiteram vícios sociais, endossam estereótipos, reforçam poderes assentados.

Machismo e misoginia, então, nem se fala – até porque o aparecimento de mulheres cartunistas é coisa bem recente.

» **Mas por que o humor gráfico atrai tanto?**

Uma possível resposta a essa difícil questão é: da mesma forma que uma criança chama todo quadrúpede de 'au-au', porque criou uma imagem dos bichos a partir da figura singular de um cachorro – ou o bêbado que cumprimenta o poste, porque associa toda pessoa a um traço singular de verticalidade – nós somos atraídos pelos **traços concisos**, rápidos e poderosamente abstratos da caricatura, que reacende em nós a imagem singular de que nós mesmos criamos.

Bem, lá no fundo, sobretudo quando olhamos uma charge, **não vemos o que vemos, vemos o que somos!?!?**

Temos fascínio pelas figuras rabiscadas que revelam aquilo que não pode ser dito pela palavra e que reacendem, em nós, aquela chama infantil por tudo aquilo que só é exprimível graficamente – que é, afinal, somente uma parte daquele código não escrito em todas as sociedades.

Neste mundo, cada vez mais embaralhado, entulhado de imagens, o traço humorístico nos envia uma mensagem, concisa, simples, e não raro de fácil e imediata compreensão e que, como a criança que brinca nos faz simplesmente... **rir**."

Bem, **rir** sempre de tudo e de todos, é impossível, apesar de não ser uma atitude tão estranha para os escaninhos mais perversos da mente humana.

Existe algo de artificial, de doentio e, até, de diabólico **no riso crônico** a respeito de tudo e de todos.

O riso sem limites é terrível, mas ele supre a base para se compreender relativamente bem o **humor negro**, ou seja, o "**humor mau.**"

Essa é uma modalidade de riso das mais ambíguas, pois tem a ver com a capacidade de uma sociedade e de uma cultura de estabelecerem limites éticos a partir de seus próprios valores.

O chamado humor mau é tão antigo quanto o próprio o riso humano, mas ele tomou em grande impulso na nossa época, explorando todas as fronteiras éticas, além das quais o riso não será aceitável (ou possível)!!!

» **Afinal, como se pode fixar tais restrições numa época de muitas turbulências, na qual se rompem crenças estáveis, sistemas simbólicos e linguagens públicas, inclusive aquela distinção entre o bom e o mau riso?**

Filhos desiludidos da modernidade, os humoristas são as pessoas que desistiram de ser, ao mesmo tempo, **cidadãos do céu** e da **terra** e, com seus textos ou traços expressivos e rápidos, destilados diariamente em páginas efêmeras, muito longe de ensinarem aos outros apenas algumas virtudes, mostraram a enorme quantidade de maldades que eles cometem por conta própria.

Muitos humoristas brasileiros se inspiraram em figuras e narrativas brasileiras, catalisando através delas emoções e sentimentos nacionais.

Tornaram-se as mesmas, partes tão íntimas do nosso cotidiano, que sequer nos ocorria querer saber mais a respeito deles.

Foram geralmente projeções enviesadas dos seus próprios criadores – **esses filósofos do efêmero nacional** – que notaram claramente, como exclusivos cidadãos da terra, que a educação sentimental do brasileiro começava com uma **boa anedota** – fosse ela leve e solta ou ácida e cortante, como um golpe no rosto.

Perceberam também que o humor – como o futebol ou o Carnaval – faz parte da vida brasileira, sendo, portanto, quase indistinguível.

"Estamos no País da piada pronta", enfatiza José Simão, nos seus artigos para a *Folha de S.Paulo*; "Eu não sou um grande humorista. Sou apenas o sujeito mais engraçado da família mais engraçada da cidade, mais engraçada do País, mais avacalhado do mundo", disse uma vez Millôr Fernandes e há bastante tempo o barão de Itararé (Apparício Fernando de Brinkerhoff Torelly) divulgava a seguinte estocada: "Nem me considero um humorista profissional. Para mim todo mundo é humorista."

O humor nem sempre lidou com pequenas perfídias e canalhices da vida cotidiana.

Angeli usou com perfeição uma das maiores armas de cartunista – o **aumento exagerado e desproporcional das escalas** – para registrar, em traços épicos, a hipérbole social do brutamontes machista, de orgias sádicas ou de amantes descomunais, entulhadas de tatuagens.

Por sua vez, na revista *Fradim*, o cartunista Henfil dizia que se inspirou em si mesmo. Ele desenvolveu um desenho humorístico que esgarçou todos os limites de comportamentos prescritos ou interditos, tirando meleca do nariz, restos de comida dos dentes ou assumindo posturas lascivas.

Mesmo sem palavras – pois a fala não anula a imagem – a caricatura é uma narrativa da história.

Datadas e nascidas para serem lidas no contexto de um jornal ou de uma revista, tais imagens perdem muito quando isoladas de seu tempo.

Mas o humor mau também aparece, não raro, como compensação a uma fé política burlada.

As emoções reprimidas, provocadas, em muitos e variados períodos da história de nosso País, pela ausência de participação, como cidadão, na vida política, parecem também canalizar-se para a ebulição do **sadismo** ou para as tenacidades de **moralismo difuso** que se evidencia nas charges sobre conflitos e situações aflitivas.

Neste caso, práticas imorais e corruptas, abusos de poder e crimes impunes inoculam uma impotência cidadã, que aparece utilizada sob a forma de transgressões sexuais em família, agressões gratuitas, pequenas mentiras cotidianas ou de sutil libertinagem sexual na teologia da libertação.

Reitera-se, também, nesta modalidade de humor, a crônica incapacidade de o brasileiro tratar a coisa pública de forma impessoal – e, nos cartuns, muitas questões públicas acabam por ganhar o cenário da casa, espicaçando o conflito de gerações no interior de uma mesma família.

Assim, na *Teoria da Dependência*, no traço de Angeli, estiliza-se uma versão escrachada deste convescote obtuso entre o público e o privado, do qual temos nos esforçado para se livrar no decorrer de toda a nossa história.

Neste quadro, a burocracia também elimina a humanidade dos cidadãos, já que, numa das tiras de Laerte, o aspirante corta o próprio pé para ser pirata, mas é rejeitado porque tem o pé chato.

Todos esperavam há algumas décadas, com curiosidade, as tiradas sempre surpreendentes de um indivíduo chamado Amigo da Onça, sobretudo porque ele parecia não ter existência como pessoa!?!?

Aliás, essa pessoa sentia-se cada vez mais Amigo da Onça porque quase nunca o percebia visualizado em seu perfil...

Certamente, o convívio prazeroso com a charge de dia – ou com estocada semanal de humor negro desferida na carcaça ou na cachola do próximo – permitiu aos brasileiros, tanto na vida cotidiana quanto nas situações coletivas, livrarem-se, pela sublime irreverência, de autoridades e gestos incômodos de si mesmo ou de outros, dando-lhes, por efêmeros momentos, a sensação de pertencimento que o nível público lhes subtraíra e que, pouco a pouco, tentavam conquistar.

Por mais que exista censura em todas as suas formas, incluindo a autocensura, o humorista, sobretudo de humor gráfico, não enxerga limites para a sua criação. E as consequências podem ser nefastas, como aquelas que já comentamos no Capítulo 3, com o assassinato de cartunistas do *Charlie Hebdo*.

Se ele for um humorista nato, como salientou Millôr Fernandes: "Pode imitar, seguir, voltar, desdizer, aderir e subtrair, porque sabe, como ninguém, que está só, que é único, mortal, passageiro, ferido e fraco, e deve aproveitar todos os pequenos sopros, raros, fugidios da vida."

O humor mau extrapola e estende enormemente tais limites, sobretudo ao aproximar-se do incômodo tema da crueldade, da violência, do desrespeito nas crenças religiosas e da morte.

Assim, Angeli desenha um açougueiro trinchando criancinhas com asas, a maneira de anjos – ou de frangos!?!?

**Muito cruel não é?**

Por sua vez, Laerte elaborou muitas tiras com sequências de incentivo descarado aos suicídios, crueldade sádica com cadáveres ou com animais e ignomínias execráveis dos seus Piratas de Tietê.

Já nas tiras do *Fradim*, até o diabo em pessoa aparece, indignado por ter sido incluído em alguma frase já dita por Winston Churchill a propósito de Adolf Hitler!?!?Finalmente, Henfil, ou seja, Henrique de Souza Filho (1944-1988), não se contentou em expor apenas e exclusivamente as chagas da terra, almejou também turbilhonar o próprio céu, jogando seus dois frades num universo completamente contingente, gratuito e absolutamente desprovido de finalidade e de graça.

**Graça divina, bem entendido!!!**

Ressaltou Elias Thomé Saliba: "Deserdados, órfãos, bêbados viciados, azarados, assassinos sádicos, miseráveis crônicos, crianças daninhas, mulher a perigo, torcedores de suicidas, bebês trocados, índios desorganizados na floresta da metrópole, falsos ecologistas, e até mesmo humoristas em crise existencial – nada escapava ao traço de um profissional desopilante.

Curioso é que, já desde o inicio do século XX, a recepção de nossa sociedade a esta modalidade de humor **nem sempre foi simpática**.

Talvez porque as pessoas projetavam neste tipo humor, a realização de seus desejos hipocritamente recalcados.

Desenvolveu-se, dessa forma, uma espécie de difusa tolerância social em relação ao humor mau o que revelou a existência, no Brasil, de uma espécie de cultura tácita, silenciosa – **embora hipócrita** – de ampla aceitação daquele humorismo impertinente que incluía doenças e práticas reprimidas, como a capoeira, a maxixe ou o frevo – talvez porque tais elementos já faziam parte da vida cotidiana de cada um.

Ninguém admitia publicamente gostar de piadas de caipiras, das anedotas obscenas, dos trocadilhos infames e dos chistes escatológicos grosseiros, mas dificilmente resistia à tentação de comprar uma revista humorística para saborear **'aquelas páginas'**, de preferência a sós...

Esta foi uma das razões porque a sociedade brasileira delegou aos humoristas – os **'palhaços por um dia'** ou **'desopilantes por profissão'** –, a representação, em relances rápidos e efêmeros, desses desejos sutilmente recalcados ou encobertos.

Talvez o maior dilema de todos os tempos da piada gráfica, tido como humor mau, seja este: acreditar que o **absurdo é eterno,** ou seja, é inerente ao mundo ou que ele resulta da ruptura dos fios que tecem a trama social e histórica!?!?

Se retirarmos as charges do contexto peculiar no qual nasceram, vamos acreditar que o humor é inerente ao mundo e reforçaremos, em nós, aquela cômoda e preguiçosa filosofia do pessimismo.

Mas as caricaturas, com suas figuras irreverentes e divertidas, exprimem o absurdo muito peculiar de uma determinada época.

Entre a época de Péricles e a de Angeli e Laerte, há um espaço razoável de tempo e muita coisa rolou na história brasileira.

Os níveis de crueldade duplicaram e o "ingênuo" Amigo da Onça, redivivo, teria que fazer um curso de aperfeiçoamento para aclimatar seu incrível personagem aos novos tempos.

É vital lembrar-se ainda que a onda do **politicamente correto**, que muitos humoristas introjetaram, principalmente a partir dos anos 1980, também ajudou muito a acrescentar a produção de humor sádico e ferino, pois acabou canalizando-se para este setor do humor mau os resíduos reprimidos das piadas **'politicamente incorretas'**, que se referiam a preconceitos étnicos, religiosos, de classe etc."

Seja como for, provocando o riso **liberador** ou o sorriso **contorcido** – este último mais parecido com um riso-soluço, o humor mau sublima a agressão, administra o cinismo e utiliza a violência, dissolvendo-a no riso.

E, afinal de contas, se ainda rimos com a crueldade gráfica do humor mau, é que ainda guardamos resíduos de emoções que nos possibilitam chorar, de verdade, com a crueldade real, muito real.

**Como, você não ri?!?!**

Então como diria o personagem Ursus, no livro *O Homem que Ri* (1869), de Victor Hugo: "És terrível!!!"

Dessa maneira, mais do que a narrativa pitoresca e divertida de todas as perversidades modernas, no Brasil, a enorme produção humorística – incluindo todas as formas de humor gráfico – tem a ver com duas coisas peculiares à nossa sociedade e à nossa história: um gosto pela **visualidade difusa**, abstrata, própria de nosso olhar carnavalesco e meio borboleteante, incapaz de um grande esforço de concentração e uma ética de fundo emotivo, que compensaria a frouxa identidade que costura a sociedade brasileira.

A primeira é difícil de comprovar, mas dá o que pensar, ao examinarmos – e nos espantarmos – a extensa, talentosa e variadíssima produção do humor visual brasileira.

A segunda tem muito a ver com a observação clássica de Sérgio Buarque de Holanda (1902-1982) a respeito da "**cordialidade**" **brasileira**.

Tal "cordialidade" tinha a ver com o predomínio das emoções e do sentimento no convívio social – aquele "jeitinho" para compensar a falta de estruturas sociais, públicas e impessoais.

Estão aí as **raízes do riso brasileiro**: a aptidão para o cômico nasceu para compensar um déficit emocional em relação às frustrações com a história do País.

A representação cômica do País deu aos brasileiros, naqueles efêmeros momentos de riso, a sensação mínima de pertencimento político e social que lhes haviam retirado durante grande parte da sua história.

É **rir para não chorar**... apesar da cordialidade no convívio social inclui também sentimentos tristes e dramáticos e como se nas raízes do riso estivessem, ainda, as raízes do... choro. Num universo social constituído naturalmente por pessoas, e não de abstrações, as raízes emocionais incluíam, assim, conflitos, tensões, violência e, no limite dos limites – o ponto zero do humor mau – a **supressão do adversário**.

Lembra o jornalista Thomaz Souto Corrêa, que é hoje o vice-presidente do conselho editorial da editora Abril: "Em 1963 passei a integrar o grupo de jornalistas que faziam revistas. Ou seja, a velha paixão minha se consumou, a admiração virou ação, o fascínio de ver e ler ganhou a dimensão de fazer.

Quando cheguei à redação da revisa *Claudia*, meu vizinho de mesa era o Fortuna, ou seja, Reginaldo José de Azevedo Fortuna, jornalista, desenhista, humorista. Juntos escrevíamos a revista quase inteira.

Só que o Fortuna às vezes não resistia e fazia vinhetas para matérias que combinassem com seu estilo de humor.

A editora Abril lançou muitas revistas, mas deve-se salientar que com o passar do tempo, as ilustrações dos grandes artistas plásticos e gráficos nessas publicações viraram a **exceção**, e não a regra, aliás, isso ocorreu também em outras grandes revistas brasileiras.

De um lado, orçamentos mais restritos e, de outro, tempos de fechamento mais curtos inviabilizaram a colaboração dos grandes nomes. De outro, parece que os costumes digitais levaram o **talento** para o **desenho** para o **ostracismo**!?!?

E a foto, agora também digitalizada, virou uso corrente para as ilustrações contemporâneas.

Em compensação, há toda uma nova geração de vinhetistas pronta para, se e quando houver uma reviravolta, dar à ilustração a necessária combinação de grafismo eletrônico com pendor artístico.

Entretanto, ao contrário da ilustração, o **humor tem sobrevivido ao tempo.** Continua sendo muito importante no século XXI. Essa função não se modificou, e políticos e artistas continuam temendo o efeito sarcástico de uma cena ou uma frase dita de forma infeliz, no traço de um humorista.

'Eu tenho medo do Chico Caruso', disse o então presidente Fernando Henrique Cardoso.

E era para ter...

Só que, ao deixar o governo, uma das lembranças mais festejadas por ele foi a coleção de charges (desenhos caricaturescos) que ganhou do humorista.

Quem fez a passagem dos antigos caricaturistas do início do século XX para os anos 1940 foi a revista *O Cruzeiro*, com o Amigo da Onça, de Péricles, continuado depois da sua morte por Carlos Estevão (1921-1972); e em *O Pif-Paf*, de Millôr Fernandes, que abriu o caminho para a nova geração de chargistas brasileiros, que tiveram nele seu expoente.

"Caricatura de Fernando Henrique Cardoso elaborada por Chico Caruso."

Depois de mais de 15 anos de *O Cruzeiro*, Millôr Fernandes saiu para fundar sua própria revista, *Pif-Paf*, na qual '**cada exemplar era um número, e cada número um exemplar**'.

Porém, os tempos eram de ditadura militar, e a revista só durou **oito números**.

Mas os grandes humoristas sempre tiveram nas páginas das grandes revistas, inclusive as da Abril.

Fechada a *Pif-Paf*, Millôr Fernandes foi para a *Veja*, por onde também passaram Luis Fernando Veríssimo, Jô Soares e Chico Caruso.

Ziraldo criou para a revista *Playboy* o famoso Mineirinho Comequieto, e durante dois anos, junto com Edgar Vasques e Veríssimo, divertiu os leitores dessa revista com o seu Analista de Bagé, de 1985 a 1987.

Até o Zeferino de Henfil apareceu nas páginas da revista *Placar,* na cobertura da Copa do Mundo de 1970, realizada no México, quando o Brasil venceu e tornou-se tricampeão.

Foram também as revistas da Abril a trazer para o Brasil a mais recente técnica das artes gráficas, que resume informação, gráfico e ilustração em um só trabalho: a **infografia**.

Ela assumiu uma grande importância nos veículos de comunicação impressos e eletrônicos, pois coube-lhe descrever o que os textos não conseguiam contar, o que a fotografia não mostrava, e os gráficos não podiam explicar.

Recurso amplamente usado em jornais e revistas do mundo inteiro, a infografia começou nas páginas da revista *Superinteressante,* na qual trabalhava um dos mais premiados infografistas do mundo, o brasileiro Luiz Iria, mestre em explicar de maneira visual o que as palavras não conseguem."

## 4.2 – AS PUBLICAÇÕES HUMORÍSTICAS NO BRASIL, E EM PARTICULAR AS PAULISTANAS DOS ÚLTIMOS 50 ANOS

Na conturbada década de 1960, especialmente depois do golpe militar de 1964, o **humor político** passou a predominar nos jornais da época e nas publicações alternativas, como *O Pasquim.*

Lançado em junho de 1969, o semanário *O Pasquim* (que mais tarde seria apenas *Pasquim*) não tinha inicialmente grandes pretensões.

Como contam os jornalistas Roberto Elísio dos Santos e Toninho Mendes, no livro *Humor Paulistano*: "Produzido para criticar os costumes, seus próprios fundadores acharam que ele não duraria mais que quatro semanas!?!?

Entretanto, ele acabou influenciando toda a imprensa brasileira, ao utilizar uma linguagem coloquial numa época de escrita rebuscada, principalmente da grande imprensa.

"Um livro espetacular que explica como as histórias em quadrinhos mexeram de forma 'lesgal' com a cabeça de uma geração de pessoas."

Esperava-se no início, que *O Pasquim* circularia, principalmente, em Ipanema e, eventualmente, se estenderia pelo Rio de Janeiro.

Porém, esse 'nanico' (nome pejorativo dado aos tabloides alternativos) foi sem dúvida um grande sucesso, chegando a vender mais de 200 mil exemplares em todo o Brasil.

Foi criado por Tarso de Castro (1941-1991), Jaguar, ou seja, Sérgio de Magalhães Gomes Jaguaribe, Millôr Fernandes, Fortuna, Ziraldo, Carlos Próspero, Sérgio Cabral e outros, recebendo depois o reforço de pessoas como Henfil e tornou-se um dos principais porta-vozes contra a ditadura.

Em todo o País, diversos periódicos da época utilizavam o humor gráfico para protestar contra a ditadura militar, mas foi sem dúvida o que se publicava no *Pasquim* que levou à criação da Circo Editorial, que iniciou suas atividades, lançando o primeiro livro da série *Troça e Riso*, intitulado *Chiclete com Banana*, compilando as tiras elaboradas por Angeli, publicadas originalmente no jornal *Folha de S.Paulo*.

A bem da verdade, diferentemente da previsão opressiva concebida pelo escritor inglês George Orwell (1903-1950), no seu livro *1984*, o ano de 1984 para o Brasil foi aquele em que as luzes da democracia começaram a penetrar pelas frestas das trevas autoritárias, embora ainda houvesse muitas tentativas de manipular e controlar a liberdade, até então conquistada e até mesmo de fazer regredir o processo de abertura política.

Foi nesse contexto que surgiu a Circo Editorial, e o seu nascimento, bem como do *Chiclete com Banana*, foi planejado para cair em 26 de abril, no mesmo dia em que o Congresso Nacional votou – e **rejeitou** – a emenda Dante de Oliveira, que estabeleceria a eleição direta para presidente da República.

Aliás, o segundo título da editora Circo Editorial, *Não Tenho Palavras*, reunindo charges políticas criadas por Francisco Paulo Hespanha Caruso, conhecido como Chico Caruso, foi lançado em agosto de 1984.

Anteriormente, esses desenhos haviam sido publicados nos periódicos *O Pasquim*, *IstoÉ* e nos jornais *O Globo* e *Jornal do Brasil*."

A década de 1980 não se caracterizou apenas pela volta à normalidade democrá-

"A *Chiclete com Banana 1*, lançada em outubro de 1985."

tica, mas foi também um período marcado pela crise econômica, o que fez a inflação disparar e sair do controle; pela maior participação da mulher na vida social, pelo aumento da violência urbana e da deterioração das grandes cidades, como São Paulo.

Cidade multicultural e cosmopolita, principalmente a partir do início do século XX, São Paulo desenvolveu-se com a chegada de imigrantes de várias partes do mundo e migrantes de outras regiões do País.

A mistura de raças, crenças e comportamentos – em um meio marcado pelo crescimento vertical, por vias cada vez mais congestionadas, por mudanças rápidas, pela presença da indústria e do comércio, atraindo multidões de trabalhadores, que se espremem no transporte coletivo e passam a habitar periferias – gerou um **humor distinto**, no qual estavam presentes o comportamento "esquentado" dos italianos, a "teimosia" dos espanhóis, a "ironia" judaica, a "linearidade" dos portugueses, a aspereza do concreto e uma mentalidade racional, fria e objetiva de uma urbe voltada para o trabalho.

As tribos que cultivavam determinados hábitos (roqueiros, *hare krishnas,* militantes políticos, *playboys, gays* etc.), cruzavam-se em calçadas, bares e edifícios da cidade.

Tratado de forma irônica como a **praia do paulistano**, o bar, além de ser o ambiente típico de diversos personagens de Angeli e Paulo Caruso, irmão gêmeo de Chico Caruso, aparecia nas histórias concebidas por Laerte, Glauco Villas Boas (1957-2010) e outros artistas.

Ele, o **bar**, tornou-se uma personagem.

Lugar próprio para iniciar relacionamentos afetivos, o bar transformou-se no **espaço ideal para a sedução**.

Na história *Sozinho no Bar*, publicada no álbum *As Mil e Uma Noites,* Paulo Caruso comparou o homem solitário a um náufrago em uma ilha, sempre à espera de uma criatura marítima que o resgate.

Os tipos femininos retratados por Angeli, cujo nome completo é Arnaldo Angeli Filho, representam bem a mulher da década de 1980, que conquistou a liberdade sexual e conseguiu espaço no mercado profissional e na sociedade, mas, por causa de suas atitudes, acabou afastando os homens.

O bar foi, durante anos, uma coisa exclusivamente de homem, porém a "coisa mudou".

Começaram a surgir tiras que mostravam bares repletos de mulheres e sem nenhum homem à vista, sendo que muitas delas parecendo entediadas e deprimidas.

Portanto, com a afirmação social das mulheres, os homens começaram a se retrair.

A personagem Rê Bordosa, de Angeli virou sinônimo de mulher que extrapola os limites e Mara Tara, de mulher devoradora de homens.

Mulheres fortes e decididas são retratadas na história *Fadas e Bruxas*, de Laerte, no qual ele descreve a jornada de um rapaz que vai a uma festa só, com fadas e bruxas percebe que as primeiras (brancas e com asas nas costas) são sensíveis e desajeitadas e as outras (que são pretas) são decididas, "donas de seu nariz" e misteriosas.

Dividido entre elas, acaba acompanhando as fadas, mas a noite termina sem nenhuma conquista, indicando, com isso, que os homens se encontravam em um novo momento histórico...

As publicações da Circo Editorial sempre foram politizadas, não no sentido oficial, mas no sentido de encarar as mudanças na sociedade da época com uma visão crítica.

Dessa forma, a sátira social e a crítica ganharam conotações políticas.

Esse é o caso típico da história *Revolução Sexual*, do quadrinista Paulo Caruso, impressa na revista *Chiclete com Banana 2*, que descreveu a luta pela liberdade em uma sociedade ditatorial que controla e restringe a sexualidade de seus habitantes em favor da produção.

A charge e a caricatura política foram características marcantes da Circo Editorial.

"O incrível Angeli com seus desenhos e textos criativos."

Um exemplo típico foi o álbum *Não Tenho Palavras*, que apresentava charges políticas e caricaturas criadas por Chico Caruso para diversos órgãos de imprensa.

**Sem palavras** (daí o título, que também é uma referência à censura) era só o humor gráfico do artista, retratando o final da ditadura militar, no governo do general Figueiredo, e o início da Nova República.

Os destaques eram para figuras como Golbery do Couto e Silva, Tancredo Neves, Delfim Neto, Paulo Maluf, José Sarney, Leonel Brizola (vestido de bombeiro, mas todo chamuscado), Jânio Quadros, Pelé, cacique Mário Juruna, o presidente norte-americano Ronald Reagan e outras personalidades internacionais.

Por sua vez, o cartunista Glauco conseguiu unir o humor plástico ao do comportamento no título *Abobrinhas da Brasilônia* (quinto título da série *Traço e Riso*, publicado em 1985), o que acabou tornando esse material atemporal.

Os humoristas publicados pela Circo Editorial investiram contra o modo de vida do pequeno-burguês dos centros urbanos.

Esse é o caso do New Imbeciw, dissecado por Angeli na revista *Chiclete com Banana 2*, um panaca assumido, o tipo "novo imbecil", caracterizado pelo jovem urbano que frequenta assiduamente lugares badalados.

Querendo ser diferente e se destacar na multidão, New Imbeciw veste roupa de estilo moderno, fala muitas gírias (usa, para tanto, palavras em inglês), cita frequentemente títulos de filmes considerados *cult*, as bandas que estão em alta (só para mostrar que está atualizado).

"O humor ferino de Glauco em *Abobrinhas da Brasilônia*."

Enfim, consome o mesmo que milhões de outras pessoas que se vestem da mesma forma e frequentam os mesmos lugares!?!?

Glauco foi muito feliz ao falar da geração consumista que se recusa a amadurecer, com o seu personagem Geraldão, filho único que **vive** com a mãe e uma **boneca inflável**.

Solteiro, com mais de 30 anos, vive uma relação edipiana com sua mãe.

Nu ou vestindo apenas cueca, ele perambula pelo apartamento ou pela cidade com as mãos cheias de garrafas e sanduíches e a boca repleta de cigarros.

Hiperbólico no comportamento, ele continua virgem e vive espreitando sua mãe enquanto ela toma banho.

"*Geraldão 6* foi publicado em abril de 1988."

Em síntese, o humor tipicamente paulistano, presente nas páginas das revistas publicadas pela Circo Editorial pode ser definido como crítico, satírico, mordaz, transgressivo, implacável, desrespeitoso, que satirizou tanto a esquerda como a direita, criticou as drogas sem ser careta e denunciou as falsidades e a hipocrisia da sociedade de seu tempo.

O **riso** é resultado do escracho que se faz a **todos**, inclusive aos leitores e aos próprios autores – basta lembrar a caracterização de Laerte, Glauco e Angeli, como Los Tres Amigos ou as fotos em que se fantasiam de bebê ou de Pato Donald.

Tratou-se de um humor sem limites, desbocado – expressões como "**pusta**" e "**lesgal**" entre outras lançadas pela revista *Chiclete com Banana*, tornaram-se bordões conhecidos em todo o País.

"*Los Tres Amigos*, uma criação de Laerte Coutinho, Angeli e Glauco Vilas Boas."

O humor anárquico dessas publicações podia ser claramente reconhecido nas histórias dos Skrotinhos, dois baixinhos idênticos (seriam irmãos gêmeos?) e iconoclastas.

Pois é, depois que todas as utopias, sejam elas políticas ou religiosas, mostraram-se vazias e ineficientes, só **restou usar o humor** para demolir as convicções que sobraram para os brasileiros.

Os Skrotinhos desconstroem, com suas tiradas sarcásticas, a pose dos intelectuais e artistas, os adeptos dos modismos, a arrogância dos machistas e as ideias feministas.

Não poupavam mesmo nem o garçom do bar e, quando não tinham outras vítimas por perto, zombavam um do outro.

Inconvenientes, os Skrotinhos levantaram a saia da moralidade para deixar a hipocrisia à mostra, apontaram para absurdos travestidos de normalidade e ironizaram a seriedade das convenções de um mundo desigual e desumano.

Nesse sentido, eles encarnaram uma versão atualizada do Amigo da Onça.

"Os Skrotinhos na capa de *Chiclete com Banana 15*."

Mutantes, os Skrotinhos assumiram os mais diferentes tipos: aparecendo nas tiras como brancos, negros, mulheres, empresários etc.

Não podemos nos esquecer do cidadão paulistano nas margens (!?!?) do rio que atravessa a cidade, aparecendo em muitas tiras nas chamadas aventuras dos Piratas do Tietê, por Laerte.

Com os anárquicos Piratas do Tietê, Laerte investiu contra a lógica de uma sociedade que explora e uniformiza as pessoas.

Navegando pelas águas poluídas do rio, esses corsários investem com a violência contra a conformidade e destroem as barreiras do preconceito e do conservadorismo.

Emblemática é a lenda dos Piratas contra os Bandeirantes do rio Tietê, que representam a tradição empedernida e a exploração do ser humano.

"*Piratas do Tietê 5*, lançado em outubro de 1990, quando um jacaré apareceu nadando no rio Tietê..."

É preciso ressaltar também que essa concepção de humor, nascida em São Paulo, não se restringiu à cidade ou à década de 1980.

Quadrinistas das gerações seguintes e de outras partes do País, sem dúvida, foram fortemente influenciados pelas publicações da Circo Editorial no desenvolvimento de seus cartuns, charges e histórias em quadrinhos.

Publicitários, humoristas de rádio, da televisão e do cinema também beberam nessas fontes e passaram a **inovar no humorismo brasileiro**, tornando-o mais crítico e menos condescendente.

Entre 1984 e 1995, foram impressas mais de 5 mil páginas produzidas para as publicações da Circo Editorial.

## 4.3 – *STAND-UP COMEDY*, CADA VEZ MAIS DIFUNDIDA NO BRASIL!!!

Como diz o humorista José Simão, no "**País da piada pronta**", a comédia sempre tendeu a ser mais física, escrachada, repleta de estereótipos e lugares-comuns, como está explicado nas seguintes "mensagens" de alguns comediantes:

» *"Quero falar sério com vocês.*
*O que me preocupa agora é essa epidemia de ligações telefônicas comunicando-se o golpe do sequestro falso, não é?*

Eu nunca entendi direito como os detentos conseguem ter acesso e utilizar o celular. A meu ver, se um indivíduo foi parar na cadeia, é porque perante a sociedade ele ficou sem créditos..."

» "Não é possível, mas Joel Santana voltou a ser técnico de mais um clube de futebol que está na série A!!!
Acho que isso significa que só faltam mais 17 semanas para que ele perca o emprego novamente!!!"

» "Você sabe o que é o ego, né?
É um pequeno jornalista ou apresentador de TV que todos levamos dentro de nós."

Pois é, fazer humor, apenas com fatos do cotidiano, em primeira pessoa, sem maquiagem, sem personagens para interpretar, nem figurino espalhafatoso ou qualquer outro tipo de muleta, sempre pareceu mais difícil e arriscado.

É um tipo de humor bem norte-americano, chamado nos EUA de *stand-up comedy*, a **comédia em pé**.

E este, ou faz-se com muita competência – como no passado fizeram José Vasconcellos, Chico Anysio e Ronald Golias – ou corre-se o risco de virar algo totalmente sem graça.

O desafio de encarar o público, no entanto, está fazendo com que muitos humoristas brasileiros, em especial os paulistanos e cariocas, começassem a criar clubes de comédia para desenvolver e afinar essa técnica. Inclusive, temos agora um canal de TV especializado na apresentação de programas humorísticos, em particular a *stand-up comedy*, que é o canal 137 – Comedy Central da Net.

Assim, por exemplo, Cláudio Torres Gonzaga, ator, diretor de teatro e redator da TV Globo, em 2005 juntou os amigos Fernando Caruso, Fabio Porchat e Paulo Carvalho para criar a trupe carioca Comédia em Pé, que se apresentou em alguns *shopping centers* do Rio de Janeiro.

Na *stand-up comedy* apresenta-se na realidade uma crônica, um jornalismo do dia a dia com humor. Dessa maneira, se acontece algo de manhã ou ontem, o comediante pode colocar isso na sua apresentação à noite. Tem-se, portanto, um humor mais espontâneo, descompromissado, sem muitas amarras.

A *stand-up comedy* tem as suas próprias regras ou mandamentos.

**Os dez mandamentos da *stand-up comedy* (comédia em pé):**

1º) O comediante só pode se apresentar sozinho!!!

2º) Só é permitido se apresentar texto próprio. Não se pode usar piadas que já caíram em uso popular ou foram recebidas pela Internet!?!? Muito menos usar aqueles artifícios "muquiranas" de contar as anedotas como se o fato tivesse acontecido de verdade, como, por exemplo: "Eu tenho um tio português que..."

3º) Não interpretar personagens.

4º) Evitar contar casos.

5º) Deixar bem clara a personalidade de cada um. Não tentar fingir ser quem você não é. **Seja você mesmo, sempre**!!! Se você for mal-humorado, seja assim também no palco!?!?

6º) Não é permitido usar trilha sonora ou algum tipo de sonoplastia.

7º) Não se pode fazer nenhuma marcação de luz, ou seja, deve-se usar apenas a iluminação básica do palco.

8º) É vedado também o uso de cenografia ou adereço.

9º) Os comediantes podem e devem testar material novo diante da plateia.

10º) Não forçar a barra. Se você tem apenas 5 min de material, faça uma apresentação de 5 min. Tudo bem. Não enrole.

Não é nada fácil um comediante seguir todos esses mandamentos ao pé da letra, mas ele também precisa se esforçar para não infringi-los significativamente.

Os humoristas da *stand-up comedy* costumam testar as suas piadas ou contá-las a parentes e amigos mais próximos, dizendo-lhes que se trata de algo que aconteceu recentemente.

Se eles rirem, o conteúdo está aprovado para ser usado no seu repertório...

Esse tipo de humor norte-americano tem suas raízes em diferentes tradições de entretenimento popular no final do século XIX – como o *vaudeville* (comédia) francesa, o teatro iídiche e os números cômicos circenses.

A tradição nos EUA foi iniciada por Jack Benny (1894-1974) e Bob Hope (1903-2003), e passou a ser perpetuada por quase todos os comediantes de lá – de Richard Pryor a Jim Carrey, passando por Bill Cosby, Jerry Seinfeld e Robin Williams (1951-2014).

Um dos principais humoristas da nova geração de humoristas brasileiros vinculados à *stand-up comedy* – Danilo Gentili – comentou: "Todo humorista norte-americano começou na *stand-up comedy*, pois isso faz parte da cultura deles.

É complicado fazer esse tipo de humor, ou seja, apresentar esse tipo de piada de senso comum, pois frequentemente parece tão difícil como tirar 'leite de pedra'.

Temos de pegar uma situação rotineira, da qual frequentemente ninguém acha graça, e construir uma boa piada sobre ela.

Mas quem se apresenta na *stand-up comedy* tem uma grande satisfação, porque as gargalhadas estão ali, logo na sua frente."

## 4.4 – O TEATRO BEM-HUMORADO

No Rio de Janeiro, no início de novembro de 2014, apresentou-se no Teatro João Caetano, *Chacrinha – O Musical*, um espetáculo que ficou a cargo do cineasta Andrucha Waddington, que fez sua estreia como diretor de teatro.

Ele explicou: "*Chacrinha o Musical* é um espetáculo constituído de dois longos planos: sequência, o primeiro e o segundo são atos.

Na verdade, a divisão mostra a mudança radical na vida de José Abelardo Barbosa de Medeiros (1917-1988), o pernambucano que não concluiu o curso de medicina por se tornar locutor na Rádio Tupi do Rio de Janeiro, em 1939, até se consagrar como Chacrinha, (ou "Velho Guerreiro") um grande comunicador que logo chegou à TV, fantasiado, usando uma buzina estridente, pendurada no pescoço e sempre disposto a jogar, sem cerimônia objetos no auditório, de bacalhau a farinha!!!

Isso divertia muito o público presente e fazia rir praticamente todos que viam os seus programas na TV.

Sem dúvida, ele foi o **primeiro grande palhaço** da TV brasileira, o artista que arrancou a gravata e passou a tratar o espectador sem nenhuma cerimônia.

É no segundo ato que acontece a transformação semelhante ao *Mágico de Oz*, quando um colorido desinibido invade o palco que retrata o *Cassino do Chacrinha*, programa de auditório líder de audiência, no qual ocorreu o desfile de jovens talentos da música brasileira: Titãs, Para-

"O 'Velho Guerreiro', Chacrinha, sem dúvida, o primeiro grande palhaço da TV."

lamas do Sucesso, Caetano Veloso, Sidney Magal, Raul Seixas, Roberto Carlos, entre tantos outros.

Eles se cruzaram em um *show* de calouros, no qual eram buzinados ou ganhavam o "troféu abacaxi".

A anarquia se completava com a presença das Chacretes, um grupo de mulheres bonitas, entre as quais Rita Cadillac, e dos jurados excêntricos e exóticos como Aracy de Almeida, Elke Maravilha e Pedro de Lara.

Nesse caos aparentemente desorganizado, Chacrinha reinava com seus trejeitos de voz, os braços sempre esticados, o tique de arrumar os óculos com a mão direita e a profusão de palavrões que soltava fora do ar, preocupado com os índices do Ibope e com a ansiedade, que ele combatia com ansiolíticos.

Aí vão as coisas engraçadas que o Chacrinha falava e que se tornaram bordões repetidos depois por milhões de brasileiros:

- "Quem não se comunica, se trumbica."
- "Alô, dona Maria, como vai a sua tia?"
- "Eu não vim para explicar, vim para confundir."
- "Alô, dona Raimunda, como vai, vai bem?"
- "Na televisão, nada se cria, tudo se copia."
- "Vai para o trono ou não vai?"
- "A melhor lua para plantar mandioca é a lua de mel."
- "Vocês querem bacalhau?"

Aliás, nos anos 1970, o filósofo francês Edgar Morin estava visitando o Brasil quando assistiu ao programa de TV do Chacrinha. Impressionado com o seu dom de improviso e dono de uma alegria circense, Morin acabou elegendo o anárquico animador de plateias como sendo um **fenômeno de comunicação em massa**.

Abelardo Barbosa ficou tão feliz com essa qualificação que desabafou: "Agora quero ver o que vão dizer os críticos brasileiros, que me chamam de **débil mental!!!**"

## 4.5 – OS RECENTES SUCESSOS COM O HUMOR NO CINEMA BRASILEIRO

Costuma-se dizer que o gênero cômico não é levado a sério – frase que, bem lida, acaba por se tornar **engraçada**.

Pois é, à primeira vista, o humor não rima muito mesmo com a seriedade.

Pode ser inclusive bem perigoso, num mundo carrancudo, em que tudo é levado ao pé da letra.

Lamentavelmente, no Brasil, nós relegamos a nossa melhor comédia ao limbo, durante muito tempo.

Tome-se o caso mais persistente e bem-sucedido na incursão, ao gênero cômico, a **chanchada**, que floresceu entre as décadas de 1930 e 1950 e conseguiu um espaço incrível para o cinema brasileiro na mente do seu público.

No entanto, nomes como Carlos Manga e Jose Carlos Burle na direção; Oscarito e Grande Otelo, na interpretação, apenas há pouco tempo começaram a... **ser levados a sério!!!**

Para alguns críticos especializados, talvez apenas a partir da publicação do livro de Sérgio Augusto, *Esse Mundo é um Pandeiro*, que a chanchada passou à sala de visitas no universo mental da crítica brasileira.

É verdade, que muito tempo antes disso, o público brasileiro se divertiu bastante com as "palhaçadas" de Oscarito e Grande Otelo, sem refletir muito sobre a paráfrase crítica que faziam do cinema dominante.

Basta se lembrar dos filmes *Matar ou Correr* ou *O Homem do Sputnik*.

A comédia é subversiva sem que pareça ser!!! Pode-se dizer que após a extinção da Embrafilme, na era Collor, ou seja, nos anos 1990, a comédia brasileira retomou o seu lugar, herdado das chanchadas.

O fato é que o público do mundo todo prefere as comédias e o brasileiro naturalmente também valoriza uma boa comédia.

E aí a produção cinematográfica, aos poucos, foi retomando seu fluxo e qualidade.

Os filmes cômicos brasileiros que tiveram mais sucesso, devem isso muito ao fato de contarem nos seus elencos com estrelas ligadas à TV Globo, que sem dúvida é o canal de maior audiência do País.

Assim foram bem recebidas pelo público brasileiro as comédias:

- *O Auto da Compadecida* (2000); *Lisbela e o Prisioneiro* (2003); *Os Normais* (2003); *Sexo, Amor e Traição* (2004); *Se Eu Fosse Você* (2006); *Se Eu Fosse Você 2* (2009); *Os Normais 2* (2009); *A Mulher Invisível* (2009); *De Pernas Pro Ar* (2010).

Todos estes filmes tiveram dois milhões ou mais de espectadores.

Note-se que Cláudio Torres, filho da renomada atriz brasileira Fernanda Montenegro, que produziu *A Mulher Invisível*, fez o seguinte comentário sobre a película: "Minha mãe diz que não existe comédia bem-comportada. Só que me arrependo de ter colocado nesse filme dois palavrões.

E assim, na minha nova comédia com toques de ficção científica, *O Homem do Futuro* não há nenhum palavrão. Sei que o humor está em alta no cinema brasileiro, mas a questão continua sendo que existe humor e aquele humor que classifico como sadio."

Nesses últimos cinco anos, os filmes cômicos continuaram a atrair mais de 1 milhão de espectadores para os cinemas.

Foi o que aconteceu em 2011, por exemplo, com *Muita Calma nessa Hora*, produzido por Augusto Casé e Rick Nogueira (com 1,5 milhão de espectadores).

Augusto Casé foi também o coprodutor de *Cilada.com* (lançado em 2011), estrelado por Bruno Mazzeo, que conseguiu cerca de 3,2 milhões de espectadores em menos de dez semanas em cartaz.

E aí foram surgindo comédias múltiplas no nosso País – fantasiosas, inocentes, grosseiras – para todos os gostos e apareceram os nossos "**reis do humor**" como Leandro Hassum, Bruno Mazzeo, Fábio Porchat, Marcelo Adnet e por enquanto só uma "rainha", de fato, a Ingrid Guimarães.

Foi assim que o diretor Mauricio Farias no seu filme *Vai que Dá Certo*, reuniu cinco amigos (interpretados por Gregório Duvivier, Bruno Mazzeo, Lúcio Mauro Filho, Fábio Porchat e Danton Mello) que tomam consciência do buraco em que estão e resolvem então assaltar um banco, mas são ineptos.

Enrolados com a polícia e o crime, o que é que eles fazem?

**Tudo o que lhes é possível para sobreviver!!!**

Embora o assalto à caixa-forte seja o ponto de partida de *Vai que Dá Certo,* o diretor Maurício Farias salienta claramente que o tema do seu filme não é a crítica à injustiça do pensamento capitalista.

O que se buscou, sem dúvida, é que o público, ao rir, percebesse também que o nó górdio é uma **questão de ética** – até onde se pode ir, individualmente, num mundo assolado por crises econômicas e denúncias de corrupção?

Comentou Mauricio Farias: "Os críticos, às vezes, pensam que é fácil fazer comédia. Basta pegar um marombado ou um tonto, uma gostosa, encenar piadas grosseiras de sexo e tudo vai dar certo e haverá um grande público lotando as salas do cinema!?!?

Antes fosse tão simples assim. A comédia é um gênero bem difícil e para a comédia virar *blockbuster* (grande sucesso) deve-se ter uma produção bem elaborada.

Claro que tive a sorte de ter no elenco atores muito talentosos, que gostam muito do que fazem. Aliás, eles também fazem humor em outras atividades, inclusive, o politicamente incorreto, mas quase não tomam processos, pois o apresentam com a inteligência.

Na película *Vai que Dá Certo* enfatizei a questão ética e, por isso, precisei trabalhar nos limites da tensão e do humor."

Um dos nossos reis da comédia, Bruno Mazzeo, filho do inesquecível Chico Anysio – para muitos, o nosso maior humorista até hoje – é bastante modesto, quando numa entrevista para o crítico de cinema – Luiz Carlos Merten, do jornal *O Estado de S.Paulo*, declarou: "Não esqueçam nunca que não sou meu pai, que foi o mestre da criação, nem Marcelo Adnet, que também demonstra uma capacidade imaginativa incrível.

Meu pai, do qual me lembro sempre, acreditava na força do trabalho, na dedicação. Assim, também quero ser bom no que faço, o melhor possível, mas isso não é um dom.

Se acontece, ou quando acontece, é devido a muito suor.

Não me acho engraçado.

Engraçado são os meus amigos Leandro Hassum e Fábio Porchat.

Já tive fama de arrogante e brigão, pois de fato bati muita boca com o pessoal da *stand-up comedy*.

Mas esse tempo já passou, principalmente quando recorria ao Twitter e tudo o que eu tuitava repercutia.

E essa coisa de celebridade não é fácil.

Não e só o assédio. Saiu muita coisa a meu respeito na Internet que era pura mentira.

Aliás, houve um dia que estava com um grupo de amigos e, imediatamente começaram a circular versões que estávamos aprontando.

Tudo porque, num restaurante, peguei um guardanapo e passei no rosto e saiu a foto como se eu estivesse assoando o nariz, com uma legenda desrespeitosa do tipo: 'Não lhe deram nenhuma educação rapaz. Não se faz coisa desse tipo'.

Acho notável o que o Marcelo Adnet vem fazendo.

O humor dele é crítico da própria Globo e a emissora não o censura, ao contrário, o está incentivando a ousar mais.

Nada irrita mais um humorista que a constante correção política. Não é uma questão de censura e nem de autocensura.

A minha geração sabe bem o que é isso.

Para mim, isso é uma chatice."

Tudo indica que atualmente Leandro Hassum é o rei Midas da comédia brasileira, pois praticamente todos os seus projetos então dando certo, ou seja, gerando grandes receitas.

Dessa maneira, depois de *O Candidato Honesto* e *Vestido pra Casar*, primeiro e quinto colocados – respectivamente na lista dos filmes de maior público em 2014, esse ator niteroiense chegou ao final de 2014 com *Os Caras de Pau em o Misterioso Roubo do Anel* (que no início de 2015 já tinha superado os dois milhões de espectadores).

Nesse filme, Leandro Hassum reeditou a dupla Jorginho e Pedrão que formou com Marcius Melhem do extinto programa humorístico *Os Caras de Pau*, da TV Globo.

Os dois são contratados para cuidar da segurança de um valiosíssimo anel que é exposto em um museu.

A dona da joia é Gracinha de Medeiros (Christine Fernandes), protótipo bufão de *socialite* carioca.

Claro, como indica o próprio título do filme, os dois aparvalhados falham em sua missão.

Acusados pelo sumiço do anel, precisam recuperar a joia, o que enseja uma sucessão de perseguições e confusões.

A dupla enfrenta uma quadrilha de ninjas e de improváveis mafiosos lusitanos até um desfecho previsível.

Os dois bobocas usam ternos pretos, como John Belushi e Dan Aykroyd em *Os Irmãos Cara de Pau* (1980), famosa comédia dirigida por John Landis. Infelizmente, as semelhanças ficam por aí.

O humor popularesco de Leandro Hassum exibe a pobreza de repertório, em que abundam recursos fáceis como caretas, gesticulações e gritos.

Parece até que a "macaquice" é a sua única maneira de tentar fazer as pessoas rirem e ele inclusive atinge seu objetivo junto a um público carente de referências, cujo horizonte não vai além da batida dramaturgia da televisão.

Alguns críticos foram severos com Leandro Hassum, ao falar sobre o seu desempenho e também de Marcius Melhem e Christine Fernandes em *Os Caras de Pau em o Misterioso Roubo do Anel* ao enfatizarem: "Há muitas maneiras de divertir grandes plateias e a história do cinema está repleta de exemplos de atores que conseguiram se comunicar bem com públicos amplos e muito diferentes, de Charles Chaplin a Jacques Tati, passando por Mario Moreno (Cantinflas), Alberto Sordi, Buster Keaton, Totò, Fernandel, os irmãos Marx, Jerry Lewis.

No Brasil, Oscarito, Zé Trindade, Zezé Macedo e Hugo Carvana, para não alongar a lista. Mas o público de Hassum nunca ouviu falar deles."

Embora seja recordista de público do cinema brasileiro, Leandro Hassum sabe que não é uma unanimidade.

Quem gosta dele, **gosta muito**!!!

Quem não gosta, diz que é careteiro, sem graça.

Careteiro, até ele concorda – como Jerry Lewis e Jim Carrey, dois norte-americanos que são seus ídolos.

**Sem graça, nunca!!!**

Basta ver algum de seus filmes com uma grande plateia, que se percebe claramente como as pessoas se divertem, ou seja, quase "morrem" de rir.

Os *Caras de Pau* surgiu na televisão, na trilha aberta pelos *Trapalhões*, aliás, o próprio Leandro Hassum confirma: "Renato Aragão foi sempre uma referência para mim, pois eu ria muito com os *Trapalhões*.

Com os *Caras de Pau* quisemos retomar aquela pegada.

A coisa bem física, infantil. No filme, as crianças podem curtir a coisa ninja, as lutas. Os pais talvez se lembrem do diamante da *Pantera Cor de Rosa*, com o inspetor Closeau. E os avós vão ter a nostalgia de Bud Abbott e Lou Costello, ou do Gordo e o Magro."

## 4.6 – BONS PROGRAMAS HUMORÍSTICOS NA NOSSA TELEVISÃO!!!

Realmente, se o brasileiro quiser rir assistindo televisão, isso é possível, bastando para tanto ver programas como o *Custe o que Custar* (*CQC*), *Pânico na TV*, *15 Minutos* etc.

Os programas acontecem semanalmente e em cada um deles tem-se um jeito diferente de contar piadas, mas em praticamente todos eles, o telespectador acaba rindo e o ato de rir é um assunto sério!!!

No artigo *Você ri do quê?*, elaborado por Karin Hueck para a revista *Superinteressante* (maio de 2009), ela destacou: "Humor é a capacidade de rir e fazer rir. É uma característica tão universal e inata, que até mesmo bebês cegos e surdos dão **risada**, isso porque ela faz parte do sistema de recompensa do cérebro, que libera dopaminas e outros hormônios responsáveis pela sensação de prazer."

Uma boa risada pode ser comparada ao prazer que se tem ao ouvir boas músicas, assistir a bons filmes ou fazer sexo!!!

Saber rir espontaneamente e entender piadas é atualmente um traço de personalidade muito valorizado, tanto é que em pesquisas, **94%** das pessoas consideram muito importante ter um excelente senso de humor.

E dentro da nossa cabeça, humor nada mais é do que a quebra de um padrão mental. Funciona da seguinte maneira: quando alguém conta uma piada ou narra uma história engraçada, a situação inicialmente parece perfeitamente normal ou comum.

O que vem em seguida é que é inesperado – e **causa a risada**.

Para entender essa lógica, façamos o que comumente é pouco recomendável, ou seja, explicar uma piada.

### Direito de ir para o céu

*Após um período de doença, uma mulher morre e vai para o céu.*
*Lá é recebida por um anjo.*
*- Sou responsável pela seleção de quem entra ou não no céu - ele diz.*
*- E o que eu tenho que fazer para entrar? - a mulher pergunta.*
*- Eu falo uma palavra e a senhora soletra. Se acertar, fica aqui mesmo. Mas se errar, vai para o inferno.*
*- Nossa! - ela grita nervosa.*
*- Não se preocupe. Como a senhora foi uma ótima pessoa, vou dar uma palavra bem fácil: **amor**.*
*A mulher soletra corretamente e entra no céu.*
*Dez anos mais tarde, ela é promovida e passa a ser a responsável pela missão de selecionar quem entra ou não no céu.*
*No dia seguinte, chega por lá o ex-marido dela.*
*- Querido! Você morreu? - ela pergunta.*
*- Pois é, meu amor. Mas agora está tudo bem né? Vou ficar no céu.*
*- Não é assim. Você só entra se soletrar corretamente a palavra que eu disser. Se errar, vai direto para o inferno.*
*- Tá bom. Como você sabe, eu sou muito inteligente. Não terei problemas com isso.*
*E a mulher manda:*
*- Arnold Schwarzenegger.*

Você viu quanta história se contou até surgir algo inesperado e complexo, que é soletrar um nome complicado, com o que a "vingança" estaria consumada.

## Realização impossível

*Aos 16 anos e gostosíssima, a matutinha finalmente recebe autorização da mãe para ir à primeira festa de sua vida.*
*Mas a mãe recomenda:*
*- Se qualquer rapaz se aproximar de você com maldade, pergunte logo qual será o nome do filho de vocês. Assim, esses safados vão correr rapidinho.*
*Obediente, a menina disse que faria exatamente isso. Na festa, todos os caras que se aproximavam ouviam a mesma frase e logo desistiam, Até que um deles não deu a mínima para a ameaça:*
*- Vamos para o jardim atrás da piscina, gata?*
*- E qual será o nome do nosso filho?*
*- Depois a gente vê isso - ele diz, e dá um beijo na boca da garota.*
*Mesmo empolgada, ela repete a pergunta:*
*- Que nome vamos dar ao nosso bebê?*
*O sujeito, esperto, nem responde. Tasca outro beijo na menina e já vai abrindo a blusa dela.*
*- Mas qual o nome da criança? - ela repete, excitada.*
*- A gente decide depois. - o rapaz fala, levantando a saia da matuta e abrindo o zíper da sua calça.*
*Quando a menina se dá conta, a coisa já aconteceu. Desesperada, ela pergunta pela última vez:*
*- E agora? Que nome vamos dar ao nosso filho?*
*O cara tira a camisinha, dá um nó apertado na ponta e responde:*
*- Se ele conseguir sair daqui, pode batizar de MacGyver.*

Essa piada precisa ser de fato explicada, pois nem todos sabem que MacGyver foi herói de uma famosa série de televisão, que de forma brilhante e sem se abalar conseguia, com truques terríveis, escapar das maiores enroscadas e inclusive desarmar bombas no último segundo.

Quanto mais impensada e inovadora for a situação, mais engraçada é a cena.

É o caso de ouvir uma música romântica com a voz e as gargalhadas do Silvio Santos ou então pedir para o ex-presidente Luiz Inácio Lula da Silva que diga o nome completo de todos os seus ministros ou a escalação do seu time preferido – Corinthians – para o próximo jogo.

É também engraçado "examinar" certas situações, no mínimo cômicas, como mostram as seguintes ilustrações:

"Caros integrantes do comitê gestor, depois que contratamos Demon como nosso consultor em transparência, não tivemos mais problemas de ética nos nossos negócios."

"Meu caro Zé Mané, você pode guardar esses 'tesouros' da minha vida até que terminem a avaliação de desempenho no escritório."

"Como você nota Maria Zilda, nós investimos pesadamente em toda essa gente, porém não da forma eficiente, pois não foram esses os talentos que deveríamos ter desenvolvido!!!"

Esse negócio de quebrar padrões só é engraçado porque o nosso cérebro tem a mania de organizar tudo em lógicas perfeitas.

A habilidade de reconhecer padrões significa que podemos observar e prever de certa forma o mundo ao nosso redor.

Aliás, isso é que nos deu, aos humanos sorridentes, uma enorme vantagem sobre as outras espécies.

Nossos neurônios estão constantemente procurando padrões, e isso em todas as proposições ou ideias. Se duas ideias forem distantes ou muito esdrúxulas, é aí que a gargalhada fica garantida.

Nesse momento, entram as diversas opções para fazer humor, como: a **ironia** (A Gisele Bündchen é mesmo horrorosa, né?), o **exagero** (Faz mil anos que não como), o **duplo sentido** (Você tem dado em casa?), e o mais efêmero dos humores – o **trocadilho** (Eu pinto retratos, o Jânio Quadros).

**Por ser uma emoção, o humor tem funções que a própria razão desconhece!!!**

Inicialmente, porque dar risada é uma maneira de se comunicar, aliás, bem mais antiga que a própria fala, não esquecendo que os macacos também se comunicam por meio do riso!?!?

Em segundo lugar, compartilhar histórias engraçadas serve para formar grupos e alianças sociais importantes.

É o caso das famosas "piadas internas", que rolam soltas numa roda de amigos, mas que excluem aqueles que não as conhecem.

A terceira função do humor é a de deixar a vida mais leve e amenizar climas tensos.

Eis o que dizem do humor alguns "especialistas".

Wellington Muniz, o Ceará, ex-*Pânico na TV*, agora com um programa de auditório – um *mix* de humor, música e *games* – no Multishow: "É um estado de espírito em que o regozijo de quem ri ou faz rir deixa as pessoas com mais ânimo e com um bem-estar indescritível."

Rafael Cortez, do *CQC* e do *Dirige, Rafa!* no canal Comedy Central: "Humor é um coisa que transcende os limites daquilo que se conhece como humor. As pessoas acham que o humor é simplesmente tudo que é engraçado. Mas tem muita coisa que não é engraçada, que provoca em mim reações muito mais fortes do que uma simples piada."

Marcelo Adnet do *15 Minutos* (programa que ficou no ar de 2008 a 2010): "Não descobri direito ainda o que é o humor!?!? Acho que é uma forma de expressão e crítica. É achar algo subliminar, que está na sua frente, e traduzir isso em algo engraçado. Mas será que realmente alguém sabe o que é o humor? É bem difícil responder a essa pergunta!!!"

Vamos pensar um pouco sobre as dificuldades com o humor e sobre o motivo de nem todas as piadas agradarem todas as pessoas.

No Capítulo 1, na página 8, nos referimos a piada mais "engraçada do mundo" (lembra aquela história dos dois caçadores...)

Caro(a) leitor(a), você achou essa piada engraçada? Não?

É, talvez a piada não mereça mesmo o título de melhor do mundo, ou talvez o seu humor seja diferente.

Sim, existem dezenas de humores distintos e centenas de estudos (viu como o humor é importante?) tentando defini-los.

Por exemplo, descobriu-se que quem gosta de **piadas escatológicas** (aquelas que envolvem flatulências e afins) costuma ser uma pessoa relativamente hostil, desleixada com ao sua higiene e um tanto quanto **pessimista**.

Já o mesmo estudo indicou que quem gosta de **humor sexual** e **agressivo** não valoriza muito o **intelecto**.

Finalmente, quem **não gosta** das piadas da categoria há pouco citada, geralmente é um **intelectual**.

O humor é **uma forma de inteligência** ligada a habilidades sociais e assim quem tem boa memória, e repara nos gestos e nas palavras alheias, costuma ser mais engraçado. E isso faz muito sentido, pois se você observa e se lembra de cenas divertidas, é mais provável que você possa imitá-las.

Em 2014, por exemplo, o humor exagerado com presença de auditório, tomou conta do canal Multishow, que criou um novo enfoque para o programa *Vai que Cola*, que quebrou todos os recordes de audiência do canal.

Na mesma linha, a emissora levou para a TV a peça *Trair e Coçar é Só Começar*.

Mais próxima da caricatura debochada, destacou-se também o *Tudo pela Audiência*, com Fábio Porchat e Tatá Werneck, que em 2015 continuou na sua 2ª temporada.

Mas o humor que se faz notar acima de todos, em especial pelo contexto politicamente correto que tomou conta da Rede Globo nas duas últimas décadas, foi o *Tá no Ar: A TV na TV*, de Marcius Melhem, Marcelo Adnet e Maurício Farias.

Com esquetes curtíssimos, clipado no ritmo do *zapping* da TV e sem medo de brincar com publicidade e concorrência, o programa foi visto como divisor de águas na emissora e, por isso, teve a sua 2ª temporada em 2015.

## 4.7 – A EVOLUÇÃO DOS *SITCOMS*!!!

Um dos subgêneros ficcionais produzidos nos últimos tempos, com maior êxito pela televisão brasileira, do ponto de vista da audiência, são os *sitcoms* [a expressão *sitcom* (*situation comedy*), que pode ser traduzida como **comédia de situação**, é feminina, porém quando abreviada é empregada no meio televisivo no masculino].

O *sitcom* é um tipo de programa que consegue captar, melhor que muitos outros, o espírito e as diferentes nuances do humor nacional, desempenhando, talvez mais eficientemente, as funções de entreter e, por que não, de fazer as pessoas refletirem, como foi o caso da Rede Globo de Televisão (RGT) ao exibir comédias seriadas (entre 2003 e 2006), como *Os Normais, Toma lá, Dá Cá, A Diarista, Os Aspones* etc. Uma das mais recentes, que foi ao ar em 24/11/2014, foi *Trair e Coçar é só Começar*.

Aliás, foi assistindo à série *A Diarista* que o ator e autor Marcos Caruso se deu conta que a empregada Olímpia, protagonista da sua peça *Trair e Coçar é só Começar,* em cartaz há 29 anos, também renderia um bom programa de televisão.

Comentou Marcos Caruso: "Acredito que não a peça em si, mas a Olímpia, essa personagem que faz confusões por ser ingênua demais, vai conseguir captar a atenção dos telespectadores.

Claro que a peça foi radicalmente alterada, pois sozinha daria um ou dois episódios e não seria possível ter 15 episódios para descrever a traição amorosa.

Procurei por isso mesmo abordar a traição sob o aspecto ou um conceito mais geral: de uma amizade abalada, de um segredo desvendado, de uma palavra dada não cumprida.

O papel principal, que já foi interpretado por Adriana Esteves e Denise Fraga, foi dado à atriz Cacau Protásio. Ela é perfeita para o papel. Tem carisma e humor."

Cacau Protásio, ao receber o convite de Marcos Caruso, ficou inicialmente receosa para interpretar uma personagem tão conhecida: "Fiquei com frio na barriga ao ser convidada, pois só teve atriz fera fazendo essa personagem.

Sei que Olímpia quer abraçar o mundo e tem uma mente bem aberta.

Mas, como leva tudo ao pé da letra, sempre cria confusão.

Eu sou um pouco estabanada e acredito que vou conseguir trazer um pouco disso para ela!!!"

A professora e pesquisadora Elizabeth Bastos Duarte, no livro *Humor e Riso na Cultura Midiática* escreveu: "Numa produção televisiva não se pode esquecer que o **tom** é sem dúvida o que torna o telespectador cativo de um programa.

A **leveza** ou **seriedade** de um programa, o **humor sutil,** por seu turno, e **irreverência** como um terceiro elemento têm o poder de reter o telespectador diante da telinha bem mais do que outros recursos ou artimanhas.

» **Mas, finalmente, o que seria o tom e qual a sua função?**

» **Que relações o tom estabelece com os telespectadores?**

» **E que tom é esse que qualifica diferentes tipos de subgêneros e formatos televisuais?**

» **Como o tom pode caracterizar simultaneamente subgêneros e formatos?**

» **Como o tom pode auxiliar a distinguir entre si produtos que pertenceram a um mesmo subgênero?**

Na verdade, foi na busca de resolver impasses – do que distingue um melodrama de um *sitcom*, ou ainda um *sitcom* do outro – que foi necessário recorrer à conceitualização do **tom**.

Trata-se de um termo que aparece reiteradamente mencionado tanto na bibliografia especializada sobre humor – analisado por Henri Bergson, Vladimir Propp, Sigmund Freud – como nos próprios textos de crítica aos produtos televisuais.

Embora não se tenha encontrado nenhuma definição consistente de **tom** que permitisse sua operacionalização, o conceito foi ganhando contornos e relevância nas pesquisas, analisando-o com mais vagar, como um tipo específico de produto televisual: os *sitcoms*.

Acredita-se assim que o processo de tonalização diga respeito à conferência de um **ponto de vista** ao discurso produzido, a partir do qual sua narrativa **quer ser reconhecida** independentemente de **plano de realidade** que opera – **referencial ou ficcional – ou do regime de crença** que proponha – veridicção, verossimilhança, plena visibilização.

O **tom** pode ser definido como a presença de determinados traços de conteúdo da situação comunicativa, estruturados estrategicamente, com vistas a captar a atenção do telespectador e convidá-lo a compartilhar de disposições como seriedade *versus* ludicidade; formalidade *versus* informalidade; leveza *versus* peso etc. – propostos pelo enunciador, dando a conhecer o modo como o telespectador deve interagir com o produto que lhe está sendo ofertado.

Portanto, os *sitcoms* estabelecem um tipo específico de relação com os telespectadores através do **tom**.

Tal relação parte, é verdade, das convenções de gêneros e dos regimes de crença por eles propostos, mas comporta também os apelos e convocações que cada produto faz aos seus interlocutores, através de suas especificidades enquanto programa – subgênero, formato, estilo – das configurações discursivas que constrói de seu público consumidor; e das estratégias persuasivas de que se utiliza para convencer o telespectador a participar do jogo comunicativo proposto."

Bem, o **tom** que caracteriza os diferentes *sitcoms* movimenta-se entre os eixos da categoria **disposição**, combinando-os diferentemente não só entre si, mas com os temas de outras categorias.

Assim, há *sitcoms* que oscilam entre seriedade e gozação ou espirituosidade e prosaicidade, combinados com termos como: grossura ou cortesia, morosidade ou ligeireza, profundidade ou superficialidade, suavidade ou rispidez, leveza ou peso.

Do ponto de vista de sua expressão, essas combinações tonais ganham forma pela caracterização dos personagens, seu guarda-roupa, sua maquiagem, os penteados, os cenários, as músicas tema, as falas feitas em linguagem coloquial, prosaica, permeadas por palavrões.

A isso se alia uma estética televisiva eivada por cortes, planos, contraplanos e planos fechados, numa cadência rítmica acelerada e fragmentada.

Nesse contexto de recorrência a diferentes substâncias de expressão, a diferentes linguagens, o **tom** emerge primeiramente como traço de conteúdo, que se manifesta de forma difusa: ora pela camiseta que veste um personagem, ora pela maquiagem exagerada de outro, ora pelo tipo físico do ator, ora por suas falas, ora por uma jarra de suco de abacaxi ou um pinguim em cima da geladeira, ora ainda por uma janela basculante em plena sala de estar ou pelo uso de uma cor de rosa chocante na parede da cozinha.

"Veio a ordem do chefe para que seja feita uma atualização da nossa lista de cliente na *Web*. Você quer ser o primeiro a pular?"

# CAPÍTULO 5

# Personagens do Humor

## 5.1 – ALGUMAS FIGURAS INTERNACIONAIS QUE REVOLUCIONARAM O HUMOR

» **Charles Chaplin (1889-1977)**

O primeiro filme feito pelo genial Charles Chaplin foi o *Making a Living* (*Ganhando a Vida*), foi em 1914, portanto, já comemorou o seu centenário.

Charles Chaplin, que mais tarde ficou conhecido como Carlitos, formou-se em comédia, tinha ido a Los Angeles (EUA) com pretensões de se tornar um ator dramático. Interpretar o que escreveu William Shakespeare era a sua meta!!!

E foi nessa ilusão que embarcou quando Mack Sennett (1880-1960), dono da produtora Keystone, o convidou, mas logo ele descobriu que se tornaria ator de comédias esdrúxulas criadas no estúdio.

"O grande precursor do humor no cinema: Charles Chaplin."

Mas o fato é que nessa época, ele também não tinha uma noção clara do que era o cinema, nesse caso o **cinema mudo**.

Para ele, um filme era como um teatro filmado; e ele ficou muito surpreso que as cenas fossem filmadas fora de ordem para apenas na montagem tomarem a forma cronológica do enredo.

Neste primeiro filme, cujo título em português foi *Carlitos Repórter*, para aproveitar a fama do personagem surgido apenas depois, tinha-se um Chaplin com um bigodinho caído entre os lábios e não aquele famoso "quadradinho" debaixo do nariz, que dizem alguns, inspirou Adolf Hitler, quando o ditador nazista deixou crescer o seu.

As roupas também eram outras e até elegantes, se comparadas aos andrajos posteriores do personagem de vagabundo que Chaplin encarnou.

Mas já no filme seguinte, realizado também em 1914, foi possível ver outro Chaplin, rapidamente amadurecido para o trabalho, com a câmera e vestido de maneira muito parecida ao personagem que o consagraria.

**Como foi que isso aconteceu?**

Existem diversas versões e numa delas, explica-se que Chaplin ficou muito deprimido com o resultado de *Carlitos Repórter*.

Aliás, em seu livro de memórias ele faz a autocrítica: "Eu era simplesmente canhestro, naquele primeiro filme."

Assim, confessou que ele estragou todas as *gags* ao antecipá-las, roubando ao público a surpresa que leva ao riso.

Além disso, ele acusou o diretor Henry Lehrman (1886-1946) de haver descartado suas melhores cenas na montagem. O próprio Marc Sennet ficou preocupado e teria lhe dito com franqueza que no próximo trabalho "seria bom fazer melhor, senão...".

Desse modo, viu-se claramente um certo tempo um Chaplin deprimido e estressado que até os seus colegas de estádio, apesar de se viver no ambiente ultracompetitivo de Los Angeles, começaram a sentir pena do "inglesinho".

Mas o "inglesinho" tinha coisas para mostrar e começou a fazê-lo nesse seu 2º filme, o *Mabel's Strange Predicament,* conhecido entre nós como *Carlitos no Hotel.*

Nessa película, ele é um bêbado incômodo, que estaciona no *lobby* de um hotel e importuna todos os hóspedes, em especial aos do sexo feminino.

Mas o que chama a atenção são os seus trajes, desta vez bem mais parecidos aos do Carlitos clássico.

Segundo um dos seus parceiros de época, o comediante Chester Conklin (1886-1971), o *insight* (lampejo) de Chaplin para se apresentar naquela nova forma, nasceu naquele momento de depressão, em que ele duvidou da viabilização de sua carreira no cinema.

Conklin, em seu depoimento para o livro de Sennett e Shipp, *King of Comedy* (*Rei da Comédia*), disse que Chaplin teria lhe confidenciado a intenção de abandonar a carreira no cinema, mal iniciada ainda.

Disse-me ele: "É tudo muito rápido nessa indústria, jamais farei sucesso nesse meio."

Envolvido nessa depressão, Chaplin começou a andar pelo quarto do hotel, onde seus companheiros de elenco jogavam cartas.

Numa súbita inspiração, pediu para provar um par de calças de um deles, que estavam penduradas num cabide, e eram muitos números acima do seu.

Vestiu também uma casaca que, ao contrário, era tão pequena para ele que não era possível abotoá-la.

Achou também um bigode postiço, recortou-o até que virasse um retângulo e colou-o em cima do lábio.

Encontrou um chapéu-coco e uma bengala engraçada. Vestiu um par de sapatos também muito grandes e ensaiou uns passos com os pés virados para fora.

Nesse ponto, o jogo de cartas havia cessado e seus parceiros não paravam de rir. Nascia ali o personagem, ou alguém que muito se aproximava dele.

Este, ao menos, é o depoimento de Conklin.

Como Chaplin de fato foi um gênio, ele sempre conseguiu encontrar soluções rápidas, e em aparência mágicas, para as suas dificuldades.

Mas não se pode esquecer de que sempre que alguém vira uma celebridade mundial, surgem muitas histórias sobre o seu passado, principalmente das pessoas que conviveram com ela, fantasiando e unificando muita coisa sobre esse ser excepcional.

De acordo com a biógrafa Joyce Milton, no seu livro *Contraditório Vagabundo*, ela conta que o mais provável na construção do personagem Vagabundo, é que ela tenha se dado de maneira progressiva, e sido influenciada por experiências anteriores do comediante.

Diz a biógrafa que Chaplin teria contado ao seu filho Charles Jr. que usara calças e sapatos fora do tamanho e um chapéu-coco diminuto, ao substituir um comediante num espetáculo em que fazia o papel de porteiro.

Ele achou isso bem engraçado.

O andar de pato teria sido inspirado num homem que tomava conta dos cavalos na entrada de um *pub* londrino, uma espécie de flanelinha da época.

Outros truques fariam parte do repertório usual da companhia de Fred Karno, na qual o jovem Chaplin se empregou e com a qual fez a turnê norte-americana entre 1912 e 1914, que acabou chamando a atenção de Sennett.

De qualquer forma, de um repente só ou aos poucos, Chaplin tirou da cartola esse personagem que, segundo ele mesmo, expressava uma espécie de "**nobreza maltrapilha**".

Alguém sem um tostão no bolso, vestido de farrapos, mas que procurava preservar sua dignidade diante de uma sociedade agressiva.

De certa forma, era a história do próprio Chaplin.

Como disse um crítico, Chaplin não foi o primeiro cineasta a retratar a miséria, mas foi o primeiro a **tê-la sentido na sua carne**.

A partir desse ponto de inflexão, o personagem e seu autor foram progredindo de maneira exponencial. E aí já não havia mais qualquer motivo para seus colegas lamentarem a má sorte do inglesinho.

Ele viera para tornar-se uma **celebridade mundial**, e seus companheiros, que se julgavam inclusive superiores a ele no início, seriam lembrados no futuro apenas por terem convivido e trabalhado com ele.

A partir de então, o progresso veio com uma velocidade e qualidade vertiginosas. A tal ponto de a Keystone se tornar pequena para Chaplin.

Com o fim de seu contrato, outra companhia – a Essanay Studios – comprou o seu passe.

Chaplin escreveu, dirigiu e interpretou vários filmes, entre os quais *O Vagabundo* (1916) já com outra companhia, a Mutual.

Neste, os traços de Carlitos se tornaram definitivos – isto é, aqueles que conhecemos de suas obras posteriores e mais famosas, em longas-metragens como *O Garoto, Tempos Modernos, Luzes da Cidade*.

Em 1916, quando *O Vagabundo* foi lançado, foram fixados os traços físicos, o vestuário, os gestos e, sobretudo, uma atitude diante da vida, elementos que somados iriam cativar para sempre os fãs do cinema.

De personagem um tanto malévolo dos seus primeiros trabalhos, Carlitos tornou-se ambíguo, como o antigo menino pobre sentia que deveria ser diante da impiedosa sociedade da época, e de todas as épocas.

**Com muita esperteza, mas sem perder jamais a ternura!!!**

### 5.1.1 – A malandragem e o sarcasmo do carioca caracterizados em um papagaio!!!

» **Zé Carioca**

Em 1942, Walt Disney criou o personagem **Zé Carioca**, descrevendo com ele a carioca *way of live*, ou seja, como alguém proveniente da favela conseguia viver de pequenos expedientes, dar golpes em restaurantes, hotéis e divertir-se como penetra em clubes grã-finos.

Aliás, a periquita **Rosinha**, sua namorada eternamente enrolada, surgiu nas histórias de quadrinhos como uma das mais *sexy pin-ups* da era pré-Jéssica Rabitt.

Zé Carioca não cumprimentava as pessoas friamente como faziam os norte-

-americanos, mas dava sempre aqueles "quebra-costelas" nos chegados, como no turista gringo Pato Donald.

Nas primeiras tiras, ele foi identificado como José (Joe) Carioca.

No final de 2012, para celebrar os 70 anos do "louro", a editora Abril reeditou todas as tiras iniciais produzidas entre 1942 e 1944, além de uma seleção especial de histórias até 1962, recoloridas digitalmente.

Devido a sua faceta de **malandro** e **inimigo do trabalho**, Zé Carioca ganhou simpatia de muitas pessoas...

A professora Denise Gimenez Ramos, coautora do livro *Os Animais e a Psique*, no qual procurou restabelecer conexões simbólicas entre as pessoas e os bichos – incluindo suas representações ficcionais, enfatizou: "O Zé Carioca é um personagem antiético terrível, com todos os clichês negativos. Esse personagem da Disney nunca trabalha, fica em geral deitado numa rede sonhando em ganhar na loteria, sendo, assim um arquétipo falso, que perpetua o Macunaíma."

"Você acha que o Zé Carioca, figura criada em 1941 num salão de Copacabana pode ser considerado um típico malandro carioca, ele que é simpático, falante, caloroso e atento a rabos de saia?"

Por sinal, o pioneirismo de Walt Disney com o Zé Carioca sempre foi questionado, e isso por situações como a do cearense Luiz Sá (1907-1980) que criou, nos anos 1940, um papagaio vestido de gente chamado Faísca, que apareceu antes do Zé Carioca...

E o pior de tudo é a eterna desconfiança que a inspiração de Walt Disney tenha partido de um trabalho do cartunista brasileiro J. Carlos (1884-1950).

Aliás, em 1941, Walt Disney visitou o Brasil, além de alguns outros países da América do Sul, estimulado pelo irmão Roy, como parte do esforço da **política de boa vizinhança** do presidente dos EUA, Franklin D. Roosevelt, que visava estreitar as relações dos EUA com os países latinos.

Para o pesquisador Celbi Vagner Melo Pegoraro, há muitas inspirações que resultaram no papagaio folgazão de Walt Disney, e não apenas os desenhos de J. Carlos: "Na sua viagem ao Brasil, deve-se lembrar de que Walt Disney mostrou menos interesse nos eventos diplomáticos que precisou participar do que nas suas atividades artísticas, como foi com o lançamento do filme *Fantasia*, no Rio de Janeiro e em São Paulo.

Seu primeiro encontro com J. Carlos ocorreu numa exposição na Associação Brasileira de Imprensa (ABI). Nessa mostra havia obras de diversos brasileiros, mas os desenhos de J. Carlos retratavam a fauna brasileira, incluindo aí o papagaio.

Seus traços chamaram tanta atenção, que dois fotógrafos da equipe de Walt Disney gastaram muito tempo registrando os quadros.

Walt Disney ficou realmente encantado com a obra do brasileiro, a ponto de no almoço oferecido pelo chanceler brasileiro Oswaldo Aranha, no Palácio do Itamaraty, fez pessoalmente um convite para que J. Carlos trabalhasse em seu estúdio, mas o brasileiro recusou. Foi então que o artista presenteou Disney com um desenho de papagaio.

Fica óbvio então de onde Walt Disney tirou a sua inspiração...

Mas não acredito que o Zé Carioca contribuiu para reforçar um preconceito contra o carioca.

O estereótipo do carioca malandro do personagem é, na verdade, um *mix* de características do brasileiro, que sofreu uma grande evolução durante o século XX.

E assim, se analisarmos as inspirações originais, há uma série de pistas para sua construção. A escolha do papagaio teria íntima relação com o fato de Walt Disney ter escutado muitas **piadas** tendo o papagaio como figura central, durante o seu *tour*.

Muitas vezes ele nem as entendia, mas ficou contagiado com as **risadas** dos brasileiros.

Há quem diga que a figura retratada nos filmes e inicialmente nas histórias em quadrinhos, com fraque, chapéu de palha e guarda-chuva, teria sido inspirada num tipo popular do Rio de Janeiro, nos anos 1940, o dr. Jacarandá.

O samba no pé teria vindo de uma visita de Walt Disney à Escola de Samba Portela, lembrando o fato de que o governo na época do Estado Novo queria mesmo é que Walt Disney tivesse acesso ao samba de salão e não do morro.

Não se pode esquecer ainda que na sua vinda ao Brasil, ao fazer uma escala em Belém, foi até uma rádio paraense onde viu a 'espontaneidade' como era tocada a sua programação, e depois, no hotel, conseguiu escutar *Aquarela do Brasil*, numa execução sofrível e mesmo assim se encantou com a melodia.

A voz do Zé Carioca nos filmes foi de um paulista de Jundiaí, José Oliveira (1904-1987), que inclusive atuou ao lado de Aurora Miranda em *Você Já Foi à Bahia?* (1944).

E nos quadrinhos, os artistas brasileiros foram aproximando mais o personagem da realidade brasileira, dentro do contexto de cada época.

Finalmente, nestes últimos anos, o papagaio carioca voltou à animação nos filmes *Rio 1 e 2*, que são muito simpáticos e bem produzidos.

Alguns chegaram a acreditar que o papagaio do filme se tornaria uma nova identidade do carioca, mas isso não aconteceu.

Zé Carioca continua se mantendo no imaginário brasileiro, fruto de um contexto histórico peculiar."

Sem dúvida, Zé Carioca foi um personagem que divertiu muitos no mundo todo e foi uma colaboração para o humor, que Walt Disney soube de forma criativa retirar do contexto em que viviam os cariocas, no tempo de sua visita ao Brasil.

### 5.1.2 – Jerry Lewis

Jerry Lewis, nome artístico de Joseph Levitch, nascido em 16/3/1926, numa família de judeus russos, tornou-se um grande ator, diretor e roteirista, sendo de fato alguém que representou uma certa antítese do *american way of live* (estilo de vida norte-americano).

O seu filme *O Professor Aloprado* é considerado por muitos críticos de cinema não apenas uma obra-prima, como também a sua mais perfeita apresentação, ou seja, a **tradução do seu talento.**

Uma adaptação de o médico e o monstro, o longa que foi produzido em 1963 combinava diversas *gags* (piadas ou brincadeiras) com a história de um professor dentuço e desengonçado, que se transforma no bem-apessoado e prepotente Buddy Love.

"O extraordinário Jerry Lewis, que mostrou todo o seu talento no filme *Professor Aloprado*."

Dirigido, produzido, escrito e interpretado por Jerry Lewis, o filme é a síntese da **figura paradoxal** que o comediante foi na vida real.

Sem dúvida, Jerry Lewis foi um dos nomes mais controvertidos de Hollywood: adorado e odiado porque exibiu o lado brilhante e engraçado como o professor do filme e mostrou também um outro bem obscuro como do Buddy Love.

Para a maioria das pessoas na sua época, Jerry Lewis passava a imagem de um homem inocente, que fez gerações gargalharem nos cinemas, mas ao mesmo tempo na vida real ele levava muitos do seus parceiros a chorarem copiosamente por causa do seu ego, digamos, **muito expandido.**

De fato, Jerry Lewis foi um homem de grande talento, que obteve enormes conquistas para a arte cinematográfica, teatral e musical, mas que também deu muitas derrapadas no quesito pessoal.

No caso de Jerry Lewis, uma piada não era apenas uma piada, pois ele tinha um jeito peculiar de andar, falar e agir, o que lhe possibilitava encantar a plateia, fazendo todos rirem de forma estrondosa.

Foi por esse motivo que a sua voz foi ouvida com tanta atenção e não apenas uma *gag* que estava dizendo (ou executando).

Seus papéis eram quase sempre sem poder algum, algo terrível para a cultura da nação mais poderosa do mundo.

A voz frágil dos personagens que Jerry Lewis interpretou levou a uma outra observação crucial.

Longe do ideal de masculinidade norte-americana da pós-2ª Guerra Mundial, ele era a antítese do que mostravam os "heróis" interpretados por John Wayne, Kirk Douglas, Burt Lancaster entre outros.

De uma certa forma, Jerry Lewis contradizia, a masculinidade militar e os papéis por ele interpretados refletiam um certo fracasso, uma falta de jeito e um desespero que caminharam na contramão do que as pessoas imaginavam ser o rumo do homem e do ideal da época.

Os personagens de Lewis usam exatamente o oposto de seu principal parceiro no palco nas telas, o ator Dean Martin (1917-1995).

Há até alguns anos, analistas e críticos de cinema que enxergavam no relacionamento de ambos um tema homoerótico, ou seja, viam no vínculo da dupla um certo amor entre opostos.

Se Lewis tinha um déficit de masculinidade, Martin possuía exatamente em excesso, o que provavelmente os aproximou.

Essa proximidade, diga-se de passagem, se verificou mais de uma vez nas telas. Mas nos bastidores, tudo era diferente.

Por sinal, *O Professor Aloprado* provavelmente foi uma grande "cutucada" de Lewis em seu ex-parceiro e desafeto.

Isso porque o filme reproduz numa mesma pessoa os lados opostos, antes divididos entre um idiota e um galã e, assim, ao criar o Buddy Love, um ser absolutamente arrogante, certamente alfinetou Dean Martin, mas também faz um autorretrato.

A parceria entre os dois começou em 1946, quando Lewis tinha apenas 20 anos e Martin já estava com 29 anos.

O primeiro era dono de um estilo comediante carente e o segundo fazia ares do cantor canastrão.

Com essa química atingiram o sucesso inicialmente nas casas noturnas dos EUA, e em 1949, partiram para o cinema.

No mundo mágico da sétima arte, realizaram 16 filmes em 7 anos de trabalho conjunto. Apenas com as produções dos anos 1950, Lewis acumulou US$ 500 milhões (naquela época) e no auge da sua carreira chegou a ser o ator mais bem pago de Hollywood.

Essa recepção tão bem-sucedida de Martin&Lewis pelo público também pode ser explicada pela conjuntura mundial, visto que em 1945 ocorreu o término da 2ª Guerra Mundial e as audiências não queriam mais más notícias.

**Queriam, sim, relaxar!!!**

Entretanto, o grande sucesso alcançado não foi o suficiente para sustentar os dois e a união foi interrompida em 1956.

A explicação é simples.

Martin não suportou os excessos de Lewis em querer ser o mais poderoso homem no **reino da gargalhada**.

Eles acabaram se reconciliando em 1987, sem nunca explicar os motivos do desentendimento de forma concreta.

No início, a separação deixou efeitos colaterais evidentes e Lewis participou de produções significativamente menores do que seu talento demandava e, para reverter o cenário, ele passou a ser o **autor total** de seus filmes, escrevendo, dirigindo, produzido e interpretando.

E ao se transformar num autor total, como ele próprio se autodefinia, se tornou **maior ainda**!!!

Com Martin, Lewis fazia papel de um desmiolado e não podia mostrar sua versatilidade e talento. Sozinho, conseguiu revelar toda a sua genialidade para a interpretação.

São dessa safra pós-Martin os filmes: O Professor Aloprado, O Mensageiro Trapalhão, O Terror das Mulheres e Mocinho Encrenqueiro.

Nesse período, deveria se olhar para ele da mesma forma como se analisa grandes diretores como Martin Scorsese ou Federico Fellini, pois ele foi um diretor muito importante para o cinema, entretanto, foi completamente negligenciado como cineasta pela crítica e pela audiência.

Há poucas publicações sobre sua obra.

E o que há, é mais sobre sua vida pessoal. Mas como ressaltou o professor canadense Murray Pomerance: "Eu não o chamaria apenas de rei da comédia, pois foi para mim o mais multitalentoso artista do cinema norte-americano no século XX.

Mas nos EUA, o fato de, a certa altura, Jerry Lewis ter duas dúzias de carros na garagem, quase cem *smokings* (paletó para reuniões festivas) no guarda-roupa e jamais, em tempo algum, repetir a mesma meia, pareceu mais relevante. Porém, um grande paradoxo é a adoração estrangeira e a única coisa que todos nos EUA sabem é que ele foi amado pelos franceses, aqueles incompreensíveis hedonistas do outro lado do oceano Atlântico.

Os franceses o entenderam, enquanto nós, nos EUA, parece até que é uma charada: **ele não era um de nós**.

Sim, Lewis é alguém que tínhamos um profundo prazer em excluir, quando não ridicularizá-lo.

Na terra de Jacques Tati, o cinema de Lewis foi digno de integrar as páginas da prestigiada revista de cinema *Les Cahires du Cinéma,* cujos críticos eram de nomes como Jean-Luc Godard, André Bazin e Eric Rohmer.

O longa de Lewis, *O Terror das Mulheres*, por exemplo, foi uma das primeiras experiências em Hollywood com monitores de TV acoplados a câmeras cinematográficas.

O recurso resultou em movimentos e planos sequenciais que fizeram a cabeça de Godard e Julien Temple.

E a sua aura de mestre ia além, pois também era reconhecido na Alemanha, na Itália e no Reino Unido.

Uma anedota norte-americana sobre o seu sucesso internacional dizia que 'os europeus gastavam muito tempo lendo as legendas e, por isso, não se deram conta das asneiras de seus filmes.'

Acredito que há uma visão da cultura norte-americana nos filmes de Lewis que os europeus estavam interessados em conhecer, mas não os norte-americanos.

Essa é a razão pela qual os críticos dos EUA não o suportavam."

Como realizador de filmes e intérprete, os méritos de Lewis se concentram na sua habilidade de trabalhar com a linguagem de cartuns (*cartoons*), muito antes da invasão de *Dick Tracy* e afins, dos dias atuais voltados para os filmes de super-heróis.

Pode-se dizer que ele era um desenho animado que ganhou vida própria.

Lewis também demonstrou que possuía um tremendo senso de musicalidade, o que raramente foi reconhecido, assim como o fato de ter sido um dançarino habilidoso.

Seu trabalho corporal foi sempre muito bem estudado e como diretor demonstrou que sempre esteve interessado no uso da cor e no desenho animado da cena.

O que, entretanto, Lewis sempre demonstrou ter afinidade é com o papel de *clown* (palhaço).

Na sua opção pela interpretação ao estilo quanto mais idiota (desmiolado) melhor, fez também comédias físicas, que lhe causaram muitos danos nas articulações.

Para prosseguir atuando e suportar a dor, usava analgésicos, nos quais se viciou e que o levaram ao aprofundamento de sua crise de saúde.

Houve ainda uma outra série de fatores para a carreira excitante de Jerry Lewis e entre elas, além do seu problema de saúde, os atritos dele com os estúdios e obviamente um desajuste de suas comédias com o mercado, que passou a considerá-los **todos demais**!?!?

O curioso, entretanto, é que nessa época, vários filmes foram realizados inspirados nos de Lewis.

No início dos anos 1980, Lewis era assim, apenas uma **lembrança**, sem novos trabalhos.

A virada ocorreu em 1983, com o aclamado *O Rei da Comédia*, dirigido por Martin Scorsese, no qual Lewis fez um papel com intensidade ímpar, tornando realidade o sonho comum dos comediantes: **ser um grande ator dramático**!!!

Depois desse trabalho, ele ressurgiu mais algumas vezes.

Em 1993, fez o *Arizona Dream* de Emir Kusturica e produziu *O Professor Aloprado*, numa nova versão com o ator Eddie Murphy, escolhido para interpretar o papel do professor desmiolado (*nutty professor*) pelo seu intérprete original.

Logo após, subiu novamente aos palcos, como protagonista de *Damn Yankees*, no qual interpretava o diabo.

Com a eficiência de sempre, sua versão do "gênio das trevas" seduziu o público da Broadway pelo **canto, danças, piadas** e **efeitos especiais**.

No início do século XXI, compareceu a alguns programas de TV com muitos quilos a mais e enfrentando problemas de saúde bem graves.

O fato é que Jerry Lewis ensaiou várias voltas e, em seus retornos, reconquistou o *status* de astro.

Isso ocorreu porque a cultura norte-americana adora os antigos guerreiros que são feridos na batalha, mas retornam à guerra mesmo mais velhos e fracos (ou um tanto quanto "desmanchados", enrugados e obsoletos).

É uma tentativa de lhes dar a segunda chance (no caso do Jerry Lewis quase que uma n-ésima). Esse é um mito preservado na cultura norte-americana.

Realmente, pode-se dizer que Murray Pomerance com a sua obra espirituosa conseguiu com que fosse feita uma correta reavaliação e, inclusive, a justiça ao fenomenal Jerry Lewis.

Murray Pomerance ressaltou: "Jerry Lewis, assim como Charlie Chaplin, o Carlitos, ou então Oliver Hardy (o Gordo) e Stan Laurel (o Magro), não tiveram sucessores e não se deve confundi-lo de forma alguma com certas imitações, como, por exemplo, as caretas feitas por Jim Carrey.

Talvez até a plasticidade das caretas que fez Jim Carrey, o conecte de alguma maneira com Jerry Lewis, mas Carrey jamais ultrapassou a barreira da dor, como Lewis, que fazia rir, mas sofria o tempo todo, tanto em termos sociais como físicos e mentais.

Foi sempre um *loser* (perdedor), enquanto Carrey é bem mais frio e aparece no final como um *winner* (vencedor).

Mas deve-se dizer (ou então supor) que sem dúvida, Jerry Lewis foi o professor de Jim Carrey, **aloprado**, mas **seu professor**!!!"

Nesses últimos 15 anos, Jerry Lewis tem sofrido muito com a sua saúde, e assim, em 1999, um *tour* seu na Austrália foi cancelado, quando ele foi hospitalizado com meningite viral, ficou doente por mais de cinco meses, quando teve um grande desentendimento com o seu plano de saúde.

Precisou também combater um câncer de próstata, diabetes, fibrose pulmonar e dois ataques cardíacos.

O tratamento com prednisona contra a fibrose pulmonar fez com que ganhasse peso, mudando totalmente a sua aparência.

Assim, em setembro de 2001, Lewis ficou sem condições de aparecer em um evento beneficente produzido pelo comediante Steve Alan Green, no London Palladium e precisou fazer um longo tratamento, que o impediu de trabalhar por muito tempo.

Jerry Lewis sempre se recuperou e nunca de fato parou de trabalhar.

Mais recentemente, ele teve uma pequena participação no filme brasileiro *Até que a Sorte nos Separe 2*, no qual aparece como um mensageiro de um hotel de Las Vegas.

No decorrer das filmagens desse filme, em 2013, o nosso comediante Leandro Hassum assim se expressou: "Foi o mais importante momento da minha carreira esse rápido encontro com Jerry Lewis, **meu ídolo e minha inspiração**."

Aliás, em maio de 2013, Jerry Lewis foi ao Festival de Cannes para acompanhar o lançamento do filme *Max Rose*, de Daniel Noah, no qual ele faz o papel de um pianista de *jazz* que abdicou de sua carreira pela família e pelos seus filhos.

Quando fica viúvo, ele descobre que a mulher com quem viveu durante 65 anos, talvez não tenha sido feliz com ele, seu casamento tenha se baseado numa mentira.

O festival quebrou o protocolo e promoveu uma entrevista coletiva com Lewis antes mesmo de exibir o seu filme.

E aí Jerry Lewis, já com 87 anos, mostrou estar muito antenado e divertiu muito a todos os jornalistas com as suas colocações e suas respostas inteligentes e bem-humoradas.

Ele disse: "Inicialmente, quero ressaltar que esse foi o melhor roteiro que já recebi nos últimos 40 anos e, além disso, Daniel Noah me pagou US$ 3 milhões, dinheiro que vai me fazer muito bem!!!"

Quando pediram a um repórter para falar mais alto para que Lewis entendesse a pergunta, ele reclamou: "Por que você está gritando?"

Ao ser indagado sobre as mudanças no humor norte-americano, deu uma explicação retumbante: "Não existe humor norte-americano. Humor é humor, riso é riso.

Se você faz um humor engraçado, as pessoas vão rir em qualquer parte do mundo. Mas se você exagerar, ou seja, esticar demais a corda, as pessoas não vão rir."

### 5.1.3 – Monty Python

Há quem diga que toda vez que você se diverte com algum vídeo de comédia, brincadeira ácida na Internet ou um sarcástico programa na TV, boa parte de suas risadas deve tributar ao grupo de comédia britânico Monty Python.

Ele foi constituído por Graham Chapman (1941-1989), Eric Idle, John Cleese, Terry Jones, Michael Palin e Terry Gilliam, que revolucionaram o humor com o programa *The Monty Python Flying Circus*, veiculado pela rede BBC entre 1964 e 1974.

As piadas *nonsense* (sem sentido ou absurdas) e o texto afiado dos diálogos, interpretados de forma propositalmente rude e original pelo sexteto, eternizaram alguns dos quadros mais memoráveis já vistos na TV e no cinema, como foi o caso: do futebol dos filósofos, a surpreendente Inquisição espanhola, a clínica de discussões, os cavaleiros que diziam *ni*, ou a chuva de apresentados da marca Spam – que inclusive inspirou o uso dessa palavra para os *e-mails*.

"Os integrantes do Monty Python, atrás (a partir da esquerda): Graham Chapman, Eric Idle e Terry Gilliam. Na frente: Terry Jones, John Cleese e Michael Palin."

Todo aquele que nunca ouviu falar de Monty Python deveria recorrer a outras fontes, não ao pequeno resumo que aqui se apresenta, pois realmente não se deve roubar-lhe o prazer de encontrar por sua iniciativa, muitas coisas notáveis que fez esse grupo pelo humor no mundo todo e, assim, evita-se tirar-lhe esse gosto pessoal, que poderia parecer uma indelicadeza semelhante a que se faz quando **se tenta explicar uma piada...**

Para começar, vale muito uma visita ao YouTube, onde o grupo faz sucesso até hoje, sendo suficiente o bastante para comprovar a genialidade desses humoristas, o que o(a) estimulará a procurar outras coisas sobre Monty Python.

As marcas deixadas por esses engraçados senhores britânicos (hoje respeitáveis septuagenários...) foram, inclusive, além do humor.

Desde o lançamento de *O Sentido da Vida* em 1983, o último longa-metragem lançado por eles, a única forma de desfrutar bem a obra de Monty Python era assistir os seus vídeos ou procurar trechos de seus quadros no YouTube.

Mas em julho de 2014, o quinteto reuniu-se em Londres, para uma turnê de despedida e mais de 150 mil pessoas compareceram aos dez *shows*.

Mesmo quem não conhece Monty Python pode ter uma ideia da importância do grupo para a história do humor verificando os nomes de algumas pessoas famosas que estiveram na plateia.

Os *shows* do Monty Python em Londres foram vistos pelos comediantes Jerry Seinfeld e Chris Rock, pela dupla Trey Parker e Matt Steve, responsável pela animação *South Park* e pelo musical *The Book of Mormon*, por Matt Groening, criador dos *Simpsons*, os humoristas brasileiros Fábio Porchat, Gregório Duvivier e outros integrantes do grupo Porta dos Fundos.

Pode-se dizer que na televisão ou na Internet atual não há um humorista no mundo que escapou da influência de Monty Python.

Desde o fim do *Flying Circus*, em 1974, os seus integrantes partiram para carreira solo, mas ainda se encontraram para executar projetos no cinema.

Entretanto, depois do lançamento do filme *Monty Python e o Sentido da Vida*, cada um seguiu seu caminho.

John Cleese, continuou a fazer sucesso como humorista.

Terry Gillian, o cômico norte-americano do grupo dirigiu filmes *cult* como *Brazil* e *Os 12 Macacos*.

Michael Palin apresentou documentários sobre viagens.

Terry Jones ensaiou uma carreira de escritor.

Eric Idle criou o musical *Spamalot*, inspirado no filme *Monty Python e o Cálice Sagrado*.

Graham Chapman, que morreu de câncer aos 48 anos, foi a única ausência nesse reencontro triunfal dos mestres do humor, 40 anos depois de sua separação.

Com um humor negro no melhor estilo, Monty Python, o título da turnê menciona claramente a sua morte: *Monty Python Live (mostly): One Down, Five To Go* (algo como *Monty Python (quase) ao vivo, um já foi, faltam cinco*).

» **E por que esse reencontro só aconteceu em 2014?**

A justificativa oficial de Eric Idle, que comandou a turnê foi: "Achamos que seria divertido tentar ver se ainda somos engraçados."

A imprensa britânica, que já elogiou tanto o grupo, décadas atrás, agora foi bastante comedida, não se empolgou com a turnê e de certa forma a ridicularizou, dizendo que foi feita para surrupiar dinheiro de fãs nostálgicos, com uma produção "desesperadamente preguiçosa", de acordo com o jornal *The Independent*.

Já o crítico do *The Telegraph*, Dominic Cavendish escreveu: "John Cleese estava rouco, Terry Jones lia suas falas em papéis e em alguns momentos todos pareciam perdidos."

Até Mick Jagger, dos Rolling Stones, aderiu às críticas, com certa dose de autodepreciação: "São um bando de homens enrugados tentando reviver seus dias de glória e ganhar um monte de dinheiro."

De fato, o grupo na se esforçou de forma alguma para desmentir essas críticas.

Realmente, John Cleese, que se divorciou em 2008, chegou a batizar um espetáculo solo recente de *The alimony tour* (ou seja, *A turnê da pensão alimentícia*).

Terry Jones, por sua vez, comentou que pretendia pagar sua hipoteca com o dinheiro que receberia da turnê.

Mas está certo é o comentário que fez Danilo Venticinque, num artigo seu sobre esse reencontro do grupo o Monty Python na revista Época (7/7/2014): "A plateia não se incomodou com as pequenas falhas de cada um dos humoristas ou de um certo desentrosamento entre eles e naturalmente por um bom motivo.

Assim que, como qualquer fã de música pagaria muito para ver uma reunião dos Beatles, mesmo que eles não soubessem mais tocar, para os entusiastas do humor, um encontro do Monty Python tem a mesma relevância histórica. A qualidade do espetáculo passou a ser um detalhe!!!"

Quem deseja rir com o anárquico sexteto deve resgatar, por exemplo, o filme *Em Busca do Cálice Sagrado* (1976), no qual tem-se de tudo: desde a ingenuidade ao requinte; bem como vai-se da grande sutileza à mais contundente grossura. Assim, nesse filme, o rei Arthur é interpelado sobre seu direito divino de governar por um camponês afundado até o pescoço no... esterco.

O sexteto foi sempre assim, em especial no seu trabalho na TV, quando desconcentravam seu público como no esquete em que Mao Tsé-Tung, Lenin, Che Guevara e Karl Marx são convidados para debater... o campeonato inglês de futebol.

Humor deles é difícil para se descrever.

É visual, mas também é (muito falado), com os integrantes valendo-se de muitos trocadilhos e elucubrações sonoras.

Dessa maneira, por exemplo, no *O Cálice Sagrado*, um dos integrantes da Monty Python tem a cara de pau de simular uma cavalgada fazendo ploc-ploc com dois cocos na cara do expectador.

E ele ainda explica que não havia dinheiro para contratar os cavaleiros.

Essa mistura do humor moral com o *nonsense* é a própria essência de Monty Python."

O nosso humorista Gregório Duvivier que é também articulista do jornal *Folha de S.Paulo* relatou o que lhe responderam alguns dos integrantes do Marty Python, numa coletiva de imprensa (na qual estavam mais de 50 jornalistas do mundo todo): "Perguntei-lhes se assistem a alguma comédia que se faz hoje em dia e se não tem nada nesses últimos 30 anos que os façam rir.

John Cleese, após um enorme silêncio disse: '**Não**!'

Terry Jones disse timidamente: 'gosto do Louis C.K.'

Michael Palin tentou lembrar-se do nome de uma comediante e não conseguiu...

John Cleese retomou a palavra e com a sinceridade que lhe é característica, afirmou: 'A parte interessante de ficar velho é que você não precisa mais fingir que se interessa pelas novidades e pode ser feliz apenas relembrando os bons momentos que já viveu.'

Pois bem, depois assisti ao espetáculo que eles apresentaram, mas aquela explicação de John Cleese não saía da minha mente.

Se eu fosse crítico de teatro, teria odiado a peça. Até porque não é teatro.

Em duas horas e meia de peça, não há uma ideia sequer de encenação, um recurso teatral que justifique o fato de estarmos vendo esquetes que já sabemos de cor.

A ordem dos esquetes parece randômica.

A peça começa com o esquete das lhamas, executada com um *timing* lento.

Parece que eles estão imitando a si mesmos.

Se fosse crítico, diria que **enferrujaram**, para não dizer que **apodreceram**.

Alguns atores nem sabiam o texto.

No esquete *Sapinhos Crocantes*, Terry Jones lia o texto no *teleprompter* e a plateia conhecia o esquete melhor do que ele!?!?

John Cleese tinha ininterruptas crises de riso.

Os esquetes filmados – as únicas 'novidades' do espetáculo – eram constrangedoramente amadores e mal filmados.

A prometida aparição do físico Stephen Hawking se deu numa piada idiota ou inteligente demais para mim.

E os números de dança se arrastavam por minutos intermináveis.

A sorte é que eu não sou crítico de teatro.

E a peça foi para mim, um dos momentos mais emocionantes da minha vida.

E não só para mim.

Arrisco que para a maioria das pessoas que estavam ali.

Exatamente por causa de todas essas falhas que eu citei, não tem nada melhor do que ver o seu ídolo falhando – era tudo o que a gente queria, no fundo.

Além disso, essas falhas – ausência de dramaturgia, piadas infantis, intepretações amadoras – já estavam presentes em larga escala no Monty Python de antigamente, e arrisco dizer que era exatamente por causa delas que a gente os amava. E eles continuam iguaizinhos, do mesmo jeitinho que a gente ama."

Como se pode perceber, quando alguém sofre uma grande influência do outro, o influenciado acaba perdoando as eventuais falhas que o influenciador possa ter no futuro, talvez nem querendo percebê-las, feliz apenas de viver o reencontro...

## 5.1.4 – Roberto Gómez Bolaños

Conhecido mundialmente pelos personagens Chaves e Chapolin, em 28/11/2014 morreu, aos 85 anos, o ator mexicano Roberto Bolaños, em Cancun, na sua casa. Ele nasceu na cidade do México, em 21/2/1929.

Iniciou na carreira como redator publicitário e, nos anos 1950, passou a escrever roteiros para programas de comédia e cinema.

A sua pretensão inicial era a de seguir engenharia e, nessa época, praticava boxe. Em nenhuma dessas carreiras ele evoluiu.

Quando se tornou redator publicitário ganhou o apelido e Chesperito do diretor Augustín Delgado, primeiro a rodar um roteiro escrito por ele.

"O incrível e simples humor de Roberto Bolaños conquistou gerações de latinos e de pessoas do mundo todo."

Sua estreia como ator foi em 1960, no filme *Dos Criados Malcriados*.

Augustín Delgado considerava Bolaños "um pequeno Shakespeare", que fazia histórias semelhantes às do escritor inglês.

Em 1968, ele passou a escrever o programa *Los Supergenios de la Mesa Cuadrada*, quando estreou (de maneira não planejada...) como ator na televisão.

Ele não sonhava em ficar tão famoso. E tudo aconteceu como ele mesmo dizia: "**Sem querer, querendo!!!**"

No fim da década de 1960, era roteirista de um canal de televisão quando um ator faltou e ele acabou na frente das câmeras.

E foi uma viagem sem volta, pois ele provavelmente nunca tenha imaginado que uma vez colocados os pés no mundo do espetáculo, seu destino seria divertir várias gerações de latino-americanos com personagens Chaves e Chapolin Colorado.

Em 1970, Bolaños ganhou um programa próprio, batizado com seu apelido. No mesmo ano, o personagem Chapolin Colorado estreou nesse programa.

Em 1971, *Chaves* foi ao ar pela primeira vez.

Após o fim de *Chesperito*, em 1973, Chaves e Chapolin ganharam programas independentes, que duraram até 1979.

*Chesperito* voltou a ser exibido em 1980, mantendo-se na grade por 15 anos.

Em 1984, o SBT passou a exibir *Chapolin* e *Chaves*, sendo que este último passou a ser uma espécie de **"levanta audiência"** na emissora de Silvio Santos.

A série foi retirada da programação algumas vezes, mas até hoje é exibida todos os dias.

As histórias de Chaves, um menino órfão que mora em uma típica vila mexicana; e de Chapolin, um anti-herói medroso disfarçado de inseto, tornaram-se um fenômeno transcultural.

No Brasil, chegou a ser durante bom tempo um dos programas de maior audiência e que foi visto em lugares tão diferentes como Rússia e Angola.

Bolaños foi casado com a escritora Graciela Fernández, com quem teve seis filhos, entre 1958 e 1977, ano em que assumiu o relacionamento com a atriz e escritora Florinda Meza, a dona Florinda de *Chaves*.

Eles só oficializaram a união em 2004!?!?

Bolaños de fato viveu um triângulo amoroso com seus colegas de trabalho na sua série Carlos Villagrán, o Quico, e Florinda Meza, que namorou antes bastante tempo Villagrán, e depois é que engatou o relacionamento com Bolaños.

Villagrán ficou muito aborrecido com isso e deixou o programa para seguir uma carreira sozinho.

Toda vez que começava um episódio de *Chaves*, já se sabia que alguém cometeria um erro besta, desviando o rumo daquela vida pacata.

Esse alguém, em geral, era o próprio Chaves, que além de ser vítima do sistema, virava o centro do "espancamento" geral.

A menina Chiquinha o trapaceava; "seu" Madruga usava o coitado de laranja para escamotear problemas do ócio, o mimado Quico fazia o pobre menino passar vontade, exibindo brinquedos e pirulitos gigantes.

Com esse rico personagem, Bolaños criou o **idiota perfeito**, uma criança às vezes lunática, às vezes limitada e sempre com fome.

Quando fazia algo de errado e alguém o questionava, ele se entregava de um jeito muito simples: **mexendo nos suspensórios**.

Quando sofria *bullying*, dizia que ninguém tinha paciência com ele e entrava num barril, seu refúgio.

Para interpretar a figura do idiota perfeito, é preciso de uma certa sofisticação no olhar perdido, na falta de malícia em toda e qualquer intenção.

Bolaños tinha essa qualidade nata, porque Chapolin Colorado, o herói torto, também era totalmente igual a um imbecil.

Quando ele chegava para combater um bandido muito mau, geralmente só piorava a situação.

Acabava, provavelmente, ajudando o indivíduo, ou o irritava ainda mais, agravando tudo.

Quando ocorria um final feliz, isso acabava sendo assegurado por algum erro, que teria efeito contrário e se tornaria um acerto!?!?

Mas, intencionalmente, Chaplin não acertava nunca, e nem devia...

Justamente a empatia com o espectador, a qualidade capaz de segurar a audiência por anos e anos, surgiu justamente da **falta de habilidade**.

Por isso, o Chaves de Roberto G. Bolaños tornou-se um personagem clássico.

No fundo, ele resgatou a figura do palhaço triste.

O fato é que foi no Brasil, o país que Chaves fez mais sucesso no mundo, fora do México.

Ele tinha mais de 6,6 milhões de seguidores no Twitter e uma das suas últimas mensagens para responder a uma fã brasileira foi: "Todo o meu amor para o Brasil."

Sem dúvida, ele foi o dono dos momentos mais engraçados para as crianças brasileiras em frente à TV nas décadas de 1980 e 1990.

Aí vão algumas das frases marcantes ditas por Roberto Bolaños nos seus programas:

» "Tá bom, mas não se irrite."

» "Ninguém tem paciência comigo."

» "Foi sem querer, querendo."

» "Teria sido melhor ir ver o filme do Pelé."

» "Já chegou o disco voador!"

» "Ai, que burro, dá zero para ele."

» "As pessoas boas devem amar seus inimigos."

» "Quem come tudo e não divide nada acaba com a barriga inchada."

» "Eu prefiro morrer do que perder a vida."

O palhaço e dramaturgo Hugo Possolo, diretor do grupo teatral Parlapatões escreveu: "O artista Bolaños, soube envelhecer com graça e até o final de sua vida manteve a verve de zombar de tudo sem autoindulgência.

Foi assim que ele caracterizou Chaves. Fez milhares de piadas sobre menino órfão que morava num barril no fundo de uma vila pobre, sem nenhum sentido de humilhação.

Não à toa, a recente geração de comediantes brasileiros, como Danilo Gentili e Tatá Werneck, citam Chaves como sua inspiração. Cresceram vendo que se pode fazer rir de tudo.

As piadas do Chaves já nasciam clássicas. Sabia jogar com a infâmia sem culpa.

Os cenários e figurinos rústicos nunca tiraram a verossimilhança das situações, construídas por personagens caricatos que não se deixavam estereotipar.

Todos naquela vila eram bons e maus, sem maniqueísmos, com as contradições humanas dilatadas, caricaturas que sempre nos permitirão rir de nossas pequenezas.

O humor popular, tratado com arrogância pela intelectualidade tacanha, pode até virar algo *cult*. Bom mesmo seria manter a estampa brega para deixar claro que humor refinado é coisa de quem tem preconceito com a comédia.

Foi-se o criador do menino ingênuo que morava num barril. Além da tristeza que fica, tem aquela que permanece na ideia de um mundo careta que talvez não deixe espaço para nascer mais esse humor livre."

### 5.1.5 – QUINO

Joaquín Salvador Lavado Tejón, nasceu na região de Mendoza, na Argentina, em 1932.

É chamado de Quino desde a infância, porque tem o mesmo nome do tio desenhista, que o influenciou muito para se tornar cartunista.

Seu primeiro trabalho foi publicado em 1954, no semanário *Esto Es*, seu primeiro livro *Mundo Quino*, é de 1963.

A fama veio a partir de 1964, com os livros sobre Mafalda, com o seu nome obtendo projeção internacional.

"Joaquín Salvador Lavado Tejón, o Quino."

Mafalda é uma menina sonhadora desiludida dos anos 1960.

Aos 6 anos, filha de uma família de classe média argentina, ela tem um olhar inteligente e curioso sobre o mundo e o ser humano, muitas ideias para melhorar a vida na Terra e, naturalmente, faz perguntas e comentários engraçados sobre tudo o que se possa imaginar!!!

Ela vai à escola, tem amigas, participa das brincadeiras de toda a criança e viaja com a família para a praia durante as férias.

Entretanto, é uma criança que fala o que pensa e, com sua franqueza, coloca os adultos em situações embaraçosas.

É, pois, uma menina com opiniões muito sérias e com uma visão crítica da realidade.

Para os seus leitores-fãs, uma sonhadora, uma cínica e uma contestadora, papel frequentemente assumido pelos humoristas ativistas.

O interessante – e talvez esteja aí o porquê de sua popularidade por mais de 50 anos – é que ela foi tudo isso e muito mais, possuindo características que fazem dela uma das personagens mais fascinantes das histórias em quadrinhos latino-americanas.

Como ninguém, ela personifica a insatisfação frente a uma realidade social e econômica que, mais do que respostas, apenas apresenta perguntas e inquietações.

Praticamente todos os outros, os grandes humoristas enveredaram por essa vertente, como também fez Quino por meio da Mafalda.

O mundo da Mafalda é habitado por seus pais e muitas crianças, entre elas Manolito, Miguelito, Susanita, Guille etc., mas ela não é uma série para crianças (!?!?), embora estas possam ler as tiras e se identificar com as preocupações e desencontros do mundo infantil.

Sem dúvida, o maior público da menina Mafalda sempre foi o de adultos, que partilham sua visão crítica quanto às relações de poder.

Por meio de Mafalda, seus questionamentos no mínimo criativos e do seu pequeno mundo burguês, é possível refletir sobre a realidade do seu tempo, imaginando saídas nem sempre fáceis para as questões que nos angustiam.

Entre as perguntas inquisitivas e aparentemente desconexas que Mafalda faz e que representam, inclusive alguns dilemas da contemporaneidade, aí vão algumas delas que o(a) caro(a) leitor(a) deve responder, se possível de forma bem humorada.

1. Você pode me explicar por que, em vez de mudar as estruturas, todos só ficam remendando as peças?

2. A capacidade de vencer ou fracassar na vida é hereditária?

3. De que lado chega o ano?

4. Os anjos conseguem voar para trás?

5. Deus está realmente em todos os lugares?

6. Você acredita que um dia o mundo vai acabar?

7. Como as pessoas fariam para ir embora se não tivessem costas?

8. Por que há gente pobre no mundo?

9. O que você faria se aparecesse um disco voador agora?

Que indagações inquietantes dessa menina que já "existe" há mais de 50 anos, não é?

### 5.1.6 – Jerry Seinfeld e a sua turma!!!

Há mais de 25 anos, o diálogo entre dois amigos sobre o botão "**muito alto**" na camisa nova de um deles dava a largada para uma série de fatos: "**sobre o nada**", que se transformaria em uma das *sitcoms* mais populares e lucrativas da TV norte-americana.

A camisa era do neurótico e *loser* (um "perdedor") George Costanza, o comentário do sarcástico comediante Jerry Seinfeld, uma reação não tão fictícia do Seinfeld real, criador, com Larry David, da série batizada com o seu nome.

Desde então, foram nove temporadas na rede NBC, 180 episódios, entre 1989 e 1998 – o último deles, assistido por **70 milhões de espectadores**, uma audiência comparável, na época, à do *Super Bowl*, o jogo decisivo do campeonato de futebol norte-americano.

Mesmo depois de sair do ar, a série continua gerando muito dinheiro com receitas de retransmissão que acumularam algo próximo de US$ 3 bilhões até 2013.

"A partir da esquerda, Jason Alexander, Jerry Seinfeld, Julia Louis Dreyfus e Michael Richards, numa das muitas cerimônias de premiação, em que o grupo foi homenageado."

O crítico da revista *New York,* Matt Zoller Seitz explicou: "A série Seinfeld inspirou gerações de roteiristas e influenciou outras séries de sucesso, como *Friends, 30 Rock* e *Família Soprano,* por sua inquietude com formato e ritmo, e a sua obsessão com o meta-humor."

Em Seinfeld, os personagens em si – quatro amigos de caráter duvidoso, sempre enrolados em situações adversas do cotidiano – conquistaram simpatia por se parecerem mais com telespectador do que muitos gostariam de reconhecer.

"Como roteiristas Jerry Seinfeld e Larry David tiveram o dom de fazer com que nos identificássemos os personagens em situações desconfortáveis e hilárias", disse William Irwin, autor de *Seinfeld e Filosofia: Um Livro Sobre Tudo e Nada.*

Numa cena do episódio final, sintomática sobre a total incapacidade dos personagens em aprender "lições" com seus erros durante nove temporadas, Jerry faz um comentário para George sobre como a camisa dele tem o último botão "muito alto". Um intrigado George responde com uma pergunta: **"Já não tivemos essa conversa antes?"**

E assim terminou a série...

Mas ao longo das suas apresentações, muitas expressões usadas nelas acabaram se incorporando ao vocabulário dos norte-americanos e de pessoas de muitas outras nacionalidades, que se tornaram fãs da série.

Assim não é raro se notar nos EUA alguém chamando por *serenity now* ("serenidade agora"), mantra antiestresse do pai de George, ou negando pedidos com *no soup for you* ("sem sopa para você"), bordão do tirano da sopa nova-iorquina inspirado numa figura real.

O crítico de TV do jornal *Los Angeles Times,* Howard Rosenberg explicou: "A série continua popular porque seu humor e principal mote – pessoas banais falando sobre banalidades –, não envelhecem.

Raramente houve um elenco de comédia tão talentoso e integrado com o texto.

Os atores criavam sem perder a sintonia com o que era escrito para seus personagens."

Depois que a série acabou, cada um dos atores comediantes seguiu para projetos diferentes, nem todos tendo sucesso, e mesmo os que foram bem-sucedidos jamais chegaram no patamar da série *Seinfeld.*

Julia Louis-Dreyfus (a Elaine Benes), depois de ter papéis inexpressivos na TV e no cinema, protagonizou a série *The New Adventures* of *Old Christine* (algo como *As Novas Aventuras da Velha Christine*) de 2006 a 2010, agora, a atriz está à frente de *Veep* no papel de Sabina Meyer, vice-presidente fictícia dos EUA, que lhe permitiu vencer o Emmy em 2012 e 2013.

Michel Richards (o Cosmo Kramer), em 2000, tentou emplacar a *sitcom The Michael Richards Show*, sem sucesso.

Aí seguiu fazendo *stand-up comedy*, mas se aposentou dos palcos em 2007, após ofender um espectador negro num *show*.

No início de 2014, voltou a atuar na série *Kristie*.

Jason Alexander (o George Costanza) fez pequenas pontas no cinema, muitas delas em dublagem, e em outras séries, como *Friends* e *Star Trek: Voyager*. Tentou voltar à TV com as *sitcoms Bob Patterson* (2001) e *Listen-Up* (2004-2005), mas nenhuma delas passou da primeira temporada.

Jerry Seinfeld, ele próprio, retornou à *stand-up comedy* com aparições esporádicas na TV.

Em 2007, escreveu e produziu a animação *Bee Movie* e, em 2010, assumiu a produção do *reality show The Marriage Ref*, que teve duas temporadas.

Dois anos depois, lançou a bem-sucedida série para a Internet, *Comedians in Cars Getting Coffee* (algo como: *Comediantes Tomando Café em Carros*), que estreou na quarta temporada em junho de 2014.

Nessa série, em cada um dos episódios, cuja duração varia, Jerry Seinfeld da carona a um colega comediante em um dos seus carros *vintage* (antigo) e já participaram pessoas famosas como Chris Rock, Larry David, Mel Brooks, Ricky Gervais etc.

Daí, eles vão para um café ou um *diner*, um tipo de restaurante que ficou famoso no seriado do seu sobrenome, e bebem café.

Explicou Jerry Seinfeld: "A minha meta foi a de fazer um *talk-show* tranquilo, em que você não tem de se mostrar, não tem de pensar no que está vestindo, não tem maquiagem, não tem preparação, não tem quase nada...

É, literalmente, entrar num carro. E só isso!!!

Conduzo também a minha vida com muita simplicidade, não perco tempo com análises profundas e o meu interesse é praticamente zero, em saber ou entender o *zeitgeist*, o espírito do tempo.

Não procuro ler os trabalhos de acadêmicos que acham temas pós-modernos nas minhas piadas!?!?"

No encarte *Serafina* (publicado em fevereiro de 2014 na *Folha de S.Paulo*), Oliver Burkeman escreveu o artigo *Do nada para lugar nenhum*, no qual detalhou um pouco a vida de Jerry Seinfeld: "Ele, como um bom judeu nova-iorquino aprendeu cedo que precisaria trabalhar muito. Filho de imigrantes austríacos e sírios, cresceu na cidade de Massapequa, em Long Island, que segundo Jerry, poderia ser 'um antigo nome indígena, que significava perto do *shopping*'. Sua família ia sempre à sinagoga e respeitava todos os preceitos *kosher*.

O adolescente Jerome passou algum tempo em *kibutz*, Israel. Mas tudo indica que ele nunca cogitou outra carreira que não fosse a comédia.

Quando estava na faculdade, no Queens, conseguiu convencer os professores a deixá-lo estudar *stand-up* – e se apresentar em público na escola em vez de fazer provas –, valendo créditos acadêmicos.

Em 1998, enquanto tomava café num *diner* nova-iorquino (é obvio) com Larry David é que surgiu a ideia da série, então com a denominação *The Seinfeld Chronicles*.

**O resto é uma história bem conhecida, não é?**

Tendo passado uma década fazendo um bem-sucedido programa 'sobre o nada', ele poderia facilmente não fazer mais nada hoje em dia.

Mas ele prefere – ou se sente obrigado a – continuar burilando suas apresentações, testando uma nova tirada aqui, tirando uma palavra de um ato velho ali, e analisando o riso da plateia: um cientista da comédia, que calibra seu equipamento com um método doloroso.

Uma ou duas vezes por semana, no finzinho da tarde, Jerry Seinfeld deixa o seu escritório em Manhattan, onde passa suas tardes escrevendo, e não vai para casa ficar com sua família.

Em vez disso, aparece de surpresa num pequeno clube de comédia de Nova York ou de Nova Jersey e se **encaixa na programação**!!!

Nota-se que Seinfeld tem atualmente um avião particular e mais de 40 Porshes antigos; ganha por volta de US$ 32 milhões por ano, sendo grande parte deles por direitos autorais que adicionam ainda mais dinheiro a uma fortuna que atualmente está bem próxima de US$ 1 bilhão.

Mas apesar desse *status*, ele continua trabalhando muito, procurando as suas melhores sacadas, lustradas até ficarem perfeitas, exibindo continuamente um profissionalismo extremo que se evidencia em uma qualidade *zen* absurda.

Salienta o próprio Jerry Seinfeld: 'Para um cara como eu, uma risada é **cheia de informação**. O timbre, a forma, a duração de uma risada suprem para mim muita informação.

É só eu ouvir as risadas do público em alguma apresentação minha e posso lhe dizer que foi a piada que contei. Isso porque piada e a risada continuam.

Em abril de 2014, Jerry Seinfeld chegou aos 60 anos, apesar de estar no inconsciente coletivo como sendo um eterno quarentão.

Mas essa é a idade que ele usava em suas piadas: 'Meus pais estão se mudando para a Flórida. Eles não queriam se mudar para a Flórida, mas eles têm agora 60 anos e essa é a lei.'

Seinfeld virou o grande homem velho do *stand-up*, um tesouro nacional e aí surge aquela dúvida: a plateia não ri só porque ele é Seinfeld, especialmente se aparece de surpresa.

Mas Seinfeld se acalma e se autoelogia: 'Talvez até durante certos momentos o público ria por educação. Mas ninguém ri o tempo todo só por causa da minha reputação. Eles podem até ficar um pouco exaltados no início, mas não iriam mentir para mim tanto tempo. Eu descobriria!!!'

### 5.1.7 – COMEDIANTES NORTE-AMERICANAS

» **Colleen Ballinger**

No início de dezembro de 2014, a comediante Colleen Balinger, que se tornou uma sensação na Internet desde 2008, ficou ainda mais conhecida do público mais amplo (e mais velho) da TV norte-americana, de uma forma que muitos dos seus colegas de profissão invejariam: **contracenando com Jerry Seinfeld**.

Ballinger – ou seu *alter ego*, a narcisista e impaciente "cantora/ atriz/ dançarina/ modelo/ mágica", **Miranda Sings** – estrelou com o seu novo padrinho uma hilária brincadeira de adivinhação com desenhos no programa de Jimmy Fallon, uma das maiores audiências dos EUA.

"A engraçada Colleen Ballinger."

Alguns dias antes, ela participara da série de Seinfeld na Web, *Comedians in Cars Getting Coffee*, a caráter – coisa rara no programa que mostra Jerry Seinfeld papeando com algum colega em meio a carros e cafés.

Essa ligação entre os dois evidencia claramente a evolução do humor para as massas na última década e meia: da TV para o YouTube e de volta para a TV, entre saltos geracionais.

Seinfeld conheceu Colleen Ballinger por intermédio de sua filha Sasha, de 13 anos.

A menina é fã do canal Miranda Sings, que arregimentou 2,8 milhões de assinantes, 280 milhões de visualizações (segundo a empresa de consultoria Social Blade) e páginas populares no Twitter, Facebook e Instagram, além de um *site* e apresentação de centenas de *shows* em diversas cidades dos EUA, Canadá, nos países da Europa e da Oceania.

É menos do que o programa de humor brasileiro na Internet, Porta dos Fundos (que no final de 2014, tinha 9,4 milhões de assinantes), mas bastante para ser o **sétimo canal cômico mais visto** no YouTube nos EUA.

Explicou Seinfeld: "Minha filha me mostrou no celular um vídeo da Miranda respondendo a mensagens e críticas. E ela não parava de rir e isso me estimulou a ver tudo com atenção. Perguntei-lhe se além dela, as suas amigas também viam aquilo e ela disse que sim.

Eu vi, ri, mas no início não achei grande coisa. Depois vi outro, outro e outro e percebi que era um personagem bem desenvolvido."

Miranda (ou Ballinger) tem **graça** para os adolescentes porque é alguém com quem eles se identificam.

Alguém que acha que se filmar fazendo qualquer coisa e depositar na Internet faz dela uma celebridade e/ou uma artista digna de atenção!?!?

Colleen Ballinger, que em 2014 completou 28 anos, capturou com eficácia a essência de uma geração.

Em seus vídeos, ela usa um batom vermelho que satiriza o bico de pato tão comum em *selfies*, dança (mal), canta (mal), fala com fãs e revira os olhos em sinal de desaprovação, tudo com produção caseira e textos profundamente irônicos, autocríticos e desinibidos.

Rindo, ela própria declarou: "Achei que faria isso por uma semana ou no máximo um mês, mas virou uma bola de neve.

Hoje, todos me perguntam como farei quando Miranda tiver um filho.

Por enquanto, não tenho ainda uma resposta bem-humorada para essa questão!?!?"

### » Tina Fey

Elizabeth Stamatina Fey, hoje conhecida como Tina Fey, nasceu em Upper Darby, no Estado da Pensilvânia, filha de Zenobia Xenakes, uma corretora de ascendência grega, e de Donald Fey, de descendência alemã e escocesa.

Lembra Tina Fey: "Meus pais gostavam muito de assistir ao programa humorístico de televisão *Saturday Night Live* (*SNL*) ou o grupo inglês Monty Python ou ainda os filmes antigos dos irmãos Marx e permitiam que eu e o meu irmão Peter ficássemos juntos com eles acordados até tarde da noite.

"A atraente atriz e humorista Tina Fey."

Aliás, também assistíamos o *The Honeymooners*, mas éramos proibidos de assistir *Os Flintstones* porque meu pai odiava o programa, dizendo que era um plágio do *The Honeymooners*!

Quando Tina estava cursando o ensino médio já sabia que estava interessada em comédia, chegando a fazer um projeto de um estudo independente sobre o assunto quando estava na 8ª série.

Ela foi uma aluna exemplar, integrante do coro da escola, do grupo de teatro, da equipe de tênis e coeditora do jornal da escola. Anonimamente escrevia uma coluna satírica nesse jornal.

Após a sua graduação em 1988, Tina Fey se matriculou na Universidade de Virgínia, onde estudou dramaturgia e interpretação de papéis, concluindo o curso de 1992, com o diploma de bacharel em Artes.

Fey começou a trabalhar com humor como uma artista convidada no *The Second City*, um grupo de comédia de improvisação baseado em Chicago.

Em seguida, ela se juntou ao programa humorístico *SNL* (que em 2015 comemorou 40 anos de existência) como argumentista, tornando-se mais tarde chefe do setor e uma artista conhecida por sua posição como coapresentadora do segmento *Weekend Update*.

Em 2004, adaptou o roteiro para o filme *Mean Girls* no qual também trabalhou.

Depois de deixar o *SNL* em 2006, criou a sua própria série de TV, *30 Rock* para a rede NBC.

Em 2008, estrelou a comédia *Baby Mama*, ao lado da sua ex-colega do *SNL* Amy Poehler e, em 2010, apareceu nas comédias *Date Night* e *Megamind*.

Já recebeu muitos prêmios pela sua carreira, em especial sete Emmy, três Globo de Ouro, quatro *Screen Actors Guild* e quatro *Writers Guild of America Awards*.

Foi apontada como a artista que teve o maior impacto na cultura e no entretenimento nos EUA em 2008, pela *Associated Press*, que lhe atribuiu o prêmio de "**Animadora do Ano**", por sua interpretação satírica da candidata a vice-presidente dos EUA, pelo Partido Republicano Sarah Palin.

Em 2010, foi a ganhadora do prêmio Mark Twain para Humor Norte-Americano, sendo a mais jovem vencedora do prêmio até então.

Em janeiro de 2013, juntamente com Amy Poehler, Tina Fey apresentou a cerimônia de entrega dos prêmios Globo de Ouro, pela primeira vez comandada por duas mulheres. O desempenho da dupla foi bastante aclamado pela crítica, ao ponto de elas serem convidadas novamente para apresentar as cerimônias dos dois anos seguintes.

Como é uma festa bem mais descontraída que o Oscar ou o Emmy, na qual, inclusive são servidas bebidas alcoólicas, Tina Fey explicando o filme *Gravidade*, protagonizado por Sandra Bullock e George Clooney, resumiu a película da seguinte forma: "É a história de como George Clooney prefere flutuar no espaço e morrer a passar mais tempo com uma mulher de sua idade!!!

Tina Fey apareceu na lista *Hot* da revista *Maxion*, ocupando em 2002 a 80ª posição.

Já em 2003, 2007, 2008 e 2009, foi incluída pela revista *People* entre as 100 pessoas mais bonitas dos EUA.

Ela é casada com Jeff Richmond, compositor de vários temas musicais para o *30 Rock*, tendo duas filhas desse matrimônio, Alice e Penelope.

Tina Fey tem se envolvido em muitas campanhas filantrópicas para ajudar crianças com autismo, acabar com a fome no mundo, combater a violência com as crianças e tornar mais eficaz o tratamento de leucemia.

Ela escreveu o livro *A Poderosa Chefona* na qual conta: "O primeiro programa em que trabalhei como roteirista do *SNL*, isso em setembro de 1997, o ator Sylvester Stallone seria o convidado especial.

Houve uma grande dúvida no momento de escalar um dos integrantes da turma do *SNL* para imitar Adrian, a mulher de Rocky, vivida por Talia Shire nos filmes da série.

A humorista Cheri Oteri queria o papel, mas 'alguém achou que seria mais engraçado colocar o comediante Chris Kattan vestido de mulher.

Ninguém poderia imaginar, nem por um segundo, que um cara de vestido seria mais engraçado que uma mulher imitando outra."

Aliás, essa questão de gênero é salientada em todo o livro, ainda que Tina Fey evite uma abordagem feminista.

Tina Fey, de fato entrou para a história como a primeira mulher a chefiar a equipe de roteiristas do *SNL*, sem dúvida um dos mais tradicionais e importantes programas de humor da TV norte-americana.

Na sequência, ela foi convidada pela rede NBC para desenvolver uma série própria, o que resultou na premiada comédia *30 Rock*, com Alec Baldwin, exibida entre 2006 e 2013.

Em 2008, Tina Fey voltou a *SNL* para uma participação especial que a tornou **mundialmente famosa**.

Por seis semanas seguidas, ela imitou Sarah Palin, então candidata a vice-presidente dos EUA na chapa do candidato republicano John McCain que foi derrotado pelo Barack Obama.

Explorando o despreparo e a caipirice da política, a paródia teve um efeito devastador na campanha.

A certa altura, Tina Fey teve a oportunidade de conhecer Sarah Palin, que se ofereceu para contracenar com ela no programa!!!

Diante das críticas que recebeu devido a essa oferta, Tina Fey disse: "Eu não sou cruel e a sra. Palin não é frágil.

Insinuar o contrário é um desserviço a nós duas."

Em uma passagem do seu livro, Tina Fey diz que sempre perguntam a ela qual é a diferença entre comediantes masculinos e femininos. A sua resposta é evasiva, mas ela admitiu que, muitas vezes, os homens não fazem ideia do que as mulheres estão falando e vice-versa.

Num ambiente dominado pelos homens, ela dá as seguintes sugestões para que as mulheres tenham mais sucesso na sua vida familiar e profissional: "Não use rabo de cavalo e nem vestido tomara que caia.

Ao escolher parceiros sexuais, lembre-se sempre: o talento não é sexualmente transmissível.

E em reuniões-almoço de negócios, não coma nada *diet*!?!?

Como ela já foi capa de diversas revistas ao longo de sua carreira, alerta Tina Fey: "Deveria ser completamente obrigatório as revistas darem crédito à pessoa que fez o *Photoshop* da pessoa retratada, como se faz destacando a maquiadora e o cabeleireiro."

Como todo bom humorista, homem ou mulher, Tina Fey sabe rir de si mesma.

## » Amy Poehler

Amy Meredith Poehler nasceu em Burlington nos EUA, sendo hoje uma renomada comediante, atriz, produtora e roteirista. Ficou célebre ao fazer parte do elenco do programa de televisão *SNL* da NBC, do qual participou de 2001 a 2008.

Em 2004, participou do filme *Mean Girls* com Tina Fey, com quem trabalhou novamente em *Baby Mama*, em 2008.

É protagonista da série de comédia *Parks and Recreation*, também da NBC.

Ela foi indicada duas vezes para o prêmio Emmy do *Primetime* na categoria e atriz coadjuvante de destaque numa série de comédia, por seu desempenho no *SNL*, e na categoria de atriz principal na série de comédia *Parks and Recreation*.

"A incrível comediante Amy Poehler."

Em 2014, ela ganhou o Globo de Ouro na categoria **melhor atriz numa série de comédia.**

Mostrando como é extremamente desinibida, Amy Poehler, logo nas suas primeiras frases ao abrir a entrega dos prêmios no Globo de Ouro (12/1/2014) fez o público gargalhar, tanto o presente como os que assistiam à cerimônia transmitida pela TV, com comentários irônicos do tipo: "Se eu quisesse ver o ator Jonah Hill se masturbar numa festa na piscina, eu iria a uma festa na piscina de Jonah Hill", para realçar o exagero de uma das muitas cenas de sexo no filme *O Lobo de Wall Street*.

As pessoas que viram pela TNT, no Brasil, essa premiação, se divertiram com a falta de censura dos palavrões (alguns deles cortados pela NBC na transmissão para os EUA), ditos inclusive por atrizes famosas como Cate Blanchett, Elizabeth Moss e Jacqueline Bisset e particularmente por Aaron Paul, que repetiu um dos bordões mais picantes de seu personagem em *Breaking Bad*.

Na melhor tradição do *SNL*, no qual Amy Poehler trabalhou junto com Tina Fey e, com muito sucesso, nenhuma delas poupou das gozações outros citados na premiação, incluindo "medalhões" como Leonardo Di Caprio, Martin Scorsese, Woody Allen, Meryl Streep, entre outros.

Mas Tina Fey e Amy Poehler conseguiram fazer da cerimônia um bom programa mesmo para quem não estava muito preocupado com a premiação.

Isto sem dúvida é uma comprovação de que ambas são boas comediantes, apesar de serem mulheres...

### » Sarah Silverman

Sarah Kate Silverman nasceu em Bedford, nos EUA, sendo hoje uma reconhecida comediante de *stand-up comedy*, atriz e escritora.

Sua linha de comédia lida com tópicos como sátira, tabus sociais e assuntos controversos, como racismo, sexismo e religião.

Ela é a estrela do programa *The Sarah Silverman* que estreou em 1º de fevereiro de 2007, no canal de televisão Comedy Central, sendo exibido até 2010.

Participou de dezenas de filmes desde 1997, inclusive em alguns curtas-metragens e começou a aparecer como roteirista e intérprete no famoso programa de televisão *SNL*, de 1993 até 1994.

"A ácida Sarah Silverman."

Emprestou sua voz para diversos programas de televisão, sendo porém ela própria na série *Louie* exibida em 2012.

Sem dúvida, Sarah Silverman é uma das mais apreciadas comediantes norte-americanas do momento, pois é muito **engraçada**.

Mas ela também sabe fazer drama como na dublagem em inglês da animação *Detona Ralph* em que fez todos rirem e estimularem seus cérebros como Vanellope, uma garota que queria ser campeã de uma corrida dentro de um *videogame*.

Ou como a mãe alcoólatra de *Entre o Amor e a Paixão*.

Quem deseja vê-la ao vivo, precisa entrar em filas para comprar ingressos muito disputados.

Seu trabalho continua majoritariamente vinculado ao humor, seja nos *shows* de *stand-up comedy* ou então em participações em programas como o premiado *Louie*, da HBO, do renomado comediante norte-americano Louis C.K.

Junto com Tina Fey, Amy Poehler, Kristin Wiig e Chelsea Handler, ela faz parte da geração de mulheres que lidera a comédia norte-americana atual.

Daí a surpresa dela quando começam pipocar artigos sobre as mulheres serem menos engraçadas que os homens!?!?

Sobre essa questão, Sarah Silverman afirmou: "O tema é tão absurdo que não dá nem para tentar responder, porque assim você acaba validando a teoria."

Sarah Silverman sempre explica que sua preferência pelo riso nasceu do fato de ter feito muito xixi na cama até a pré-adolescência: "Sobrevivi a momentos bem humilhantes na vida real, então o palco nunca foi assustador para mim."

Hoje, já aprendeu a não se incomodar nem com os outros e nem com a pressão para que as mulheres se comportem de certa maneira, por isso declarou: "Fiz terapia o suficiente para não me definir por pessoas sem rosto na Internet ou pelo que os outros pensam. Preocupo-me entretanto com as meninas de hoje em dia.

É uma época dura.

Os outros fazem com que elas sintam vergonha de seus corpos.

E, ao mesmo tempo, há essa sensação de que a sexualidade é o único valor.

Por isso, acredito que o movimento feminista precisa acontecer dentro de cada menina.

As garotas não podem retroceder, precisam perceber sua força, não ter medo de se expressar. Mas também precisam reaprender a não se comportar como crianças e não se deixarem definir pelo tamanho dos seus peitos ou de suas coxas.

Fazer isso é desperdiçar a vida."

Ela mesma olha muito para dentro de si.

Assim, tomou decisões como estar com homens que não a façam se sentir culpada.

Quando estava namorando com o comediante Kyle Dannigan, afirmou: "Cresci o bastante para me sentir atraída por alguém bondoso, aberto... Mas ele ainda tem de ser hilário."

A sua posição sobre o casamento é bastante contravertida ao conceituá-lo: "Quero viver a vida inteira com alguém. Mas o casamento me parece uma coisa de bárbaros.

Por que o governo deve se meter no meu amor?

Sem contar que é um clube que não inclui todo mundo, então não é algo que eu queira para mim!"

» **Joan Rivers**

No dia 4/9/2014, faleceu Joan Alexandra Molinsky, que se tornou conhecida como Joan Rivers, uma das mais **longevas comediantes** e **apresentadoras** norte-americanas que ficou muito famosa por comentários ácidos e as farpas que disparava contra as **celebridades**.

Ela nasceu no bairro do Brooklin, em Nova York, filha de imigrantes judeus russos, Beatrice e Meyer C. Molinsky.

"A sarcástica Joan Rivers."

Graduou-se em Artes, especializando-se em Literatura e Antropologia.

Antes de se tornar uma comediante que construiu muitas de suas piadas do seu cotidiano, ela trabalhou como guia turística numa agência de propaganda e, finalmente, como consultora de moda.

Joan Rivers caracterizou-se por seus maneirismos ríspidos e por sua voz rouca com forte sotaque nova-iorquino.

Sua longa carreira de mais de cinco décadas a tornou uma das lendas da comédia norte-americana, sendo conhecida como "**rainha da comédia norte-americana**".

Foi também uma das primeiras mulheres a fazer *stand-up comedy* no mundo e tem uma estrela na calçada da fama em Hollywood.

Joan Rivers era vista comumente no Brasil como apresentadora das celebridades que chegavam ao tapete vermelho, na entrega do Oscar.

Apresentou o programa *Fashion Police*, exibido pelo canal de televisão Entertainment, até a sua morte.

A atriz tornou-se conhecida por ter se submetido a 734 cirurgias plásticas e o seu estilo cômico envolvia a sua capacidade de satirizar a si mesma, referindo-se inclusive a essas intervenções cirúrgicas.

Ela não perdoou nem o suicídio do seu marido e numa apresentação disse: "Depois que Edgar se matou, saí para jantar com a minha filha Melissa. Olhei pra o cardápio e lhe disse: 'Se seu pai estivesse aqui e visse esses preços, ele se mataria novamente!?!?'"

Daí se compreende porque ela não poupou nenhuma celebridade nas suas ridicularizações.

## 5.2 – A QUEM DEVEMOS TANTO DA EVOLUÇÃO DO NOSSO HUMOR NAS ÚLTIMAS CINCO DÉCADAS!!!

Aí vão algumas pessoas notáveis que dedicaram no Brasil, sua vida para difundir o humor de diferentes formas, adaptando inclusive o que havia de melhor no exterior.

Tornaram-se mestres, formaram discípulos e graças a eles algumas gerações conseguiram dar muitas gargalhadas, o que foi bom demais para a sua saúde e para esquecerem, pelo menos momentaneamente, de algumas agruras.

Naturalmente, poderiam ser incluídos muitos outros humoristas notáveis e só não formou por questões editoriais, mas em breve ao se atualizar esse livro, se farão algumas inclusões, cuja ausência nessa obra é culpa exclusiva do autor...

### » O notável Apparício Torelly (1895-1971)

Em 30 de dezembro de 1930, um jornal carioca trouxe uma notícia bem relevante. Em plena República, um decreto presidencial conferiu o título de barão a um cidadão, tendo ao lado um estudo genealógico e o brasão da nova casa nobiliárquica, composto por "**uma máscara contra gases asfixiantes e mau hálito**" e um machado pingando sangue numa tigela com os dizeres: "**Não é sopa!**"

Não importa que o jornal fosse um semanário de humor, que o título se destinasse ao dono do periódico e que o decreto fosse criado por ele próprio.

Tão logo, se autoproclamou **barão de Itararé**, Apparício Torelly jamais deixou seu baronato, vindo a conquistar esta alcunha e uma cadeira cativa na Câmara Alta do humor brasileiro.

Claudio Figueiredo no seu livro *Entre sem Bater: A Vida de Apparício Torelly, o Barão de Itararé*, descreveu de forma brilhante a incrível trajetória desse jornalista, político e humorista notável.

Filho de brasileiro com uruguaia, neto de norte-americano, descendente de russos com índia charruá, com parentes italianos e portugueses, Apparício Fernando de Brinkerhoff Torelly – "Uma autêntica Liga das Nações", como ele próprio comentava – nasceu em 19 de janeiro de 1895, em algum lugar entre uma fazenda uruguaia e a cidade do Rio Grande, no Estado do Rio Grande do Sul, onde ele foi registrado e cresceu.

Quando tinha 18 meses, ocorreu a trágica morte de sua mãe Amélia, que com 18 anos de idade resolveu suicidar-se, desferindo um tiro de revólver na sua cabeça.

Essa foi a primeira das cinco tragédias com mulheres que ele enfrentaria na sua vida.

O seu pai, muito severo e distante, de classe média, enviou-o a um internato jesuíta na cidade de São Leopoldo, onde o menino começou a dar os indícios do grande intelectual contestador que viria a ser...

Quatro foram esses traços marcantes:

1. O de contestador, que enfrentava os padrões com complicadas questões teológicas e com o trombone que tocava na banda escolar.

2. O de "grande humorista" que se tornaria, despontando no papel do soldado Gamela numa peça de "conclusão solene do ano letivo de 1911".

3. O de criador de jornais, pois já no colégio conseguiu lançar o seu primeiro periódico, *O Capim Seco*, escrito à mão e que teve um só número, **de um exemplar**!!!

4. O de autor de textos curtos, divertidos e completamente *nonsense*."

O biógrafo Claudio Figueiredo, que em 1987 já tinha publicado o livro *As Duas Vidas de Apparício Torelly*, explicou a dificuldade para a elaboração dos livros sobre a vida do barão de Itararé.

"Quem me ajudou muito no final das contas foi a polícia política que registrou bem vários depoimentos que o barão fez em 1935, devido às suas ligações com o Partido Comunista Brasileiro (PCB), então na clandestinidade, e pelo que publicava no seu jornal *A Manhã*", comentou Figueiredo.

Ele foi posto em liberdade em 1936, já ostentado a volumosa barba que manteria até o fim da sua vida.

Nessa época, ele era chamado de Aporelly e retomou o seu jornal por um curto período, até que viesse nova interrupção, ao longo de todo o Estado Novo (1937 a 1945).

Ele voltaria a circular em edições espasmódicas até 1959.

O biógrafo do presidente Getúlio Vargas, Lira Neto, comentou: "Aporelly sempre foi uma pedra no sapato de Getúlio Vargas, a quem se referia G.G.Túlio Vargas."

É por isso que Vargas fez uma marcação cerrada sobre a trajetória do humorista até onde menos se podia esperar algum sarcasmo dele.

Aliás, foi assim que se achou que em Itararé, uma cidade do Estado de São Paulo que Aporelly sediou seu baronato, havia para o ditador gaúcho uma piscadela de que lá podia acontecer – ou deixar de acontecer – um episódio importante na Revolução de 1930, a "**batalha que nunca houve**".

Aporelly conheceu Getúlio nos tempos de colégio em Porto Alegre, pois vivia na mesma pensão em que estava Benjamim, irmão de Getúlio.

Foi um opositor fervoroso do ditador, o que lhe custou ir para a prisão mais tarde.

Aporelly também teve uma incursão na política, uma aventura que durou menos de um ano.

Com o fim do Estado Novo, candidatou-se em 1947 a vereador do Distrito Federal (na época a cidade do Rio de Janeiro), com o lema "**Mais leite! Mais água! Mas menos água no leite!**"

Com 3.664 votos, foi o oitavo mais votado do PCB, que conquistou 18 das 50 cadeiras. Mas o PCB logo sofreria sanções e em janeiro de 1948, seus vereadores foram cassados.

"Um dia é de caça... e outros da cassação", anunciou *A Manhã*.

Claro que Aporelly jamais esqueceria as várias retaliações que sofreu principalmente no tempo do governo Vargas, quando, por exemplo, em 1934 foi sequestrado por cinco homens da Marinha, ameaçado de morte, espancado, teve os cabelos tosquiados com máquina zero e depois deixado apenas de cueca em um local deserto, nas imediações de Jacarepaguá.

Mas isso também na época não abalou Apparício Torelly, que ao reassumir seu posto, mandou pregar na porta da redação uma placa com os dizeres: "**entre sem bater**."

A historiadora Isabel Lustosa alertou para o intenso enfoque ideológico do humorismo de Aporelly: "A tradição humorística anterior a ele era conservadora.

O humor dele já nasceu com esse compromisso com a esquerda.

No jornal *A Manhã*, ele propôs um tipo de humor mais moderno que o de revistas como *Careta*, *Fon-Fon* e *Malho*, embora tenha bebido nessa fonte.

Cláudio Figueiredo, no seu livro, destacou: "Sem dúvida, Apparício Torelly brilhou até os meados dos anos 1940 e uma data muito importante foi 9 de junho de 1944, para celebrar os 25 anos de jornalismo de Aporelly, quando organizou-se um banquete no prédio da Associação Brasileira de Imprensa, no centro do Rio de Janeiro, que foi um verdadeiro 'desembarque na Normandia' de intelectuais como: Portinari, Drummond, Niemeyer, Samuel Wainer, Vinicius de Moraes e Oswald de Andrade.

Não se pode esquecer que Aporelly jogava sinuca com Villa-Lobos, foi modelo de Portinari, apresentou Jorge Amado a Zélia Gattai, foi sócio e depois inimigo de Assis Chateaubriand, pesquisador de febre aftosa e autor de centenas de máximas, muitas delas circulando e sendo lidas até hoje por muitos na Internet.

Bem, voltando ao banquete, o cardápio desenhado pelo cartunista paraguaio Guevara, parceiro de Aporelly em *A Manhã*, indicava além dos pratos, a programação da cerimônia, que incluía a execução de *A Marselhesa*, o hino francês.

Depois desse apogeu, pode-se dizer que começou uma linha descendente do humor do barão, em especial com o início da redemocratização do Brasil a partir de 1945.

Seu afastamento da vida pública e o mergulho do país no clima da Guerra Fria podem ter contribuído para o início da decadência, sua e do seu jornal.

O humorista foi deixando o humor de lado e passou a se interessar por uma velha paixão, a ciência, e pelo esoterismo.

No final dos anos 1950, andou às voltas com estudos sobre a filosofia hermética, as pirâmides do Antigo Egito e a astrologia, campo do qual desenvolveu um certo 'horóscopo biônico'.

Recluso, encastelou-se ao final da vida num apartamento no bairro carioca de Laranjeiras, com livros do chão ao teto. Parecia até que aquelas torres de livros poderiam soterrá-lo a qualquer momento...

Em 27 de novembro de 1971, aniversário do levante comunista que motivara sua prisão nos anos 1930, Aporelly morreu dormindo na sua cama."

## » Chico Anysio (1931-2012)

Batizado como Francisco Anysio de Oliveira Paula Filho, que depois se tornou Chico Anysio, ele nasceu em Maranguape, no Estado do Ceará, em 12 de abril de 1931 e mudou-se com a mãe e os três irmãos para o Rio de Janeiro quando tinha oito anos.

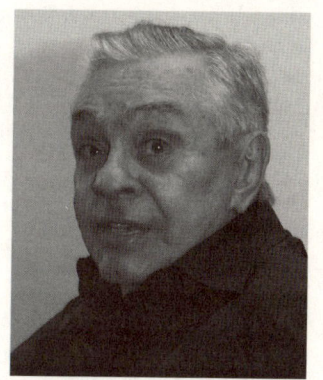

"Provavelmente o mais importante humorista do Brasil até agora: Chico Anysio."

O pai ficou na cidade natal, tentando se reerguer após perder toda a frota de sua empresa de ônibus num incêndio.

Chico sempre estudou em boas escolas durante a sua infância. Pretendia ser advogado, mas a vocação de comediante e as oportunidades que lhe foram surgindo acabaram levando-o para outra profissão.

Ainda com 16 anos, começou a participar de programas de calouros no rádio. Sua primeira apresentação foi no programa líder de audiência *Papel Carbono*, apresentado por Renato Murce na Rádio Nacional.

Com seu número, o humorista ganhou o primeiro lugar e utilizou o prêmio em dinheiro para comprar uma **bicicleta** para se irmão mais novo, Zelito – que no futuro seria o cineasta Zelito Viana, pai de Marcos Palmeira.

O jovem Chico Anysio ficou tão popular que os programas de calouros pararam de aceitá-lo, pois ele sempre faturava os concursos.

Ainda em 1947, deixou de ir a uma partida de futebol com os amigos para acompanhar sua irmã em um teste na Rádio Guanabara.

Mas foi ele que saiu do teste com emprego de locutor e radioator!?!?

Nessa emissora, Chico logo mostrou alguns dos seus talentos, e após 15 dias de trabalho, transformou-se em locutor nas madrugadas, ator de radionovela, comentarista esportivo e redator de programas humorísticos.

Pouco tempo depois, abandonou de vez as radionovelas para atuar como **comediante**.

Em 1949, foi convidado para trabalhar na Rádio Mayrink Veiga, onde escrevia **treze programas** por semana.

De lá, passou pela Rádio Clube Pernambuco e Rádio Clube do Brasil.

Até que, em 1952, arranjou a sua volta para a Rádio Mayrink Veiga, como ator e diretor de vários programas.

Nessa época, deu origem ao personagem que o consagrou: o Professor Raimundo, que fazia o quadro de encerramento do programa *A Cidade se Diverte!*

Em 1957, Chico Anysio estreou na televisão o seu programa humorístico *Aí vem Dona Isaura*, na TV Rio, que contava com a participação de Ema d'Ávila.

Nos anos seguintes, Chico Anysio foi redator de diversos programas de humor, como *Milhões de Napoleões*, e participou de vários outros, como o *Noites Cariocas*.

Após uma passagem relâmpago pela TV Excelsior (onde nem chegou a estrear), Chico Anysio voltou para a TV Rio, que tinha um novo diretor de programação – José Bonifácio de Oliveira Sobrinho, o Boni.

Ele também trabalhou na Tupi e na Record e, em 1968, desistiu de fazer televisão e investiu em seus *shows* de **comédia no teatro**.

Chico Anysio não ficou, entretanto, muito tempo longe da televisão e voltou a apresentar-se em 1969, num programa humorístico transmitido pela TV Globo, dirigido por Daniel Filho, que foi um grande sucesso e lhe garantiu um longo contrato nessa emissora carioca, na qual permaneceu até morrer, em 23 de março de 2012, totalizando **42 anos** como contratado da emissora.

Nessa emissora, ele estrelou diversos programas humorísticos, como *Chico City* (1973-1980), *Chico Anysio Show* (1982-1990), *Chico Total* (1995), *O Belo e as Feras* (1999), entre outros.

Em todos eles, criou vários personagens marcantes que lançaram bordões e marcaram época.

No século XXI, principalmente, Chico Anysio passou a atuar em novelas, seriados e programas da TV Globo.

Entre as novelas que participou, devem-se citar: *Terra Nostra* (1999), *Sinhá Moça* (2006) e *Caminho das* Índias (2009).

Também apareceu na versão moderna do *Sítio do Pica-pau Amarelo* (2005) e em programas como *A Diarista* (2004) e *Guerra e Paz* (2008).

Apesar de se definir como um ator de televisão, Chico Anysio também teve incursões no cinema e no teatro.

Na telona, ele participou de várias chanchadas como ator e roteirista durante a década de 1950. E nos palcos, realizou muitas apresentações, acumulando mais de 10 mil *shows* no Brasil e fora dele.

Em seus mais de 60 anos de carreira, o comediante também se aventurou em outras áreas.

Na música, ele gravou mais de 20 álbuns com composições de sua autoria.

Na literatura, publicou mais de 15 livros, entre contos, romances e biografias.

Como pintor, participou de dezenas de exposições dentro e fora do Brasil e conseguiu vender alguns dos seus quadros por alguns milhares de reais...

No cinema, sua atuação mais conhecida foi em *Tieta* (1996), de Cacá Diegues, encarnando o pai da protagonista, interpretada por Sônia Braga.

Chico Anysio criou mais de 200 personagens, desde o popular Professor Raimundo, que proporcionou risos no rádio e na televisão (com a *Escolinha do Professor Raimundo*) por quase 50 anos e tantos outros que permaneceram na memória, como o galã Alberto Roberto, o malandro Azambuja, o machista Nazareno.

Cada um dos 209 personagens interpretados por Chico Anysio possuía personalidade, aparência e trejeitos próprios.

Alguns se caracterizaram por frases inesquecíveis, que agora fazem parte da **história do humor brasileiro.**

Ninguém pode se esquecer de Haroldo, o hétero, do jogador de futebol Coalhada e do aspirante a repórter Bozó, que dizia: "Eu trabalho na Globo!", que marcaram época.

Dentre tantas criaturas, o favorito de Chico Anysio, sem dúvida foi o Professor Raimundo, o personagem que migrou com sucesso da rádio para a televisão e se tornou o **mais popular da carreira do humorista**.

Paulo Francis costumava dizer que Chico Anysio era o **momento mais inteligente da nossa indústria de entretenimento**.

Alguns acharam que o melhor dele ocorria quando o grande ator se apresentava como ele mesmo, ou seja, *in natura*, sem perucas e maquiagens, evitando a pele dos notáveis personagens que criou.

Mas sem dúvida, muitos dos seus personagens se destacaram pela sua originalidade, perfeição e simplicidade da arquitetura cênica e literária como foi, por exemplo, o caso de Pantaleão e do coronel Limoeiro.

Pantaleão tinha apenas uma cadeira de balanço, bem nordestina, um olho tapado e outro olho esperto, esse sim, uma criação de gênio.

Chico Anysio como Pantaleão nem precisava de texto, pois o olho que lhe restava dizia tudo, nem precisava do bordão ("É mentira, Terta?") para se saber que ele não estava mentindo, mas expressando um passado que criou e no qual acreditava.

O coronel Limoeiro também não possuía acessórios, evidenciava, isso sim, a limpeza de meios que contrastavam com outros tipos que resvalavam para a caricatura.

No seu terno branco, com o seu chapéu e o sotaque especial, fizeram do coronel Limoeiro um personagem que escritores famosos como Graciliano Ramos, José Lins do Rego e Jorge Amado se esqueceram de criar...

Aí vão alguns dos personagens criados por Chico Anysio e seus bordões:

- **Alberto Roberto** – Um ator canastrão, com um jeito peculiar de falar, achando-se o astro mais famoso do Brasil e que vivia dizendo: **"Não garavo!"**

- **Bento Carneiro, o vampiro brasileiro** – Um vampiro decadente, que tenta sempre morder alguém, sem sucesso, afirmando: **"Minha vingança será maligna!"**

- **Justo Veríssimo** – Um deputado corrupto, sempre envolvido em negociatas, desprezando a miséria e enfatizando: **"Quero que pobre se exploda!"** ou então **"Tenho horror a pobre!"**

- **Nazareno** – Um machista, casado com uma mulher feia, ficava paquerando a empregada doméstica – que na década de 1980 foi interpretada por Monique Evans. Cada vez que a esposa tentava protestar, ou criticar seu comportamento, Nazareno gritava: **"Ca-la-da!"**

- **Painho** – Pai de santo homossexual, que vivia cercado de ajudantes baianas e que repetidamente exclamava: **"Affe!"** e **"Sou louco por essa neguinha!"**

- **Professor Raimundo** – Um mestre bem "velhote" que tentava ensinar em meio a uma classe repleta de alunos bizarros, e que vivia reclamando: **"E o salário, ó..."**

## » Costinha (1923-1995)

Lírio Mário da Costa, o Costinha, nasceu em 24 de março de 1923, no bairro carioca de Vila Isabel. Seu pai abandonou a família quando Lírio tinha 13 anos, mas não sem antes ensinar ao filho os segredos da profissão de **palhaço de circo**.

Sem o pai, Costinha começou a trabalhar para ajudar nas despesas da casa. Foi *office-boy*, garçom de botequim e funcionário de loteria federal, mas nunca abandonou os picadeiros.

Em 1942, aos 19 anos, foi empregado como faxineiro na Rádio Tamoio, onde divertia os colegas imitando homossexuais.

Ainda foi radioator em diversos e importantes programas da época, como *Cadeira de Barbeiro*, *Recruta 23* e na primeira versão radiofônica da *Escolinha do Professor Raimundo*.

"Costinha, o humorista palhaço."

Sua grande oportunidade veio quando passou no teste para um papel no filme *Anjo do Lodo*.

Nos anos seguintes, Costinha continuou trabalhando como ator de teatro de revista, até que foi chamado para participar de um espetáculo em São Paulo, já com seu nome artístico.

O humorista iniciou sua carreira na TV Excelsior no final dos anos 1960, tornando-se um dos mais populares cômicos do País, com suas piadas e imitações caricatas de homossexual, que também fizeram com que seu trabalho fosse censurado em diversas ocasiões.

Ao longo de mais de 50 anos de carreira, também participou de quase 20 filmes, desempenhando, entretanto, em alguns deles, papéis secundários.

Seu último personagem interpretado foi Seu Mazarito, que contava piadas com trejeitos afeminados que projetaram Costinha na *Escolinha do Professor Raimundo* (de 1990 a 1995).

Ele também gravou diversos discos de piadas, sendo os mais famosos os da série *O Peru da Festa*, num total de cinco *long plays* (LPs), ou seja, um disco de longa duração, pela gravadora Cid.

Todos eles vinham com a tarja: "Proibida a execução pública e venda para menores de 21 anos", não só pelas piadas consideradas pesadas, mas pelas suas capas sugestivas.

No primeiro LP, Costinha parecia estar nu, com uma mesa tapando suas partes íntimas e um peru assado sendo servido sobre ela.

Costinha faleceu em 15 de setembro de 1995, tendo deixado um grande legado e divertido milhões de brasileiros, fazendo-os dar muitas risadas com as suas piadas.

### » Jô Soares

José Eugênio Soares nasceu em 16 de janeiro de 1938. Até a adolescência, viveu nos EUA e na Europa, por isso tornou-se um poliglota (fala fluentemente inglês, francês, italiano, espanhol e alemão). Voltou ao Brasil quando seu pai perdeu todo o dinheiro na Bolsa de Valores.

Com a idade de 18 anos, José Eugênio Soares ingressou no Instituto Rio Branco para seguir a carreira diplomática.

"Jô Soares, o humorista intelectual."

Sempre divertido, de humor rápido e inteligente, o jovem gostava de entreter seus colegas com casos e piadas.

Ele é sobrinho do ex-treinador das seleções de basquete do Brasil, Togo Renan Soares, o Kanela, o maior vencedor entre todos os técnicos que o nosso País já teve.

Jô Soares estudou no tradicional Colégio São Bento no Rio de Janeiro e no Lycée Jaccard, em Lausanne, na Suíça, época em que tinha como objetivo ser diplomata, mas a sua criatividade com textos, humor e interpretação, o encaminharam para a carreira artística e literária.

A estreia de Jô Soares na vida artística aconteceu no filme *O Homem do Sputnik* uma chanchada de Carlos Manga.

Na televisão, a convite de Adolfo Cóli, começou escrevendo textos de teleteatro e eventualmente atuando no programa *TV Mistério*, da TV Rio.

Tornou-se em seguida roteirista do programa *Câmera Um*, da TV Tupi.

Em 1959, entrevistava e fazia graça nos programas *Jô, o Repórter* e *Entrevistas Absurdas*, veiculadas pela TV Continental, no Rio de Janeiro.

Participou do programa *O Riso é o Limite*, na TV Rio, e também em 1959, estreava no teatro como o bispo de *Auto da Compadecida*.

Em 1960, seguiu para São Paulo, onde fez brilhante carreira como redator de TV (*Show a Dois, Três é Demais*), ator e humorista (*Cine Jô, La Revue Chic, Rifi-7, 7 Belo Show, Jô Show, Praça da Alegria* e *Quadra de Ases*).

Começou a ser notado pela sua atuação como repórter e entrevistador internacional do programa *Silveira Sampaio*, em 1963 e 1964.

A fama nacional como comediante veio em 1967, quando estreou como o mordomo Gordon, da *Família Trapo*, programa que também ajudava a escrever.

Na TV Globo, firmou seu sucesso nos programas humorísticos: *Faça o Humor, não Faça a Guerra* (1970), *Satiricon* (1973). *O Planeta dos Homens* (1976) e *Viva o Gordo* (1981).

Os seus personagens marcantes foram muitos: Bô Francineide, Gardelon, irmão Carmelo, Norminha, Capitão Gay etc.

Os seus bordões caíram na boca do povo, tais como: "Tem pai que é cego", "Cala a boca, Batista", "Muy amigo", "A ignorância da juventude é um espanto" e "Vai pra casa, Padilha", entre outros.

Em 1973, Jô estreou seu sonhado programa de entrevistas na nova casa, o *Globo Gente*. Problemas com a censura o retiraram do ar!!!

Nos anos 1980, já em época da abertura política, a emissora não apoiou o projeto para um programa de entrevistas com ele.

Sílvio Santos aproveitou a oportunidade e atraiu Jô para o seu canal, ou seja, para o SBT, com um salário recorde na TV brasileira e com direito a programa de humor – *Veja o Gordo* – e um *talk-show*, *Jô - Onze e Meia*, que foi ao ar em 16 de agosto de 1988.

Pouco tempo depois, Jô encerrou a carreira de humorista, passando a se dedicar à imprensa, música, teatro e literatura.

Em 3 de abril de 2000, ele voltaria para a Globo, no *Programa do Jô*, e entrevistaria aquele que não dava entrevistas, o dono e fundador da emissora, dr. Roberto Marinho (1904-2003).

Os seus livros *Xangô de Baker Street* (1995) e *O Homem que Matou Getúlio* (1998) marcaram sua nova fase como escritor.

A carreira de Jô Soares foi destaque em vários jornais, incluindo o norte-americano *The New York Times*, com Larry Rohter comentando: "Jô Soares, o *showman* do renascimento brasileiro, não pode ser contido num *talk show* somente."

No teatro, Jô Soares apresentou centenas de espetáculos solo por todo o Brasil, utilizando-se apenas de um banquinho, a exemplo de outros grandes humoristas, como José Vasconcellos e Chico Anysio.

O próprio Jô Soares, numa entrevista explicou como era complicado fazer críticas ao governo, com personagens como o Dr. Sardinha, que era uma paródia do ministro Delfim Netto, o Reizinho, o General, o Exportador de Corruptos e muitos outros: "Fiz diversos programas em plena ditadura mesmo.

Então a gente escrevia várias coisas que não passavam e outras tantas que passavam sutilmente. Algumas liberadas e depois proibidas...

Um caso emblemático e flagrante foi o do personagem Gandola, que era um cara que ia procurar emprego.

Ofereciam um emprego de faxineiro e ele dizia: 'Não, você não está entendendo, quem me mandou aqui foi o Gandola.'

Respondiam: 'Você vai ser faxineiro. Não. Vai ser contínuo. Bom, bom emprego. Contínuo é bom'.

E ele insistia: "Mas quem me mandou aqui foi o Gandola!".

E no final, o Gandola saía como presidente da empresa ou vice-presidente.

O programa com esse personagem rolou um ano e pouco, até que alguém percebeu que Gandola é o nome de uma túnica do nosso Exército.

Se quem mandou foi o Gandola, então a conclusão óbvia é que foi um militar!!!

**Aí, proibiram o quadro**!!!

O Max Nunes, que foi quem bolou tudo, disse: 'Vamos mudar o nome, não é mais o Gandola, é o Buchecha.'

Daí ficou Buchecha, e todo mundo dizia: 'O Buchecha é o Armando Falcão (ministro da Justiça da época).'

Ou seja, não adianta, pois você vai acabar passando mensagens que hoje, que vivemos numa democracia, podem até parecer ingenuidade.

Um outro exemplo, talvez, seja aquele de 1981, quando ganhei um programa próprio na TV Globo, o *Viva o Gordo*.

Eu falei para o Boni que iria fazer um espetáculo, que era pra chamar *Abaixo o Regime* – era época da ditadura ainda – e percebi que ia dar encrenca e então alterei para *Viva o Gordo e Abaixo o Regime*.

Assim, nos desenhos de Ziraldo, que, aliás, fez todos os meus cartazes ficava o bonequinho riscando da parede o '**viva o gordo**' e ficava só o '**abaixo o regime**'. E aí o Boni decidiu: *Viva o Gordo*.

Acredito que atualmente existe a patrulha do politicamente correto, mas não acho que o meu personagem Capitão Gay seria considerado ofensivo aos *gays*.

Aliás, na época, todos os *gays* adoravam o Capitão Gay. Inclusive na própria musiquinha-tema dizia que ele era o '**defensor das minorias**'.

Teve inclusive uma passagem, no mínimo exótica, quando um candidato a deputado federal *gay* do Estado de Pernambuco me ligou para o hotel, quando eu estava fazendo *show* lá. E ele, com uma voz bem séria disse: 'Aqui é o fulano de tal, eu sou candidato e eu queria que o Capitão Gay e o correligionário Carlos Sueli (interpretado por Eliezer Motta) fossem ao meu palanque para fazer campanha comigo.'

Falei para ele me desculpar, evidentemente que eu sou a favor de tudo que ele estava defendendo, mas pessoalmente, não sou *gay*. O personagem é que é *gay*. Em vista disso, eu não poderia entrar num palanque vestido de Capitão Gay.

Nunca fui impedido de dizer o que penso, aliás, repito, a única coisa que precisava ser politicamente correta no Brasil são os políticos."

No que se refere ao humor que está em voga atualmente no Brasil, vivendo um momento de intensa renovação e repleto de uma certa grosseria, Jô Soares comentou: "De fato existe uma certa renovação e se exagera um pouco na grosseria, ou talvez seja na inconveniência.

Agora, grosseria no humor sempre houve. Entretanto, o conceito do que é grosseria muda quase que diariamente, como o mau gosto e o bom gosto.

Qual é o critério para isso?

O que é de mau gosto hoje era de bom gosto há 100 anos.

Há 200 anos, era chique comer com a mão e enxugar na roupa. Na corte de Catarina de Médici, o chique era isso.

Então, não tem como se estabelecer esse tipo de critério.

Mas para mim, nada pior do que a proibição do humor, que se vale de palavrões ou de situações bizarras, pois quem tem que fazer a escolha não é a censura – é quem está assistindo!!!

O humor não peca quando é grosso: é quando não tem graça!!!

Então, existem coisas que não têm graça, e por mais que você engrosse não dá para torná-las engraçadas.

É muito difícil criterizar o humor. Para mim, só existem duas formas: **se é engraçado** ou **não é engraçado**.

Você rir só de grossura, eu acho muito difícil de acontecer. Tem que ter alguma coisa a mais, senão fica só a grossura.

Isso é da ética de cada um que assiste a um programa humorístico, de cada um que vê e de cada um que decide.

Temos atualmente diversos comediantes de alto nível intelectual, como o Marcelo Adnet, Bruno Mazzeo, Eduardo Sterblitch, Macelo Tas e muitos outros.

É claro que às vezes um comediante diz alguma bobagem que revolta um certo segmento da sociedade e acaba criando um tumulto, mas isso faz parte dos percalços da profissão.

Aí também entram em ação os políticos, loucos para tentar cercear a imprensa, a comunicação e começam a botar as manguinhas de fora.

Aliás, muitos deles fazem declarações muito mais incorretas politicamente do que qualquer outra coisa que um humorista tenha escrito ou falado. O que dizem, isto sim é que é politicamente incorretíssimo e, é claro, não tem a menor graça!!!"

Numerosos foram os feitos de Jô Soares no passado e no presente, seja como comediante, escritor ou artista de palco, quando se envolveu inclusive com a música.

Por sinal, no tocante ao seu engajamento com a música Jô Soares declarou: "Curti o comecinho muito o *rock and roll,* porém antes disso já havia o *jazz.*

Porque tudo é filho do *jazz,* filho, neto, bisneto.

Comecei a tocar trompete por causa disso, já pelo bongô tenho uma atração desde os 14 anos, até hoje.

Os músicos também têm a sua visão de humor. Se um cara faz uma improvisação, eles riem, acham graça, porque é uma coisa que tem graça no sentido da gratificação."

Porém, sem dúvida, Jô Soares se consagrou foi como apresentador de *talk show*. E falando sobre o tema com muita seriedade, ressaltou: "Já fiz mais de 20 mil entrevistas. É do *talk show* que sai tudo, é de onde eu penso tudo, onde eu penso teatro, música, artes plásticas, eventualmente cinema.

Ele me permite não só o contato com o imenso público da televisão, mas também com o pequeno público da plateia, o que para mim é fundamental para qualquer atividade, já que eu sou basicamente um ator-comediante.

Hoje, o programa de entrevistas na TV Globo é um grande sucesso e temos uma média de 500 pedidos por semana de pessoas que desejam (ou são indicadas por telespectadores por acharem elas interessantes) para virem ao programa.

E fazer essa triagem não é uma coisa simples, pois é vital renovar as entrevistas e apresentar ao público algo sempre diferente. Uma das peculiaridades do humor brasileiro é a capacidade de fazer piada até com as maiores desgraças no momento em que elas estão acontecendo.

Acho isso saudável, pois é uma maneira de exorcizar a tragédia e nunca esqueço o que me contou Denise Fraga, uma comediante notável. Certo dia, ela encontrou na secretária eletrônica uma mensagem da mãe que dizia: 'Filha, sua avó não está passando muito bem. Ela está na capela 3 do cemitério São João Batista.'

Claro que ela adorava a avó, mas caiu na gargalhada...

O humor infelizmente tem prazo de validade e precisa ser anárquico, não no no sentido político praticante.

Aliás, muito ao contrário, humorista não pode se engajar, ou seja, ele tem que ser oposição até da oposição!?!?

Fazer os outros rir acaba sendo um vício e quando você experimenta essa sensação, não há como viver sem ela.

Aliás, é preciso até se controlar de certa forma, para não se tornar inconveniente."

Eis aí uma anedota por Jô Soares, que levou as pessoas a muito riso.

### A ROUPA PARA SEMPRE...

*O pai da loira morreu.*

*Filha única, ela logo se encarregou de cuidar de tudo para o velório.*

*Só recebeu uma reprimenda da mãe viúva: "Filomena, seu pai não pode ser enterrado com esta roupa. Vá comprar um terno decente para ele. Sei que é caro, mas eu pago."*

*E lá se foi a loira em busca de um terno bonito para enterrar seu genitor.*

*Pediu R$ 500 à mãe, que prontamente assinou um cheque, surpresa por achar o valor baixo, mas não fez nenhum questionamento.*

*Passou um mês e a loira pediu novamente: "Mãe, preciso de mais R$ 500 para pagar o terno."*

*A viúva, sem questionar, assinou mais um cheque.*

*Outro mês se foi e a loira voltou a procurar a mãe atrás de outros R$ 500.*

*Dessa vez ela estranhou e disse: "Filomena, em quantas prestações você comprou esse terno?"*

*E a filha respondeu: "Nenhuma. É que o terno que eu queria era muito caro. Então, achei melhor alugar um..."*

» **José Vasconcellos (1926-2011)**

Jose Thomaz da Cunha Vasconcellos nasceu em 20 de março de 1926, em Rio Branco, no Acre, e tornou-se um dos maiores nomes do humor brasileiro e um dos primeiros no *stand-up comedy*.

Ele iniciou sua carreira no rádio e ganhou destaque como o aluno gago Ruy Barbosa Sá Silva na *Escolinha do Professor Raimundo* da TV Globo e na *Escolinha do Barulho* na TV Record.

Estreou profissionalmente na rádio no programa *Papel Carbono* de Renato Murce, em 1941, onde se tornou célebre por fazer imitações das vozes de outros locutores e artistas famosos da época, como Ari Barroso, Theófilo de Vasconcelos, Lauro Borges, Castro Barbosa, Luiz Lopes Correia, Luiz Jatobá entre outros.

"O hilariante José Vasconcellos."

No cinema, estreou no filme *Este Mundo é um Pandeiro*, em 1947. Produziu e atuou no **primeiro** programa humorístico da televisão brasileira, *A Toca do Zé* exibido pela TV Tupi em São Paulo em 1952.

Em 1960, gravou um disco pela Odeon, *Eu Sou o Espetáculo*, baseado no *show* de mesmo nome que apresentou por muitos anos em teatros de todo o Brasil.

Provavelmente, foi o primeiro humorista brasileiro a vender mais de 100 mil cópias de um LP de 55 min, o mais longo de humor já feito no País.

Seu sucesso abriu o caminho para que outras gravadoras investissem no segmento, mas o próprio Vasconcellos não conseguiu repetir o êxito de sua primeira gravação.

Em 1961, José Vasconcellos investiu no teatro de revista, que ainda fazia muito sucesso.

A peça, já no título, divertia-se à custa de um dos famosos costumes do então presidente Jânio Quadros de anunciar decisões e medidas governamentais por meio de bilhetes.

*JV no País dos Bilhetinhos* – era esse o nome do espetáculo, que além do próprio humorista, teve também a participação de Walter d'Ávila, Otelo Zeloni e Maria Fernanda.

José Vasconcellos e Otelo Zeloni eram os autores da peça, além da direção geral do humorista.

A coreografia foi comandada por Gilberto Brea, também o bailarino principal do espetáculo.

A imprensa de um modo geral divulgou a peça de uma forma muito elogiosa, definindo-a como: "**A revista dos milhões – ao espetáculo máximo de 1961.**"

No mesmo ano, com o sucesso do "país dos bilhetinhos", José Vasconcellos repetiu a parceria com Otelo Zeloni no elenco e no texto; Walter d'Ávila no elenco e Gilberto Brea na coreografia e lançou a peça *Defunto Zero Quilômetro*, uma paródia das histórias de *suspense*.

Em 1964, ao retornar de uma viagem a Los Angeles (EUA), teve a ideia de construir a Vasconcelândia, um parque temático numa área de um milhão de metros quadrados, no município de Guarulhos, São Paulo.

A inspiração vinha dos parques da Disney e outros que ele tinha visitado nos EUA, alguns anos antes.

Para levantar os recursos necessários, o comediante aproveitou o *boom* que a Bolsa de Valores registrava na época e começou a vender ações no mercado de balcão.

O próprio comediante, mais tarde, comentou: "A partir de 1974 não se conseguia mais vender ações e a Vasconcelândia começou a dar prejuízo."

Não havia apoio oficial e as coisas foram ficando cada vez mais difíceis.

Os tempos de dificuldade se arrastaram por mais de 10 anos, e em 1987, por pressão dos familiares, acabei arrendando o negócio para um grupo do Rio de Janeiro, e nesse mesmo ano, a Vasconcelândia foi a leilão para saldar uma grande dívida com o governo federal.

A ideia era muito boa. Valeu a pena tentar e não me arrependo de ter no final das contas falhado."

José Vasconcellos continuou trabalhando na TV, em papéis como o do gago Rui Barbosa Sá Silva na *Escolinha do Professor Raimundo*, além e se apresentar em espetáculos por todo o Brasil.

Em 2009, foi lançado em DVD (*digital versatile disc,* ou seja, disco digital versátil) o documentário Ele É o Espetáculo, do cineasta Jean Carlo Szepilovski, uma homenagem ao conjunto de sua obra.

Narrado pelo próprio humorista, apresenta também depoimentos de Jô Soares, Chico Anysio e trechos de filmes e programas de rádio e TV em que atuou durante a carreira.

Seu último personagem no cinema foi Rui Barbosa Sá Silva, no filme *Bom Dia, Eternidade* (2009).

## » Juca Chaves

Jurandyr Chaves nasceu em 22 de outubro de 1938, no Rio de Janeiro, e com o passar da sua vida, tornou-se compositor, cantor, poeta, escritor, além de autor e ator da própria arte.

Voltou-se intensamente para a sátira, que é a caricatura dos erros de uma sociedade.

Com sua voz bem diferente, mas extremamente afinada, já aos 18 anos, começou a cantar os defeitos do País, debochando, em trovas e canções ousadas demais para a época, dos políticos, do povo brasileiro e dos seus costumes.

"O sarcástico e ousado Juca Chaves."

Devido ao tom agressivo de suas palavras e do violão que fez de sua espada, Juca Chaves via as portas das rádios e TVs se fecharem para ele, os jornais silenciaram e em 1962, com três anos de carreira, o menestrel, assim chamado pelo seu público, precisou exilar-se em Lisboa, onde recebeu a alcunha de **"o trovador maldito"**.

Durante um espetáculo no Teatro Tivoli, em Lisboa (Portugal), o delírio de uma plateia de intelectuais, jovens e estudantes, muitos vindos especialmente de Coimbra só para ouvi-lo, uma piada sua sobre o presidente da República, irritou tanto as autoridades portuguesas, em especial a temível Polícia Internacional de Defesa do Estado (PIDE), um órgão de repressão do governo salazarista, que também não concordou com a sua arte liberal.

Um novo exílio ocorreu, desta vez para a Itália, onde, por cinco anos, virou personagem e fez sua fama.

De retorno ao Brasil, ainda em plena ditadura, enfrentou a censura, a imprensa e o temor dos poderosos.

Independente, com filosofia própria e sem pertencer a grupos políticos ou participar de manifestações ideológicas, em modismo dos anos 1970, transportou suas músicas aos teatros.

Inaugurou, inclusive o seu Circo Sdruws, atuando sempre sozinho, como um mito isolado da música popular brasileira.

Ele satirizou muito a Nova República, seus novos hábitos e a velha corrupção, desafiou o poder da comunicação e ironizou a mídia, sendo naturalmente boicotado por algumas revistas, jornais e emissoras de rádio e TV, que lhe impuseram uma certa "lei do silêncio".

Por outro lado, cativou ainda mais o seu público fiel, em programas alternativos.

Em 1994, Juca Chaves lançou novas sátiras musicais e inaugurou seu próprio Theatro Inteligente, o Jucabaré, em São Paulo, no qual se apresentou por um ano e depois fechou as suas portas para se apresentar nos teatros em todo o País, para, segundo ele, "**Atender a inúmeros pedidos de credores**."

Seu lar fica na paradisíaca Itapoã, em Salvador, no Estado da Bahia, onde afirma Juca Chaves: "**Lá não faço nada, ou seja, faço curso para ministro**..."

Nessas mais de quatro décadas de carreira, ou de "prostituição artística" como salienta o próprio Juca Chaves, pode-se dizer que o romântico Juquinha, o satírico Juca, tornou-se inegavelmente no mais completo e querido *one manshow* do Brasil, para um significativo contingente do público brasileiro.

Como ele próprio ironizou: "**Levo vantagem nisso por ser *man* mesmo!!!**"

O "príncipe dos poetas" brasileiros, Guilherme de Almeida, assim se expressou sobre Juca Chaves: "É um compositor criativo, sonetista das rimas ricas, músico de formação erudita por sua vasta obra (mais de 400 músicas, entre sátiras políticas e sociais e modinhas)."

Ele recebeu da imprensa portuguesa o título de "**o menestrel da liberdade**" e da brasileira, "**o menestrel do Brasil**", devido à sua luta contra os patrulhamentos políticos e sociais.

Certa vez, a escritora Zélia Gattai o qualificou: "É um anarquista". Ao que Juca Chaves acrescentou: "**Graças a Deus!!!**"

Esse é o nosso Juquinha, o grande menestrel. Maldito para uns, irreverente para outros, mas para ele mesmo, um **vendedor de sonhos**. O sonho da liberdade é **exclusividade** daqueles que são e pensam livremente.

### » Millôr Fernandes (1923-2012)

Milton Viola Fernandes nasceu no bairro do Meyer, no Rio de Janeiro, em 16 de agosto de 1923, mas foi registrado em 27 de maio de 1924.

Estava perto de fazer 17 anos quando precisou tirar uma segunda via de sua certidão de nascimento. Ao observar a grafia do tabelião que registrara sua certidão original, percebeu que as letras que deveriam ser "lt" do nome Milton, pareciam dois "ll", e o traço que deveria cortar a letra "t" estava mais para um acento circunflexo colocado sobre a letra "o", assim como o "n" final lembrava a letra "r".

"O genial Millôr Fernandes."

Milton concluiu então que não era Milton, como até agora se achava e todos os parentes e amigos o conheciam.

**Era Millôr!!!**

Nasceu naquele momento Millôr Fernandes, um artista incomum que viria a fazer sucesso em todas as áreas que abraçou.

À época dessa descoberta, já trabalhava na revista *O Cruzeiro*, onde com 14 anos foi admitido como contínuo e repaginador.

A revista, que de início era pequena, transformou-se ao longo do tempo em grande sucesso, podendo ser comparada como uma espécie ao que é digamos a revista *Veja* na nossa época.

Seja por necessidade dos empregadores ou por seu próprio esforço, Millôr Fernandes começou a ser o "**faz tudo**" da empresa.

Um dos primeiros sucessos de sua carreira foi a coluna humorística *Pif-Paf*, que se manteve por bastante tempo e onde, além dos textos, publicava seus desenhos.

Aos poucos Millôr Fernandes foi se tornando um crítico e arguto observador da cena brasileira.

Com exceção da época de repressão da ditadura militar (1964-1985), o Brasil sempre encontrou no humor o caminho para a crítica política e de costumes. Prova disso são, por exemplo, as produções do barão de Itararé com suas frases indefectíveis, as histórias de o Amigo da Onça, de Péricles, que o transformou num dos mais populares personagens do país, assim como os hilariantes quadros do programa *PRK-30* da Rádio Nacional que tinha audiência nacional.

Millôr Fernandes nunca deixou nada por menos, e o tom crítico e genial de suas frases sempre esteve presente em seu trabalho.

Certa ocasião, falando de Getúlio Vargas em sua coluna, comparou-o a um famoso escritor mexicano chamado Vargas Villa.

Na verdade, publicou a caricatura de Getúlio Vargas e comentou que Vargas era maior que Vargas Villa, pois ele era o Vargas Vilão, e assim, foi acumulando uma legião de desafetos importantes...

Esse mesmo humor satírico, capaz de mostrar o lado risível da vida que era tão bem-aceito pelo público, foi lhe causando mais descontentamentos e quando publicou em sua coluna *A Verdadeira História do Paraíso*, o texto despertou a ira de religiosos, e a revista *O Cruzeiro*, na qual trabalhou por 25 anos, simplesmente o demitiu!!!

A demissão não diminuiu o ânimo de Millôr Fernandes e logo depois, alguns amigos, o chamaram para transformar sua famosa coluna *Pif-Paf* numa revista.

Corria o ano de 1964 então e a revista **durou apenas oito números**, mas se transformou na primeira publicação alternativa do País.

Mais que isso, foi para ele um verdadeiro ensaio para um sucesso editorial que aconteceria algum tempo depois.

Foi em 1969, na companhia de Tarso de Castro, Jaguar, Ziraldo, Sérgio Cabral, Henfil, Ruy Castro, entre outros colaboradores, que Millôr Fernandes iniciou sua participação no semanário *O Pasquim*, uma das mais famosas publicações alternativas a desafiar o regime ditatorial da época.

Na sequência de sua carreira no jornalismo, Millôr Fernandes começou em 1983 a escrever na revista *IstoÉ*, e em 1996 a colaborar com os jornais *O Estado de S.Paulo*, *O Dia* e *Correio Brasiliense*. Mas a essa altura, o jornalista já desenvolvera várias facetas e brilhava também em outras áreas.

Millôr foi um autodidata de mil faces, sempre desenvolveu seus dotes por esforço próprio, apoiando-se muito na sua capacidade criativa. Além disso, trabalhou sempre de forma persistente, seguindo uma rotina dinâmica.

Dessa forma, bem cedo ele aprendeu a desenhar copiando as histórias das revistas em quadrinhos até transformar seus desenhos num dos traços mais marcantes do cartunismo brasileiro.

Com esse mesmo espírito se transformou num dramaturgo reconhecido, já desde seus primeiros textos: *Uma Mulher em Três Atos*, *Um Elefante No Caos*, *O Homem do Princípio ao Fim*, que foi acompanhado por outros sucessos como *Liberdade, Liberdade*, um espetáculo musical que roteirizou em parceria com Flávio Rangel.

Como roteirista, desenvolveu também vários trabalhos para o cinema e para a televisão, entre eles o longa *Terra Estrangeira* e *Memórias de um Sargento de Milícias*, adaptado da obra de Manuel Antônio de Almeida.

Ele foi ainda um excelente tradutor de teatro e são memoráveis suas traduções para clássicos como *Rei Lear*, *Hamlet* e *A Megera Domada* de William Shakespeare, *Tio Vania*, de Tchecov ou *As Lágrimas Amargas de Petra Von Kant*, de Fassbinder, entre muitas outras.

Ao longo de toda a sua vida, Millôr Fernandes sempre foi um artista capaz de se expressar das mais diversas formas. Para isso se valeu do texto, das imagens, do humor.

Autor de frases famosas, textos críticos e desenhos e caricaturas inesquecíveis, marcou seu tempo com a riqueza de sua obra.

Para dar uma ideia dos textos sarcásticos de Millôr Fernandes, aí vão os seus Dez Mandamentos, que publicou na revista *Veja* (30/7/2008):

"O chamado Decálogo, dado pelo Todo-Poderoso Jeová, a seu profeta Moisés, no Monte Sinai.

Verdade seja dita, nem era um Decálogo, mas sim um Vintólogo, como provou Mel Brooks, num documentário sobre a famosa descida de Moisés.

O chão era escorregadio, Moisés já estava meio velho, as tábuas (também não eram tábuas, era uma pedra) caíram no chão, quebraram, sobraram só **10 mandamentos**.

Pode ser que os melhores tenham se perdido, mas e os que sobraram?
Pegaram? Não pegaram?
Cada um de vocês é que deve decidir.
Vejamos os Dez Mandamentos com os respectivos comentários:

1. 'Eu sou o Senhor que trouxe vocês das terras do Egito e os libertei da escravatura.'

   **Observação** – É apenas uma afirmação de poder, tipo **manda quem pode**, imitada muitas vezes depois: 'Eu libertei vocês do semiárido e os trouxe ao bolsa-família prometido.'

2. 'Não terás outros ídolos diante de mim em qualquer forma imitando coisas que estão no céu, na terra ou embaixo d'água.'

   **Observação** – Ninguém deu bola e se começou a respeitar e até adorar qualquer pajé e padreco autorizado e ungido. Até o bispo Crivella.

3. 'Não usarás o meu santo nome em vão.'

   **Observação** – Mas podes trabalhar com pseudônimo. Só numa lista simples temos 2.490 pseudônimos católicos (um santo por dia para cada lugarejo).

4. 'Respeitarás o sétimo dia (*kiddush*) afastando-se de atividades produtivas.'

   **Observação** – Com excesso de respeito se descansa não só aos domingos, mas até 35 dias, em forma de greve, recebendo salário inteiro e 30% de adicional.

5. 'Honrarás pai e mãe.'

   **Observação** – Cada um de cada vez depois da separação litigiosa.

6. 'Não matarás.'

   **Observação** – Exceto oficialmente em certos Estados norte-americanos e se você for um líder xiita e pegar pela frente algum homossexual distraído ou uma mulher adúltera ('pedra nela!').

7. 'Não cometerás adultério.'

   **Observação** – Mas uma vez ou outra poderás 'Dar um tempo' ou 'Procurar seu espaço'.

8. 'Não roubarás.'

   **Observação** – A não ser em legítima defesa.

9. 'Não prestarás falso testemunho.'

   **Observação** – Mas poderás ficar calado durante o interrogatório.

10. 'Não cobiçarás a mulher do próximo.'

    **Observação** – Mas não pecarás procurando a mulher do andar de baixo..."

Atento às mudanças tecnológicas que afetam diretamente a comunicação, precocemente percebeu que a Internet poderia ser a sua praia e, já em 2000, lançou um *site* no UOL, no qual concentrou toda a criação de sua larga carreira.

Charges, comentários picantes sobre política, economia e costumes refletiam nessa sua página o **bom humor** que sempre esteve presente na vida do escritor.

Millôr Fernandes faleceu no dia 27 de março de 2012.

Deixou uma legião de fãs e alguns discípulos, como o humorista Reinaldo Figueiredo, integrante do grupo *Casseta&Planeta* que, quando pequeno, se divertia lendo o autor na revista *O Cruzeiro*.

Reinaldo Figueiredo explicou: "Aquilo que Millôr Fernandes apresentava, dava vontade também na gente de sair desenhando e escrevendo.

Depois eu acompanhei todos os passos do mestre na *Pif-Paf*, no *Pasquim*, na *Veja* etc.

Mais adulto, pensando em tudo isso de novo é que entendi o motivo dessa minha reação de leitor infantojuvenil.

É que aquelas páginas davam ao leitor uma sensação de **liberdade total e de que tudo é possível**.

Páginas nas quais aconteciam muitas coisas: desenho, poesia, sátira política, fábulas, filosofia, teatro, crônica, paródias de estilos variados e muito humor.

Isso tudo me influenciou muito no trabalho que faço hoje!!!"

Já o jornalista e escritor Sérgio Augusto recordou Millôr Fernandes da seguinte forma: "Não me lembro com precisão de quando vi pela primeira vez as duas páginas da *Pif-Paf* do Millôr Fernandes, em *O Cruzeiro*.

No início, cheguei a imaginar que por trás do bizarro nome de Emmanoel Vão Gôgo, com o qual associava o *Pif-Paf,* se escondessem vários humoristas.

Mas era **um só** e na verdade se chamava Millôr Fernandes.

Dado a outros disfarces como Milton à Milanesa, Voksmillôr, Adão Jr. (o primeiro neto de Deus, certo?), Patrícia de Queiroz etc., ele sempre foi muito engraçado, inventivo, iconoclasta e cético.

Tão cético que não acreditava nem no refluxo das marés.

E muito menos no ceticismo.

São Tomé, para ele, era um crente!?!?

Levei bem uns dez anos para conhecê-lo pessoalmente, na redação de *O Cruzeiro*, quando fui lá participar de uma reforma editorial que durou menos de uma gravidez – e afinal **abortou**!!!

Millôr Fernandes só ia à revista às sextas-feiras, entregar em mãos o *Pif-Paf*, vestido como se fosse dar expediente numa repartição.

Anos depois, trabalhamos juntos no *Pasquim* e na *Veja*, quase nos cruzamos no *Jornal do Brasil* e na *IstoÉ*.

Fomos, sobretudo, censurados juntos pela ditadura militar.

Amigos durante toda a vida, nunca discutimos, nunca brigamos, nem sequer ficamos amuados um com o outro por alguma discordância, algo assaz frequente na redação do *Pasquim*, com tantos egos em rota de colisão.

Tive a sorte de conviver com um bando de gente culta e inteligente, mas não conheci ninguém mais versátil, estimulante e criativo que Millôr Fernandes.

Era falante e divertido, mas não fazia o gênero '**humorista social**', vulgo engraçadinho, que para tudo tem uma piada, a maioria sem graça.

De uma feita, ao ser apresentado a um general numa festa, este efusivo ('Como então este é o grande humorista Millôr Fernandes!), pediu-lhe que contasse uma piada.

'Só se o senhor der um tiro de canhão para a gente ver', contrapôs Millôr Fernandes, perplexando o milico pelo resto da noite.

Por não ser Deus, mas apenas 'seu neto' é assim mesmo de vez em quando, Millôr Fernandes não foi bom de profecia.

Previu que morreria em 1959, com os mesmos 36 anos que seus pais tinham ao morrer, e chegou a publicar um conto sobre essa cabalística desconfiança na revista *A Cigarra* em 1945.

Durou até quase os 89 anos, embora fosse justo esperar que com a sua saúde de ferro, sua vida atlética e a moderação alimentar que aprendeu com Thomas Jefferson, chegasse aos **cem**, o que nos garantiria tê-lo até agora, como o seu gênio. Mas...

É difícil definir Millôr Fernandes em poucas palavras.

Entretanto, se não for abusar muito, adaptarei para ele uma divisa por ele bolada para o *Pasquim*: '**Livre como um táxi!**'

Ao substituir o pássaro pelo táxi, Millôr Fernandes não só driblou um clichê como modernizou uma metáfora. Não que tivesse alguma coisa contra os pássaros. Ao contrário, inspirados por eles, criou um de seus melhores aforismos: '**Os pássaros voam porque não têm ideologias**.'

Millôr Fernandes passou a vida voando e para nós restou agora admirar e invejar toda a sua obra."

Millôr Fernandes participou da primeira edição da Festa Literária Internacional de Paraty (Flip) em 2004 e uma década depois – dois anos após a sua morte seu nome voltou a ser destaque no evento, pois foi o autor homenageado na 10ª edição (que foi de 30 de julho a 3 de agosto de 2014).

Cássio Loredano, desenhista e cartunista, atual curador do acerto artístico de Millôr Fernandes, cedido em comodato ao Instituto Moreira Sales (IMS), em 2013, por um período de 10 anos, na abertura da Flip, divertiu a plateia no debate intitulado *O Guru do Meier,* do qual também participaram o cartunista Claudius Ceccon e o colunista do jornal *O Estado e S.Paulo*, Sérgio Augusto.

Cássio Loredano destacou: "Millôr Fernandes foi uma pessoa muito criativa, sensível e sarcástica.

Assim, certa vez, quando um sujeito lhe pediu para que escrevesse alguma bobagem no livro de sua autoria, que ele acabara de comprar, Millôr Fernandes não pensou duas vezes, pegou a caneta, abriu a página e disse: '**Muito bem, pode ditar**.'

Ele foi dono de um dos mais finos traços da atual caricatura brasileira e o seu humor se destacou justamente por ser universal.

Ele não queria mudar o mundo, apenas divertir.

Millôr Fernandes, entretanto gostou sempre de tratar de temas perigosos, mesmo quando os disfarçava com o seu olhar único.

Por exemplo, Millôr recebeu na redação algumas fotos e Jacqueline Kennedy, naquela época já usando o sobrenome Onassis, na praia e sem sutiã!!!

Foi o bastante para ele escrever a legenda: 'Nasceu de bunda para a lua e aprendeu a usá-la!'

Em outro momento, quando Millôr Fernandes limitou-se a informar, mesmo assim ele provocava a desconfiança da censura.

Foi o que ocorreu quando ele noticiou para a TV Tupi o retorno da mulher do presidente Juscelino Kubitscheck, depois de ter passado seis meses na Europa.

Ele publicou: 'Dona Sara voltou e foi condecorada com a ordem do trabalho.'

Tudo isso foi verídico, mas a censura não o perdoou.

E um de seus principais legados, sem dúvida, foi se posicionar como um vigilante de gestão da coisa pública."

Segundo Ziraldo, os três mosqueteiros do humor brasileiro eram cinco: ele mesmo, Jaguar, Fortuna, Claudius e Millôr Fernandes, um d'Artagnan às avessas, pois era o único que não vinha do interior, era carioca da gema.

Fez do humor não só um instrumento de riso, mas de crítica de um tempo e, mais ainda, do **exercício do bem pensar**!!!

Sempre que necessário, porém, Millôr Fernandes soube ignorar o tempo e suas férreas leis.

Por muitos anos, dando um salto para trás rumo ao século XVI, dedicou-se à tradução de duas obras de William Skakespeare.

Não se deixou regular pela noção de época: traduziu desde o teatro engajado do alemão Bertolt Brecht, do século XX, às comédias famosas de Molière, do século XVII, retornando ao século XX para reencontrar-se com o teatro do nova-iorquino Tennessee Williams.

Saltou mais para trás ainda, de volta ao século V a.C., para traduzir as peças de Sófocles. Foi o tradutor, ao todo, de 74 peças de teatro. O teatro foi sua máquina do tempo.

Elevou o humor à categoria de arte refinada quando, em 1957, ganhou uma exposição individual no Museu Arte Moderna do Rio de Janeiro.

Embaralhou valores, distorceu preconceitos, derrubou certezas, nunca permitiu que sua arte fosse enjaulada em um clichê.

Talvez por isso, por temer a força das manchetes, mesmo se orgulhando da profissão de jornalista, **não gostava de dar entrevistas**.

Ao explodir a ideia de tempo, a obra de Millôr Fernandes, danificou também a **noção de morte**.

» Afinal, em que século viveu Millôr Fernandes?

» A que século ele de fato pertenceu?

» Onde é que a sua obra, de fato, se inicia e onde ela se conclui?

Conta-se que foi um dos **inventores** do **frescobol**, um esporte típico das praias brasileiras e dos temperamentos livres, no qual – noção que ele muito apreciava – não existem vencidos ou vencedores.

Esteve nas origens da televisão ao apresentar, na TV Excelsior, o quadro *Lições de um Ignorante*, que foi censurado em plenos anos dourados e livres da era Juscelino Kubitschek de Oliveira (1902-1976).

Como escreveu José Castello, num artigo para o jornal *Valor Econômico – A morte e a morte de Millôr* – em 29/3/2012: "Millôr, homem de seu tempo, mas também homem além do tempo. Escreveu poesia, flertou com as artes visuais, incomodou com suas ideias políticas, disse sempre o que pensou.

Ele foi um homem que se entregou à vida com voracidade dos que cultivam a consciência da morte. Morreu não para desaparecer, mas para se afirmar como um artista vivo."

Aí vão dez frases de Millôr Fernandes que serão repetidas por muitas pessoas para dar um tom mais intelectual às suas apresentações e mensagens.

- "O melhor movimento feminino ainda é o dos quadris."
- "Nós humoristas temos bastante importância para ser presos e nenhuma importância para sermos soltos."
- "Todo homem nasce original e morre plágio."
- "De todas as taras sexuais, não existe nenhuma mais estranha que a abstinência."
- "Anatomia é uma coisa que os homens também têm, mas que nas mulheres fica muito melhor."
- "Fiquem tranquilos os poderosos que têm medo de nós: nenhum humorista atira para matar."
- "Às vezes você está discutindo com um imbecil... e ele também."
- "Um banqueiro pode escrever falsa literatura. Mas vá um escritor falsificar um cheque."
- "Acabar com a corrupção é o objetivo supremo de quem ainda não chegou ao poder."
- "Sabemos muito bem que Você, aí em cima, não tem como evitar o nascimento e a morte. Mas não pode, pelo menos, melhorar um pouco o intervalo?"

Millôr Fernandes escreveu muitos livros, todos com conteúdo muito divertido como foi o caso do *Ministérios de Perguntas Cretinas*.

E aí vão algumas delas para a sua "degustação", duas com as possíveis respostas e as outras para que reflita um pouco e elabore a sua própria resposta criativa e bem-humorada.

1. Corrente marinha serve para amarrar cachorros?

    Resposta – Não, mas serve para arrastar imbecis.

2. Um químico pode ter ações precipitadas?

    Resposta – Pode, mas isso nunca é uma boa solução.

3. As línguas mortas morrem de morte natural?

4. Um tipo que coloca vigas é um vigarista?

5. Se existem contas redondas por que não existem contas quadradas e octogonais?

6. Uma novela policial, só deve ser transmitida em cadeia?

7. Afinal de contas, você já decidiu o que prefere: uma guerra fria ou uma paz bem quentinha?

8. Você não acha errada uma civilização que obriga um sujeito alto a usar roupa de baixo?

9. Um marido longe da consorte está com sorte?

10. Você acha que o sexo fraco se tornou forte devido à fraqueza do sexo forte para com o sexo fraco?

11. Afinal de contas, ele concordou com a sua controvérsia?

12. As articulações políticas, sofrem de reumatismo?

A soma de inteligência, coragem e *nonsense* (ideias extravagantes ou absurdas) fez de Millôr Fernandes um nome central do humor do País.

Um indiscutível integrante do quadro dos gênios do humor no Brasil, Luis Fernando Veríssimo disse: "Millôr foi sempre o nosso líder e referência. Um escritor e artista gráfico de nível internacional.

No Brasil, o **melhor de todos os tempos**."

Millôr saiu do subúrbio do Méier para alcançar a glória.

O humor praticado por Millôr diferiu bastante daquele praticado pelos principais artistas do País, nas décadas do meio do século XX.

Aliás, no começo, todos os humoristas brasileiros eram um tanto ingênuos, e depois do trauma da Segunda Guerra Mundial (1939-1945), o riso se configurou de outro modo, **tornando-se mais mordaz e áspero**.

Assim é que entrou em cena aquele a quem se atribui o título de "**o papa do humor brasileiro**" da segunda metade do século XX, ou seja, Millôr Fernandes.

O humor de Millôr formou gerações de seguidores, ou seja, os "millormaníacos", como Reinaldo Figueiredo, uma das estrelas do programa humorístico *Casseta&Planeta*, o seu companheiro Hubert, ou ainda Gregório Duvivier, poeta, cronista e do programa de humor de Internet *Porta dos Fundos*.

Na 12ª edição da Festa Literária Internacional de Paraty (Flip), em que homenageou-se Millôr Fernandes, e os debates convergiram sobre a relevância do riso, como forma de refletir sobre o Brasil.

A ênfase dada ao humor num evento literário prestigioso como a Flip contribuiu muito para valorizar esse gênero, por vezes visto como secundário.

Os círculos intelectuais nem sempre o levam tão em conta, apesar do histórico de artistas gráficos, comediantes e cronistas de altíssimo gabarito no Brasil.

Hugo Pessolo, do Parlapatões, comentou: "Por ser popular ou tomado como comercial, o humor tem enfrentado uma série de pequenos preconceitos.

E são mais de dois mil anos de história no mínimo desde os gregos.

Aliás, os próprios humoristas não são levados tão a sério.

O Millôr é um bom exemplo desse descaso, pois nunca se viu o nome dele citado entre escritores e intelectuais '**sérios**' apesar de ter sido um grande pensador da nossa realidade e um ótimo escritor.

Não foi mais considerado porque o humor não é considerado adequadamente."

Reinaldo Figueiredo pensa que isso também se aplica a Luis Fernando Veríssimo: "O caso é exatamente esse. Para mim ele está entre os melhores escritores brasileiros. E se essa lista fosse só dos cinco melhores do Brasil também estaria nela.

Parece que se o sujeito escreve com humor não pode ser considerado um escritor de verdade, com **E** maiúsculo.

Tem também o problema do veículo: se a pessoa publica pequenos textos num jornal diário, impresso naquele papel barato, fica parecendo uma coisa menor.

Mas o engraçado também pode ser profundo e independentemente de qual for o meio usado para expressar isso!"

Na primeira edição da Flip (em 2003), Antonio Prata fez uma pergunta para o Millôr Fernandes, e ele antecipadamente avisou que se fosse uma pergunta séria não iria responder e foi o que aconteceu...

Relembrou Antonio Prata: "Isso não acontece só no nosso País, porém no Brasil desenrola-se de uma maneira pior essa desvalorização do humor apoiado por certas esferas intelectuais. Aqui, as pessoas leem pouco, não vão muito ao cinema, bem menos ao teatro e a exposições, e dessa maneira, a cultura acaba indo parar nas mãos de especialistas, que valorizam o que é mais difícil, mais rebuscado e, não raro, **mais chato**.

Quantas vezes se vê, num caderno cultural, uma matéria sobre o Veríssimo, o Millôr, o Mazzropi, o barão de Itararé?

Agora vai ver a quantidade de coisa que sai sobre Sartre, Wittgenstein e Nietzsche!!!"

Reinaldo Figueiredo, por sua vez, acredita que houve uma piora no estado do humor, ressaltando: "O mundo sempre foi assim, pois há sempre uma grande quantidade de boçais.

Só que com a facilidade de divulgação proporcionada pela Internet eles estão aparecendo mais.

E aí eles acreditam que fazem humor quando introduzem ofensas a certas pessoas (ou situações) e alguns fanáticos na Internet as propagam.

Mas se o computador conectado à rede pode acirrar os ânimos, também permite que o humor se multiplique, mesmo sendo relativamente primário ou sem muita inspiração.

O lado bom da Internet é que todo mundo pode ser editor e o lado ruim é que nem todo mundo é um bom editor. Mesmo assim, é melhor ter liberdade e quantidade do que qualquer tipo de censura ou restrição.

É no meio dessa confusão que acabam aparecendo coisas de qualidade no campo do humor.

O essencial é cada pessoa conseguir logo descobrir as coisas boas e não perder tempo ouvindo, vendo ou lendo besteira.

Claro que existem muitas experiências humorísticas equivocadas.

O pior equívoco é fazer humor sem graça ou achar que xingamentos e constrangimentos são humor. Mas tudo bem, quem está na chuva é pra se equivocar."

O fato é que a cultura brasileira como um todo, está se transformando, o que não significa obrigatoriamente que está se renovando!?!?

Portanto, não se pode dizer que as piadas de algumas décadas eram melhores que as de hoje e tão pouco que estávamos refletindo melhor através do humor.

Vivemos num mundo com uma complexidade diferente, com o que houve uma nova produção humoristicamente – não necessariamente melhor (ou pior) – bem mais diversificada que antes.

Elias Thomé Saliba, historiador da cultura, um dos raros intelectuais que levam o humor muito a sério, no seu livro *Raízes do Riso* destacou: "O **riso** – assim como as **lágrimas** – é uma **manifestação**, digamos assim, opaca, da nossa ética emocional.

E isso diz muito sobre nós, sobre como são os brasileiros.

No Brasil, por trás da diversão que o humor oferece, há também o brasileiro tentando se situar na sociedade.

Cria, dessa maneira, uma identidade efêmera, sabe lidar com os poderes e faz piadas sobre ela.

Afinal, o humor também é transgressivo.

No fundo, o humor brasileiro é uma das facetas das formas como lidamos com a coisa pública.

Na Internet tem-se produzido humor, embora seja algo bastante vazio, trivial e, não raro, narcisista.

Talvez pela influência das redes sociais, o humor vem sofrendo algumas modificações na linguagem que alteram, em muitos casos para pior, o conteúdo cômico.

Os programas de TV perderam muito de sua energia cômica, pois os personagens típicos, na pele de grandes intérpretes cômicos, desapareceram.

Raríssimos são os humoristas que conjugam o solavanco verbal da piada com os trejeitos cômicos do *clown* (palhaço) ou com bordões criativos.

É humor antigo de rádio, meio manquitola, já que inclusive se esqueceu da pantomima do teatro e da energia do circo. É certo que tudo isso pode ser, com o tempo, corrigido e aperfeiçoado, até mesmo conhecendo e estudando melhor o extenso patrimônio humorístico brasileiro.

De todo modo, o humor está sempre em alta.

Como a neurociência já comprovou, dois terços de toda comunicação humana baseia-se nele e nos seus diversos usos.

Já no mundo acadêmico ele está indo mais devagar.

Assim, no caso do Brasil, mais ainda, pois todo estudioso ou analista de humor sofre daquela mesma síndrome do País da piada pronta: o **humor é parte incontrastável da vida, então por que não dedicar-se a assuntos mais sérios?**"

Como dizia o próprio Millôr Fernandes: "Este é o País onde há a maior possibilidade de se criar um mundo inteiramente novo. Caos não falta!!!"

» **Renato Aragão**

Antônio Renato Aragão nasceu em Sobral, Estado do Ceará, no dia 13 de janeiro de 1935.

Quando jovem, Renato foi bem contido, mas ao mesmo tempo, bastante obcecado.

Atleta, autodidata, mas nunca fez parte de circo, como muita gente procurou concluir por causa do humor físico de seu personagem.

Ele trabalhou em banco, formou-se em direito, fala normalmente com tom de voz bem baixo, não gosta de festa, se diverte atualmente assistindo a programas jornalísticos e não vê graça nenhuma em comida e como ele próprio diz: "Comer não é o meu esporte preferido, se eu pudesse, me alimentaria com aquelas pílulas que dizem que os astronautas ingerem para sobreviver..."

"O obcecado profissional do humor, Renato Aragão."

Aí estão algumas características de Renato Aragão, o criador do Didi Mocó, líder dos *Os Trapalhões* e para alguns um grande herói do humor nacional.

Disse Renato Aragão: "Sempre fui isolado do mundo, muito sozinho. Eu mesmo construía minhas barras fixas, onde fazia exercícios, salto-mortal, tudo sozinho.

Para virar artista, procurei recorrer a um *alter ego* ("o outro eu") espalhafatoso e sem-vergonha, que impressionasse a todos.

Alguém que fizesse algo que eu não conseguia fazer na vida real.

Então o meu personagem Didi tinha que ser um cara do povo, que luta, não armazena nada, **quer apenas ser feliz**.

Assim, ele tem um pouco de Chaplin. Mas não sei de onde veio e ele tampouco nasceu. **Apenas surgiu**. É órfão de tudo.

O nome completo de Didi só surgiu alguns anos depois.

Um dia alguém me perguntou: 'Didi de quê?'

Comecei a falar diversas palavras que eu conhecia do Ceará: Didi Mocó Sonrisélpio Colesterol Novalgino Mufumbo.

O povo explodiu de rir.

Nem sabia que aquilo era tão engraçado.

Mocó é uma espécie de preá, um rato do mato.

Mufumbo é um arbusto que existe só no Nordeste.

Os outros termos são provenientes do vocabulário pseudofarmacêutico sem dificuldade de explicar."

Pois bem, esse tímido com alcunha de preá do arbusto se juntou com outras três espécies de palhaço: Dedé Santana, Mussum (1941-1994) e Zacarias (1934-1990).

Didi representava um nordestino sofrido querendo ser feliz; o galã do grupo, representando a periferia, era o Dedé; Mussum por sua vez era o negão do morro que gostava de cerveja ("birita"); e finalmente Zacarias, que representava o menininho que não queria crescer.

Esse era o grupo Os Trapalhões (para alguns críticos, o Monty Pyton brasileiro) que atuou de 1974 a 1976 na TV Tupi e aí se mudou para a TV Globo, em 1977.

Era época de ditadura, mas Os Trapalhões não estavam nem aí, como comentou Renato Aragão: "Política não me interessou. Atravessamos aquilo sem dar bola para a ditadura.

Só queríamos fazer o povo rir, escorregar numa casca de banana, brincar.

Assim, aparecia o Ney Matogrosso dançando sem camisa, Didi Mocó vestido de Maria Bethânia, nada daquilo tinha por trás um objetivo de transgredir.

A gente só estava procurando contar uma história.

O próprio Ney Matogrosso, que participou de vários de nossos quadros, declarou: 'Era tudo totalmente politicamente incorreto, mas na realidade tinha muita gente dizendo que eles – Os Trapalhões – estavam debochando de mim.

Da minha parte me diverti muito. Hoje, é que tudo está muito careta.'

A censura não chegou nunca a nos incomodar.

Mas fico ainda com um pouco de vergonha e vermelho quando tocam no assunto de um quadro clássico de 1981 – *A Filha do Seu Faceta* (aquela do "*Papai, Eu Quero Me Casar*"), em que se contou que Marlon Brando amanteigou a Maria 'Schneida'.

Pois é, foi dito de uma forma bem ingênua e ninguém pinçou aquilo para nos criticar.

Dessa maneira, Os Trapalhões se mantiveram blindados e intocáveis nas suas apresentações, parecia que tínhamos 'porte de armas' para fazer o que quiséssemos...

É que o povo notou claramente que ninguém do nosso grupo tinha a intenção de ofender quem quer que fosse. Hoje, não dá para fazer isso!!!"

Maurício Stycer, num artigo sobre Renato Aragão, na revista *Serafina*, um encarte do jornal *Folha de S.Paulo* (dezembro de 2014), sob título *Patrimônio de Renato é o riso de várias gerações*, escreveu: "Ficou famoso o bordão usado por Renato Aragão: **'Ô, da poltrona, preste atenção.'**

Os números de audiência na televisão, bem como o resultado de seus filmes no cinema nacional mostram que nenhum grupo de humor foi tão popular no Brasil quanto Os Trapalhões, mas curiosamente Renato Aragão e seus companheiros nunca tiveram um reconhecimento à altura.

E isso talvez tenha duas explicações.

Renato Aragão, o homem por trás de Didi Mocó, sempre foi de uma **timidez intransponível**.

Se para alguns, essa atitude pode passar a impressão de falta modéstia, para mim transmite a imagem de que ele não se sente à altura da genialidade do seu personagem.

Aliada à timidez de Renato Aragão, o humor de Didi Mocó e dos Trapalhões **nunca foi**, de fato, **bem-visto pelos formadores de opinião**!?!?

Infantil demais por um lado, de uma crueza surpreendente por outro, o grupo sempre **fez rir** explorando o '**mau gosto**' em torno de questões raciais, de gênero, sexualidade e de origem social.

Para piorar, o reconhecimento da graça de Didi, Dedé, Mussum e Zacarias enfrentaria, nos dias de hoje, a **fúria** do politicamente correto, incapaz de analisar o conteúdo do que produziram à luz do seu tempo.

E aí, quando tentou fugir do DNA de Didi Mocó, Renato Aragão errou.

O 'fracasso' do filme *Os Trapalhões no Auto da Compadecida* ('apenas' 2,6 milhões de espectadores!?!?).

A criança ficou assim, meio decepcionada porque não era um filme para criança. Justificou-se o próprio Aragão: 'Faço filme para criança e para criticar meus filmes, vocês têm que assisti-los de calça curta.'

Mas de qualquer forma, Renato Aragão e os outros Trapalhões fizeram rir, sem dúvida, várias gerações de crianças.

Esse é um patrimônio que o grupo conquistou e que não depende de futuros reconhecimentos, que surjam em biografias ou relatos sobre os mais bem-sucedidos no Brasil, no campo do humor.

E é isso que importa!!!"

Numa entrevista para a articulista Eliane Lobato, publicada na revista *IstoÉ* (19/10/2014), Renato Aragão relatou: "Trabalho muito desde 1960, vivendo numa correria entre a televisão, os *shows* e cinema e nunca tive tempo disponível como agora.

Atualmente, estou fazendo só dois telefilmes por ano e tenho mais tempo livre. Mesmo assim, ao optar pelo teatro, deixei de fazer um filme.

A minha fase de vida atual é a de um **começo**. Estou aprendendo tudo.

O teatro é intimista, as pessoas estão ali, sentadas bem perto, veem todas as suas expressões.

Em algumas cenas, chego tão na frente do palco que tenho a impressão de que mais um pouco eu caio na plateia.

Acredito que de fato a minha vida recomeçou quando tive o infarto.

Cheguei a dizer que iria mudar o meu nome para Didi *Highlander* (referência ao guerreiro imortal do filme homônimo) Mocó, porque já tive um AVC (acidente vascular cerebral) há dois anos, já fraturei o rosto, e sigo renascendo.

O infarto de fato foi um susto bem grande.

Não bebo, não fumo, tenho boa qualidade de vida, alimentação adequada, faço exercícios físicos.

O que foi que me levou a isso?

Era aniversário de 15 anos da minha filha, Livian, e me emocionei muito.

De repente, estava no hospital e pedia a Deus que não me levasse agora.

Fui também atendido por médicos do Primeiro Mundo.

E depois que tudo já tinha passado, um deles disse: 'Renato, você pode viver mais uns 70 anos!!!'

Disse-lhe que ficaria feliz com metade disso...

Mas não se deve esquecer é que o pior momento depois do infarto foi a infecção hospitalar que me atacou, quando tive um febrão, peguei uma bactéria terrível e fiquei mais sete dias internado, correndo risco de morte.

O conselho que dou a todos os outros hoje é como me comporto, ou seja: faço exercícios físicos todos os dias e controlo a minha alimentação para que ela realmente seja de qualidade.

Não como carne, doce, fritura, gordura. E meu lema é: troque todos os seus compromissos por um par de tênis, e vá para uma esteira, vá caminhar. Essa é a minha receita.

Sigo-a e vou durar até os 110 anos!!!

Porém não me sinto velho de jeito nenhum, ou seja, já com quase 80 anos. Minha idade cronológica é essa, mas a física deve ser de 47 anos e já é muito.

O que faz a gente não envelhecer é **ter projetos**!!!

Mesmo que a pessoa se aposente, tem que fazer algum projetinho para a vida, tem que se ocupar e ler.

Eu leio muito, contos, jornais e revistas. Leitura é bom para que nunca se tenha problemas de cabeça.

Estou sempre fazendo coisas como sinopses de filmes e minisséries.

Além disso, continuo com projetos como Criança Esperança, da Rede Globo, que com as doações das pessoas, ajudam a resolver algumas coisas, mas muito pouco, pois não é esse nosso papel, mas sim do governo, mas claro que cada um pode colaborar, fazer a sua pequena parte.

Ao mostrar o problema da criança na televisão e ao terminar o projeto Criança Esperança, sempre são criadas mais creches, surgem organizações não governamentais voltadas para auxiliar as crianças das mais variadas maneiras, e isso me deixa feliz, pois sinto que fiz a minha parte.

O nosso governo tem alguns projetos sociais interessantes, como Bolsa Família, Fome Zero etc., mas não pode deixar de dar emprego.

Essas pessoas todas têm que ser estimuladas a trabalhar para que não prefiram viver de bolsa.

Isso eu ainda não vi, e teria que ser feito paralelamente. Se deu Bolsa Família, tinha que dar o Bolsa Emprego também. Aí sim, viraremos outro País.

As pessoas não podem deixar de trabalhar e há aqueles que inclusive trabalham e em particular, com o humor e a alegria, e acabam deprimidas e se suicidando, como foi o caso do humorista norte-americano Robin Williams e o do brasileiro Fausto Fanti.

O fato é que pessoas que ficam célebres e por alguma razão saem dos holofotes – independentemente de serem artistas ou não –, acabam se desesperando.

Alguns procuram drogas, álcool, entram em depressão por não conseguirem viver sem o seu poder ou a sua fama.

Sobre os humoristas, o motivo talvez tenha sido por terem perdido a sua alegria.

A vida de qualquer pessoa tem etapas e ela precisa ir se acostumando a cada uma delas.

No momento, considero que estou na metade da minha vida e, por isso, estou reformulando-a e entrando em novos projetos.

Até porque o humor no Brasil mudou muito nessas mais de cinco décadas em que criei o meu personagem Didi Mocó.

O humor, de modo geral, está muito mais engessado pelo '**politicamente correto**'. E isso aconteceu porque o humor virou uma avacalhação, uma apelação, uma crítica cruel.

Antes, a gente fazia brincadeira de palhaço e o povo não se incomodava, não via nenhum preconceito.

Nos Trapalhões, tinha um paraíba (eu), um negro (Mussum), um galã de periferia (Dedé) e um menino que era uma mistura de adulto com criança (Zacarias).

A gente podia fazer o que quisesse e fazia sem atingir ninguém.

Mas os humoristas passaram a pegar muito pesado e apareceu o '**politicamente correto**', necessário, mas não como uma camisa de força.

Os Trapalhões são palhaços que existem dentro de uma caixa de vidro. Somos ingênuos, românticos, com humor visual.

Lamentavelmente, acho que hoje se tornou muito comum usar o humor e divulgá-lo pela Internet para ridicularizar, agredir e enxovalhar.

E o incrível é que no final, todos ficam impunes. Já se um comediante faz algum tipo de humor preconceituoso na televisão, acaba sendo punido...

Naturalmente, existe também o lado bom da divulgação do humor pela Internet que é bem aceitável e até agradável, como por exemplo, muitos trabalhos antigos dos Trapalhões, que estão sendo resgatados e mostrados por pais aos filhos.

Ou seja, há uma nova geração se divertindo com as nossas piadas antigas.

Inclusive, tenho planos para voltar à TV, mas aos poucos, sem a obrigação de um longo programa semanal, pois isso é muito estressante!!!"

Por enquanto, Renato Aragão aceitou um novo desafio na sua carreira: estreou no musical *Os Saltimbancos Trapalhões*, de Charles Müeller e Cláudio Botelho na Cidade das Artes, no Rio de Janeiro.

O próprio Renato Aragão comentou: "Quando cheguei ao primeiro ensaio do musical e deparei com aquela equipe de 80 pessoas, tive vontade de recuar, pois fiquei com medo de não corresponder.

Nesse musical, fiz algumas palhaçadas, mas avisei de início que não iria nem cantar e tão pouco dançar.

Se eu dançar em cena, acho que metade do público iria embora e se eu cantar a outra metade vai querer mudar de País!?!?

Com Os Trapalhões fiz mais de 5 mil *shows*, em muitos deles reunimos até 200 mil pessoas.

Teatro é muito mais difícil.

Se comparar com os mais de 50 filmes que fiz, também surge uma comparação complicada.

No cinema, decoro três páginas para fazer dois ou três *takes*. Já no teatro, são 80 páginas de uma vez só!!!

É preciso também ficar atento às marcações, ao trabalho de seu colega.

Temia também uma plateia vazia, mas isso não aconteceu em nenhuma apresentação."

Perto de completar 80 anos, no final de 2014, Renato Aragão viu as enormes filas que se formavam com as pessoas ávidas para *selfies* com ele, na saída do musical *Os Saltimbancos Trapalhões*, comprovando que ele continua sendo um grande ídolo para brasileiros de todas as idades.

## » Ronald Golias (1929-2005)

Ronald Golias, nasceu em São Carlos, no Estado de São Paulo, em 4 de maio de 1929.

Ele foi alfaiate e funileiro antes de se iniciar na carreira artística, nos anos 1940, fazendo acrobacias no grupo Acqualoucos.

Sua carreira se confunde com a criação do rádio e da TV no Brasil.

Ele participou de programas de calouros na rádio, nos anos 1950, na então famosa Radio Nacional, quando conheceu Manuel Soares de Nóbrega (pai de Carlos Alberto de Nóbrega), ator, diretor do programa de humor *A Praça da Alegria*, na hoje extinta TV Tupi, em São Paulo.

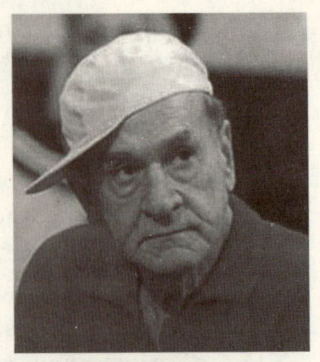

"O humorista nato, Ronald Golias."

Impressionado com o talento de Ronald Golias para fazer rir e criar situações divertidas, Manuel de Nóbrega (1913-1976) resolveu contratá-lo para atuar também na televisão.

Estreou como comediante na telinha em 1956, no programa comandado por Manoel de Nóbrega. Foi quando lançou o personagem que se tornaria uma de suas marcas registradas – Pacífico – famoso pelo bordão: "Ô **Cride, fala pra mãe...**", jamais perdeu a atualidade, tanto que foi relançado em 1990, no programa *A Praça é Nossa*, da rede SBT.

Nessa emissora, imortalizou personagens novos e antigos, como: Pacífico, Bronco, prof. Bartolomeu Guimarães, Isolda e Profeta, e também fez o programa *Escolinha do Golias*, atuando ao lado de sua grande amiga Nair Bello e Carlos Alberto de Nóbrega.

Ronald Golias, pode-se dizer que foi um minimalista, pois ele fazia muito com pouco, ou com quase nada.

Uma piscadela, um ataque apoplético, inesperado, uma quebrada no rumo da história.

Seu prof. Bartolomeu Guimarães era um velhinho de 100 anos que se apresentava cheio de conhecimentos históricos, mas se confundia no tempo.

Com seus longos e meditabundos silêncios, a sabedoria fingida, representou um tipo básico de humor *nonsense* brasileiro.

Como Profeta, valia-se do bordão: "**Ualah!**", e aí respondia com previsões absurdas às perguntas dos convidados em *A Praça é Nossa*.

Pacífico foi um outro personagem com características muito peculiares de um humor bem paulistano, meio italianado, meio acaipirado.

Mas certamente, interpretando Carlo Bronco Dinossauro, um tipo folgado, que não gostava de trabalhar, irreverente e brincalhão que Ronald Golias tornou-se conhecido nacionalmente.

Sua popularidade na TV logo o levou para telona e Ronald Golias fez diversos filmes para o cinema.

O primeiro foi a comédia *Um Marido Barra-Limpa*, de Luis Sérgio Person, em 1957.

Antes do final dessa década, participou de chanchadas, como *Os Três Cangaceiros, Os Cosmonautas, Tudo Legal, O Dono da Bola* e outros, ao lado de outros humoristas como Ankito (nome artístico de Anchizes Pinto) e Grande Otelo (nome artístico de Sebastião Bernardes de Souza Prata).

Em 1967, estreou seu personagem mais famoso, Carlos Bronco Dinossauro, da série humorística *A Família Trapo*, na TV Record.

Esse foi um dos maiores sucessos da televisão brasileira, e o Ronald Golias era o seu ator mais popular.

E ele contracenava nessa série com outros artistas e humoristas gabaritados como, Otelo Zeloni, Jô Soares, Renata Fonzi, Ricardo Côrte Real e Cidinha Campos.

Anos mais tarde, em 1986, a série inspirou o programa *Bronco Total*, que se juntou à lista de sucessos do comediante, formada também por *Folias do Golias, Rio Te Adoro* e *Golias Show*.

Na história da TV, sem dúvida, Ronald Golias foi um dos mais conceituados e famosos comediantes brasileiros.

Irreverente, apelidou o apresentador Silvio Santos – e o apelido pegou!!! Antes de ser chamado de "**O homem do baú**", Silvio Santos que ficava vermelho à toa, ficou conhecido em todo o Brasil como "**O peru que fala**", graças a Ronald Golias!!!

Sempre viu em sua profissão uma **missão**. Comparava o bom comediante ao carteiro: "Ambos têm a missão de caprichar na entrega e gostar do que fazem, caso contrário não têm futuro", disse nas poucas entrevistas que concedeu na sua vida.

Nos últimos meses de sua vida, atuou ainda em *A Praça é Nossa* e no seriado *Meu Cunhado*, no SBT, ao lado de Moacyr Franco, interpretando Bronco mais uma vez.

Faleceu em 27 de setembro de 2005, em São Paulo.

A comediante Nair Bello disse: "Ele foi o melhor humorista do mundo em minha opinião, melhor do que qualquer norte-americano, pois Ronald Golias improvisava com inteligência e sempre dizia que não queria ser engraçado, mas o seu humor era um talento nato. Por isso, suas brincadeiras não eram exageradas, mas simples."

Por sua vez, Tom Cavalcante ressaltou: "Ele deixou um legado enorme dentro da história do humor em todos os tempos no nosso País. Desde as chanchadas, ele faz parte do seleto grupo de grandes humoristas nacionais, mas com uma marca muito pessoal: a espontaneidade absoluta, suas caras e bocas, o humor mímico."

Já o notável humorista Chico Anysio destacou: "Ronald Golias foi o nosso Red Skelton. Um homem do bem, um amigo querido, uma pessoa incapaz de qualquer atitude menos digna e um profissional admirável. Com a morte de Ronald Golias, o Brasil ficou bem mais triste. Sinto muito, pois o Moacyr Franco e eu tínhamos um projeto de programa no qual ele seria um dos personagens mais importantes. Que Deus o receba sorrindo!!!"

### » Tom Cavalcante

Tom Cavalcante nasceu em 8 março de 1962, em Fortaleza, no Estado do Ceará.

Ele iniciou sua carreira no Ceará, como revisor de textos e locutor de rádio, tendo apresentado durante algum tempo um telejornal da TV Verdes Mares, afiliada da Rede Globo, em meados da década de 1980, mantendo uma carreira paralela de humorista.

Em 1989, começou a participar da *Chico Anysio Show*, um programa de Chico Anysio na TV Globo.

"O talentoso humorista Tom Cavalcante."

Com o final deste, passou a integrar o grupo que fazia o outro programa de Chico Anysio: *Escolinha do Professor Raimundo,* exibido de 1990 a 1995, vivendo o João Canabrava, personagem criado por ele mesmo.

Em 1996, Daniel Filho o convidou para participar do programa *Sai de Baixo,* vivendo o personagem Ribamar.

Depois de desentendimentos com outros atores do elenco e roteiristas do programa, Tom Cavalcante se retirou do programa *Sai de Baixo* em maio de 1999.

Em 2000, ele ganhou seu próprio programa, o *Megatom*, exibido nas tarde de domingo, que saiu do ar em maio de 2001.

Tom Cavalcante passou então a fazer parte do elenco do *Zorra Total*, sempre esperando retornar ao seu programa...

Assediado continuamente pela Rede Record, acabou aceitando o convite da emissora e em 2004 iniciou a apresentação de seu *Show do Tom*, um programa diário exibido no horário da noite, uma mistura do que era o *Megaton* com programas de auditório, como o de Gilberto Barros, mas desta vez com grande sucesso, através de quadros como a paródia de *reality show O Aprendiz*, denominada *O Infeliz*.

Em 2007, ele apresentou o programa *Louca Família*.

Em 18 novembro de 2011, a Rede Record anunciou a sua saída da emissora e no ano seguinte ele mudou-se para Los Angeles (EUA), com a esposa e a filha caçula, com a intenção de entrar no cinema de Hollywood.

Visando a esse salto na carreira, entrou para um curso intensivo de inglês, contratou o mesmo agente de Jim Carrey, participou de diversos *workshops* da New York Film Academy e gravou um curta-metragem lançado com seu próprio dinheiro, no qual interpretou três papéis.

Numa entrevista que concedeu a Sabrina Sato, em abril de 2014 nos EUA, Tom Cavalcante disse: "Foi o Chico Anysio que me abriu as portas para tornar-me comediante, e tanto com ele como comigo os diretores da TV Globo, no final das contas, foram muitos ingratos e injustos.

Estou aqui estudando nos EUA, e quando surgir algum projeto interessante devo voltar para a TV brasileira.

Acredito que voltarei em breve e espero que o meu público entenda essa minha pausa, na qual estou ampliando minha zona de conforto!!!"

A volta de Tom Cavalcante para a TV brasileira ocorreu em uma *sitcom* de 20 episódios para o canal Multishow, programada para começar a ser gravada no 1º trimestre de 2015, em São Paulo.

O humorista nessa série se desdobrará em quatro personagens, sendo que o principal deles é a vigia do *shopping center* onde o enredo se passa.

Na sequência, Tom Cavalcante fará um outro programa para o Multishow, que irá ar em outubro de 2015.

Que bom que o Tom Cavalcante voltou ao trabalho, no que ele é muito bom: **apresentar um humor sadio!!!**

## 5.3 – UM POUCO DA HISTÓRIA DO CIRCO BRASILEIRO E O RISO OFERECIDO PELOS PARLAPATÕES

Inicialmente, deve-se recordar que o Brasil já teve palhaços notáveis como o Chicharrão (1889-1981), que foi tio-avô de Bibi Ferreira, e tornou-se o "príncipe dos palhaços" ensinando muitos sucessores, como Piolin, o Abelardo Pinto, e o filho Torresmo, ou seja, Brasil José Carlos Queirolo, que morreu em 1996.

Aberlardo Pinto, que nasceu em 27 de março de 1897, em Ribeirão Preto, e desde então aprendeu contorcionismo e ciclismo com os seus pais, Galdino Pinto e Clotilde Farnesi, que tocavam o circo Americano.

Muito magro, recebeu o apelido de Piolin (barbante, em espanhol) e foi um artista genuinamente nacional.

Herdou o circo dos pais e o batizou com o seu nome.

Depois de 30 anos, em 1961, foi despejado do centro de São Paulo.

Ele morreu em 1973, aos 76 anos e a data de seu nascimento virou Dia Nacional do Circo.

O primeiro Picolino, Nerino Avanzi (1886-1962) fundou o circo que levou seu nome. Roger Avanzi, o seu filho, assumiu como Picolino II, quando o pai fez 70 anos. Usando enormes calças pretas, gravata e chapéu, para cobrir a "careca".

Com o fim do circo, Nerino, ficou no circo Garcia uns seis anos, na Academia Piolin e no Picadeiro Circo Escola.

Waldemar Seyssel (1905-2005) nasceu no Estado do Paraná, formou-se advogado e começou a trabalhar no circo Casali, como malabarista.

Mais tarde, tornou-se o palhaço Arrelia e em 1953 estreou o Cirquinho do Arrelia, na TV, que ficou 20 anos no ar.

Ele escreveu alguns livros e foi um palhaço bem longevo, pois viveu quase 100 anos!!!

O fluminense George Savalla Gomes, o Carequinha, nasceu na cidade de Rio Bonito, Rio de Janeiro, em 1915. Aliás, a sua mãe, uma trapezista, sentiu o início do parto no meio da atração!?!?

Ela deu à luz no próprio circo.

Carequinha revelou seu talento já aos cinco anos.

Ficou famoso com o seu bordão: **"Hoje tem marmelada? Tem sim, senhor! Hoje tem goiabada? Tem sim, senhor! E o palhaço, o que é? É ladrão de mulher!"**

Ele foi o primeiro circense brasileiro na TV Tupi, em 1950.

Gravou com o parceiro Fred Vilar 26 discos e faleceu em 5/4/2006.

"O palhaço só com a sua indumentária já diverte."

Hoje, já não existe a admiração pelos palhaços como ocorreu algumas décadas atrás.

Um palhaço é aquele artista que vive permanentemente o dilema de ser ele mesmo e ser o outro.

É o palhaço quem traz em si as emoções que fazem o outro rir, mesmo sabendo que jamais levará o espectador à plenitude da alegria.

Por isso, o palhaço vive exilado na imperfeição e sofre com isso, porque, ao servir ao outro, **esquece-se de si mesmo**!!!

Ao se acompanhar a apresentação dos palhaços, às vezes tem-se a impressão de ver poetas em ação, representando, na verdade, a própria história. São os palhaços que nos ensinaram a rir de nós mesmos e eles estão separados do mundo não pela gargalhada homérica, mas pelo riso silencioso que nasce da tristeza.

Atualmente, o destaque para o setor circense se deve a Hugo Possolo de Soveral Neto.

Conhecida por dedicar-se inteiramente ao riso, a trupe Parlapatões dirigida por Hugo Possolo há bastante tempo tem divertido tanto os adultos como as crianças.

Hugo Possolo desabafou: "Existe no momento muita gente ralando em festas infantis para poder sobreviver. Infelizmente não se reconhece no momento adequadamente a arte de um palhaço. Afinal, há quem pense que um nariz vermelho, um tombo e um '**pum**' sejam suficientes para fazer um *clown*.

Isto está longe de ser uma verdade. Pelo menos não tem ocorrido comigo e com os atores como: Henrique Stroeter, Raul Barreto, Claudinei Brandão, Hélio Potter, Ângela Figueiredo, Bebel Ribeiro, Jacqueline Obrigon, Luana Martinelli, Paula Cohen, só para citar alguns, que trabalham no nosso grupo.

Não tem sido nada fácil e temos trabalhado arduamente já há mais de duas décadas para criar as nossas peças."

Bem, Hugo Possolo é um palhaço, ator, autor e diretor brasileiro, que foi um dos fundadores do grupo Parlapatões de Comédia, que utiliza técnicas circenses e de teatro de rua.

Ele cursou Comunicação Social e História, e ao mesmo tempo foi aprendendo técnicas circenses no Circo-Escola Picadeiro.

Estreou no teatro em 1984 na peça *Quando Tenho Razão Não É Culpa Minha*, dirigido por Arthur Leopoldo e Silva.

Muitos dos seus trabalhos foram premiados como *Sardanapalo, Zéròi, U Fabuliô, Não Escrevi Isto, Farsa Quixotesca*, entre outros.

Em 1998, recebeu o prêmio da Crítica APCA (Associação Paulista de Críticos de Arte) pela realização do evento *Vamos Comer o Piolin*.

De maio de 2004 a maio de 2005, foi o coordenador nacional do Circo da Funarte, ligado ao Ministério da Cultura.

Em 2006, fundou o Circo Roda Brasil, criado a partir do início dos grupos Parlapatões e Pia Fraus e nesse mesmo ano, inaugurou o Espaço Parlapatões.

Hugo Possolo, nunca se furtou a dialogar as suas ideias no intuito de ter um País ético, como quando escreveu um artigo com o título *De um palhaço para o presidente* (*Folha de S.Paulo*, em 4/1/2006), no qual reclamou de muitas mazelas que estavam ocorrendo sem as devidas medidas das autoridades dos poderes Executivo e Judiciário: "As elites orquestraram para que eu me tornasse palhaço. O complô da mídia me vestiu roupas largas e sapatões e pintou a minha cara.

Impuseram-me o papel de idiota.

Eu, que não sabia de nada, me senti traído.

Apenas fui levado por companheiros de 30 anos de luta, que agora percebo, queriam que eu fosse absolutamente ridículo.

É verdade que no começo, assumi e dei uma festa no apartamento.

Distribuí metáforas com cara de aforismos e desaforos para quem quisesse ouvir. Afinal, o palhaço pode tudo.

Inclusive, rir das piadas recicladas que fazem a meu respeito.

Sobre o dedo que me falta, o conhecimento que falta e até sobre a honestidade, que também me falta.

Tudo bem, até que um cantor de ópera bufa fez sua cena de ópera de sabão.

Delatou, debaixo de nossa honrada lona tombada para baixo, que alguns deputados recebiam uma mesadinha extra.

Apoiei-me na velha máxima de que ser palhaço é fácil, mas que o difícil é levar isso tudo a sério.

O canastrão de olho roxo passou a ser o *popstar* da nação.

Bandido sempre deu mais Ibope na televisão.

E todo mundo grudou a vida na TV Senado.

Encenação com ares de *megashow*. Fiquei emocionado.

Revidei com o publicitário. Só que a propaganda premiada do gênio da lâmpada teve a esperteza de divulgar que o dinheiro bom é aquele que não contabilizado, do que está bem contabilizado nas contas do exterior. **E depois, o palhaço sou eu!!!**"

Que texto bem escrito sobre o grande escândalo de políticos envolvidos nas propinas que receberam e que ficou conhecido como o "mensalão", não é?

## 5.4 – ALGUNS HUMORISTAS CONTEMPORÂNEOS

Naturalmente, não se trata aqui de falar de **todos os** humoristas que estão em atividade agora, pois essa seria uma tarefa bem complexa para cumprir, mas de alguns deles, destacando a sua evolução profissional e os seus problemas para contornar as críticas e, assim, tornarem-se apreciados por aqueles que querem rir com mais frequência.

» **Danilo Gentili**

Danilo Gentili nasceu em 27/9/1979, em Santo André, no Estado de São Paulo, formou-se em Publicidade e Propaganda; e atualmente exerce com desenvoltura várias profissões, como: escritor, compositor, cartunista, repórter, apresentador e, principalmente, **comediante**.

Mas ele já carregou caixas em *shopping center*, trabalhou em gráfica, órgão público de varrição em Santo André, e durante um curto tempo acalentou a ideia de ser um pastor...

Sempre expressou sua visão humorística por meio de redações escolares, peças teatrais na igreja e histórias em quadrinhos jamais publicadas!?!?

"O engraçado e versátil Danilo Gentili."

Através de um *blog,* com textos despretensiosos, ele acabou chegando aos palcos.

Em um bar, começou fazendo *stand-up comedy*. Aliás, foi onde ele conseguiu se expressar de uma forma mais enfática.

Quando provoca alguma polêmica, virilizada no ambiente virtual, Danilo Gentili procura se justificar: "Não levem a sério o que eu escrevo e digo. É só piada!?!?"

De acordo com o comediante: "Muitos querem **botar limite no humor**. O humorista quer botar limite apenas no mau humor, o verdadeiro responsável por toda a polêmica."

Ele é caracterizado como alguém, que com o seu ar simplista, sabe disfarçar muito bem a timidez com o deboche, conseguindo, dessa maneira, destilar uma sequência de comentários sarcásticos em seus *shows* de *stand-up*.

E foi no palco, em bares e teatros, que Danilo Gentili começou a ter o seu trabalho reconhecido.

Em 2005, foi convidado para fazer parte do Clube da Comédia *Stand-Up* – o primeiro grupo do gênero em São Paulo, criado por Marcelo Mansfield, Marcio Ribeiro, Oscar Filho e Rafinha Bastos.

Foi durante uma dessas apresentações que surgiu o convite para que ele participasse do programa *Custe o Que Custar* (*CQC*).

Inicialmente, Danilo Gentili faria apenas uma participação na pele de um **repórter inexperiente**!!!

Depois de um certo tempo, todo mundo percebeu o repórter inexperiente que **constrangia** seus entrevistados com um comportamento inusitado, era o próprio Danilo, mas com uma lente de aumento!!!

Em Brasília, Danilo Gentili fez uma série de matérias e entrevistas que tiraram muitos parlamentares do sério. Uma delas ocorreu em abril de 2008, quando quis saber a opinião do então presidente da Câmara dos Deputados Arlindo Chinaglia sobre o uso do **caixa dois pelos deputados**.

Por sinal, toda a equipe do *CQC* foi barrada por um bom tempo no Congresso, tendo assim sua atuação na capital federal bem dificultada.

Depois de muita polêmica, a equipe conseguiu trabalhar em Brasília, mas os problemas não terminaram...

Ele chegou a ser mal recebido algumas vezes – e até mesmo agredido – pela equipe de segurança da presidência do Senado, o que acabou se transformando em assunto de repercussão nacional, quando tentando entrevistar o então presidente do Senado, José Sarney, em julho de 2009, e foi arremessado ao chão pelos truculentos agentes.

Aí ele passou para o *Proteste Já!*, um quadro de denúncia e cobrança no mesmo *CQC*, no qual afrontou políticos, empresários, celebridades e cidadãos comuns.

Também comandou quadros leves e puramente divertidos do programa, como o *CQC Investiga* e o *Identidade Nacional*.

Um outro evento bem tumultuado na carreira de Danilo Gentili ocorreu em 31 de outubro de 2009, em Assis, no Estado de São Paulo, quando ele foi detido pela polícia, enquanto estava tentando gravar uma matéria sobre a política de tolerância zero implantada na cidade contra a vadiagem.

Na ocasião, ele estava disfarçado de mendigo.

Danilo Gentili foi algemado e levado à delegacia por perturbação do sossego, desobediência e desacato.

Na exibição do *CQC*, de 23 de março de 2010, junto com o Rafinha Bastos, no quadro *Proteste Já!*, Danilo Gentili denunciou sobre o escândalo da doação de uma televisão para a prefeitura de Barueri, que deveria ser encaminhada para uma escola municipal.

A televisão continha um rastreador com GPS embutido e este acusou que o televisor foi instalado na casa de uma diretora da instituição educacional e não na própria escola!?!?

Eles ativaram um alarme no televisor e ficaram de plantão na residência da diretora.

Bem, depois de muita "controvérsia", finalmente a televisão foi encaminhada para a escola...

Na exibição do *CQC* de 28 de junho de 2010, Danilo Gentili foi agredido pelos guardas municipais de São Bernardo do Campo, ao gravar o quadro *Proteste Já!*, sobre uma escola que desabou.

Por seu turno, na edição do CQC de 12 de julho de 2010, Danilo Gentili aparece agredido com socos na barriga, por funcionários da prefeitura da cidade de Analândia (interior do Estado de São Paulo), quando a equipe de filmagem da Band tentava entrar na sua sede.

O objetivo da reportagem era averiguar denúncias do Ministério Público de São Paulo e da Associação dos Amigos de Analândia (Amasa) sobre a administração do então prefeito Luizinho Garbuio e do seu primo, o ex-prefeito José Roberto Perin.

Lamentavelmente, a saída de Danilo Gentili da Rede Bandeirantes não foi tranquila, pois a emissora abriu um processo na justiça para barrar a estreia de seu programa no SBT.

Em 2009, lançou seu primeiro livro: *Como se Tornar o Pior Aluno da Escola*, um sucesso de vendas, mas que causou um burburinho de espanto entre os pais e uma certa revolta entre os educadores.

Depois de ter sido quase censurado, o livro teve sua classificação reavaliada, sendo indicado apenas para maiores de 18 anos.

A política voltou a ser foco de Danilo Gentili em 2010, quando colocou em prática um projeto intitulado *Politicamente Incorreto*. O conceito era simples: ironizar e ridicularizar os políticos de todas as tendências por diversos meios.

Da ideia original surgiram vários produtos: um *show* inédito dedicado totalmente à política nacional – e apresentado às vésperas dos dois turnos das eleições presidenciais –, um novo livro com piadas que não entraram no *show* e um DVD, o primeiro solo de um comediante nacional produzido neste formato.

Em outra iniciativa inédita, o *show Politicamente Incorreto* foi transmitido ao vivo, diretamente de Brasília, por um dos maiores portais de Internet do País.

Mais de 1,2 milhão de computadores estiveram ligados na transmissão, que ficou nos *Trending Topics* do Twitter.

Nesse mesmo ano, inaugurou em parceria com dois sócios – o comediante Rafinha Bastos e o empresário Ítalo Gusso – o *Comedians Comedy Club*, dedicado totalmente à **comédia em pé**.

Aliás, o *Comedians* foi idealizado para ser um ponto de encontro entre os humoristas e os amantes desse gênero de humor e, quem sabe, um celeiro de novos talentos.

Em 2011, Danilo Gentili assumiu uma nova função: a de apresentador de TV, e passou a comandar na TV Band, o programa *Agora É Tarde* – um clássico *late night* – no qual fazia comentários, quadros de humor e entrevistava algum convidado importante.

Permaneceu no programa até o começo de 2014.

Atualmente, Danilo Gentili está apresentando o programa *The Noite*, no SBT.

### » Fábio Porchat

Fábio Porchat de Assis é ator, humorista, comediante, apresentador e redator. Nasceu no Rio de Janeiro, em 1º de julho de 1983, e ainda bebê foi para São Paulo, onde viveu até os 19 anos.

Em outubro de 2010, se casou com a também atriz Patrícia Vazquez, com a qual namorou por seis anos, e já moravam juntos há um ano e meio. Mas separaram-se em 2013.

Fábio é filho do político e empresário Fábio Ferrari Porchat de Assis.

Em 2002, quando estava cursando a faculdade de Administração, Fábio Porchat foi ao

"O criativo humorista e artista, Fábio Porchat."

programa do Jô Soares, no qual lhe apresentou um esquete de sua autoria, baseada no seriado *Os Normais*.

Foi quando decidiu seguir a carreira de ator, mudou-se para o Rio de Janeiro e formou-se na Casa de Artes das Laranjeiras (CAL).

Seu primeiro trabalho foi *Infraturas*, uma peça composta por esquetes de sua autoria, em que atuou com Paulo Gustavo, dirigido por Malu Valle.

Seu trabalho na televisão inclui a participação nos programas *Zorra Total* e *Junto & Misturado* (como redator e ator), *Os Caras de Pau* (redator), *Esquenta* (roteirista e participante), e no seriado *A Grande Família*; e participou do quadro *Medida Certa*, no *Fantástico*, todos na Rede Globo.

Foi apresentador do programa *De Perto Ninguém é Normal*, na GNT.

Está em cartaz com Miá Mello, na segunda temporada da série *Meu Passado Me Condena*, dirigida por Júlia Resende, no Multishow.

É autor de diversas peças teatrais como: *Olho de Boneca, Elas Morrem no Fim, Calabouço, Velha é a Mãe*.

Em 2006, seu esquete *O Caótico* ganhou o prêmio do júri popular, no Salão Carioca de Humor. No mesmo ano, passou a integrar o primeiro grupo de *stand-up comedy* do Brasil, o *Comédia em Pé*, juntamente com Cláudio Torres Gonzaga, Fernando Caruso, Léo Lins e Paulo Carvalho, onde permaneceu até 2011.

Em 2008, produziu e dirigiu a montagem de *Pic Nic no Front*, de Fernando Arrabal. Também se apresentou no maior festival de humor do Japão.

Em 2009, escreveu, produziu e dirigiu a peça *Palavras na Brisa Noturna*.

Em 2010 entrou em cartaz com seu solo de *stand-up Fora do Normal*, apresentando-se em diversas cidades do País.

Em março de 2011 foi lançado *Teste de Elenco – O Filme*, o primeiro longa brasileiro a ser exibido exclusivamente na Internet, dirigido por Ian SBF e Osíris Lurkin, no qual Fábio Porchat é protagonista, juntamente com Tatá Werneck, Marcus Majella entre outros.

Em 2012, fundou a produtora de vídeos *Porta dos Fundos*, juntamente com Ian SBF, Gregório Duvivier, João Vicente de Castro e Antônio Tabet, cujo canal no YouTube tornou-se um fenômeno de audiência e de inscrições. Em pouco mais de dois anos de existência, chegou a quase 10 milhões de inscritos e mais de 1,4 bilhão de visualizações.

Essa fama não foi conseguida sem problemas e sérias ameaças como aquelas recebidas por Fábio Porchat devido à publicação do vídeo *Dura*, um esquete que mostra dois policiais sendo humilhados e extorquidos por pessoas comuns.

O vídeo foi bastante criticado pelo "*Blog* do Soldado", que se diz defensor dos policiais militares.

Por causa de ameaças postadas nas redes sociais e no *blog*, o ex-deputado Fabio Ferreira Porchat, pai do humorista, pediu ajuda ao Congresso Nacional tendo enviado ao seu amigo senador Álvaro Dias uma carta na qual dizia: "Recorro às autoridades competentes para que lhe deem segurança, para que sua voz continue ecoando e conscientizando o cidadão brasileiro pelos seus direitos democráticos de vivência digna e paz social."

O senador Álvaro Dias conseguiu com que medidas fossem tomadas em relação a esse caso como: atenção das autoridades do Rio de Janeiro para com a integridade física do humorista, investigação do "*Blog* do Soldado" pelas autoridades estaduais e federais, e encaminhamento dos dados do *site* à Ordem dos Advogados do Brasil (OAB) e ao Google.

Atualmente, o *blog* está fora do ar e a Polícia Militar divulgou um comunicado no qual diz apoiar a **liberdade de expressão**.

Por seu turno, o *Porta dos Fundos* também se pronunciou, declarando: "Um policial honesto não se ofende com uma 'piada de denúncia no vídeo."

Fábio Porchat, em 2012, participou do longa-metragem *Totalmente Inocentes* dirigido por Rodrigo Bittencourt, com Mariana Rios e Ingrid Guimarães.

No final de 2013, o humorista emprestou a voz ao simpático Olaf, um boneco de neve meio abobalhado que adorava o verão, na animação *Frozen*, um grande sucesso de público de Walt Disney Pictures.

Aliás, no início de 2013, Fábio Porchat estreou a comédia *Vai Que Dá Certo*, em que, além de ter sido responsável pelos diálogos e pela redação final, juntamente com o diretor, atuou ao lado de Bruno Mazzeo, Danton Mello, Gregório Duvivier, Lúcio Mauro filho e Natália Lage.

Ainda em 2013, participou dos longas: *O Concurso* e *Meu Passado Me Condena*.

Fábio Porchat escreve artigos semanais para o jornal *O Estado de S.Paulo* sobre temas do cotidiano, sempre com uma redação muito bem-humorada.

Bem, aí vai um trecho do que Fábio Porchat escreveu sobre o **ato de rir** (*O Estado de S.Paulo*, 4/1/2015): "Todos somos capazes de rir. Cada um à sua maneira, cada um por motivos diferentes.

Rir é de graça, é natural e, constantemente estamos ou rindo ou fazendo rir.

Rir é bom e faz bem, relaxa, faz tudo em volta parecer mais leve.

Quando estamos felizes, sorrimos.

Quando estamos bravos ou irritados, infelizmente, rir é a última coisa que passa pela nossa cabeça.

Ou seja, rir é muito bom!

Rir é tão importante para as pessoas, tão essencial, que muitas delas **pagam para poderem rir**.

As pessoas se combinam: **vamos rir hoje?**

Preparam-se em casa, jantam, compram ingressos para assistir a alguém fazê-las rir.

Sentam em uma plateia, as luzes se apagam e pronto, agora elas estão prontas para rir.

Seja no teatro ou no cinema, é criado até um ambiente propício para as pessoas se reunirem, pessoas que não se conhecem entre si, mas que estão ali com o mesmo objetivo, **dar risada**.

Quer dizer, olha a responsabilidade que tem um comediante. Ele está dando às pessoas aquilo que elas poderiam ter de graça, mas preferiram pagar para poderem ter especialmente dele o que elas desejam.

Elas querem passar uma hora de sua vida rindo e escolheram um determinado humorista para cumprir essa tarefa.

Todo mundo fica atento a uma pessoa (ou várias) emanando mentalmente: **quero rir**.

Rir sem parar. Quero chorar de rir, ficar com a barriga doendo de tanto rir.

Aquelas horas as tornam muito felizes.

Essa é a beleza dessa minha profissão. Poder fazer as pessoas rirem, do que quer que seja, tem um peso muito grande.

É como recarregar as energias de alguém.

Todos nós precisamos rir.

A vida, sem graça, não tem a menor graça.

Rir é fundamental para o ser humano, é o que **nos fortalece**.

A comédia cura. E saber que eu posso diariamente tentar curar as pessoas, me faz pensar na importância do meu ofício.

Se eu escolhi fazer isso da vida, tenho que saber que isso mexe com as pessoas e que isso precisa ser executado da forma mais perfeita possível.

Porque uma piada malfeita é um riso a menos.

A comédia é algo muito importante e, por isso, deve ser levada a sério por todo mundo.

Principalmente por aquele que tem o principal papel nela – **o de fazer rir!!!**"

## » José Simão

O paulistano José Simão não poupa políticos, *socialites*, jogadores de futebol, nem celebridades em sua coluna diária no jornal *Folha de S.Paulo*, reproduzida em dezenas de outros jornais brasileiros.

Com um humor escrachado e comentários inteligentes sobre fatos do dia a dia, ele há quase 28 anos mantém sua seção entre as mais lidas do jornal.

Foi o inteligente humorista e apresentador de TV Jô Soares que caracterizou bem o trabalho de José Simão: "Ele é ótimo, pois conseguiu criar um estilo próprio marcante. Por tratar dos temas da atualidade, sua coluna nunca perde o vigor e está sempre na boca do povo e nas redes sociais."

"José Simão, certamente o mais criativo de todos os humoristas que escrevem num jornal."

Mas para escrever a sua curta coluna, José Simão tem um trabalho intenso, pois diariamente lê mais de 100 *e-mails* que recebe dos seus leitores do País todo (na realidade seus "correspondentes"), folheia atentamente os mais importantes jornais e revistas, vasculha o que há de exótico nas redes sociais e conta com os subsídios intelectuais de uma eclética lista de conhecidos que inclui desde colunistas famosos, artistas plásticos, apresentadores de programas noticiosos, consultores de moda, até aqueles vorazes consumidores do que anda se dizendo nas redes sociais.

Como declarou o próprio José Simão: "Sou exatamente aquilo que escrevo e o que me faz continuar produzindo humor é a minha grande curiosidade para saber *what's going on* (o que está ocorrendo por aí...) neste incrível *show biz* que é o nosso planeta.

Na verdade, queria ser chargista.

Mas, como não desenho bulhufas, faço agora uma caricatura escrita.

Virei, assim, um **jornalista-humorista**.

Intelectual, claro e com certo orgulho, tendo humor de sobra!!!"

Pois é, Erika Sallum fez uma matéria espetacular na revista *Veja São Paulo* (17/12/2003) na qual explicou bem como José Simão foi evoluindo e no que ele se inspirou: "Desde 1987, quando foi publicada a primeira coluna, ele popularizou uma série de bordões que caíram no gosto dos leitores.

A maioria deles, por sinal, não é criação própria.

Do seu ídolo Ibrahim Sued (1924-1995), o mais famoso colunista social da história da imprensa brasileira, ele mexicanizou o **Bomba! Bomba! Bomba!**

Comentou Simão: 'Já que o brasileiro é supermelodramático, e eu adoro chamar a atenção mesmo, nada melhor que **Buemba! Buemba! Buemba!** Para começar o dia, não é?'

Atentíssimo a tudo, não esqueceu quando ouviu na Bahia uma mulher que gritava um sonoro: '**Hoje, só amanhã!**' uma outra de suas habituais expressões.

Apaixonado pelas músicas brasileiras antigas, foi buscar no fundo do baú o refrão de uma marchinha de Carnaval que dizia: '**Quem fica parado é poste!**'

Um leitor presenteou-o com o '**vou pingar meu colírio alucinógeno**' e da Argentina, pegou emprestado o '**vai indo que eu não vou**', que o amigo e editor Samuel Leon certa vez lhe falou brincando. E, por fim, o infalível '**nóis sofre, mas nóis goza**'. Ele inspirou-se no nome de um bloco carnavalesco de Olinda.

Segundo o próprio Simão: 'É uma das expressões que mais gosto, porque mostra a vingança de um povo injustiçado.'

Ele colocou apelidos em apresentadores famosos na nossa TV, como: Luciana Gimenez, Adriana Galisteu, Gugu Liberato, Ana Maria Braga, Galvão

Bueno e em políticos em todos os níveis, como na prefeita Marta Suplicy, no governador Geraldo Alckmin e no presidente Fernando Henrique Cardoso.

Ao contrário do que se pode imaginar, as 'vítimas' de seus gracejos chegam até a elogiá-lo. Difícil saber se por admiração mesmo ou por receio de virar alvo recorrente.

Naturalmente, algumas das personalidades que José Simão ridicularizou se enfureceram, e as suas ironias foram parar no tribunal, sendo que em alguns casos, ele foi condenado a indenizá-las.

Comentando essas reações, José Simão disse: 'Assim como uma criança, posso ter sido cruel às vezes. Mas jamais sou baixo-astral.

Nunca sou grosseiro nem escrevo sobre a vida pessoal de ninguém, a menos que ele tenha importância no noticiário do dia.

Não suporto maldadezinha gratuita, sem inteligência.'

Desde pequeno, José Simão acostumou-se às gargalhadas.

Na casa, no bairro de Vila Mariana, onde cresceu, o clima era de liberdade e de bom humor.

O pai, um clínico geral bem de vida, de ascendência árabe, e a mãe, uma dona de casa de família alemã, deixavam que ele e o irmão mais velho brincassem à vontade.

Na sua juventude passou as tardes lendo obras de Marcel Proust, Eça de Queiroz e Nelson Rodrigues.

Recordou José Simão: 'Criança, eu costumava subir num banquinho para conseguir pegar os **livros proibidos** de meu pai. Nada escandaloso, títulos como *O Crime do Padre Amaro*.'

A paixão de José Simão levou-o a tentar um curso de Direito.

Ele garante que na prova de redação, deve ter ficado em primeiro lugar em todas as faculdades em que prestou o vestibular.

Entretanto, diante da formalidade da tradicional Faculdade de Direito do Largo São Francisco, em São Paulo, abandonou tudo e foi viver um ano em Londres.

Lembrou José Simão: 'Foi uma boa opção, pois eu no máximo daria um bom advogado do diabo e olhe lá!

Minha permanência em Londres foi um total desbunde – vi *shows* dos Rolling Stones no Hyde Park, fui a festivais onde tocaram Jimi Hendrix, Bob Dylan e outros cantores do mesmo quilate.

Foi um arraso.

E na minha volta ao Brasil, tive uma fase riponga no Rio de Janeiro, algo como uma **orgia tropical**.

Fazia macrobiótica, assistia ao pôr do sol e não via TV.

Enfim, a vida de *hippie* é dura, um verdadeiro estresse!?!?

Dali, parti para a Bahia, uma das grandes paixões da minha vida.

Em Salvador, fui dono de um bazar de discos, incensos e roupas chamado Talismã Tropical.

Quando a saudade do burburinho paulistano bateu, José Simão decidiu regressar à cidade natal.

Abriu com seus amigos, no bairro de Pinheiros, uma filial do bar-restaurante baiano Zanzibar. Foi quando conheceu várias pessoas que trabalhavam no jornal *Folha de S.Paulo*, entre as quais o jornalista Matinas Suzuki Jr., que o convidou para trabalhar no suplemento *Casa & Companhia*, junto com o iniciante Zeca Camargo.

Em seguida, foi transferido para o caderno *Ilustrada*, no qual não se deu bem, e pediu demissão.

Mas a direção do jornal percebeu o potencial do hilário repórter e o convidou para escrever uma coluna sobre televisão, pois ele tinha muitas tiradas engraçadas.

E aí ele resolveu adotar o codinome de Macaco Simão, que é como o pessoal na escola o chamava, uma personagem da literatura infantil.

Disse José Simão: 'Resolvi adotar Macaco Simão como meu nome artístico, pois o macaco tem liberdade poética. O macaco tudo pode. Todo mundo gosta do macaco. Está no inconsciente infantil de todas as pessoas. E eu sou meio menino e meio macaco. Freud explica e o Macaco Simão complica.'

O fato é que José Simão, além de seu codinome exótico é uma pessoa bem criativa e durante décadas tem divertido as pessoas com suas sacadas hilariantes, seus comentários surpreendentes ou as suas analogias ou trocadilhos incríveis.

Quem quer rir de piadas inteligentes deve ler o José Simão no jornal *Folha de S.Paulo*.

Aí vai uma amostra do que José Simão apresenta aos seus leitores:

» Um pessimista perguntou: "Você sabe por que Portugal descobriu o Brasil?"
E a resposta é: "Porque português é um povo errante!!! Rarará!!!"

» Você sabe o que quer dizer CPI?
Pode ser:
a) Coma a Pizza Inteira.
b) Calabresa, Portuguesa e Italiana.
c) Centro Parlamentar de Invencionices.
d) Comissão de Perguntas Imbecis.
e) Comissão dos Processos Inacabados.

Na realidade, esse seria um teste em que se pode aceitar qualquer resposta, não é?

» Depois de observar tanta gente chorando nas CPIs, o Ministério da Saúde adverte: "Pagar propina provoca xororó." Rarara!

O incrível José Simão aproveita como poucos as oportunidades para, com as suas tiradas humorísticas, interpretar o dia a dia do Brasil e do mundo, em todos os segmentos: público, privado, religioso, político, esportivo etc.

Ele inventou a Cartilha do Lula, com o lulês, e aí vão alguns dos verbetes para o obvio lulante, com o seu "real significado":

- Aftosa – Companheira gostosa, porém com afta.
- Alquimista – Companheiro que acaba votando no Alckmin.
- Autuado – Companheiro flagrado com automóvel não contabilizado.
- *Bad boy* – Boi com aftosa.
- Catapulta – Companheiro que vai para o inferninho.
- Docente – Companheiro viciado em doce.
- Ex-petista – Companheiro especialista em espeto.
- Gripe aviária – Gripe que o companheiro pega no Aerolula.
- Luxação – Comitiva de companheiros viajando para o exterior.
- Maçon – Marido da maçã.
- Melancólico – Companheira que abusa do melão e está com cólica.
- Mensalão – Órgão sexual que só comparece uma vez por mês.
- Penitente – Companheiro que insiste em ficar no Partido dos Trabalhadores.
- Peteca – Esporte dos companheiros na praia.
- Presunção – Companheiro chegado num presente.
- Referendo – Companheiro que virou padre.
- Suplicar – Carro do companheiro Suplicy, suplicando para andar mais depressa.
- Taxidermista – Companheiro dermatologista que só anda de táxi.
- *Too much* – Companheiro que exporta tomate para os EUA.
- Vacância – Vaca que tirou férias para cuidar da aftosa.
- Vácuo – Viúvo da vaca, que morreu de aftosa.

## » Leandro Hassum

Leandro Hassum Moreira, que nasceu em Niterói em 26 de setembro de 1973, é um ator, humorista e dublador de bastante sucesso no momento.

Ele começou a fazer teatro aos 16 anos, e nessa época foi convidado a viajar para o Ceará, com a peça *A Aurora da Minha Vida*, de Naum Alves de Souza.

Matriculou-se no Teatro O Tablado, em 1995, na última peça dirigida pela dramaturga Mara Clara Machado, *Pluft, o Fantasminha*.

"Leandro Hassum está agradando a um grande público."

Atualmente, faz peças de *stand-up comedy* – *Lente de Aumento* – escrita por ele, e *Nós na Fita*, com o amigo Marcius Melhem, em cartaz desde 2004.

É convidado assíduo da peça *Zonas Improvisadas*, desde 2003.

Na TV, é integrante do programa *Zorra Total*, desde 2000, apresentado na Globo, e protagoniza com Marcius Melhem o programa *Os Caras de Pau*, desde 2010.

Em 2009, participou do quadro *Dança dos Famosos* do programa *Domingão do Faustão*, terminando a competição em segundo lugar, mas mesmo assim isso lhe deu muita divulgação.

Em 2012, o ator estreou no filme *Até que a Sorte nos Separe*, interpretando Tino. O longa-metragem teve uma boa bilheteria, o que fez com que ganhasse uma sequência. *Até que a Sorte nos Separe 2* estreou em 2013, com bastante sucesso.

Em 2014, Leandro Hassum estreou em novelas, mais precisamente na *Geração Brasil*, interpretando o personagem Barata.

## » Marcelo Adnet

Marcelo Adnet nasceu em Humaitá, na zona sul do Rio de Janeiro em 5 de setembro de 1981.

De uma família voltada para a música, acabou se formando em Jornalismo e decidiu seguir a carreira de humorista, pisando num palco pela primeira vez aos 21 anos de idade.

Marcelo Adnet é hilário dentro ou fora dos palcos, na MTV ou no cinema. Ele é um da-

"Marcelo Adnet, um cômico de muito talento."

queles atores talentosos capazes de arrancar gargalhadas até dos mais mal-humorados. Porém não se sente muito à vontade no papel do mais importante protagonista da nova geração de humoristas.

Ele é casado com a também humorista Dani Calabresa, sendo refratário à tese de que o humor brasileiro está passando por uma espécie de renascimento.

Acredita que há fases e formas diferentes de fazer rir. A atual, devido inclusive à concorrência da Internet, está tornando o público cada vez mais exigente.

Seu ídolo no humor, desde a juventude sempre foi Chico Anysio, o "camisa 10", uma referência ao maior jogador de futebol do mundo, Pelé, que tornou esse número mundialmente e duplamente famoso, pois foi o máximo nesse esporte...

Ele se inspirou em muitas outras figuras, começando a imitar políticos ainda em sua infância, daí as fortes lembranças que tem das eleições presidenciais de 1989. Por acreditar no comunismo, na adolescência chegou a estudar russo.

Hoje, ele está muito decepcionado com a política, com os escândalos como "mensalão", "petrolão" e a própria pasteurização dos partidos.

Certa vez, numa entrevista para o jornal *O Estado de S.Paulo,* Marcelo Adnet relatou: "Existem algumas pessoas que estão me creditando o papel de protagonista no novo movimento do humor brasileiro. Isso é chato, parece que esse momento sempre tem algo especial e nem sempre é assim. Sou jovem demais para ser o protagonista.

A própria Internet disponibiliza atualmente tanta coisa que a todo o momento ocorrem muitas mudanças no humor.

Isso deixa as coisas bem difíceis para todos os humoristas. Naturalmente existe numa nova onda e claro que me sinto nela, mas não como o protagonista, principalmente em questão de público.

Divido um público com gente talentosa, como Danilo Gentili, Rafinha Bastos, Eduardo Sterblitch, Tatá Werneck, Marcius Melhem, Leandro Hassum, Paulo Gusta, Fábio Porchat, Gregório Duvivier, só para citar os mais conhecidos.

Todos eles representam algo novo e cada um à sua maneira.

Acho que a gente divide esse protagonismo da classe A, da opinião, da crítica.

Agora, como fazer para que também sejamos apreciados pela maioria da classe C? Ninguém ainda conseguiu grande sucesso com esse público e isso não me faz muito feliz.

Às vezes, é difícil se conformar com o fato de você fazer um bom trabalho, mas que pouquíssimas pessoas tiveram acesso a ele. E talvez sejam as pessoas que mais precisam de entretenimento.

A classe C (e todas as outras, obviamente) precisa de humor, que é o que leva ao riso, ou o que é melhor ainda a um estado de excitação intelectual."

## » Marcius Melhem

Nascido em Nilópolis, na Baixada Fluminense, Marcius Melhem é um flamenguista roxo, ator e humorista da TV Globo, para quem futebol e humor caminham juntos, por isso é o comentarista convidado em muitos programas esportivos.

Trabalhou durante 15 anos no mercado financeiro e entrou no jornalismo em 1990. Ainda na faculdade de Jornalismo começou a estagiar numa empresa chamada PMA, que divulgava informações da Bolsa em tempo real, já naquela época.

*"Marcius Melhem, idealizador de muitos programas humorísticos."*

Pegou, assim, a fase das primeiras informações em tempo real do mercado financeiro, formação de agências de notícias, ou seja, a época pré-Internet. O que o encantava era a possibilidade do jornalismo em tempo real. Teve sua própria agência de notícias, virou sócio da PMA, e em 2006, vendeu sua parte da empresa e saiu do mercado.

No campo do humor, que começou a partir de 2006, Marcius Melhem acha que dois fatores funcionam como "quebra-molas" para o seu trabalho: o próprio perfil da sociedade – que "encaretou" muito – e a classificação indicativa na TV, ou seja, um grupo de pessoas que julga o que é adequado ou não para a sociedade, e assim estabelecem-se os horários dos programas.

Numa entrevista para Sofia Patsch, publicada no jornal *O Estado de S.Paulo* (7/7/2014), Marcius Melhem contou: "Realmente o programa *Tá no Ar: a TV na TV*, tornou-se bem inovador ao fazer piada da própria televisão.

E mexer com a televisão significava mexer com a concorrência, a própria Globo, os anunciantes. É um terreno bem perigoso e complicado.

Quando o conceito foi vendido para a emissora, nós tivemos todo o apoio. Os dirigentes só ficaram preocupados em saber se o programa era bom, engraçado, bem-conceituado, se tinha um pensamento atrás dele, um porquê de fazer isso tudo.

Esclarecemos essas dúvidas e as portas foram se abrindo.

Falam muito desses paradigmas da Globo, do que era proibido. Eu não sei o que era proibido porque, a partir do momento em que quis fazer esse programa, pude fazê-lo.

Estou há mais de uma década na emissora e nunca me senti com uma espada na cabeça em nenhum programa que fiz.

Acho que a vantagem do *Tá no Ar* foi a de acompanhar o tempo em que vivemos. Conseguimos trazer para o programa essa fragmentação do ato de assistir TV.

Quando pensamos no formato – crítica da TV dentro da própria TV – tínhamos plena convicção que ia colar com o público, como de fato aconteceu.

O humor tem que ser crítico. Não tem mais sentido fazer um programa de humor que não reflita o que a gente vive.

Não adianta mais apostar no fantasioso, pois não cola. É necessário apostar no mundo real e trabalhar um diálogo com ele.

Não posso me esquecer de dizer que tenho um talentoso parceiro, que é o Marcelo Adnet, com quem trabalho há mais de 11 anos.

Quando tive a ideia do *Tá no Ar,* imediatamente troquei ideias com ele e convidei-o para participar, por causa do seu repertório, pelo tipo de humor que faz, a masculinidade dele. Achei que ia cair como uma luva nesse programa, como, acabou de fato caindo.

Nós colocamos a par o diretor da Globo, Maurício Farias e aí foi constituído o tripé para o programa, caracterizado por um clima de absoluto diálogo, franco e harmonioso.

Queríamos um elenco diferente, que de alguma forma embarcasse muito mais nos personagens do que nas *personas.*

A intenção era que o público acreditasse que aquela situação era de verdade.

Por esse motivo, buscamos atores não tão conhecidos do grande público. Fomos garimpando esses atores nos teatros, ficávamos assim observando, namorando de longe e só depois os chamávamos.

Vivemos num dos países que mais tem programas, peças e filmes de humor. É humor para todos os lados.

No entanto, acho que existe muito preconceito, que vem frequentemente da crítica – que é chamada de inteligente –, mais do que do público que nos consome loucamente.

Uma parte desses chamados formadores de opinião ainda acha que para **falar sério tem que ser sério!?!?**

Eles não entendem o potencial que o humor tem para fazer críticas. Esquecem que, por exemplo, no meu caso penso diversas vezes ao criar ou adaptar uma piada.

Isso porque piada é uma coisa que deve ser bem pensada. Ela tem que ter cirurgicamente um objetivo. Tem que divertir, porque não basta ser só uma grosseria, um ataque. Tem que estar recheada de humor, do contrário não faz o menor sentido.

Quando elaboro as piadas, não faço autocensura, mas sim procuro valer-me do bom senso.

Se você não encontra a fórmula certa da piada ir ao ar, é melhor não fazer piada.

Estamos escrevendo a 2ª temporada do programa e existem questões que até agora não achamos uma forma ideal para apresentá-las.

O Chico Anysio tinha uma frase incrível sobre isso: '**O humor não é resposta para nada, mas ele tem a obrigação de levantar as perguntas.**'

Os programas de televisão de tempos em tempos precisam de uma reformulação como a que estamos fazendo com o *Zorra Total*, e talvez o melhor seria chamá-lo só de *Zorra* e ter menos estúdio e mais cenas externas, uma maior interação com o público."

## » Murilo Gun

O humorista Murilo Gun, conhecido por apresentar o programa *República do Stand-up* no canal pago Comedy Central, é antes de tudo um *nerd* (pessoa aficionada à informática e à tecnologia) profissional.

Assim, ele, com 13 anos de idade, abriu sua primeira empresa, de criação de *sites* e outra de entrega de refeições via Internet.

Em 2014, já com 32 anos, fez uma imersão de **dez semanas** na Singularity University, situada no Vale do Silício, no Estado da Califórnia (EUA), esperando aperfeiçoar-se mais em "futurologia" e criatividade.

"Murilo Gun, um administrador que transformou-se em excelente apresentador de estratégias de forma bem humorada."

A criatividade para Murilo Gun é um mantra e por meio dela descobriu alguns anos atrás o filão do *stand-up:* a palestra bem-humorada, mas com um conteúdo voltado para as empresas.

Com esse produto, chegou a fazer 150 palestras por ano, o que lhe permitiu viver sem depender de outras fontes, em especial da televisão que aposta mais em pessoas famosas e ter fama e mantê-la é uma variável difícil de controlar...

Numa entrevista para Daniel Tupiassú (publicada no jornal *O Estado de S.Paulo*, em 17/11/2014), Murilo Gun explicou: "O *nerd* Murilo Gun encontrou o humorista Murilo Gun quando foi eleito orador da turma na colação de grau da faculdade de Administração de Empresas, no Recife.

Queria fazer um discurso divertido. Eu era um *nerd* total, *workaholic*, fumava um maço e meio de cigarros por dia e **nunca havia contado uma piada na vida**.

Ou seja, estava a caminho da morte...

Pois então, para fazer o texto, fui estudar por que as pessoas riem, devorei diversos livros sobre a teoria do humor.

Claro que gostava de Seinfeld, pela sua capacidade de observar as minúcias e fui muito influenciado por George Carlin, do qual aprendi muito por causa dos seus jogos de palavras e da sonoridade de seus textos.

De fato, aquele discurso se tornou um marco na minha vida.

Ver as pessoas rindo do meu texto me deixou emocionado.

Não apenas os meus amigos de turma que gostaram, mas os pais deles, gente que não me conhecia.

Acredito que uma grande ideia que tive foi essa de levar o humor ao mundo corporativo.

É claro que isto não é tão fácil assim... Porque quem sai de casa para ver *stand-up* está propenso a rir.

Já em uma convenção de empresa, muitas vezes o indivíduo que está lhe ouvindo acabou de levar a maior bronca do chefe por não ter batido a meta ou por não perceber que o processo de produção estava desregulado...

Além do que, de vez em quando, te colocam para fazer um *show* em ambientes que não ajudam, tipo durante um jantar solene...

E aí, você fica frente a um problema difícil de solucionar ou contornar adequadamente.

Porque, para mim, o humor existe para descontrair, e isso não é tão simples no ambiente de uma empresa que está com algumas dificuldades...

O **humor** é, sem dúvida, uma ferramenta poderosa para se **entregar conteúdo**.

Quando alguma narrativa inclui o humor, as pessoas tendem a prestar mais atenção e assim registram melhor o que lhes é dito.

Dedico-me muito hoje em dia em desmistificar a criatividade e para tanto apliquei a ela a engenharia reversa.

E descobri que criatividade é uma ciência. Nada a ver com inspiração, com a arte...

Portanto, existem métodos para se criativo, existem estratégias para se incrementar a criatividade C (veja a fórmula 5.1):

$$C = -B + \frac{H \times T}{P} \quad \Rightarrow (5.1)$$

Na fórmula 5.1, mostra-se que para ser criativo, se devem eliminar os bloqueios e as crenças limitantes (-B) e incrementar novos hábitos (H) que devem ser multiplicados por técnicas (T) e divididos pelas etapas do processo criativo (P).

Obviamente é uma **fórmula simbólica**, mas nela estão envolvidos todos os principais elementos que incrementam ou atrapalham a criatividade do ser humano.

O último curso que fiz na Singularity University, mantido pela NASA (National Aeronautics and Space Administration – Administração Nacional da Aeronáutica e do Espaço) e pelo Google, foi totalmente voltado para a criatividade, estudando tecnologias com potencial de crescimento, como: robótica, inteligência artificial, impressão a três dimensões (3D), *chips* subcutâneos, energia infinita etc.

Lamentavelmente, não temos nada similar à Singularity University no Brasil, e talvez por isso o brasileiro seja conhecido como muito criativo, mas **não é inovador**.

A inovação é a capacidade de empreender a partir da criatividade.

O norte-americano talvez não seja tão criativo quanto o brasileiro, mas consegue empreender muito mais.

Outra coisa muito importante é que lá fora (em especial nos EUA), eles têm uma cultura de **valorização do fracasso**.

No Vale do Silício, por exemplo, um indivíduo que faliu cinco *start-ups* (empresas iniciantes) – contanto que isso tenha sido por motivos diferentes e sem desonestidade – **tem um grande currículo**.

E isso porque ele está mais próximo de acertar e já conhece pelo menos cinco maneiras de como não **deve agir mais...**

Esta é a sua tecnologia adquirida.

Aqui no Brasil, até a nossa mãe teria vergonha do filho se ele levasse cinco empresas à falência consecutivamente.

A gente está muito longe ainda da capacidade de empreender dos norte-americanos.

Aliás, essa mesma diferença existe também entre o *stand-up* lá nos EUA e o daqui...

Minha preocupação agora é o meu livro sobre *Comedy Thinking (Pensamento do Comediante)*, ou seja, como o jeito de pensar dos humoristas pode ser canalizado para coisas realmente importantes, para melhorar digamos a gestão de uma empresa.

Isso porque os comediantes são muito bons **para perceber o que ninguém percebe**!!!

E também são muito bons para dar a cara a tapa, em aceitar o irracional, o paradoxal."

### » Rafinha Bastos

Rafael Bastos Hoesmann, mais conhecido como Rafinha Bastos, é um humorista, apresentador, jornalista, empresário e ator brasileiro. Ele nasceu em Porto Alegre, em 5 de dezembro de 1976.

É um dos precursores do movimento da comédia *stand-up* no Brasil, assim como Diogo Portugal, Bruno Motta, Danilo Gentili entre outros.

Além disso, é considerado por muitos um dos maiores comediantes de *stand-up* da história do Brasil.

"O espontâneo e as vezes agressivo humorista Rafinha Bastos."

Graduou-se em Jornalismo e seu primeiro trabalho na televisão aconteceu na então Rede Manchete, em 1997, e logo após, entrou na TVE-RS.

Em 2001, entrou para a RBS TV. Começou a produzir vídeos independentes para a sua página de humor na Internet, a *Página do Rafinha*, na qual fazia paródias de videoclipes famosos da época. Ganhou sucesso na Internet e com a esperança de levar a página para a TV, foi para São Paulo. Aí começou a fazer *stand-up* e, com isso, acabou sendo contratado pela Rede Bandeirantes, onde alcançou sucesso nacional. Foi apresentador e repórter dos programas *CQC* e *A Liga*, da Rede Bandeirantes, de 2008 a 2011, quando se envolveu em uma polêmica que o tirou da emissora.

Em 2011, foi considerado pelo jornal *The New York Times*, como a personalidade mais influente do Twitter.

O filósofo iluminista Voltaire, certamente não estava pensando no humorista Rafinha Bastos quando formulou uma definição histórica da liberdade: "Não concordo com nada do que dizeis, mas defenderei até a morte vosso direito de fazê-lo!!!"

Com essa mensagem, Voltaire, no seu tempo, inspirou os combatentes da democracia que eram torturados em masmorras medievais no século XVII, que arriscavam sua vida para desafiar os poderes do absolutismo, para abrir uma nova etapa na história da humanidade.

Nos séculos seguintes, essa visão de liberdade ajudaria muito para edificar uma civilização movida por conquistas e direitos assegurados a homens e mulheres, sem distinção de origem, condição social ou cor da pele.

Certamente, é devido a essa noção de progresso em relação ao que é primitivo, tosco, bruto, que se tornou necessário defender os direitos de Rafinha Bastos, que se transformou numa das mais influentes pessoas do Twitter (tem mais de 3 milhões de seguidores), mas começou a enviar mensagens como aquela que "Toda mulher feia devia agradecer quando é estuprada" ou que "@#X!?** a cantora Wanessa Camargo (grávida do primeiro filho) e o seu bebê !?!?"

Os humoristas são críticos sociais e a sociedade lhes dá um direito especial à irreverência, ao exagero e a uma "certa" agressividade.

Cada cidadão tem o seu direito de criar seu conceito de humorista, atividade que, felizmente, não é regulada pelo Ministério do Trabalho.

Infelizmente, Rafinha Bastos tem exagerado e com isso humilhou muitas pessoas com piadas pouco inteligentes.

Para alguns críticos, ele tem poupado os poderosos e tratado com escárnio os mais indefesos. Parece que tem uma preferência mórbida por ofender mulheres.

Claro que a liberdade tem limites e em nenhum lugar é **absoluta**.

Por isso, é possível punir atos de violência verbal, que em determinadas ocasiões, ferem mais que brigas de rua e armas de fogo.

Mas o regime de liberdade tem uma contrapartida: conviver com comportamentos condenáveis e até vergonhosos.

A experiência ensina que os personagens repulsivos alimentam uma curiosidade grande, mas passageira.

Eles servem de prova de como nós, humanos, podemos nos comportar de modo abjeto.

Em seguida, vêm a repulsa e o desprezo. Eles acabam abandonados pelo público e pelos patrocinadores, que não querem manchar a própria reputação.

Maurício Xavier, no seu artigo *E ele ainda se acha engraçado* (publicado na Veja São Paulo, em 8/10/2011), no qual colaboraram Flora Monteiro, Nathalia Zuccaro e Pedro Henrique Araújo, escreveu: "Não é fácil ser engraçado. Mais difícil ainda é não sair do trilho ao caminhar por algumas fronteiras tênues no mundo em que vivemos.

Para fazer rir, é preciso ir além do que prega o senso comum. Em vários momentos, desafiar a patrulha politicamente correta. Afinal, humor a favor tem tanta graça como dançar com a irmã. **Não é?**

Um passo em falso, no entanto, pode tirar o comediante do campo da irreverência e da ousadia aceitáveis, e por tudo a perder.

Quando a piada se sustenta sobre preconceitos ou grosserias gratuitas, o resultado é sempre constrangedor e ofensivo.

Dentro da nova geração do humor brasileiro, parece que fazer troça de autistas, de vítimas do holocausto ou das minorias, é o que torna as suas piadas ou mensagens mais saborosas.

Tudo indica que quem mais cai nesse contexto é Rafinha Bastos, que parece que em certos momentos veste a carapuça de um gênio que está acima do bem e do mal.

O comandante do programa *CQC*, o humorista Marcelo Tas declarou: 'Não gostei da piada que Rafinha Bastos fez com a cantora Wanessa Camargo. Isso, aliás, não é piada. Não se encaixa na categoria de humor. Acho que todos os integrantes do *CQC* devem superar a adolescência, passar dessa fase de rebeldia sem causa.'

Não foi por acaso que o decano da televisão brasileira e ex-vice-presidente da Rede Globo, o empresário José Bonifácio de Oliveira Sobrinho, o Boni, vê decadência na atual comédia brasileira, e afirmou: 'O humor nacional está no fundo do poço, falta *finesse*. Quando uma piada é feita com apelação e ofende a audiência, é porque ela é ruim. E isso é o mesmo que chamar o público de burro.'"

Essa piada com a Wanessa Camargo acabou afastando Rafinha Bastos do *CQC*, e provocou sua saída da Rede Bandeirantes.

Mas não demorou muito e em 2012 foi convidado pela Rede TV!, para produzir a versão brasileira de *Saturday Night Live (SNL)*, que lá nos EUA está no ar desde 1975.

Na época, a superintendente artística da emissora, Monica Pimentel, comentou: "Aqui o Rafinha vai ter a liberdade, que desfrutou o programa *Pânico* enquanto esteve conosco."

Rafinha Bastos, mais contido no início do *SNL*, declarou: "Meu interesse nunca foi ir contra o sistema. Quero fazer comédia, só isso!!!"

Mas a versão nacional do seu *SNL* não durou muito e no 2º semestre de 2013, como dois namorados que não se permitiram discutir muito a relação e partiram direto para a solução "dá um tempo", Rafinha Bastos e a Bandeirantes retomaram seu relacionamento, e o ex-apresentador do *CQC* voltou à tela da emissora para fazer participações especiais no programa *A Liga*, onde também atuou antes de deixá-la...

No início de 2014, finalmente o humorista Rafinha Bastos conseguiu uma vitória sobre a Associação de Pais e Amigos dos Excepcionais (Apae) de São Paulo, em primeira instância, na disputa judicial que envolvia uma piada sobre a instituição e pessoas com deficiência.

Para o juiz Tom Alexandre Brandão, da 2ª Vara Cível de São Paulo: "Rafinha Bastos age em exercício regular de direito (liberdade de expressão e manifestação artística) e é um verdadeiro *nonsense* atribuir ao Judiciário a função de julgar uma piada."

Segundo a decisão, o humor deve ser respeitado num grau "extremamente elástico, independentemente do tipo, da qualidade e, inclusive, do assunto tratado, de forma que temas que são considerados tabus podem ser objetos de humor", escreveu o juiz.

A Apae moveu ação contra Rafinha Bastos, procurando proibir a venda do DVD *A Arte do Insulto* e de piadas sobre o tema nas apresentações do humorista.

No DVD, Rafinha Bastos diz que usou uma camisinha com efeito retardante e depois precisou "internar o seu pênis na Apae e que está completamente retardado hoje em dia".

A Apae prometeu recorrer da decisão...

Além de andar com o cabelo cortado e penteado, ao assumir em 5 de março de 2014, o programa *Agora É Tarde*, na Band, Rafinha Bastos disse: "O objetivo agora não é ficar cutucando, mas sim divertir.

Eu não diria que serei mais contido e nem houve para mim nenhum pedido do tipo **'se contenha'**, mas cheguei à conclusão de que tem muita gente que não me conhece tão bem assim.

Sou ator, comediante, jornalista e apresentador, e o que a Band quer é que o *Agora É Tarde* faça barulho. Não quer mais um programa de entrevistas.

Esse novo programa meu não tem nada a ver com o *SNL* que fracassou porque tinha um formato que não se conectava com a nossa realidade.

Também acredito que fui bem cabeça-dura em alguns momentos, porque não quis popularizar demais o conteúdo.

Tentei ser mais sofisticado em um canal que tinha Dr. Ray experimentando silicone nas mulheres e isso acabou não dando certo.

Fiquei muito chateado quando o *SNL* começou a desandar.

Não só pela minha carreira, porque não ligo tanto para isso, mas sim pelas cerca de dez pessoas que levei para o programa e que estavam muito próximas de mim.

Da minha cabeça não saía a ideia de que tinha metido meus amigos num negócio que os telespectadores não gostaram.

Mas paralelamente tive um certo sucesso com a série *A Vida de Rafinha Bastos*, pois foi a terceira série brasileira mais assistida em 2013, perdendo apenas para *Vai que Cola* e *Sai de Baixo*.

Espero ter muito sucesso nesse meu *talk-show* (programa de entrevista) com a importante ajuda do humorista Marcelo Mansfield e o músico André Abujamra à frente da banda."

A fórmula do *talk-show* se fundamenta em ter um bom apresentador, geralmente um bom comediante com personalidade e carisma.

Os convidados são, geralmente, celebridades, políticos e especialistas diversos.

Na abertura do programa, há um monólogo com piadas e comentários sobre temas atuais, com um apresentador geralmente egresso dos palcos do humor.

Um grupo musical, ou seja, uma banda faz a vinheta e intervenções ao longo do programa.

O apresentador vai à mesa, chama o convidado, o público, aplaude e eles iniciam uma conversa amistosa, repleta de gracinhas...

No Brasil, temos agora uma intensa competição entre Jô Soares, com o seu *Programa do Jô*, na Globo, do Danilo Gentili, com o seu *The Noite*, no SBT e Rafinha Bastos, com *Agora É Tarde*, na Band, que disputam os telespectadores que ficam acordados até tarde – um grupo pequeno, mas de prestígio para os canais de TV.

Sobre esses novos concorrentes, Jô Soares disse: "Todo *talk-show* é diferente, depende muito de quem está atrás da mesa.

Quem recebe os convidados cria a personalidade do programa.

Nenhuma conversa é igual à outra.

Já vi o mesmo convidado em dois programas diferentes e eram quase duas pessoas diversas.

Sobretudo, o que é um grande problema para os *talk-shows* é a escassez de bons convidados, ou seja, não há tanta gente interessante para se entrevistar."

E quando o convidado não "colabora", o *talk-show* acaba até irritando, principalmente quando o apresentador começa a falar de sua vida pessoal, corta frequentemente o entrevistado, conta piada fora de hora, se repete, se faz de íntimo do entrevistado, mesmo que seja a primeira vez que o vê, humilha o entrevistado ou quer mostrar que sabe mais que ele, mesmo que este sejam um especialista.

Lynn Spigel, professora de História da TV da Nothwestern University, nos EUA, comentou: "O bom apresentador de um *talk-show* é aquele que acha o equilíbrio entre o comum e o extraordinário.

Aqui nos EUA, um problema ao formato é a resistência que se tem até agora para apresentadores do sexo feminino."

Por sua vez, Rafinha Bastos afirmou: "Sem dúvida, não é fácil ter um bom *talk-show* se os convidados não forem bons ou pessoas interessantes, como foi o caso dos músicos Luan Santana e Lobão que vieram nos meus primeiros programas e, além disso, esse formato, diferentemente de um programa de variedades, permite receber autoridades, políticos, juízes, empresários, profissionais liberais de diversos setores que realmente tenham curiosidades, peculiaridades e atuações dignas de serem divulgadas para os espectadores."

Em 2015, Rafael Cortez voltou para o programa *CQC* para ocupar a bancada com Marco Luque e Dan Stulbach, com a saída de Marcelo Tas e Dani Calabresa.

## 5.5 – COMEDIANTES BRASILEIRAS

As comediantes brasileiras da atualidade, de fato estão conseguindo mostrar que não são apenas os homens os engraçados e aí vão algumas delas, que têm aparecido muito nos programas de televisão, em filmes, em peças teatrais e *shows* do tipo *stand-up comedy*.

» **Cacau Protásio**

Anna Claudia Protásio Monteiro nasceu na cidade de Campos dos Goytacazes, sendo que depois foi criada no bairro da Tijuca, no Rio de Janeiro, vivendo junto com a mãe e a irmã.

Cacau Protásio, como é conhecida no mundo artístico, cursou a faculdade de Pedagogia quando decidiu trancá-la e se matriculou numa escola de Teatro.

E se formou atriz na Casa de Arte das Laranjeiras (CAL).

A sua carreira artística de fato começou no ano 2000, entrando e uma peça teatral, e daí para frente trabalhou em diversas outras peças como É por isso que Todo Adulto é *Neurótico* e *Viva Lamour* e na televisão teve participações em *O Clone* (2002), *A Grande Família* (2003), *Os Aspones* (2005), *Páginas da Vida* e *Linha Direta*

"Cacau Protásio em grande destaque nos programas humorísticos da TV."

(2006), *A Diarista* (2007), *Malhação* (2009), até chegar à novela *Ti-ti-ti* em 2010.

Finalmente em 2012, Cacau Protásio atuou em *Avenida Brasil*, uma novela de João Emanuel Carneiro, na qual atingiu uma grande popularidade, como a empregada Zezé.

No cinema, apareceu pela primeira vez, em 2009, quando participou de *Os Restos de Antonio*.

Deve-se destacar a sua atuação no programa humorístico do canal Multishow, *Vai que Cola*, no qual desponta com bastante destaque com a fogosa Terezinha.

Interpretou a Lindinha em *Joia Rara* entre 2013 e 2014, e foi uma das protagonistas do seriado do canal Multishow, *Trair e Coçar... É Só Começar*.

» **Dani Calabresa**

Daniella Maria Giusti Adnet, mais conhecida pelo nome artístico de Dani Calabresa, nasceu em São Bernardo do Campo, no Estado de São Paulo. Foi VJ do canal MTV e desenvolveu um bom trabalho como repórter, apresentadora de TV e humorista.

Seu nome deve-se ao apelido que ganhou quando era monitora infantil e as crianças diziam que ela tinha sotaque italiano por falar a letra "r" com forte entonação.

"Dani Calabresa, uma apresentadora e repórter bem divertida."

Ela, de fato, é descendente de italianos e começou no teatro ainda criança, aos 5 anos, quando sua irmã mais velha, Fabiana Giusti fez uma peça no colégio e chamou-a para participar.

Quando adolescente se declarava tímida e disse em uma entrevista que foi um curso de Teatro que a ajudou a perder a timidez.

Começou a ficar conhecida do público do Estado de São Paulo ao fazer parte do elenco da *Comédia ao Vivo*, porém ganhou fama nacional quando participou dos programas de TV *Sem Controle* do SBT e *Pânico na TV* da Rede TV!

Em 2008, ela fez um contrato com a MTV Brasil, e nessa emissora participou de seis programas em quatro anos.

Seus principais trabalhos na MTV foram o programa de notícias *Furo MTV* e o sucessor de *Furfles MTV*. Além disso, o *Comédia MTV* ficou na grade do canal durante dois anos.

O último programa produzido na MTV por Dani Calabresa foi o *Verão do Casal*.

Em 2012, a humorista trocou a MTV Brasil e assinou um contrato com Rede Bandeirantes para integrar o elenco do programa *Custe o que Custar (CQC)* e no final de 2014, após as reformulações no CQC , ela deixou o programa.

Dani Calabresa é formada em Comunicação Social.

Casou-se com o humorista Marcelo Adnet em 15 de maio de 2010.

Ela foi considerada como sendo uma das 100 pessoas mais influentes do Brasil em 2011 pela revista Época.

» **Denise Fraga**

Denise Rodrigues Fraga nasceu no Rio de Janeiro e é, sem dúvida, uma notável atriz e talentosa comediante.

Foi a primeira a viver a personagem Olímpia, da peça *Trair* e Coçar... É Só Começar, a peça que figura no livro de recordes *Guiness* como a que mais tempo ficou em cartaz no Brasil (no final de 2014 alcançou 28 anos) e que em novembro de 2014 chegou à TV, no Multishow, um canal que tem se destacado pela sua busca do riso!

"Denise Fraga, que faz todas as pessoas rirem muito..."

Ela estreou na TV em 1987 na novela *Bambolê* da TV Globo, mas alcançou o estrelato interpretando o personagem Ritinha da novela *Barriga de Aluguel*.

Durante cinco anos, a atriz participou do quadro *Retrato Falado*, no programa *Fantástico* da TV Globo, onde retratava pessoas comuns em situações, inusitadas, e também do quadro *Copas de Mel*.

Ela é casada com o diretor Luiz Villaça e tem dois filhos.

Em 2007, estrelou a série do programa *Fantástico, Te Quiero America* e em 2009, *Norma,* para o mesmo programa.

Seu maior sucesso no cinema, até agora, foi o filme *Por Trás do Pano* (1999), no qual ocorreu também a estreia do seu marido, Luiz Villaça, como diretor em longas-metragens.

Esse filme deu à Denise Fraga os prêmios de melhor atriz no Festival de Gramado, Festival de Havana e no Grande Prêmio Cinema Brasil.

Denise Fraga cultiva uma intensa relação de amor com a cidade de São Paulo, onde mora há quase 20 anos.

Em 2013, voltou à televisão com o seriado *Três Teresas* do canal pago GNT e escreve quinzenalmente no jornal *Folha de S. Paulo*.

## » Fernanda Torres

Fernanda Pinheiro Esteves Torres nasceu no Rio de Janeiro, e hoje é uma premiada atriz e escritora.

Ela é filha do casal de atores Fernando Torres e Fernanda Montenegro

A atriz revelou em muitas das suas entrevistas, com toda a sinceridade, que foi muito rebelde na sua adolescência e que foi usuária de drogas por mais de dez anos, só conseguindo se libertar delas quando completou 30 anos!!!

Seu primeiro relacionamento amoroso foi aos 17 anos, com o apresentador Pedro Bial, com quem namorou por dois anos e meio, e nessa época conheceu diversos países com ele, mas devido a constantes desentendimentos, o casal se separou.

Em seguida, namorou o diretor de teatro Gerald Thomas, com quem ficou durante quatro anos.

Nesse relacionamento, passou a viver entre o Rio de Janeiro e Nova York, pois ele viajava constantemente para os EUA.

Após diversas brigas, o casal se separou, e Fernanda passou a viver sozinha em alguns países da Europa, nos EUA e no Brasil.

Durante estas viagens, teve outros namorados, entre eles cantores, modelos e atores, mas seus relacionamentos não deram certo.

Em 1995, voltou a morar definitivamente no Brasil, e no Rio de Janeiro conheceu o cineasta Andrucha Waddington, e começaram a namorar.

Em 1998, foram viver juntos, e em 2000, nasceu o primeiro filho do casal, Joaquim, e em 2008 o segundo filho, Antonio.

O casal se separou em 2009, devido ao estresse conjugal, e após um ano sem se falar, tempo que tiveram outros relacionamentos, voltaram a viver juntos em 2010.

Ela participou de dezenas de filmes e programas de televisão, inclusive várias peças no teatro, tendo seu desempenho elogiado, mas sem dúvida foi nos filmes – *Os Normais – O Filme* (2003), *Os Normais 2, A Noite Mais Maluca de Todas (2009),* nos quais apareceu como Vani que ela obteve grande sucesso.

Aliás, *Os Normais* passou também na televisão de 2001 a 2009 antes de virar filme e virou um *cult* levando os seus fãs a não saírem de casa nas noites de sexta-feira antes do término do programa.

"A talentosa comediante, atriz e escritora Fernanda Torres."

Não só as cenas e os diálogos dos personagens, mas também as calcinhas e sutiãs usados por Fernanda Torres conquistaram o público. Sem dúvida, segundo ela própria, muito do sucesso que ela obteve se deve ao entrosamento com o ator Luiz Fernando Guimarães, que tornou possível para a dupla mostrar com muito humor e inovação de linguagem, as situações cotidianas vividas pelo casal Rui e Vani.

### » Grace Gianoukas

Grace Gianoukas nasceu na cidade do Rio Grande, tem ascendência grega, italiana e portuguesa, sendo hoje uma admirada e criativa humorista.

Ela é responsável por um dos projetos que acabou renovando o humor de São Paulo, no início de 2000: a *Terça Insana*.

Grace Gianoukas participou de muitos espetáculos, entre eles: *Não Quero Droga Nenhuma*, *O Pequeno Mago* e *Além do Abismo* (esses dois últimos com o grupo XPTO).

Na TV Cultura, participou do programa infantil *Rá-Tim-Bum*, da *Escolinha do Professor Raimundo* e da telenovela *Bang Bang*, ambas na Rede Globo.

"Grace Gianoukas, que está agora ensinando como se deve agir para ser engraçado."

A *Terça Insana* acabou em dezembro de 2014, tendo chegado a 2.200 apresentações e mais de 2 milhões de espectadores.

Claro que isso não tirou a energia de Grace Gianoukas para continuar criando novas peças para o teatro e, assim, ela prometeu que já no 2º semestre de 2015 estará se apresentando no *Estado de Grace* que vai tratar de graças (no sentido de bênçãos) sob vários pontos de vista – **humor, fé** e **sexo.**

Também vai dar uma percorrida pelos sete pecados capitais contemporâneos.

Além do solo, Grace Gianoukas vai estudar mais, dedicar-se à orientação de alguns atores a fazer diversos *workshops* (oficinas) em diversas cidades brasileiras. Que beleza essa iniciativa dela, que com certeza permitirá que surjam novos talentos no campo do humor no Brasil.

A gaúcha Grace Gianoukas diz: "O homem descamba facilmente para o escatalógico, já as mulheres tendem a ser refinadas e têm um freio mais sensível para o preconceito e para a deselegância."

Aliás, fora do palco acho que sou singularmente pouco engraçada.

Nos velhos tempos, se eu fosse bancária, certamente seria a louca do caixa."

### » Heloisa Périssé

Heloisa Perlingeiro Périssé Schneider nasceu no Rio de Janeiro, sendo atualmente uma excelente atriz e humorista.

Embora tenha vivido um bom tempo no Rio de Janeiro, Heloisa passou toda a sua adolescência – dos 11 aos 18 anos – na Bahia.

Iniciou sua carreira em 1990, no programa *Escolinha do Professor Raimundo* exibido pela Rede Globo, onde atuou nos programas: *Sai de Baixo, Zorra Total, Sob Nova Direção,* e em vários quadros do *Fantástico*.

Heloisa Périssé, em 2014 foi a estrela da série *A Segunda Dama,* na TV Globo, que assim estreou a sua primeira "**dramédia**", como é chamado o gênero que une comédia ao drama.

Pois é, esse é o formato que faz parte da dramaturgia contemporânea.

A comédia faz com que tudo fique mais fácil. Seriados com senso de humor atraem sem dúvida, uma audiência maior!

No cinema, Heloisa Périssé já participou de 13 filmes, sendo que nos dois últimos foram: *Odeio o Dia dos Namorados* (2013), no qual fez o papel da Débora, e *Muita Calma Nessa Hora 2,* no qual ela é a cartomante.

"Heloisa Périssé, obtendo sucesso nas dramédias."

### » Ingrid Guimarães

Ingrid Guimarães nasceu em Goiânia, sendo agora atriz, apresentadora e humorista (para alguns críticos ela é a atual "**rainha do riso**").

Ela tem uma vasta carreira na televisão desde 1993, no cinema a partir de 1997 e no teatro desde 1987, e em quase todas as suas participações, ficou visível o seu talento para encantar espectador.

A goiana Ingrid Guimarães, que sem dúvida é uma das expoentes do humor feminino nacional recorda: "Devo muito a minha carreira ao auxilio da minha família que percebeu desde cedo que eu era uma

"A 'rainha do riso', Ingrid Guiamarães."

criança engraçada, que gostava de ser assim e que me encorajou a seguir a veia cômica, a qual, em compasso com estilo feminino, se manifesta como o humor tirado das situações."

Porém Ingrid Guimarães confessou: "Sou péssima contadora de piadas. Aliás, muitas vezes eu nem entendo a piada!?!?!"

*De Pernas para o Ar 1 e 2* são dois filmes que tratam de problemas que angustiam boa parte da classe média, a relação da mulher que trabalha com o marido, os filhos e a casa, o estresse da mulher executiva que deixa tensos os homens etc.

Tudo isso é desenvolvido de forma cômica, com uma incrível interpretação de Ingrid Guimarães e Bruno Garcia, e são esses dois filmes, entre outros, que alguns chamam de "globochanchadas" que têm dado um certo alento ao cinema nacional.

Ingrid Guimarães, já com o título de "rainha do cinema brasileiro", em 2015, voltou com o filme *Loucas para Casar* do diretor Roberto Santucci, o "Midas do Humor" e a participação das atrizes Suzana Pires e Tatá Werneck, compondo o trio de mulheres que sonham casar na igreja, de véu e grinalda, e descobrem que o **marido** de todas é o **mesmo** – Márcio Garcia.

Atualmente, pode-se dizer que Ingrid Guimarães é como se fosse uma "mulher-antena", pois de fato ela está sempre antenada e com definiu o crítico de cinema Luiz Carlos Merten: "Mulheres de todas as idades e faixas sociais se identificam com ela."

E ela também está sempre pronta para trocar ideias para melhorar seu desempenho. Conversa com executivas, cabeleireiras, ascensoristas, querendo saber se Márcio Garcia podia ser o objeto de desejo de todas elas.

Definido que sim, o filme então ficou com a possibilidade de brincar com isso com a piada final, naquela imagem de "gostoso".

Como disse Ingrid: "Ninguém consegue enfeiar aquele homem!?!?"

Com mais de 26 anos de carreira, a explosão de Ingrid Guimarães é, entretanto, uma coisa recente e passa pelo sucesso dos filmes *De Pernas pro Ar 1 e 2*, em 2010 e 2012 respectivamente.

Ao colocar na tela uma personagem de mulher madura, quarentona e decidida em questões de sexo, trabalho e família, Ingrid Guimarães virou a representação de um tipo de brasileira.

Ela própria afirmou: "Isso não foi planejado, mas me agrada muito que cada vez mais mulheres se identifiquem comigo na tela."

Ela cultiva essa identificação, e por isso mesmo às vezes tem um pouco de medo.

Ela hesitou muito, cerca de seis meses, até embarcar de corpo e alma na aventura da Malu de *Loucas para Casar*.

Ela justificou: 'Temia me repetir, pois pareço, ou seja, sou mesmo chata. Eu me meto em tudo, mas é sempre tentando melhorar."

Assim, ela palpitou muito no roteiro de *Loucas para Casar*, escrito pelo seu amigo Marcelo Saback que explicou: "Desta vez não estamos falando do mesmo tipo de mulher moderna, mas de outra mulher que ainda cultiva o **sonho de se casar vestida de noiva.**

Pouca gente sabe, mas o vestido de noiva de Kate Middleton no seu casamento com o príncipe William, foi o modelo mais imitado do mundo naquele ano.

O nosso filme fala de uma mulher muito comum, que vive para o homem e só acha graça se tiver alguém."

Ingrid Guimarães busca dosar os trabalhos que aceita, mas é uma verdadeira *workaholic* e não desperdiça as oportunidades que vão se apresentando para ela na TV.

Fez novela e no início de 2015 se apresentou no canal GNT, com uma série que satiriza o consumismo dos brasileiros (e brasileiras) nos EUA.

Em 2015, começou a 2ª temporada de *Além da Conta*, e ela apareceu nos quadros do *Fantástico* satirizando o consumismo crescente da classe média.

Assim, no *Compro, Logo Existo* ela acompanhou os viciados em compras e ouviu especialistas em consumismo e vai estar em muitos dos programas novos da Globo, que também vai se reformulando de forma notável.

### » Marisa Orth

Marisa Domingos Orth ou simplesmente Marisa Orth, se tornou uma figura impagável, principalmente depois que interpretou a Magda no programa de humor *Sai de Baixo*, dizendo muita "besteira" que acabou divertindo dezenas de milhões de espectadores brasileiros durante um bom tempo.

Lembra Marisa Orth: "Fiquei um pouco com medo de ficar com o carimbo de Magda na testa para o resto da vida, inclusive ele me acompanhou um bom tempo e que isso me estragasse a carreira. Mas isso não aconteceu...

"A versátil Marisa Orth."

Aliás, eu nunca imaginei que seria querida ou reconhecida por fazer comédia.

Entrei na Escola de Arte Dramática da Universidade de São Paulo pensando em fazer Medéia (um clássico da tragédia grega), ou seja, que poderia ser uma grande atriz dramática.

Piada era em casa, para a família, para meus primos, para os dias festivos. Jamais imaginei que poderia um dia viver disso.

Mas quando percebi que isso funcionava, gostei e sei fazer isso bem legal, ou seja, o **humorismo**.

Mas não é fácil conquistar a risada da plateia.

Na realidade, é mais tranquilo conseguir o riso no teatro – a plateia está mais presente e excitada –, do que num programa de televisão (que geralmente é mais pasteurizado).

Claro que às vezes as pessoas não riem da piada, pois ela é muito ruim e aí não tem o que fazer.

Outras vezes a 'ficha' de alguns não cai ou então o humorista (ator) perdeu o *timing* (o momento certo), isto é, entrou no tempo errado.

Eu confio muito na plateia.

Porque há piadas mais sofisticadas e percebe-se que poucos riem, mas os que riem o fazem demoradamente e até de forma espalhafatosa.

Agora quando você encaixa na piada um palavrão, todo mundo ri ou se assusta!?!?

O palavrão de certa forma funciona, mas ele acaba matando um pouco as outras piadas que não contém palavrões."

Em 2006, a personagem Magda, que Marisa Orth, interpretou no *sitcom Sai de Baixo* foi eleita pelo *site* Top Off Business Brasil como **a melhor personagem de humor da televisão brasileira,** numa votação da qual participaram 50 personagens de humor da nossa televisão.

No segundo semestre de 2007, Marisa Orth fez parte do elenco do *sitcom Toma Lá Da Cá,* uma série que a TV Globo apresentou durante dois anos e meio.

Em 2010, no primeiro semestre, ela estreou na nova série da emissora *S.O.S Emergência* interpretando a dra. Michele, uma médica pra lá de maluca.

Em 2013, participou das gravações de novos episódios da nova temporada da série *Sai de Baixo* (8ª temporada).

Não se pode esquecer que Marisa Orth passou em várias oportunidades pelo teatro, sendo que em 21/3/2014 estreou a peça O *que o Mordomo Viu,* ao lado do seu parceiro de longa data Miguel Falabella, que fez o personagem Caco Antibes no *Sai de Baixo.*

Participou de diversas novelas, a última delas denominada *Sangue Bom,* em 2013, no papel da desiquilibrada ricaça Damáris, bem como de vários filmes.

Marisa Orth, além de todas essas atividades, também atua como cantora desde os anos de 1980, naquela época como integrante da banda Luni, depois da banda Vexame, sendo dona de uma voz quente e sensual, tendo um repertório bem eclético, da nossa música popular.

Pois é, como se nota Marisa Orth não sabe só nos divertir, é uma grande artista, na plena acepção da palavra!!!

» **Samantha Schmütz**

Samantha Schmütz nasceu em Niterói, e tornou-se atriz, humorista, cantora e apresentadora.

O primeiro trabalho seu como comediante aconteceu em uma participação na peça *O Furto*, em 2004.

A apresentação foi muito bem recebida, e com isso ela permaneceu mais de um ano e meio no espetáculo. O passo seguinte foram suas imitações no quadro *Pistolão* do programa do Faustão na TV Globo, como convidada de Lúcio Mauro Filho.

"Samantha Schmütz, uma humorista fabulosa."

Samantha Schmütz foi muito bem no filme *Minha Mãe é uma Peça* (2013) - *O Filme*, no qual o papel principal coube ao ator Paulo Gustavo, interpretando dona Hermínia, e ela era a Valdéia.

Disse Samantha Schmütz: "Nós íamos à casa da minha avó inventar muitas das coisas que Paulo Gustavo fez no filme e ele inclusive precisou executar alguns 'malabarismos' com uma vassoura."

A humorista está procurando nesses últimos tempos implementar sua carreira como cantora, sem contudo abandonar a comédia.

Declarou: "Eu adoro fazer comédia, mas sinto que estou ficando muito tachada. Tem aquela coisa do rótulo, tem o galã, a engraçada, a gostosa etc.

No musical *Samantha + Brasov*, acabo conversando com o público entre uma música e outra, assim tudo fica mais descontraído.

As pessoas já estão acostumadas com meu humor e então para não fazer um desmame abrupto, continuo um pouquinho com esse lado da comédia no meu *show*."

## » Tatá Werneck

Talita Werneck Arguelhes, mais conhecida como Tatá Werneck, nasceu no Rio de Janeiro, filha da escritora Cláudia Werneck e do editor Alberto de Jesus Arguelhes. Ela formou-se em Publicidade e Propaganda em 2004, e antes de concluir o curso de Comunicação Social, iniciou um curso de artes cênicas, e se dedicou aos dois ao mesmo tempo!!!

Foi na faculdade, em 2004, que ela criou um primeiro grupo de teatro, *Os Inclusos e os Sisos* – Teatro de Mobilização pela Diversidade.

Ela estreou nas novelas no papel da periguete Valdirene em *Amor à Vida* (2013), uma trama de Walcyr Carrasco, exibido no horário nobre da TV Globo.

"A incrível e atraente humorista Tatá Werneck."

Entretanto, como atriz começou a ganhar destaque quando estreou no canal MTV Brasil como apresentadora do programa *Quinta Categoria*, em 2010.

No mesmo ano, ela integrou o elenco do *Comédia MTV*, que contou ainda com nomes como: Marcelo Adnet, Dani Calabresa, Bento Ribeiro entre outros.

Em 2011, atuou no filme *Teste de Elenco* e *Podia Ser Pior*, e em 2012 participou em *De Pernas Pro Ar 2*.

Em maio de 2012, ela estreou o programa *Tralalá,* e que infelizmente ao final do ano ele chegou ao fim.

Tatá Werneck junto com Fábio Porchat no seu programa *Tudo pela Audiência* do canal Multishow fazem o que é permitido e muito do que depois é censurado para conquistar a audiência.

A humorista vive gritando para a plateia: "Alegria gente, alegria, pois daqui a pouco vai ter luta de mulheres no gel, perseguição policial, detonação de celebridades.

Querem ver, vou perguntar para aquele indivíduo que é ex-porteiro do prédio onde vivia o craque Ronaldo: 'Lá entrava muita mulher, muito homem ou muita mulher que depois virava homem?' E não se preocupe com ninguém que está nos observando...'"

Esse programa parece que foi criado única e exclusivamente para a classe C, a menina dos olhos da televisão, nos tempos atuais!!!

# BIBLIOGRAFIA

Adams, S.
*O Princípio Dilbert.*
Ediouro Publicações S.A. – Rio de Janeiro – 1997.

Allen, W.
*Sem Plumas.*
L&PM Editores Ltda. – São Paulo – 1975.

Altes, S.
*The Little Book of Bad Business Advice.*
St. Martin's Press – New York - 1997.

Amerongen, J. Van
*Business as Usual in the Neighborhood.*
Fireside Books – New York – 1986.

Angeli; Glauco e Laerte.
*Sexo, Drogas e Guacamoles – Los 3 Amigos.*
Editora Ensaio – São Paulo – 1999.

Anísio, F.
*O Batizado da Vaca*
Editora Saraiva Ltda. – Rio de Janeiro – 1972.

Balmain, J.
*Office Kama Sutra.*
Chronicle Books – San Francisco – 2001.

Atzingen, M. C. von e Costa, H. P.
*Caçando Príncipes & Engolindo Sapos.*
Bertrand Brasil – Rio de Janeiro – 2000.

Aviz, L.
*As Melhores Piadas que Circulam na Internet e as Que Ainda Vão Circular.*
Editora Record – Rio de Janeiro – 2000.

Benedito, M.
*Pequena Enciclopédia Sanitária.*
Boitempo Editorial – São Paulo – 1996.

Berg, D.
*Mad's Dave Berg Looks at Modern Thinking.*
Signet Book – New York – 1969.

Berg, D.
*Mad's Dave Berg Looks at Modern Things.*
Signet Book – New York – 1967.

Bloch, A.
*Ley de Murphy II más razones por las que las cosas salem mal.*
Editorial Diana – Cidade do México – 1987.

Borges, G.
*O Livro da Preguiça.*
Editora Mercuryo Ltda. – São Paulo – 2001.

Braga, A. M.
*Piadas do Louro José.*
Editora BestSeller – São Paulo – 1999.

Brilliant, A.
*Appreciate Me Now, and Avoid the Rush.*
Woodbridge Press Publishing Company – Santa Barbara – 1993.

Brilliant, A.
*All I Want Is a Warm Bed and a Kind Word and Unlimited Power.*
Woodbridge Press Publishing Company – Santa Barbara – 1994.

Brilliant, A.
*We've Been Through So Much Together and Most of It Was Your Fault.*
Woodbridge Press Publishing Company – Santa Barbara – 1997.

Brilliant, A.
*I Have Abandoned My Search For Truth, and Am Now Looking for a Good Fantasy.*
Woodbridge Press Publishing Company – Santa Barbara – 1997.

Brilliant, A.
*I Feel Much Better Now That I've Given Up Hope.*
Woodbridge Press Publishing Company – Santa Barbara – 1997.

Brilliant, A.
*I Try to Take One Day at a Time, but Sometimes Several Days Attack Me at Once.*
Woodbridge Press Publishing Company – Santa Barbara – 1998.

Brito, F.
*Eles Pedem Casamento, Elas Pedem Divórcio.*
Qualitymark Editora Ltda. – Rio de Janeiro – 2005.

Brito, M.
*As Melhores Piadas sobre Futebol.*
Editora Leitura Ltda. – Belo Horizonte – 2009.

Byrnes, G.
*The Complete Guide to Cartooning.*
Grosset & Dunlap Publishers – New York – 1951.

Casseta & Planeta
*O Grande Livro dos Pensamentos de Casseta & Planeta.*
Editora Record – Rio de Janeiro – 1994.

Castro, R.
*O Melhor do Mau Humor.*
Editora Schwarcz Ltda. – São Paulo – 1994.

Castro, R.
*O Amor de Mau Humor.*
Editora Schwarcz Ltda. – São Paulo – 1994.

Castro, R.
*O Poder do Mau Humor.*
Editora Schwarcz Ltda. – São Paulo – 1993.

Corbett, S.
*Jokes to Read in the Dark.*
Trumpet Club Special – New York – 1980.

Cotrim, M.
*O Exercício da Cultura Inútil ou Castigat Ridendo Mores.*
João Scortecci Editora – São Paulo – 1997.

Davis, J.
*Garfield Leva o Bolo.*
Cedibra Editora Brasileira Ltda. – Campinas – 1987.

Davis, J. e Kraft J.
*Garfield – The Me Book.*
Ballantine Books – New York – 1990.

Dessau, B.
*Rowan Atkinson.*
Orion House – London – 1997.

Deu, J.
*El Catalán y Lós Siete Pecados Capitales.*
Ediciones B – Barcelona – 1991.

Dias, L. dos S.
*O Riso é o Limite 2.*
Editora Ortiz S/A – Porto Alegre – 1990.

Domenico, G. e Sarrumor, L.
*Um Campeonato de Piadas.*
Editora Nova Alexandria Ltda. – São Paulo – 1999.

Edward, O.
*Quanto Mais Entendo os Homens mais Eu Gosto do meu Cachorro.*
Publifolha – São Paulo – 2003.

Eliachar, L.
*O Homem ao Zero.*
Editora Expressão e Cultura – Rio de Janeiro – 1968.

Esber, E.
*80 Motivos para Você Não Ir ao Dentista.*
Matrix Editora – São Paulo – 2000.

Evans, D. – Fulwiler, D.
*Who's Nobody in America.*
Holt, Rinehart and Winston – New York – 1981.

Fernandes, M.
*Millôr Definitivo – A Bíblia do Caos.*
L&PM Editores – Porto Alegre – 1999.

Fernandes, M.
*Ministério de Perguntas Cretinas.*
Editora Desiderata – Rio de Janeiro – 2006.

Fowler, C.
*How to Impersonate Famous People.*
Price Paperbook Book – New York - 1989.

Fragata, C.
*Jorge Loredo - O Perigote do Brasil.*
Imprensa Oficial do Estado de São Paulo – São Paulo – 2009.

Gaines, W. M.
*The Ides of Mad - Mad Reader.*
Signet Book – New York – 1961.

Gehringer, M.
*Máximas e Mínimas da Comédia Corporativa.*
Editora Gente – São Paulo – 2003.

Geier, M.
*Do que Riem as Pessoas Inteligentes?*
Editora Record – São Paulo – 2011.

Gross, S.
*All You Can Eat.*
Harper & Row Publishers – New York – 1987.

Harris, S.
*Einstein Simplified.*
Rutgers University Press – New Brunswick – 1989.

Hatem, Y. I.
*Como Enlouquecer uma Mulher... e Fazê-la Subir pelas Paredes.*
Editora 34 – Rio de Janeiro – 1993.

Irwin, W.
*Seinfeld e a Filosofia – Um Livro sobre Tudo e Nada.*
Madras Editora Ltda. – São Paulo – 2004.

Jaffee, A.
*Mad's Snappy Answers to Stupid Questions.*
Signet Book – New York – 1968.

Jaffee, A.
*More Mad's Snappy Answers to Stupid Questions.*
Signet Book – New York – 1972.

Jaffee, A.
*Al Jaffee's Mad Inventions.*
Warner Books – New York – 1978.

Justo Junior, S.
*Frases Mal Ditas.*
Editora Soler – Belo Horizonte – 2004.

Knapp, C. H. e Quirino, J. F.
*Grossário: Pequeno Dicionário Brasileiro das Palavras Feias.*
C. H. Knapp Editora S/C – São Paulo – 1986.

Knapf, A. A.
*The New Yorker – Book of Doctor Cartoons and Psychiatrist.*
The New Yorker Magazine Inc. – New York – 1999.

Korontai, T.
*É Coisa de Maluco...?*
Editora Multidéia – Curitiba – 1998.

Kupermann, D.
*Ousar Rir – Humor, Criação e Psicanálise.*
Editora Civilização Brasileira – Rio de janeiro – 2003.

Kupstas, M. (organizadora)
*Sete Faces Do Humor.*
Editora Moderna – São Paulo – 1992.

Kushner, M.
*Cómo Hacer Negocios con Humor.*
Ediciones Juan Granica S.A. – Barcelona – 1991.

Lambert, E.
*A Terapia do Riso – A Cura pela Alegria.*
Editora Pensamento – São Paulo – 1999.

Lambert, E.
*A Terapia do Beijo.*
Editora Pensamento – São Paulo – 1999.

Larson, G.
*Wildlife Preserves.*
Andrews and McMeel Publishing – Kansas City – 1989.

Leno, J.
*Jay Leno's Headlines (Books I, II, & III).*
Wings Books – New York – 1992.

Lima, H.
*História da Caricatura no Brasil.*
Livraria José Olympio Editora – Rio de Janeiro – 1965.

Lobo, P.
*Assim Disse Onário.*
Editora e Distribuidora Vortex – São Paulo – 1995.

Lobo, T.
*Sob Nova Direção.*
Editora Globo S.A. – São Paulo – 2006.

Lucaire, E.
*Phobophobia: The Fear of Fear Itself.*
The Putnam Publishing Group – New York – 1988.

Maicas, E.
*Sexo – Pasión de Multitudes.*
Puntosur Editores – Buenos Aires – 1987.

Maior, M. S.
*Dicionário do Palavrão e Termos Afins.*
Editora Record – Rio de Janeiro – 1988.

Masucci, F.
*Dicionário Humorístico.*
Editora Leia – São Paulo – 1958.

Matta, D.
*Traço, Humor e Cia.*
Fundação Armando Alvares Penteado – São Paulo – 2003.

Mattos, A. B.
*Idiomas.*
Editora Leitura – Belo Horizonte – 2001.

Mattos, A. B.
*Para-Choques – A Filosofia do Caminhoneiro.*
Editora Leitura – Belo Horizonte – 2001.

Mattos, A. B.
*Frases Peculiares da Nossa Língua.*
Editora Leitura – Belo Horizonte – 2001.

Meiers, M. e Knapp, J.
*5600 Jokes for All Occassions.*
Wing Books – New York – 1993.

Minois, G.
*História do Riso e do Escárnio.*
Editora Unesp – São Paulo – 2003.

Muleiro, P.
*Súper Chistes 1, 2 e 3.*
Editorial Sudamericana S.A. – Buenos Aires – 2002.

Muleiro, P.
*Para Leer en el Baño – volumes 1, 2 e 3.*
Editorial Sudamericana S.A. – Buenos Aires – 1996.

Novak, W.; Waldoks, M e Altschiller, D.
*The Big Book of New American Humor.*
Harper Perennial – New York – 1990.

O'Grady, M.
*You Can Kick the Cube!*
Penguin Books Ltd. – New York – 1982.

Olivieri, A. C. e Von, C.
*O Sexo dos Deuses.*
Editora Nova Alexandria – São Paulo – 2003.

Paiva, C.
*Como Destruir seu Casamento – Um Guia Prático.*
Editora 34 – Rio de Janeiro – 1994.

Pandres Jr., D.
*The Sexual Intellectual.*
Longstreet Press – Atlanta – 1990.

Pease, A e Pease, B.
*Por que os Homens Mentem e as Mulheres Choram?*
Editora Sextante – Rio de Janeiro – 2003.

Pedreira, A. M.
*Ajuda-te a Mim Mesmo.*
Editora Record – São Paulo – 1993.

Pinto, Z. A.
*Celebrity Symbols.*
Price Stern Sloan – Los Angeles – 1983.

Poniachik, J.
*La Pequeña Gran Enciclopedia Del Ja Ja.*
Ediciones de Mente – Buenos Aires – 2004.

Porto, S. ou seja, Stanislaw Ponte Preta
*Segundo Festival de Besteira que Assola o País – Febeapa 2.*
Editora Civilização Brasileira S/A – Rio de Janeiro – 1993.

Reid, L.
*Do You Hate Your Hips More Than Nuclear War?*
Penguin Books – New York – 1988.

Rivers, D.
*The Life and Hard Times of Heidi Abromowitz.*
Delacorte Press – New York – 1984.

Rodrigues, R.
*250 Maneiras de Enlouquecer uma Mulher.*
Editora Nobel – São Paulo – 1990.

Rosenbloom, J.
*La Pequeña Gran Enciclopedia de lo Riso.*
Ediciones de Mente – Buenos Aires – 1999.

Rosenbloom, J.
*Laughs, Hoots & Giggles.*
Sterling Publishing Co. Inc. – New York – 1984.

Rosenbloom, J.
*The Gigantic Joke Book.*
Sterling Publishing Co. Inc. – New York – 1978.

Rubin, L.
*Rubes.*
The Putnam Publishing Group – New York – 1988.

Safian, L. A.
*2000 More Insults.*
Pocket Books – New York – 1967.

Saliba, E. T.
*Raízes do Riso.*
Editora Schwarcz Ltda. – São Paulo – 2002.

Santiago e outros.
*Separatismo – Corta Essa!*
L&PM Editores S.A. – Porto Alegre – 1993.

Santos, R. E. dos e Rossetti, R. (organizadores).
*Humor e Riso na Cultura Midiática.*
Editora Paulinas – São Paulo – 2012.

Sarrumor, L.
*Mil Piadas do Brasil.*
Editora Nova Alexandria – São Paulo – 1998.

Serre, C.
*Le Sport.*
Éditions Glénat – Grenoble – 1977.

Serre, C.
*Humour Noir et Hommes en Blanc.*
Éditions Glénat – Grenoble – 1977.

Serre, C.
*Savoir Vivre.*
Éditions Glénat – Grenoble – 1981.

Siegel, L.
*Mad – How to Be a Successful Dog.*
Rutledge Hill Press – Nashville – 1999.

Silva, B. e mais seis "Cassetas".
*O Grande Livro de Pensamentos de Casseta & Planeta.*
Editora Record – Rio de Janeiro – 1994.

Simão, J.
*Guia do Llamagate.*
Editora Iluminuras – São Paulo – 1992.

Slavutzky, A e Kupermann, D.
*Seria Trágico... Se Não Fosse Cômico.*
Editora Civilização Brasileira – Rio de Janeiro – 2005.

Smith, R.
*Guide Pratique et Illustré de la Nuit de Noces.*
Marabout – Alleur (Belgique) - 1996

Souza Filho, H. de
*Graúna Ataca Outra Vez.*
Geração da Comunicação Integrada – São Paulo – 1994.

Souza Filho, H. de
*A Volta de Ubaldo, o Paranóico.*
Geração Editorial – São Paulo – 1999.

Steinberg, S.
*The Cartoons of Cobean.*
Harper & Brothers Publishers – New York – 1952.

Szklo, H.
*Você é Criativo Sim Senhor!*
Editora Jaboticaba – São Paulo – 2013.

Tejón, J. S. L. (Quino)
*Bien, Gracias. ¿Y Usted.*
Ediciones de la Flor S.R.L. – Buenos Aires – 1986.

Tejón, J. S. L. (Quino)
*Ni Arte Ni Parte.*
Ediciones de la Flor S.R.L – Buenos Aires – 1981.

Tejón, J. S. L. (Quino)
*Si, Cariño.*
Ediciones de la Flor S.R.L – Buenos Aires – 1987.

Toker, E.; Finzi, P. e Scliar, M.
*Del Eden aL Divan – Humor Judio.*
Shalom Ediciones – Buenos Aires – 1994.

Toviassú Produções Artísticas.
*As Piadinhas do Cassetinha.*
Editora Objetiva Ltda. – Rio de Janeiro – 2002.

Troy, J.
*The (Authorized) Ben Treasury.*
Willow Creek Press – Minocqua – 1994

Tudech, P.
*Anedotas não Engordam.*
Ediouro – Rio de Janeiro – 1988.

Vaguen, C. G. e Dawe, T. J.
*O Poder da Ignorância.*
Matrix Editora – São Paulo – 2007.

Vilas Boas, G.
*Política Zero.*
Devir Livraria – São Paulo – 2005.

Vilas Boas, G. – Angeli, Filho A.
*A Era Itamar – 100 Charges.*
Empresa Folha da Manhã S/A – São Paulo – 1993.

Wait, M.
*Rir é o Melhor Remédio.*
Reader's Digest Brasil – Rio de Janeiro – 2006.

# DVS EDITORA

Mais que uma editora, uma fonte de inspiração!

## NOVIDADES

### A RODA DA MELHORIA

**Autores:** Victor Mirshawka e Victor Mirshawka Jr.
**2ª Edição - revisada e ampliada**
**Páginas:** 466

Apoiado em oito conceitos (Iniciativa, Informações, Ideias, Inovação, Insistência, Integração, Implementação e Introspecção), este livro tem como objetivo apresentar formas inovadoras de implantação de melhorias no desempenho das equipes de trabalho – e de forma contínua.

### A LUTA PELA QUALIDADE NA ADMINISTRAÇÃO PÚBLICA

**Autor:** Victor Mirshawka
**Páginas:** 400

No livro, o prof. Victor Mirshawka analisa por quais desafios passarão e que características devem ter os próximos gestores públicos, com foco na gestão municipal. Com cases comentados de prefeituras de cidades brasileiras.

### LIDERANDO AO ESTILO STARBUCKS

**Autor:** Joseph A. Michelli
**Páginas:** 280

Quais as práticas de liderança transformaram uma cafeteria em uma das marcas mais conhecidas e admiradas do mundo.
O livro traça uma análise das diferentes estratégias utilizadas pela Starbucks para construir o seu império e revela como essas táticas podem ser adaptadas em diferentes tipos de negócios.

AVALIAÇÃO AMAZOM.COM: (23)

### A REVOLUÇÃO DO POUQUINHO

**Autor:** Eduardo Zugaib
**Páginas:** 240

As revoluções sustentáveis são obtidas dando um passo de cada vez.
O livro mostra que a maioria absoluta das conquistas da vida é construída aos pouquinhos, com base nesse preceito, ensina você a exercitar pequenas atitudes diárias que trarão grandes resultados – entre eles a felicidade.

### OS VERDADEIROS HERÓIS DA INOVAÇÃO

**Autor:** Matt Kingdon
**Páginas:** 264

Com mais de 20 anos de experiência em inovação corporativa, Matt Kingdon traça as etapas necessárias para transformar uma ideia em realidade – continuamente e em larga escala. Descubra como se aproveitar da serendipidade para desbloquear o crescimento nas grandes organizações.

AVALIAÇÃO AMAZOM.COM: (13)

### SABER NEGOCIAR

**Autor:** Lupércio Arthur Hilsdorf
**Páginas:** 160

Este livro apresenta ideias claras e sugestões práticas para que suas negociações sejam conduzidas da melhor maneira possível – com foco nos resultados. Enquanto lê seus capítulos, você refletirá sobre as posturas e atitudes mais adequadas quando negocia e descobrirá como se comunicar para ser mais persuasivo.

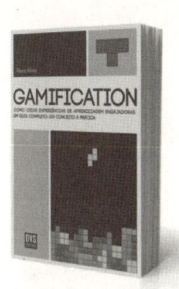

### GAMIFICATION
**Autora: Flora Alves**
**Páginas: 176**

Este livro oferece uma visão ampla sobre o Gamification, do conceito à prática. O leitor encontrará base teórica e exemplos para que se torne capaz de desenvolver seus próprios games aplicados à aprendizagem, criando experiências muito mais eficazes e engajadoras.

### COMO SER FELIZ
**Autora: Liggy Webb**
**Páginas: 208**

Todos nós podemos ser felizes! Este livro irá ajudá-lo a sentir-se mais no controle de qualquer situação e, ao mesmo tempo, mais bem preparado para enfrentá-las, cultivando assim a felicidade.

AVALIAÇÃO AMAZOM.CO.UK:
★★★★½ (53)

### CHI MENTAL
**Autores: Richard Israel e Vanda North**
**Páginas: 392**

De Richard Israel e Vanda North, Chi Mental é uma síntese poderosa sobre o pensamento e ações baseadas nas mais recentes pesquisas sobre o funcionamento do cérebro. Os exercícios diários desse livro irão ajudá-lo a elevar sua performance mental a um nível jamais imaginado.

### QI DE PERSUASÃO
**Autor: Kurt Mortensen**
**Edição: 1ª / 2010 - Páginas: 296**

Esta obra é fruto de 17 anos de pesquisa do fundador do Persuasion Institute, e uma das maiores autoridades em persuasão, motivação, negociação e influência dos EUA. O tempo necessário para ler o QI de Persuasão é suficiente para que você se transforme em um verdadeiro mestre na arte de persuadir, e para que sua vida possa ser muito mais repleta de respostas afirmativas.

### 360 GRAUS DE INFLUÊNCIA
**Autor: Harrison Monarth**
**Páginas: 344**

Este livro apresenta as ferramentas para que você adquira o respeito e a confiança de todos ao seu redor. O autor Harrison Monarth irá ajudá-lo a expandir sua influência bem além do seu ambiente de trabalho, de modo a torná-lo um verdadeiro líder.

AVALIAÇÃO AMAZOM.COM:
★★★★½ (6)

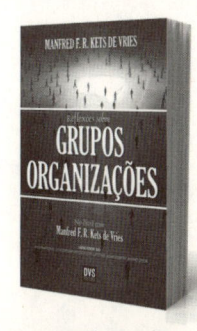

### REFLEXÕES SOBRE GRUPOS E ORGANIZAÇÕES
**Autor: Manfred F. R. Kets de Vries**
**Páginas: 432**

Esta obra traz um olhar abrangente sobre as quatro décadas de trabalhos do autor Manfred F. R. Kets de Vries, dedicadas ao estudo clínico da liderança e das organizações, período no qual ele se estabeleceu como um dos maiores especialistas no assunto. Aqui Manfred examina a fundo conceitos de saúde organizacional, performance e mudança.

**DVS EDITORA**

www.dvseditora.com.br

**GRÁFICA PAYM**
Tel. [11] 4392-3344
paym@graficapaym.com.br